ドイツの新右翼

フォルカー・ヴァイス 著
長谷川晴生 訳

新泉社

Die autoritäre Revolte

Die Neue Rechte und der Untergang des Abendlandes

Volker Weiß
Haruo Hasegawa

信仰心と愛国心が最も燃え上がるのは、
それがおとしめられたと感ずるときなのである。
カール・クラウス「愛国者」(一九〇八年)

まえがき

「ヨーロッパ? そんな概念では、精神の豊かさが得られるわけがなかろう」

既存のものすべてを徹底的に破壊しつくした世界大戦のあとでもなお、「ヨーロッパ」という枠組に価値など認めることはできない。「ヨーロッパ」という概念が象徴するのは、「株式会社であり、経済構造であり、外部から操作できる機械仕掛けの統一体」にすぎない。「ヨーロッパ」には「アイデンティティ」が、魂の深みと歴史の根が、崇高なるものが欠けている。簡単に言えば、神話を持たない。「ヨーロッパ」は、「年老いたリベラリズムの精神的な落し子」以外のなにものでもない。

……以上のような発言は、今日のどの反ヨーロッパ論者の口から出されたとしてもおかしくはあるまい。だが、実際にははるかに古いものである。これらの言葉を掲載したのは、一九二六年に発行されたカトリック保守の雑誌『夕べの国』であった。そこでは、「ヨーロッパ」ではなく「夕べの国」を、リベラリズムではなく「アイデンティティ」を、経済の繁栄ではなく精神の豊かさを、といった現代のヨーロッパ否定論の中心的な主張が先取りされていたのであった。

本書のテーマの大枠も、この発言のなかにすでに集約されているといってよい。本書が扱う新右翼の運動は、当時と同様に「夕べの国」〔通常は、「西洋」と訳される。第7章および解説を参照〕の旗印を掲げ、いまやドイツでは政治的に無視できぬ勢力を築きながら、一九二〇年代の先駆者と見まがうほどの類似を示してもいる。新右翼にとって、「ヨーロッパ」の価値は徹底的に下落している。新右翼は、一方ではむかしながらの極右の幹部を仲間に加えつつ、他方では「ドイツのための選択肢《オルタナティブ》（ＡｆＤ）」の名のもとに、はじめてポピュリズム政党としての地位を獲得しはじめている。ＡｆＤは、まさにドイツ連邦共和国の政治に根を下ろそうとしているのである。

本書のテーマの中心となるのは、極右のなかでもながらく国民社会主義《ナチズム》などとは別扱いを受けていた一派、「新右翼」である。「新右翼」の目的や歴史的起源を概観することで、以下のような現状が照らし出される。

――中産階級の多くは、グローバリズムのなかで、ますます存立基盤を奪われ、政治的に力を失っていった。それでも、移民や難民のような「よそ者」を歓迎して受け入れる土壌だけはいまだ残っていた。しかし、ここで、一つの驚くべき転機が生じる。これまでならば二、三の小雑誌や小組織のまわりに集まるだけであった取るに足らない勢力が人々の支持を獲得し、怒りに火をつけて回ったのである。

もっとも、このような展開自体は、必ずしも特筆すべき内容ではないかもしれない。むしろ、重要なのは、この新たな怒りを助長し、その象徴的人物となったのが、ドイツ連邦共和国のエリートを代表する一人であったことである。その人物こそ、社会民主党員ティロ・ザラツィンにほかならない。二〇一〇年、中産階級が潜在的に抱いていた危機意識は、ザラツィンの著書『ドイツは自滅する』が代弁することになった。それによって、これまで極右の範囲内で空転していたにすぎなかったテーマと概念が、社会全体に認知されるようになったのである。

ザラツィンは、「政治的正しさ《ポリティカル・コレクトネス》」への配慮のあまり「表現の自由」を奪われたとされる世論、国際的にも知られるようになった最近の言葉でいえば「嘘つきメディア《マスゴミ》」に象徴されるものに対する反逆者として、自己演出することに見事なまでに長けていた。ザラツィンの振舞いを通じて、新右翼のキーワードは多くの聴衆に受け入れられるようになっていった。そして、ザラツィン自身が、この時代に権威主義的反乱を企てる者たち全員にとっての偶像《アイドル》となったのであった。

本書の狙いの一つは、小市民的な穏当さを捨てて、敢えていまどきの新右翼の挑発性と攻撃性に倣った書き方をするところにある。そのようなスタイルに幾度も出くわすことに、読者の方々は驚かれるかもしれない。新右翼は、中庸に覆われた世界のなかで注意を引くための方法を、かなり以前から理解していた。例えば、サブカルチャー的な形式は、かつてであれば、左翼が体制に抗議するときに用いていたものであった。しかし、いまでは、新右翼の「アイデンティティ運動」〔第4章を参照〕がこれを積極的に模倣している。右翼は左翼のことを学習したと思われ、いまや「新六八年世代」の様相を呈している。しかし、新右翼によるポップな抗議運動のすぐ下には古い本質が見え隠れし、よくよく観察すれば、挑発的な振舞いもまた特に新しいものではないことがわかる。

新右翼による「夕べの国」の理念や、「友と敵の決定」のあり方について書き進めるなかで、執筆当初は予期していなかったテーマが出現し、本書の後半はそのために費やしてある。

ドレスデンの新街頭運動「夕べの国のイスラーム化に反対する愛国的ヨーロッパ人（Pegida《ペギーダ》）」は、「夕べの国（Abendland）」の概念を、いわば旗印として掲げてきた。にもかかわらず、Pegida《ペギーダ》は、原義を完全にゆがめるかたちで、「夕べの国」の意味を変更してきたのである。ご多分に漏れず、右翼もまた、「西」と「東」の概念にもとづく古い場所的イデオロギーに依拠して、自身の世界観を構築してきた。しかし、いまでは自分たちを「西」として位置づける妥当性が失われてしまっており、「ユーラシア」と呼ばれる空間《ラウム》を、むしろほかならぬ「西」の勢力から守らなければならないと説かれている。これについては、カール・シュミットに立ち戻りながら、明確に記述しなければならない。

近代化のなかで行われてきた解放を求める努力は、やがて反動を産み落とすことになる。ヨーロッパであれ、ロシアであれ、イスラームであれ、はたまた最近のアメリカであれ、いたるところで権威主義や宗教をふたたび政治に持ち込んで、おのれの土地を「復活」させようとする動きが凄まじい速度で生じている。それゆえ、本書の最終章では、「政治的イスラーム」「穏健なものから「原理主義」に近いものまで、イスラームの宗教を政治に反映させようとする運動」の現象を眺めることにしよう。イスラームは、確かにヨーロッパの右翼一般が敵視する相手であるとはいえ、もう一つのグローバルな「保守革命」として認められねばならないからである。

さらに、アメリカの「オルト・ライト（オルタナ右翼）」に属する一人の文筆家にも光が当てられる。「オルト・ライト」が、ドナルド・トランプが大統領に選出されるための支持母体となり、ヨーロッパの新右翼とも接点を持ってきた勢力であることは、周知の事実である。ドイツにおける「オルト・ライト」の礼賛者が、トランプの陰に隠れて自分たちも大成功を収めようと期待している、というのも空しい。合衆国での選挙の勝利ののち、「オルト・ライト」はいまや世界を手に入れようとしているのであるから。

本書で取り上げた出来事は、とうのむかしに克服したと思われていた事物が、新右翼というニッチを出発点に、いかに政治のなかに回帰してきたかを示している。新右翼が生き延びてきた本質的な理由は、次の二つである。第一に、「保守革命」の旗のもとに、新たな右翼の伝統が人為的に創造されたことである。「保守革命」の創造者たちは、この枠組によって、一九四五年以降の新右翼が国民社会主義《ナチズム》からは区別されて認識されるようにもくろんできた。第二に、

「保守革命」の理念が創造された結果、国民国家を超えた汎ヨーロッパ志向が生まれたことである。ユーロ危機のさなか、新右翼の汎ヨーロッパ志向は、未来を向いた建設的なものとして強調されるようになった。

この二つの現象に共通する要素は、かつてなら「保守」よりも右に位置していたはずの立場が、「保守」を詐称している事態である。これは既存の保守政治の頽廃過程を示している。言い換えれば、かつては意味を持っていないわけではなかった保守主義の潮流が、単なる権威主義の反映と化してゆく過程である。

保守政治が頽廃していく萌芽は、かねてから存在してきた。例えば、クルト・レンク〔政治学者。一九二九年〜〕は、その名も『中央に躍り出た右翼』という書物によって、二十年も前にそれを指摘している。レンクによれば、既存の保守政治は、みずからの危機に直面したとき、民族至上主義《フェルキッシュ》思想をもとに再定義された国民や、権威主義によって構成された国家を求めるようになる。保守政治は、混迷の末に先鋭化し、やがて自分自身を崩壊させてしまう潜在的な資質を持っている。保守政治のこの性格が、新右翼の思想界を、かつてはファシズムの道に引き込んだのであり、いまなお引き込みつつある。本書は、このメカニズムをあらゆる水準で暴露し、読者の方々に身をもって理解していただこうとしている。

以上の考古学的な仕事を終えたとき、ドイツの（あるいはヨーロッパの）右翼は、いかに時代とともに形態《すがたかたち》を変えようと、核心部分はむかしのままであるという結論が得られるようになる。

ドイツの右翼は、個々人の「民族《エトノス》」への解消不可能な結びつきにこだわり、「民族」にとって自然であるとされる文化形式に固執し、ひいては文化と一体となった社会的不平等を正当化しようとしてきた。これらの要素はすべて、右翼の表層的なあり方がどう移り変わったとしても、いかなる場合でも一貫しているのである。

本書で考察する「新右翼」の立役者の一人、エレン・コジッツァは、信仰告白めいたある対談集のなかで、自分の夫の経営する出版社、アンタイオス書店のロゴを示唆しながら、このことを簡潔にまとめている。

私たちは、この出版社のエンブレムのようなもの、蛇のようなものなのですよ。蛇は脱皮を繰り返しますが、いつも同じ個体のままなのです。

ここでも示されているように、新右翼は多くの点で、旧来の右翼と同じ思想や体質を持つ存在である。近年の彼らの台頭が多くの危険を孕《はら》んでいることを、認識せねばなるまい。

二〇一六年一一月　ハンブルクにて

フォルカー・ヴァイス

目次

凡例

・本書に登場する用語や概念のうち、特に重要なものは、四二二ページからの訳者「解説」で説明した。本書には、日本人にはあまりなじみのない人物名、概念が多く出てくるため、とりつきにくさを覚える場合は、そちらを先に読んでいただきたい。

・特に説明が必要と思われる事項については、〔　〕内に訳注を記した。

・本書には多くの人物、新聞・雑誌、出版社、組織、運動の名前が登場する。主要なものについては、四五三ページからの「資料」に整理してある。また、四六六ページには、本書に出てくる地名を入れたドイツの地図を掲載した。そちらも参考にしていただきたい。

・訳注および「資料」の作成にあたっては、人名、新聞・雑誌、出版社、組織、運動についてはドイツ語版ウィキペディアをはじめとするウェブ上の情報を、哲学や思想の概念については廣松渉／子安宣邦／三島憲一／宮本久雄／佐々木力／野家啓一／末木文美士編『哲学・思想事典』岩波書店（一九九八年）をそれぞれ参照した。

デザイン　三木俊一（文京図案室）

1

新右翼——その系譜の探索

「出来事」は歴史の枝葉をそぎ落とし、輪郭をくっきりと浮かび上がらせる。しかし、その意味がはじめて明らかになるのは、のちに回想されたときにほかならない。なぜなら、「出来事」は、同時代を生きる者の目には、乱雑で錯綜した様相を示すほかないからである。

ベルリンの「ツヴィッシェンターク」は、そのような「出来事」であった。二〇一二年一〇月六日、これまで社会の周縁の存在でしかなかった一つの世界が、公開の見本市というかたちで、人々の前に堂々と姿を現したのである。とはいえ、この「出来事」は、当時はまだ仲間内にとどまっており、関係者の来場だけが目立っていた。

しかし、フランスの歴史家、フェルナン・ブローデル［アナール学派を代表する歴史家。一九〇二年〜一九八五年」は書いている。「出来事がもたらすのはいつも、映画の予告篇、つまり翌週以降のプログラムを告知するため、新作から抜萃《ばっすい》した短い断片の集まりのような印象にすぎない」[1]。「ツヴィッシェンターク」こそ、ブローデルの言う「出来事」であり、やがて来るべきものに対する見通しを与えてくれたのであった。そして、わずかに三年後、そこに集まっていた参加者が、政治を左右する力を手にし、既存の政界を驚かせることになる。

「ツヴィッシェンターク」は、ドイツの政治的極右が一堂に会する場であった。見本市の常として、関係する雑誌や出版社が自分たちの仕事を紹介していた。ヴィルマースドルフ地区に堅牢につくられたログハウスは、いかにも国民的エリートを自任する面々にふさわしい雰囲気を与えていた。

この集会の発起人は、そのころテレビで名が売れはじめていた出版社経営者であり、評論家、活動家でもあるゲッツ・クビチェクであった。それゆえ、出展者のなかに、クビチェクを共同設立者の一人にすえ、彼が住むザクセン・アンハルト州シュネルローダに本拠を置く「国家政治研究所」があったのは、さして驚くことではなかった。同様に、国家政治研究所の機関誌『独立』や、クビチェクの経営する出版社、アンタイオス書店からも、見本市に人員が派遣されていた。また、国民保守派の週刊誌『若き自由』や、ザクセン州ケムニッツの若年層向き雑誌『青い水仙』も参加者を出していた。『若き自由』はかつてクビチェクがながらく寄稿していた雑誌であり、『青い水仙』は国家政治研究所と似たような政治的立場で運営されているメディアである。さらに、その日のベルリンには、少し前に開館した「保守主義文庫」の運営委員会や、歴史ある極右の出版社群、学生組織、インターネットのポータルサイト『政治的に正しくない』などの姿もあった。

その場にいあわせた人によれば、来場者のなかには、民族主義系学生運動団体のメンバーのみならず、国民民主党（NPD）の幹部数人も見られたという。要するに、キリスト教民主同盟（CDU）やキリスト教社会同盟（CSU）〔バイエルン州のみで活動するキリスト教民主同盟の姉妹政党〕より政治的に右に位置づけられる集団の代表者が出席していたのである。

「イスラームは我々の敵なのか？」

この種の集会は、ドイツでは一定の頻度で開催されており、不愉快ではあるにしても、それ自体が異常事態というわけではない。にもかかわらず、この集会が「出来事」に値するものになった要因は、『若き自由』の代表的論客であるカールハインツ・ヴァイスマンと、『政治的に正しくない』のライターであるミヒャエル・シュテュルツェンベルガーのあいだで行われたパネル討論にあった。動画に記録された二人の論争のテーマは、「イスラームは我々の敵なのか」[2]であった。

一見すると、これは取り立てて独創的なものではない。右翼の世界で行われる「敵」としての「イスラーム」についての議論は、少なくとも二〇〇一年九月一一日以降は、政治的なお決まりの一つになっていたからである。それよりも驚くべきことは、この対話の展開であった。ヴァイスマンは、イスラームを「敵」扱いにはせず、そのために聴衆から大々的な喝采を浴びたのである。そして、ヴァイスマンは、賢明にも相手の挑発に乗らず、討論に明らかに勝利した。

あまりにも相違していたのは、このセッションで論戦した両者の性格であった。高校《ギムナジウム》の教員であり、博士号を所持する歴史家でもあるヴァイスマンは、冷徹な振舞いを身につけており、対象を図式化して分類しながら、理路整然と発言した。ヴァイスマンは、数十年来にわたって右翼知識人の世界観の核心を知りつくし、擁護してきた存在であり、それを普及させるために、彼自身が数々の貢献をしてもきた。ヴァイスマンが鋭利な知性を備えた右翼イデオローグであることは、疑い得ない事実である。

これに対して、シュテュルツェンベルガーは、古いタイプの右翼ポピュリストである。討論に際して、シュテュルツェンベルガーは、聴衆の「イスラーム」への連想を悪い方向に誘導するような感情的な表現を用いた。ヴァイスマンが明快な世界観にもとづいて発言したのと異なって、シュテュルツェンベルガーは人々の不安に訴えかけたのであった。冷徹なヴァイスマンとは対照的に、シュテュルツェンベルガーは、なにかに駆り立てられるように動きまわった。ビアホールに呼ばれた芸人よろしく、シュテュルツェンベルガーは話の眼目を、つまりイスラームを「ひねり潰せ」というメッセージを幾度も繰り返した。討論のあいだ、シュテュルツェンベルガーは、イスラームの聖典、クルアーン［コーラン］を振りまわし、これをヒトラーの『我が闘争』になぞらえて、「ドイツ基本法、男女の平等、自由、西洋の社会」とは相容れないと叫ぶのであった。

だが、ヴァイスマンはシュテュルツェンベルガーの主張を行きづまらせてしまった。ヴァイスマンに言わせれば、イスラームが拡大した要因は、クルアーンではなく、ムハンマドの教えを信じる「諸民族」だったからである。「ユダヤやアラブに出自を持つ」ベドゥイン諸部族は、「分捕ること」を、そして征服することを欲した。彼らは、イスラームのなかにその欲望を正当化してくれる理屈を発見したにすぎない。イスラームという宗教は、「夕べの国」の文化が没落したことによってたまたま受益者となったにすぎず、没落の原因それ自体ではない。そして、「夕べの国」の文化の没落の原因は、おのれ自身のなかにある。……こうヴァイスマンは反論した。

ヴァイスマンは、イスラームの脅威から人類を解放せよ、というシュテュルツェンベルガーの呼びかけにまったく興味を示さず、誤解の余地もなく次のように断言した。「別の文化に属する人々を何かから解放しようなんて欲求は、私にはさらさらありませんね。さらに言えば、我々の文化こそどうしようもなく頽廃しているとしか見えないわけで、その名のもとに他人を解放しようなんて、絶対に思いません」

ムスリムが西洋人と同じようになるのを「望ましい」とは考えていない、とヴァイスマンは強調する。ヴァイスマンは、相手方のシュテュルツェンベルガーに対して、彼が

「反ファシズム(アンティファ)」の論法を使っているのを理由に、お前こそまるでリベラリズムの徒のようではないか、という嫌疑をかけ、それゆえに拍手を浴びたのである。

イスラームを多面的かつ歴史的に考察しようというヴァイスマンの呼びかけを、多文化主義的な寛容の証拠と考えてはならないことは、聴衆にも理解されていた。というのは、ヴァイスマンも、移民を是とする政治的立場からはかけ離れた人間だからである。ヴァイスマンは、闘争の線を別のところに引いたにすぎなかった。つまり、ヴァイスマンの関心は、「世界宗教同士の衝突」ではなく、「文化的かつ国民的なアイデンティティ」なのであった。「アイデンティティ」の喪失は、特に若い世代にとって、荒《すさ》んだ精神をつくり出す原因となる。ドイツの若者は、拠りどころにできるものを一切持っていない。それゆえ、彼らは「劣勢に追い込まれて」いる。……ヴァイスマンはそう述べて、果たして誰が西洋でいまなお「固有の文化」を主張できようか、と問うている。その結論として、ヴァイスマンが主敵と見なすのは、イスラームではなく、「個人主義と快楽追求を特徴とする西側のリベラリズム」だったのである。

これに対して、シュテュルツェンベルガーが要求するのは、ムスリムがクルアーンへの信仰を棄《す》てることであった。シュテュルツェンベルガーの目には、ムスリムの棄教こそが、ドイツによりよく同化して非ムスリム系住民と混交していくための根本条件であると映る。しかし、ヴァイスマンにしてみれば、宗教と文化は常に、民族の生活様式——民族が民族であることを示すもの——の表現でもあり、まさにそれゆえにシュテュルツェンベルガーの棄教要求には同意できない。

それどころか、ヴァイスマンは、「国民が乗っ取られる、非ドイツ人がドイツ人を支配するようになる」といった脅し文句を、ほとんど恐れていなかった。なぜならばヴァイスマンは、ムスリムをはじめとする非ドイツ人との葛藤を、ドイツ国民としての「民族の存在」を目覚めさせる契機であると考えており、単なる宗教対立とは見なしていないからである。おのれ自身の「アイデンティティ」への配慮のなさ、まさに西側の「文化形式」の「頽廃」が、西洋社会のなかでイスラームを拡大させる余地を与えた、とヴァイスマンは続けた。

そこまで話したとき、聴衆のなかから、『独立』のライター、マルティン・リヒトメスによる同意の野次が飛んだ。「リベラリズムに罹患した国民は破滅するんだ！ イスラームのせいじゃない！」

「ツヴィッシェンターク」のこのパネル討論では、「新右翼」と呼ばれる政治勢力の本質をなすような、決め台詞が次々と発せられただけではなかった。そこには、新右翼の領袖の大部分が集まってもいた。なかでも、発起人たるクビチェクは、国家政治研究所やアンタイオス書店、雑誌『独立』を背景に、議論の大枠を決定する存在である。ヴァイスマンは、クビチェクのかつての顧問格であり、現代の新右翼にとって最も重要な文筆家の一人である。幾年か前、クビチェクは、ヴァイスマンに新右翼の「先駆的思想家」の称号を与えたことがあった。[3] 一方、シュテュルツェンベルガーにしても、ステレオタイプ的な右翼ポピュリズムの政治活動家の一人である。右翼ポピュリズムの流れが、知識人サークルの圏内を離れ、政治産業の底辺にたどりつくとき、シュテュルツェンベルガーのような人物を生み出すのである。

見本市の出展者も、こうした枠組のどこかから出てきた面々であった。『若き自由』は、三十年来、新右翼のイデオロギー的な存在として、また組織上の「母船」として機能し、いまでは「保守主義文庫」と密接に協働している。[4] そのほか、来場者、特に大学卒業生団体の一員として来ていた人々は、この政治勢力が獲得したがっているグループであった。つまり、エリート意識を刻み込まれ、いずれ各方面で決定権を持つようになる層、もしくはすでにそうなっている層である。

「ツヴィッシェンターク」は、NPDからの来賓によって、完璧なものに仕上げられている。NPDの出席が意味するのは、扇状に広がったドイツの右翼の内部に明確な境界を引くことの難しさである。交錯と類似が、まさに競合と差異が、右翼シーンを決定づけている。

このことは、新右翼の主要メディアにも当てはまる。ヘルムート・ケラースホーン〔歴史家、極右研究者。一九四九年〜〕は、『若き自由』とNPDの機関紙『ドイツの声』とを体系的に比較し、二〇一三年段階での両者の世界観の共通部分をはっきりと示している。共有されているのは、いわゆる「民族至上主義的《フェルキッシュ》ナショナリズム」である。それでも、両者のあいだに「競合と差異」があるのは、「読まれ方（あるいは解釈のされ方のヴァリエーション）が異なるからにすぎない。『若き自由』と『ドイツの声』は、異なった読まれ方を「体現して」いる。この差異が生じるのは、結局は、両者が互いに、もちろん単純には区別し難いにしても、一応は別のイデオロギー的伝統に依拠しているからである。つまり、『若き自由』が拠って立つのは、いわゆる保守革命のうちの「青年保守」〔「保守革命」の一流派とされる。解説を参照〕の伝統であり、これに対して『ドイツの声』の基盤は、国民社会主義《ナチズム》を是とする伝統なのである。しかし、両者の関係は流動的である」[5]。

この構図は、雑誌『いまここで』でも見られる。『いまここで』は、NPDのザクセン州地方組織の機関誌であり、テーマ的にも人間関係的にも、明らかに「ツヴィッシェンターク」に近い位置にある。『いまここで』の二〇〇九年までの編集長、アンゲリカ・ヴィリヒ〔NPDに近い評論家。一九六三年〜〕は、かつては『若き自由』の文化欄担当者であった。ヴィリヒの後任はNPDの政治家のアルネ・シマー〔元ザクセン州議会議員。一九七三年〜〕であり、前任者同様に、NPDでのキャリアを開始する以前、『若き自由』に執筆していたことがある。シマーは、クビチェクの『独立』で幾度も好意的に紹介されてきた政治家でもある。長年にわたって新右翼の世界を観察してきたジャーナリストのアンドレアス・シュパイト〔一九六六年〜〕によれば、シマーはアンタイオス書店の編集に携わった経験があり、国家政治研究所のセミナー出席者でもあったという[6]。

「ツヴィッシェンターク」の翌年〔二〇一三年〕、NPDと関係の深い『いまここで』を「ツヴィッシェンターク」に招くべきであったか否かの問題をめぐって、国家政治研究所や『独立』

の周辺は、『若き自由』と決別したと言われている。『若き自由』は、NPDとのより明確な線引きにこだわっていたのである。この集団間の近さと遠さは、「ツヴィッシェンターク」のパネルセッションでのヴァイスマンとシュテュルツェンベルガーの衝突に劣らず、ドイツの右翼のカオス状態がいかに複雑かを示している。それゆえ、ドイツの右翼は、国家の公安当局によってつくられた、憲法に敵対的かどうかの基準によってだけでは、まずとらえることができないのである。

「ツヴィッシェンターク」の討論ではすでに、のちに「夕べの国のイスラーム化に反対する愛国的ヨーロッパ人（Pegida《ペギーダ》）」やAfDが台頭してきたとき、イスラームに対する世論を熱狂させることになる、決め台詞がいくつか登場していた。具体的にいえば、「民族の乗っ取り」および「アイデンティティ」である。また、前述のリヒトメスの野次は、新右翼の理論基盤をそのまま参照したもので、かの思想家、アルトゥール・メラー・ファン・デン・ブルックの有名な言葉、「リベラリズムに罹患した諸国民は破滅する」からとられていた。

メラーは、ヴァイマル共和国におけるラディカルなドイツ民族主義の中心的な思想家の一人である。「リベラリズムに罹患した諸国民は破滅する」とは、もともと一九二二年にメラーが『新戦線』に寄稿した記事の題名であった。[7]『新戦線』は、極右の著者たちによる、発足したばかりの民主政治に挑戦するための論文集であった。さらにメラーは、一九二三年、主著となる『第三の国《ライヒ》』のなかで、リベラリズムを論じた章の冒頭にもこの一文を掲げている。[8]メラーは、国家の権威と民族至上主義的《フェルキッシュ》な結合を強く求め、西欧リベラルの思考のせいでそれが失われたと考えていた。まさにこの反リベラリズム思想ゆえに、新右翼は、メラーのような思想家の一派に、今日にいたるまで高い評価を与えてきた。パネル討論の最中のあの野次は、いま一度こうした事情を確認していたわけである。

　さて、「ツヴィッシェンターク」でのヴァイスマンとシュテュルツェンベルガーの論争のなかで、最も顕著に示されていたのは、極右の一派に確固として存在する世界観からすると、イスラームへの視線は必ずしも否定的なものではないという事実である。ヴァイスマンのような知識人にとって、宗教そのものと宗教による政治的搾取を区別しうることは自明である。彼らは、あからさまには「イスラーム嫌悪《イスラモフォビア》」者ではない。このことは、致命的なまでに誤解されている。ヴァイスマンたちの主敵は、ムハンマドの教えではなく、グローバルに展開した近代とその結果のすべてなのである。

　むしろ、多くの場合、ヴァイスマンたちは、自分たちに対抗するイスラーム側の勢力――「政治的イスラーム」――に対して、奇妙な連帯意識を持ってさえいる。政治的イスラームが具現するような、ある種の権威主義的な超保守主義の思想世界は、「頽廃した」西洋文明よりも、はるかにヴァイスマン一派の理想にかなっているからである。新右翼は、何十年にもわたって、イスラームを大きな存在としては扱ってこなかった。しかし、時とともに、その英雄的な行動力を評価するようになっていった。

ヴァイスマンと似たようなイスラーム観を表明した、歴史的先駆者も存在する。その一人はユリウス・エヴォラである。神秘思想家であるエヴォラは、イタリア・ファシズムの信奉者でもあり、いまでは確実に新右翼の正典《カノン》の一つとなっている。エヴォラは、一九三五年にドイツ語で刊行した著書、『近代世界への反乱』のなかで、はっきりとイスラームの英雄的戦士集団を賞賛している。[9] また、三〇年代末期、国民社会主義《ナチス》党員として影響力のあった評論家、ギーゼルヘル・ヴィルジングも、パレスティナを旅行したのち、そこに「身分によって分肢化された戦士の宗教」を発見し、イスラームへの感嘆を表している。[10]

「戦士共同体としてのイスラーム」を賛美してきた痕跡は、今日でもなお、「イスラーム批判者」とされる新右翼の文筆家にすらも残っている。[11] 新右翼が評価するのは、イスラーム教徒が宗教のために行う闘争ではなく、ある土地の「民族的実効支配」を求めてする闘争である。新右翼は、「民族的実効支配」があってはじめて、文化の基礎が確立されると考えるからである。それゆえ、新右翼の思想では、文化とともに、文化の「担い手となる諸民族」は、おのれの帰属する「空間《ラウム》」にとどまらねばならない。仮に移民現象がなかったとしたら、新右翼は、西側の物質主義を共通の敵として、イスラーム世界との同盟すら計画しかねないところがある。

以上の議論は、右翼の内部では幾度も十分に行われてきたものである。とはいえ、それが広く認識されるにはいたらなかった。その意味で、件《くだん》のパネル討論の最中にヴァイスマンがシュテュルツェンベルガーの素朴な反イスラームのアジテーションを根本的に批判したことは、メディアの注意を引く契機になり得たかもしれない。それでも、二〇一二年の段階では、この議論は「頭のおかしい過激派」の内紛でしかなく、一般層に受容されるにはほど遠かった。せいぜい、政治党派が何をめぐって闘っているかに注目している、数少ない専門家が感知していただけであった。

来《きた》るべき蜂起

しかし、今日では状況は異なる。移民をめぐる論争、公共の場でのイスラームの存在感の増大、世界的に広がるイスラーム勢力のテロ、ひいてはアフリカや中東からヨーロッパへの難民の動き、これらすべてが、「ツヴィッシェンターク」で提示されたような内容にとって、強い追い風となってきた。現状に不満を覚える者たちは、あたかも独裁に対する抵抗運動であるかのように、「国民蜂起」を合言葉に、はじめは街頭に、次いで投票箱の前に集合するようになった。そして、「国賊」や「嘘つきメディア《マスゴミ》」という言葉をもって、政府や「上級国民」――報道界や出版界にいる政府の「お友達」――にお灸をすえようとした。ただし、独裁者や専制君主に対する闘争と異なっていたのは、そこで少なからぬ権威主義が、否、より多くの権威主義が要求された点であった。安全保障と国民国家の主権を確立することこそ、この抗議活動の望みなのであった。

二〇一五年にこの界隈で発起された「市民」運動「ワンパーセント」は、これまでにないほど、権威主義的反乱に内在するこのパラドックスを際立たせるものとなった。「ある支配者の影響圏で安全に生きることを許されるために、かつては十分の一税〔中世ヨーロッパで、教会が農民から収穫の十分の一を徴収した税〕を支払ったものである」。市民階級の解放の歴史に逆行するようなこの一文をもって、「ワンパーセント」は、「ドイツのためのグリーンピース」を自称するファンド設立運動として、支持者に寄付を求めた。「ワンパーセント」は、NGOの運営方式をとることで、政府の移民政策に反対する運動を財政的に支えようとしたわけである。

「ワンパーセント」の登場は、極右の政治家や活動家のネットワークとして、CDUより右側のいくつかの勢力が動きはじめた徴候でもあった。「ワンパーセント」の発起人には、ゲッツ・クビチェクに加えて、極右雑誌『コンパクト』のジャーナリスト、ユルゲン・エルゼサー、「反ヨーロッパ」の論客、ユリウス・カール・アルブレヒト・シャハトシュナイダー〔公法学者。元エアランゲン大学教授。一九四〇年〜〕、そしてAfDの政治家、ハンスートマス・ティルシュナイダー〔ザクセン・アンハルト州議会議員。AfDの右派派閥「愛国者プラットフォーム」に所属。一九七八年〜〕の名がある。つまり、極右勢力が党派を超えて連帯しはじめたといえる。そのとき、彼らがアウトロー的なイメージで気を引こうとしたこと――欧米の暴走族は「ワンパーセンター」を名乗っている――は、おそらく「革命」的役割を自負するためであろうと見られている。

この右翼結集の過程は、ティロ・ザラツィンが二〇一〇年に刊行したドイツ没落のシナリオ、『ドイツは自滅する』について行われた論争のなかで、すでに準備されていたともいえる。クビチェク本人が回顧して述べているように、このときの議論を通じて、「特定の事柄について論ずるのが［……］容易になった」。社民党員のザラツィンは、「我々［クビチェクたち］が幾年にも語気を鋭くして言ってきたのに、少しも聞いてもらえなかった」意見を、「用心深く書いていた」[13]。ザラツィン論争とともに堰が切れてしまったことは、疑いようもない。

とはいえ、ヴァイスマン、シュテュルツェンベルガー、クビチェクらの立役者にとっては遺憾なことに、ザラツィン論争の政治利用は、なかなか実現しなかった。実際、ザラツィンの書物が世に出てからしばらくのあいだ、いかなる超右翼の小政党も、取り立てて言うほどの成功を独力では達成できなかった。二〇一一年一一月には、ドイツ国内で人種差別主義者による連続殺人事件が発生し、しかも「アンダーグラウンドの国民社会主義《ナチズム》勢力」に誘発されたものであったと判明した。ここでの評判失墜を契機に、右側からの政治的攻勢の試みは次第に消滅していった。しかし、それでもザラツィンがなにがしかを目覚めさせていたのは確かで、それ以来、「不平分子」はおのれの意見を打ち出す機会を待つことになった。

「ツヴィッシェンターク」が開催されたのは、まさにこのような潜在的局面下であって、そのとき新右翼は直立不動の姿勢で戦力増強を熱望していたのである。まったく、クビチェクの策士めいた助言の通りであった。

我々としては、危機を願おうではないか！　確かに、危機ゆえに、我らが病める祖国は圧迫され、脅威にさらされる。しかし、まさにこの危機ゆえに、予期し得ぬ事態に飛び込む勇気が、かつて「政治」の名に値していた行為を敢えて実行する勇気が、奮い立たせられるのである。長患いに、雌伏のときに、持久戦に、逆戻りすることだけはないように！[14]

二〇一三年、ＡｆＤ結党とともに、かくして束ねられてきたルサンチマンを「政治」へと転化させるための力が生じた。この力が、三年とたたないうちに、ドイツ連邦共和国の政治風景を一変させることになったのである。特に、二〇一六年には、かなり多くの州議会選挙で、ＡｆＤは二桁パーセントの得票を収めるようになった。バーデン・ヴュルテンベルク州で一五・一パーセント、ベルリン市で一四・二パーセント、メクレンブルク・フォアポンメルン州で二〇・八パーセント、ラインラント・プファルツ州で一二・六パーセント、ザクセン・アンハルト州で二四・三パーセント、という具合である。これに加えて、二〇一四年の秋には、Pegida《ペギーダ》の運動がドレスデンの街頭で形成された。

ここに来て「ツヴィッシェンターク」で議論された内容の反響が現れてきた。ＡｆＤのテューリンゲン州代表であるビョルン・ヘッケ［ＡｆＤの民族至上主義《フェルキッシュ》派閥の代表者の一人。第３章を参照。一九七二年〜］が、同州エアフルト市のPegida《ペギーダ》幹部、ジークフリート・デープリッツ［一九八六年〜］とともにある集会で登壇したとき、それは確実なものとなった。ヘッケは、まるで「ツヴィッシェンターク」でヴァイスマンの意見を個人的に聞いていたかのように、こう明言したのである。「イスラームが私の敵なのではありません。我々の最大の敵は、頽廃なのです[15]」

この目まぐるしい展開のなかで、出版業者でもあるゲッツ・クビチェクをはじめ、新右翼の幹部連は、いまや巨大な読者と支持者を獲得することになった。これまで大衆が彼らについていった例などなかったのに、いまでは逆に彼らが大衆の後追いをしているほどである。エリートが大衆に命令するのか、大衆がエリートに命令するのか、もはや判別し難くなってきた。

新右翼の幹部連は、Pegida《ペギーダ》のデモを告知し、ＡｆＤなどの政治家に助言しもする。それどころか、新右翼のメディアは、そうすることで直接的な利益を得る。『若き自由《フェルキッシュ》』の読者数は一貫して拡大し、ＡｆＤの非公式機関紙の地位を得るところまでに成長した。ＡｆＤが二〇一五年および二〇一六年の州議会選挙で大勝利を収める以前、すでにＡｆＤの民族至上主義派閥の代表者の一人、シュテファン・シャイル［連邦議会議員候補者。一九六三年〜］は、みずからの思想的同伴者であり盟友でもあるクビチェクから、ビョルン・ヘッケと並んで『独立』誌上でインタビューを受けたことがある[16]。また、ＡｆＤ最高幹部の一人、アレクサンダー・ガウラント［ＡｆＤ共同代表、連邦議会議員。二〇一三年まではＣＤＵに所属。一九四一年〜］は、ＡＲＤ［ドイツ公共放送連盟」のトーク番組のなかで、『若き自由』を引用しさえした。

新右翼幹部とAfD上層部との同盟関係は、民族至上主義的《フェルキッシュ》ナショナリズムの派閥が党内抗争に勝利を収めるのに成功したあと、ますます密なものとなっていった。AfDがザクセン・アンハルト州議会選挙で二四パーセントを超える票を獲得したとき、AfDの同州代表のアンドレ・ポッゲンブルク［AfDの民族至上主義《フェルキッシュ》派閥の代表者の一人。ザクセン・アンハルト州議会議員。一九七八年〜］は、これ見よがしにクビチェクとともに『コンパクト』誌の記者会見に登場した。[17]

二〇一六年の初夏、AfD議員のヴォルフガング・ゲデオン［AfDのバーデン・ヴュルテンベルク州議会議員。一九四七年〜］が著した反ユダヤ主義的小冊子について論争が行われたとき、『若き自由』と『独立』が衝突したことがあった。このとき明らかに『若き自由』側に立って『独立』に対して反論したのは、AfDの「党員哲学者」のマルク・ヨンゲン［政治家でもあり、二〇一七年から国会議員。一九六八年〜］であった。[18] ヨンゲンは、ペーター・スローターダイク［日本でも著書が多数刊行されている哲学者。一九四七年〜］の元助手である。

かくも短い期間で、長年にわたって狭い人間関係の内部で自足してきた運動は、日常政治へと参入する道を得ることになった。これまで兵卒なき将校の団体にすぎなかった新右翼は、ながらく自分たちに欠けていた運動員として、「不安な市民」を動員するのに成功したようにも見える。新右翼は、AfDに対する影響力によって、おのれの政治思想を議会に持ち込むための手段を持ったのである。社会の各層は、新右翼の政治的主張を許容してしまい、その状態が当然視されるようになっていった。

ごくわずかな専門家にしか知られていなかった新右翼は、こうした展開の末、突如として報道の中心に躍り出ていったのであった。本章の冒頭で触れたブローデルのイメージに戻れば、予告篇に対する映画本篇が上映されはじめたともいえる。ジャーナリスト連中の頭のなかでは、「右翼」とは軍隊のコスプレをした乱暴者でしかなかった。にもかかわらず、急に雄弁な右翼イデオローグに次々と出くわすようになり、彼らは目を奪われてしまった。かくして、ゲッツ・クビチェクも、いかがわしいとは思われつつも、ジャーナリストが好んでインタビューする相手となっていった。『独立』が嘲笑的に書いているように、クビチェクに会うために彼の自宅のあるシュネルローダまで来たジャーナリストが発信する彼の私生活情報は、いまや「ある種のジャーナリズムのサブジャンル」[19]となった。

政治的存在感が支持者を生み、今度は支持者が政治的存在感を生む。新右翼は舞台そでから現れて中心に進み出て、万人を驚かせた。知識人として、活動家として、演説家として、新右翼の立役者たちは、Pegida《ペギーダ》の横断幕の前に、ＡｆＤの党大会に、あるいはシュネルローダでの講習会に、突如として姿を現したように見えた。

とはいえ、新右翼の立役者連中とて、無から生まれたわけではない。新右翼の政治的アジェンダは、何十年にもわたって形成されてきたものなのである。もちろん、ザラツィン論争以降の今日では、彼の巻き起こした騒動を考慮に入れねばならないのも明らかである[20]。かくして、新右翼勢力の通史を探索することが、差し迫った課題となる。

「右からの六八年」？

　実のところ新右翼とは何なのか、という問いに対する答えは、かなり錯綜している。「右翼」に対する「新」がもともと意味していたものについては、以下の三つの点を指摘するのが一般的である。第一に、「第三帝国」への実質的な距離感である。その距離の意識ゆえに、なるべく国民社会主義《ナチズム》的ではないスローガンを選択するよう注意されていると言われている。第二に、右翼の知識人化である。これは、エリート的な「スタイル」への好みとも平行《パラレル》であり、無教養なネオナチとは一線を画するとされている。第三に、「汎ヨーロッパ」志向である。少なくともこの一点では、ドイツの枠にとどまった古い民族主義を克服しようとしているとされる。

　しかし、この三つの基準は、いずれも限定的にしか妥当しないものである。詳しく調べてみればわかるように、国民社会主義《ナチズム》という歴史的先行者に対する距離は、言われているほど十分に保たれてきたわけではない。また、新右翼の世界観の理論的骨格は、非合理主義に強く影響されており、貴族趣味を気取ったとしても、ポーズ以外のなにものでもない。さらに、新右翼の「汎ヨーロッパ」の理念自体が、ヨーロッパ各国の民族主義を連携させる、古くからある試みでしかない。以上の「古」さゆえに、かえって「新」という形容が望まれてきたともいえる。そして、「新」とは時間的な形容である以上、「新右翼」の起源は「いつ」なのかという問いが避けられないことになる。

魅力的なのは、「新右翼」の歴史は一九六八年［「フランス五月革命」など、左翼側の学生運動が世界的に高揚した年］をもってはじまった、とする見方である。新右翼の歴史は、六八年という誕生年を想定することで、国民社会主義《ナチズム》の傷を背負った旧右翼内部での、一つの近代化運動として語ることができるかもしれないのである。

新右翼の歴史は、ドイツ連邦共和国の公式史観の用語を当てはめれば、「議会外反対派」による文化革命の一つといえなくもない――本来の議会外反対派とは方向性が正反対ではあるが。この比定では、ＡｆＤは最終的には緑の党に相当することになろう。緑の党は、議会外反対派のなかから登場し、初期には幾度も脱皮を繰り返して生き延びてきた。もちろん、細かく見ていくと、この対応は成り立たない面もある。新右翼の主張の多くは、古くから知られてきたものにすぎないからである。それでも、新右翼を「右からの六八年」と解釈することによって得られる、一連の興味深い平行関係《パラレル》がなくもない。

新右翼の勢力が最初の頂点に達したのは、「赤い十年」と呼ばれる七〇年代であった。新右翼を議会外反対派に対する反動と見るべきとされる第一の理由は、このころ、「六八年世代」による反乱が成果をもたらしはじめ、現実の体制にも影響を与えていた。ある種の民主主義的な高揚感がドイツ全土に充満し、議会では社会民主党と自由民主党の連立政権というかたちで新たな時代精神が登場し、一九六九年に保守政党をはじめて下野させていた。一方の旧国民社会主義《ナチズム》勢力――ＮＰＤ――は、それまでいくつかの州議会選挙で議席を獲得していたにもかかわらず、連邦議会への参入に失敗していた。政治環境は姿を変えつつあり、旧来の右翼といえば、小市民の世界に埋没するか、ナチス時代を懐かしむかのいずれかでしかなく、深刻な危機に見舞われていた。

歴史上しばしば見られたように、このような変革に対して鋭敏な感覚を備えていたのは若者であった。実際、研究者も強調しているように、「旧」右翼と「新」右翼を分ける要素は世代である。七〇年代後半から八〇年代前半の段階で、一九六四年に結党されたＮＰＤの幹部や支持者の多くは、国民社会主義《ナチズム》の時代にすでに成人していた年齢層であった。これに対し、新右翼の代表者は、より若い人たちである。研究者によれば、新右翼指導者の誕生年を平均すると一九三八年になる。「議論の出発点になるのは、「新右翼」は年齢構成からして「旧右翼」とは端的に異なるということである」[21]

右翼の世界でも、新左翼と同様に、新時代の政治スタイルに多分に影響された世代が登場した。彼らは、「新」右翼や「青年」右翼などと自称し、古い民族主義のような必死さを見せずに自己演出し、開かれた態度で同時代の議論に臨む必要があった。こうした政治勢力が決まって拠点としたのは、伝統的な民族主義の大衆団体や政党ではなく、研究団体や雑誌であった。

この歴史の結果として生まれたのが、「ツヴィッシェンターク」で一堂に会することになったあの世界、研究団体と雑誌と新聞の群れなのである。

新右翼世代の出版や組織の基盤について考察するためには、錯綜した世界観同士の織り成すカオス状態を明らかにしなければならない。新右翼の各グループを今日まで特徴づけてきたのは、そうしたカオスだからである。そのなかには、国民保守主義〔ドイツ語圏における保守主義のうち、国民の文化的、民族的アイデンティティを重視する立場〕の勢力のみならず、「国民革命」派〔「保守革命」の一流派とされる。解説を参照〕や国民社会主義《ナチズム》の要素も含まれ、オカルトや神秘主義すら入ってくる余地がある。ドイツでは、国民保守主義に属するカスパール・フォン・シュレンク＝ノッツィングが創刊した雑誌、『クリティコン』が、新たに台頭してきた新右翼のさまざまな主張を発表するための媒体となった。今日のAfDの政治家、アレクサンダー・ガウラントも、まだCDUに党籍があったころから、すでに『クリティコン』の寄稿者であった。

NPD内部でも、内部改革に向けての議論が起こり、これが党を分裂させる原因となった。一九七二年には、NPDの分派「新右翼運動」が起こっている。「新右翼運動」に集まったのは、NPDをあまりにも小市民的と考え、党に不満を持った若い右翼革命家であった。彼らに同調したのは、今日では忘れられている「独立労働者党」の支持者であった。独立労働者党の支持者は、「国民革命」派の理念に依拠していた。こうした離合集散のなかで形成されていった数々の派閥は、そのときどきの極右団体の構成員の力関係に左右されていた。だからこそ、新右翼の歴史は、再編と野合の歴史となるほかないのである。

この動きに対応して、さらに年長の世代も、再編過程に参加する動きを見せつつあった。もっとも、彼らはあくまでも仲介者としての役割しか果たさなかった。例えば、一九六六年、かつての親衛隊（SS）将校であったアルトゥール・エアハルト［一八九六年〜一九七一年］は、一九四二年生まれのヘニング・アイヒベルクに、フランスの「民族主義学生連盟」と連絡をとらせている。民族主義学生連盟は、革命勢力を自任する民族主義の学生団体である。フランスの「新右翼（Nouvelle Droite）」に詳しい数少ないドイツ人、フォルクマール・ヴェルク［極右を専門とするジャーナリスト、反ファシズム《アンティファ》活動家。一九五七年〜］によれば、フランス新右翼の「最近の立役者」、「主要メンバー」は、民族主義学生連盟の出身であるという。[22] 民族主義学生連盟との連絡を通じて、アイヒベルクは、一歳年少のアラン・ド・ブノワを知るようになった。この二人が、そののちの年月のなかで、独仏両国の新右翼の鍵を握る人物になっていくことになる。

アイヒベルクは、新右翼運動に、「汎ヨーロッパ運動のマニフェスト」をもたらした。一方、ブノワはほどなく、民族主義学生連盟の内部に、ほかの指導者とともに「ヨーロッパ文明研究会」を設立することになった。また、アルトゥール・エアハルトの力添えで、アイヒベルクやブノワのような文筆家は、『ヨーロッパ国民』誌に自由に寄稿できる身分を手にもしたのであった。

『ヨーロッパ国民』は、これに先立って、「汎ヨーロッパ」的見地から、極右の運動のなかで生まれた雑誌であった。一九五一年、『ヨーロッパ国民』は、フランスの資金によって創刊され、「最初から、武装親衛隊（武装SS）の精神によるヨーロッパ全体のネットワーク化[23]」を意図したものであったという。この事業は、いうまでもなく東方における独仏共通の敵――ソヴィエト連邦――に向けられたものであり、フランスの右翼知識人がドイツの側に立って戦うことを選ぶという意味で、第二次世界大戦中のフランスの「対独協力《コラボラシオン》」を連想させたとしても偶然ではない。こうして戦後世代も同じ道を歩むことになったわけである。独仏の新右翼もまた、ファシスト的な同盟の伝統のなかにあった。

ただし、独仏の新右翼の誕生それ自体については、好んで言及されるような「六八年」左翼からの影響は、必ずしも確認できないところがある。フォルクマール・ヴェルクによれば、フランスの新右翼の成立は、パリのカルチエ・ラタン［パリの学生街。一九六八年の「五月革命」では、学生と機動隊の衝突の中心地となった］における「六八年五月」より以前にさかのぼるという。なぜならば、「新右翼の中核団体」であるヨーロッパ文明研究会の「設立大会は、一九六八年一月にニースで」行われているからである。このため、ヴェルクの見解では、新右翼を「六八年」に対する「反動」とするのは「神話」にすぎない[24]。

また、ヴェルクは、アラン・ド・ブノワを引いて、フランスの新右翼自身がそのような主張を否定していることも示している。ブノワは、新右翼を新左翼の鏡像とする見方に反論し、「右翼は一度たりとも六八年五月を真剣に研究したことはない」と言っている。その理由は、「右翼が研究能力を発揮することは稀だから」[25]である。もちろん、ブノワは、批判的な意味でそう述べているわけである。右翼の研究能力の欠如こそ、ブノワのような文筆家が変えようとしてきたものであった。

七〇年代を通じて、こうしたドイツとフランスの協力関係は、緊密さを増していった。一九八〇年には、フランスのヨーロッパ文明研究会を手本として、新右翼の世界観を確立する任務のため、ドイツでも「トゥーレ・ゼミナール」が設立された。一九七三年に創刊されたヨーロッパ文明研究会の機関誌の題名が『元素（Éléments）』であるのに対し、一九八六年からはじまったトゥーレ・ゼミナールの機関誌も『元素（Elemente）』を名乗った。

トゥーレ・ゼミナールと近い位置にあったのは、歴史修正主義やナチス免罪の文献を刊行するために創業された出版社、グラベルト社であった。このことはまたもや、新右翼と「旧」極右とのあいだに明確な線引きをする難しさを示している。旧右翼陣営との未分明さを隠すため、新右翼自身は、自分たちの歴史を記述するとき、内部の多様性を強調し、複数形で呼ばれることを好んでいる。「「新右翼」は統一体ではない。［……］そもそも、「諸新右翼」勢力、と呼ばれねばならないものであろう[26]」

国民のための革命勢力

そうは言っても、新右翼と「六八年」の時代精神的な結びつきは否定し得ないものがある。彼らが国民「革命」勢力と名乗っているのは、特にその証拠であるが、ここでは、今日の新右翼の綱領が、新左翼から多くを借用しているという事実が問題なのではない。右翼にして左翼とのイデオロギー的な境界線上を歩む者が、相手側の、つまり左翼の領域に食い込もうとすることこそが問題なのである。だからこそ、例えばヘニング・アイヒベルクは、一九七八年、『前進』に、「民族的であることは革命的である」と書くことができたのである。

『前進』は、左翼誌『コンクレート』の元発行人で、ウルリーケ・マインホフ〔ドイツ赤軍の創設者の一人。逮捕、収監されたのちに獄中死した。一九三四年〜一九七六年〕の夫でもあった、クラウス・ライナー・レール〔議会外反対派として活動したジャーナリスト、評論家。一九二八年〜〕が編集長を務めていた雑誌である。こうした思想的越境の発端は、かつての議会外反対派の指導者、ルディ・ドゥチュケ〔ドイツにおける「六八年」の代表的な学生運動家。一九四〇年〜一九七九年〕であった。ドゥチュケは、デンマークへの亡命中、「国民とは何かという問題」を左側から展開しようと考えをめぐらせていた。[27]

アイヒベルクの『前進』での発言のすぐあと、「国民革命派」は、『我ら自身——国民的アイデンティティのための雑誌』を創刊し、自前の組織を形成することになった。『我ら自身』は、アイヒベルクの個人雑誌も同然となり、彼が「国民革命派の政治専門家」として活動する舞台になった。[28] 雑誌名は『シン・フェイン』、アイルランド独立運動政党の名称の翻訳である。つまり、かつて左翼が共感を向けていた相手の名前を持ち出したわけである。

この手の攪乱は、意図的に行われていた。『我ら自身』は、同世代の左翼が標榜していた「反帝国主義」の、右翼版を目指すものだったからである。目的は、言うまでもなく、アメリカ合衆国とソヴィエト連邦とに同時に対抗することであった。また、リビアの革命指導者、ムアンマル・アル・カッザーフィー［カダフィ大佐］への『我ら自身』の偏愛が、さらに状況を複雑なものとした（雑誌を通じてカッザーフィーに献金するよう、何度も呼びかけられている）。[29]

こうした姿勢は、今日でも新右翼の外交姿勢のなかで続いている。ソヴィエト連邦が崩壊してからというもの、新右翼は合衆国によりいっそうの敵意を持つようになり、その際にはプーチン、もしくはアサド率いるシリアのバアス党［正式名称はアラブ社会主義復興党。アラブ民族主義の政党で、シリアのほか、イラクのフセイン政権などを形成した］政権に接近する立場を示すようになっている。

『我ら自身』の思想の中核には、すでに「国民的アイデンティティ」、「主権」などの概念があった。また、各地の住民がその地域の伝統を担うことが義務であるという意識も見られた。当時「第三世界の解放闘争」という左翼側のスローガンは、今日と同様、ドイツにも持ち込まれていた。その影響を受けたうえで、『我ら自身』は、ドイツという国民国家の分断や、第二次世界大戦の戦勝国による占領を克服することを、活動の主目的に設定していた。

もっとも、それだけが主張というわけではなかった。伝統的に、ヨーロッパの人種主義を形成してきたのは、「白人の優越」という教義であった。しかし、左翼による「第三世界の解放闘争」の影響のもとで、「白人の優越」は新たな「民族多元主義」の概念にとって代わられていったのであった。「民族多元主義」によれば、いかなる生活空間から発生したとしても、各民族は平等であり、かつ各民族の成員は同質的であるとされる。

「民族多元主義」の主張は、これまでの右翼が主張してきた「白人の優越」説に比べて、ひとまずは人道的な性質を持つように見えた。だが、民族内部の同質性や、民族と「空間《ラウム》」――その民族の居住地域――との不可分の結びつきを信奉するものでもあって、現代的な装いをしているとはいえ、「白人の優越」説と同水準の排他性を宿してもいた。

『我ら自身』の編集長として実務を担ったのは、かつてのNPDの青年組織「青年国民民主主義者」の構成員、ジークフリート・ブブリース――のちに軍事関係の出版業者と極右政党「共和党」の幹部とを兼ねるようになる――であった。しかし、この人選にもかかわらず、『我ら自身』が右翼雑誌であるという実態は、一見しただけでは容易にわかるものではなかった。この雑誌は、編集方法の点でもテーマ選択の点でも、当時の左翼が発行していたミニコミ誌の多くと、ほとんど区別がつかなかったからである。これは、まったくこの時代に特有のカオス状態であって、フランスのアラン・ド・ブノワを編集長とする『青年フォーラム』のような、ほかの新右翼雑誌にも見られる現象であった。

『我ら自身』の創刊号は、一九七九年一二月、よりによってルディ・ドゥチュケの肖像を表紙として刊行された。そして、エコロジーや労働者の権利といった当時の「左翼」系テーマは、必ず「国民的アイデンティティ」や「民族の固有性」といった枠組と関係づけられていた。

ドイツの国民的アイデンティティの側に立つものは、コルシカ、バスク、エリトリア、クルド、ウェールズなど、諸民族の解放闘争を支持するのが当然である。また、独裁や、資本主義の搾取や、マルクス主義の強制収容所に対する闘争に連帯するのも当然である。あるいは、東のものであれ西のものであれ、原子力発電所に反対するのも当然である。[30]

この視点から、『我ら自身』は、第二次世界大戦の戦勝国による占領、失われた旧ドイツの東方領土、あるいはドイツの東西分断といったテーマを、具体的に扱っていった。ドイツの分断に関しては、例えば北アイルランド問題などと同等の、「帝国主義」の一環としてとらえる試みがなされた。このように各領土問題を関連づけることによって、「革命的民族主義」は、「解放運動」にとっての中心的役割を担うものとされた。

「革命的民族主義」の目的は、帝国主義勢力を敗北させたあと、「「民族多元主義」の原則を基礎として民族同士の共存共栄を可能とすること」[31]にあった。それゆえ、『我ら自身』の中心理念は、「ソ連およびアメリカの帝国主義に対抗する解放的民族主義」であり、今日の新右翼も主張する民族至上主義的《フェルキッシュ》「インターナショナリズム」を先取りするものであった[32]。かくして、『我ら自身』は、当時の主流の政治勢力への「代替案《オルタナティヴ》」を提示するというスタイルをとりつつ、いまにいたるまで新右翼政治の中心をなすスローガンを用意するのに成功したのであった。

『我ら自身』がすでに示しているように、今日の右翼が好む「抵抗者」や「反市民」としての振る舞いは、特に新しい現象ではない。『我ら自身』のような出版活動は、意識的に、市民社会への「代替案《オルタナティヴ》」としての対抗文化の確立を目的としていた。

七〇年代には、環境や生活に関わるイニシアティヴ、あるいは平和運動を旗印として、市民社会への対抗文化が形成されていた。とはいえ、これらの勢力は一九八〇年に成立した緑の党に吸収されていったため、それに代わって、『我ら自身』のような国民革命派の刊行物が強い支持を得るようになっていった。その一環として台頭したのが、エコロジストのヘルベルト・グルール［CDUなどに所属した政治家、環境保護運動家。一九二一年〜一九九三年］を囲むグループである。この集団は、古くは二〇世紀前半の民族至上主義的《フェルキッシュ》な生活改革運動に由来する伝統に立っており、『我ら自身』に対しても偏見がなかった。

また、ドイツ民主共和国の反体制派であったルドルフ・バーロ［政治活動家、評論家。社会主義批判で知られる。一九三五年〜一九九七年］は、西側に亡命したあと、緑の党の活動家になると同時に、同党が「国民」という問題に向き合っているのを宣伝するために、『我ら自身』への執筆をはじめ、次のように主張している。

エコロジーや平和運動は、まさに国民として要求しなければならないであろう。このことは、軍縮運動をするにしても平和運動をするにしても、極めて本質的な問題となるはずである。もちろん、いつぞやバイエルンのキリスト教社会同盟がポスターで主張したような、「我々とアメリカ」という枠組に対して、ごく単純にドイツ国民という「代替案《オルタナティヴ》」を突きつけねばならないとしたら、さらに本質的な問題となるであろう。[33]

今日、こうした背景をさておいても、注目に値するのは、バーロの義理の息子であるエーリク・レーナートがながらく『若き自由』に執筆し、国家政治研究所の学術面の指導者としての役割を果たしてきた事実である。レーナート自身は、義父や義父周辺の影響と、自分の歩んだ政治キャリアとを結びつけようとしてきた。[34] この目的で、二〇〇七年にすでに、レーナートは『独立』にバーロの伝記を著しており、そこでバーロを「ロシア革命とドイツ古典主義の交差点」として描くことで、レーナート本人の政治志向へと紐づけている。バーロに対するレーナートの見立ては、「バーロの反乱はドイツ的なものであった。なぜなら、それは全体を志向していたから」[35]というものである。国家政治研究所の発行した『国家政治ハンドブック』でも、バーロはすでに「先駆的思想家」とされている。[36]

七〇年代の、市民社会への「代替案《オルタナティヴ》」としての生活運動の歴史が、このようにして右側から書き直されつつある現状がある。「代替案《オルタナティヴ》」と同時に「民族多元主義」を、のみならず「革命」をさえ主張する今日の右翼を評価するためには、このニッチな世界についての知識が不可欠である。

『我ら自身』が広範囲にわたる影響力を持ってきたことについては、ゲッツ・クビチェクの記述からも傍証できる。クビチェクによれば、『我ら自身』の元編集長・ジークフリート・ブブリースは、在職当時から有名な存在であった。[37] クビチェクがこう述べたのは、一九九五年、二年の中断を挟んで『我ら自身』が再刊され、『若き自由』の読者にはすでになじみだったブブリースらの名前が奥付に印刷されたときのことである。奥付を書いたエレン・コジッツァは、クビチェクの妻であり、一九九九年以来『我ら自身』に寄稿してきた。

エーリク・レーナートも、『我ら自身』に筆を執ってきた。同じく、今日ではNPD活動家であり、クビチェクの拠点であるシュネルローダになかがらく親しく出入りしてきたアルネ・シマーも、『我ら自身』の執筆者である。さらに、『若き自由』の寄稿者であるクラウス・ヴォルフシュラーク［政治学者。アカデミアに属する新右翼の一人。一九六六年〜］の名も、『我ら自身』に見ることができる。コジッツァによれば、若いころの彼女をほぼ最初に新右翼に勧誘した人物は、このヴォルフシュラークであった。[38]『我ら自身』は、新右翼の初期に意味を持っただけではなく、九〇年代の中盤になってもなお、次世代の新右翼のたまり場であったのは明らかであった。

『我ら自身』に代表されるように、八〇年代前後に特有の現象として、新右翼は新左翼に対して人員的、テーマ的な接近を見せていた。にもかかわらず、新右翼は、六〇年代の学生運動への反動という観点だけからは説明できない。確かに、新右翼は議会外反対派の存在感と成功に影響されてはいたが、なによりも、新右翼は、新左翼と同様の政治的－文化的条件のもとで政治活動を行い、新左翼と同様の年代から世に出てきたのである。

しかし、新右翼は、かつての右翼と人的、思想的なつながりを保ち、なかでも戦間期右翼の理論的正典《カノン》を参照するのが常であった。今日の新右翼が言っていることのほとんどは、オスヴァルト・シュペングラー、エルンスト・ユンガー、エルンスト・フォン・ザロモン、アルトゥール・メラー・ファン・デン・ブルックといった、ヴァイマル時代の思想家が書いたもののなかにすでにあった内容にすぎない。つまり、新右翼は、明らかにかつての右翼の世界観を引き継いでいる。

似たようなことは、新左翼の側における議会外反対派についても指摘できよう。議会外反対派も、同じように、しばしば思想史的古典を引き合いに出してきたからである。実は、議会外反対派も、完全に六八年の産物というわけではなく、五〇年代のビート・ジェネレーション、平和運動、ジャズクラブに集う若者といった先駆者を持っていたのである。

結局のところ、新右翼を「右からの六八年」とするテーゼは、左翼の「六八年神話」に対する逆の神話でしかない。「右からの六八年」テーゼは、新右翼が当時の若い世代の運動であったこと、旧右翼の路線をいくつか変更したことを、せいぜい説明しているにすぎず、さして深い認識をもたらすものではない。新右翼の系譜を探るためには、さらに過去にさかのぼる必要がある。

2

アルミン・モーラー――つくられた伝説

新右翼をあの象徴的な一年――「一九六八年」――の産物とする考えから離れるならば、その誕生年については、さらに過去にさかのぼることができる。そのとき、手がかりとなるのは、アルミン・モーラーというスイス人の生涯と著作にほかならない。

モーラーには数多くの伝説がまとわりついている。新右翼の系譜全体がそうであるように、モーラーもまた、その一生を通じて、国民社会主義《ナチズム》、汎ヨーロッパファシズム、ラディカルな保守主義のいずれともとれるような玉虫色の態度をとり続けた。モーラーの著作は、新右翼の世界観的正典の一つに数えられ、彼らのあいだではことあるごとに引用されている。モーラーの新右翼の指導者に対する個人的な影響力は、特に秘密にされているわけではない。カールハインツ・ヴァイスマンは、モーラーとの師弟関係についてたびたび書いており、最終的にはモーラーの伝記を著した。ヴァイスマンのモーラー伝は、ゲッツ・クビチェクの出版社から刊行され、そのクビチェクも、二〇〇三年のモーラーの葬儀では、「弟子のうちの最後の世代の代表者」として弔辞を述べている[1]。要するに、モーラーの名前は権威となっており、その著作こそ新右翼の誕生をさらに探究するための鍵なのである。

ヴァイスマンは、次のように書いている。

モーラーの死とともに、戦後の保守主義の歴史における一つの時代が終焉を迎えた。ほかの代表的右翼知識人の誰よりも、モーラーは強い影響を与えてきた[2]。

とはいえ、モーラーが実際に「時代」を画する影響力を、それも「保守主義」に対して行使したといえるのかどうかについては、必ずしも定かではあるまい。結局のところ、モーラー本人が、「保守主義」の範囲に収まらない言論活動を行ってきたからである。つまり、モーラーは、「保守主義」を旗印としつつ、さらに境界を越えてファシズムの領域に踏み込んでいたのである。モーラーの模倣者たちも、今日にいたるまで、この「保守主義」を装う戦術を採用してきたのであった。

もっとも、モーラーが明らかにドイツの戦後右翼にとって不可欠な思想家、フィクサーとしての役割を果たすことができた理由は、この戦術だけではない。ここでは、モーラーが確立したある神話が重要となる。この神話のおかげで、一九四五年にドイツが敗北したあと、それでも右翼は新たな出発を図ることができた。これこそ、「保守革命」の神話にほかならない。

「深刻な精神的栄養失調」

アルミン・モーラーは、極右の主要思想家の一人と見なされるようになる以前、すでに波乱の半生を経験してきていた人物であった。

一九二〇年に生まれたモーラーは、政治キャリアをバーゼル――戦前には「赤いバーゼル」と呼ばれた左翼的な都市――ではじめた。後年の回想によれば、若きモーラーは、そこで常に左翼学生のグループと交際していたという。このことは、マルクス主義からの転向者ではないかという伝説が、モーラーの生涯を通じてまとわりつく原因となった。しかし、学生時代のモーラーが左翼であったとする説は、興味を引くために本人が吹聴したものである可能性が高い。いずれにせよ、ギュンター・マシュケ――かつては議会外反対派の活動家であり、自身がマルクス主義から新右翼へと歩んだ人物――のコメントによれば、モーラーが過去に左翼であったことは「あり得ない」。マシュケはモーラーの年下の友人であり、一貫して彼を高く評価してきた。そのマシュケによれば、彼自身のような「変節漢」の著作には、マルクス主義的な概念の痕跡が残ってしまうのが普通なのに、モーラーの書いたもののなかにはそれがまったく含まれていないという。これは適切な指摘であろう。マシュケは、むしろ「モーラーのマルクス主義についての知識はわずかなもので、ほぼゼロに近い」[3]と考えている。

実際、モーラーがマルクス主義理論を研究したことはほとんどなかった。モーラー本人が何度も強調しているように、彼の主敵はリベラリズムであり、マルクス主義については単純にリベラリズムの延長に位置づけている。モーラーにとっては、リベラリズムとマルクス主義の共通理念はいわゆる「悪平等」であり、人間同士の自然な位階秩序を損なうものであった。その衣鉢《いはつ》を継いで、モーラーの友人であったアラン・ド・ブノワは、「東と西の、つまり共産主義とリベラリズムのいずれかを選ばせられる事態を避けるためなら、我々は人類に可能な限りのあらゆる努力をするであろう」と述べている。ブノワによれば、リベラリズムとマルクス主義の共有する「平等」思想こそ典型的な頽廃現象であり、必ず対決しなければならない相手である。

あらゆる独裁は軽蔑に値する。しかし、さらに軽蔑に値するのは、あらゆる頽廃である。独裁は、「個人」としての我々を明日にでも抹殺することができよう。だが、頽廃は、「民族」としての我々が生存する機会を抹殺するのである。[4]

結論を言えば、モーラーやその弟子たちは、啓蒙思想以来の普遍主義と闘っていたといえる。彼らにとっては、普遍主義こそ、「平等」というコンセプトの基礎となるものにほかならなかった。

モーラー自身は、若いころの主な体験として、階級闘争に参加したとも左翼文献を読んだとも言ってはいない。本人が書いているのは、スイス出身の義勇兵として武装親衛隊（武装SS）に加入し、ソヴィエト連邦に対するドイツの戦争に参加しようとしたことである。のちに、モーラーはこの一幕を回想して、「冒険」に身を投ずるための能動的「決断」として描き出している。また、モーラーは、自分の左翼出身伝説をそこにうまく組み込んでもいる。

一九四一年のことです。大戦中のこの時期、母親が部屋に入ってきて、左寄りの反ファシズム学生であった私に、ドイツ軍がロシアに進撃をはじめた、と言うのです。そのときから、反共主義とは無関係に、いまこそ決断のときなのだ、どこであれ自分の行くべき場所に行くのだ、と思うようになったのです。生まれ故郷がスイスであったのとは別問題として、私の究極的なアイデンティティはドイツでした。（エルンスト・）ユンガーを読みはじめたのもこのころでした。それで、『労働者』にたどりついたわけです。『労働者』の影響は極めて大きく、この本を読み終えるやいなや、すぐドイツ国境をまたぐことになりました。それが、翌一九四二年の二月五日でした。[5]

自称左翼青年にとって、この行動は驚くべき第一歩であった。その理由に、モーラー本人は、スイスでの生活をただただ退屈に感じていたこと、「男」の証に憧れていたことを挙げている。入念に築かれてきたモーラー伝説では、ドイツ密入国は、国民社会主義《ナチズム》の体制を支持して行われた政治的決断ではなく、「永遠の国《ライヒ》」〔「ライヒ」の概念については解説を参照〕を求める完全に超越的な動機によるものであった、ということになっている。カールハインツ・ヴァイスマンによれば、モーラーが求めていたのは、「軍事国家としてのドイツ」だけでなく、「精神的原理としてのドイツ、形而上学の国としてのドイツ、「深刻な精神的栄養失調」の治療薬としてのドイツ」であったという[6]。こう神話化することで、モーラーは、自分の非合法な国境破りを、精神的な「越境行為」として顕彰できたのであった。モーラーは、自国であったスイス連邦には欠けていると感じたあらゆる崇高さを、ドイツ「ライヒ」のなかに発見しようとしたのである。

こうして、モーラー――自称「若き転向者」――は、まずシュトゥットガルトの「パノラマハイム」にやってきた。「パノラマハイム」は、義勇兵の集合場所であり、スイス出身の国民社会主義《ナチス》党員が親衛隊の協力のもとで運営していた。もっとも、ドイツ軍の制服を着てソヴィエト連邦と戦うというモーラーの目的は果たされなかった。その確たる理由は明らかになってはおらず、モーラー本人の言い分だけが残されている。

一九六九年のボン地方裁判所でのモーラーの陳述によれば、「パノラマハイム」のドイツ人担当官の関心は、スイスの国境警備隊の武装状態やスイス国内の内務政策に向けられており、それが彼の情熱を冷ます原因になったという。諜報員ではなく、あくまでも兵士になりたかったので、「パノラマハイム」で軍務につくのはやめた、とモーラーは説明している。また、ドイツの官僚主義や「政治将校的性格」の親衛隊幹部に不快感を覚えた、とも言っている[7]。要するに、モーラーの「冒険」は、本人が期待していたような英雄的な方向には進まなかった。こうして、モーラーは東部戦線ではなくベルリンに赴き、大学で美術史を学ぶことになったわけである。

モーラーは、「ライヒ」の首都たるベルリンでは「国民社会主義《ナチズム》に批判的な考えを持つようになった保守派」のグループにいたという。この人々との付き合いにより、ホロコーストはじめ東方での「大量虐殺」の情報を得て、もはやドイツの行動に対する「一〇〇パーセントの信頼」を失った、と言っている[8]。そして、幻滅のあまり、モーラーはついにスイスに戻ることになった。

とはいえ、これから本書でも見ていくように、のちのモーラーは、国民社会主義《ナチズム》を批判的に検証する動きに激しく論戦を挑むことになる。モーラーによれば、ドイツ人は、「せいぜい、「過去の克服」をどのように行うかを決められるにすぎない。そもそも「過去の克服」が必要なのかどうかについては、あらかじめ外部から決められてしまっている[9]」。ホロコースト否認論をも許容するこうした態度を見るにつけ、ベルリンで「大量虐殺」を知って衝撃を受けたという伝説には疑わしいものがある。

上記の陳述を信じるにせよ信じないにせよ、その数十年後、モーラーが戦時中の別の出来事について語ったとき、親衛隊に「批判的な」視線すら向けようとしなかったのは事実である。ある長いインタビューのなかで、モーラーは、ある種の汎ヨーロッパ的な覚醒体験に駆られ、一九四二年にバルト海で行われたサマーキャンプに参加したことについて回想している。そこでは、国民社会主義党《ナチス》の後援のもと、ヨーロッパ各国の民族主義団体から参加者を集めた「青年の国際会議《インターナショナル》」が開催されていたという。モーラーによれば、戦争中にもかかわらず、「自由な諸国民からなるヨーロッパ」を創造しようと、フラマン人、ワロン人、デンマーク人、スペイン人、オランダ人、フランス人、ひいては敵国民であるイギリス人すら遠路はるばる参加しに来ていた。モーラーにとって、このキャンプは、各々の生涯をかけた究極の決断に突き動かされてやってきた、ヨーロッパ中のエリートの集まりであった。「そのときから、私はドイツ人であることを選択したのです[10]」

この語り口からも、まさに武装親衛隊に見られるような多国籍状態が、「汎ヨーロッパ精神」としてたたえられていたことがわかる。武装親衛隊が多国籍主義を掲げていたのは、西ヨーロッパのファシズムに存在した「汎ヨーロッパ」思想ゆえであった[11]。そして、この多国籍主義こそ、のちに新右翼が相続するヨーロッパ政治の遺産となるのであった。

スイスに戻ったあと、まずモーラーを待ち受けていたのは、「傭兵罪」による短期の禁固刑であった。他国の軍旗のもとで兵役につくことは、スイスでは伝統的に「傭兵」と呼ばれてきた。ドイツ滞在時点でのモーラーは、いまだ公式的にはスイス軍の構成員であったため、その意味で法に違反していた。そこでの拘留を終えたのち、モーラーはふたたび「ドイツ精神」へと向かうことになる。

一九四九年、モーラーは博士論文『ドイツにおける保守革命――一九一八年から一九三二年まで――』を出版し、さまざまな思想家を「保守革命」と呼ばれる独立した思想学派のなかに位置づけようと試みた。記述の対象となったのは、ドイツの超国家主義の一派でありながら、いわゆる「第三帝国」からは区別されるとモーラーが考えた人々であった。このようにしてモーラーは、「学問と神話」[12]のあいだで危うい綱渡りを続ける生活に入っていった。

モーラーによる「保守革命」の発明を一助として、国民社会主義《ナチズム》とショアー［ヘブライ語でホロコーストのこと］と敗戦という重荷を背負うドイツの右翼には、ふたたび輝かしいもう一つの歴史が与えられることになった。モーラーは、本人の言葉によれば、「国民社会主義《ナチズム》のトロツキイスト」［スターリン体制のソヴィエト連邦に対するトロツキー派のように、もともとは同じ根から出ながら袂を分かった人々の意」の記憶を取り戻し、彼らの著作をふたたび政治的言論空間に持ち込もうとしていた。[13]「国民社会主義《ナチズム》のトロツキイスト」とは、必ずしも実態とは一致しないとはいえ、極めて魅力的な比喩であったといえる。モーラーの課題は、なによりも、発足したばかりのドイツ連邦共和国に対抗して、もう一つの政治的「選択肢《オルタナティヴ》」としての「ライヒ」概念を生きながらえさせることであった。

この目的のため、「保守革命」は、無理のある構成、意図的な省略、あとづけの伝説によって構築されることになった。そうでもしなければ、モーラーの意図はまず実現されなかったのである。ヘルムート・ケラースホーン〔第1章を参照〕の批判的見解によれば、モーラーは、自分の創造した「保守革命」を国民社会主義《ナチズム》から顧みることで、「実態としては極めて近接し、混在状態にあったとわかっている対象を区別[14]」しようとした。

モーラーの『ドイツにおける保守革命』は、何百人もの伝記と書誌を集めた著作である。同書は、初版刊行後に幾度も増補され、極めて多岐にわたる戦間期の事象を右翼の側にまとめて取り込んでいった。同時に、各事象に共通する特徴を挙げて、「保守革命」の思想家たちが国民社会主義《ナチズム》とは一切関係がなかったと読者に思わせようともした。モーラーがリストアップした「保守革命」の思想家たちは、通常ならば左翼のものとされるテーマに取り組み、左翼的ともとれる用語を使っていた。注目に値するのは、戦後のドイツ連邦共和国の新右翼も、「革命的」行動をとる際、モーラーの選択した「保守革命」思想家を基準としているところである。

『ドイツにおける保守革命』には、有名になった表現でいえば「左翼的右翼人」である国民革命派も、作家も哲学者も、プロテスタントもカトリックも、「民族政策」の支持者も「地政学」の宣伝者も、理論家も活動家も、キリスト教徒も新異教主義者も、並んで掲載されていた。彼らの多くは、アドルフ・ヒトラーのライバル、不本意な同調者、明らかな敵対者のいずれかであって、モーラーはそこに事後的な統一戦線を構築しようとしていた。もっとも、同書の登場人物のなかには、カール・シュミットやエルンスト・フォルストホフ〔公法学者、裁判官。一九〇二年〜一九七四年〕（法学者）、ハンス・グリム〔作家。『土地なき民』で知られる。一八七五年〜一九五九年〕やギーゼルヘル・ヴィルジング（文筆家）、マックス・ヒルデベルト・ベーム〔一八九一年〜一九六八年〕（社会学者）、パウル・シュッツエーナウムベルク〔一八六九年〜一九四九年〕（建築家）のように、所属先も世界観も「第三帝国」にこのうえなく近い人々もいた。オスヴァルト・シュペングラーやエトガー・ユリウス・ユングなどの数人は、確かに国民社会主義ドイツ労働者党（NSDAP）に対して一定の距離をとってはいたにしても、ムッソリーニへの熱狂は隠さなかった。

忘れられがちなのは、『ドイツにおける保守革命』の思想家の少なからぬ面々が、二〇年代後半にNSDAPを否定するようになったのは、そのころ議会主義に方向転換しつつあった同党にはラディカルさが不足していると考えたからにすぎないことである。この傾向が特に当てはまるのは、「青年保守」と呼ばれる一群であった。「青年保守」は、ヴァイマル共和国の開始時点ではアルトゥール・メラー・ファン・デン・ブルックを囲んで民族主義の「六月クラブ」に集い、やがてヒトラー政権の副首相となったフランツ・フォン・パーペン［政治家。ヴァイマル共和国末期の首相で、ヒトラー内閣に協力し一九三三年に副首相となった。一八七九年～一九六九年］と連携するようになる。

最終的に、モーラーの「保守革命」思想家リストがグロテスクな様相を呈するのは、「古ドイツ人連盟」の議長であったハインリヒ・クラース［一八六八年～一九五三年］、「人種研究家」のハンス・F・K・ギュンター［一八八一年～一九六八年］、あるいはヒトラーが尊敬していた思想家であるヒューストン・ステュワート・チェンバレン［イギリスからドイツに帰化した人種主義理論家。主著は『十九世紀の基礎』。一八五五年～一九二七年］といった反ユダヤ主義者――国民社会主義《ナチズム》の前史を考えるにあたって除外するわけにはいかない人々――を加えたためである。以上の寄せ集めによって、モーラーはまさに、民族至上主義的《フェルキッシュ》ナショナリズム内部の長い伝統を都合よく切り貼りし、国民社会主義《ナチズム》だけを「保守革命」から完全に孤立した新奇なものに見せようという、反歴史的な意図を実現したことになる。

『ドイツにおける保守革命』の業績は、一九二〇年代と一九三〇年代におけるドイツ右翼の全体をカバーする書誌情報を作成したことであった。確かに、この書誌自体は、早い段階で必要不可欠な「事典」としての地位を獲得した。とはいえ、同書は「統一できないものを統一する」[15]、つまり雑多な人々を一つの学派のように扱おうとする試みでもあって、その点では説得力を欠くものとなるほかなかった。列挙された思想家同士の差異はあまりにも大きく、国民社会主義《ナチズム》から乗り換えるべきもう一つの右翼史をつくろうという目論見も露骨にすぎた。

ここで見過ごせないのは、同書の執筆によって、モーラーが個人的に、国民社会主義《ナチズム》に加担してしまった自己の罪の許しを得ようとした形跡があることである。モーラーの崇拝者ですら、『ドイツにおける保守革命』はモーラーにとっての「自己弁明を博士論文に書き換える」[16]試みである、と認めねばならなかった。モーラーの博士論文の指導教官であったカール・ヤスパースは、この戦略的意図をある時点で見破っている。のちにモーラーは、ヤスパースの書簡から、自分の著作に対する簡潔なコメントを引用している。

あなたのお仕事は、扱っている思想家たちを一括して「非ナチ化」しようとするものです。これは確かに魅力的で、今日のドイツではむさぼるように読まれることになるはずです。もはやドイツには政治的発言力を持つことが禁じられていて、すべては合衆国とロシアの手に握られている、と承知していなかったとしたら、私はあなたの博士論文への責任を引き受けられなかったでしょう。とはいえ、今後あなたの論文が引き起こす悪しき結果は、限定的なものにすぎないと思っています。だからこそ、私はいまでもあの論文を許容しているのです。[17]

しかし、これは世事に疎い大学教授特有の誤評価であった。この見込み違いはのちに判明することとなった。モーラーは、「保守革命」の発明を通じて、ファシズムの敗北直後に、ファシズムの思想界に対して避難場所を提供したのである。

モーラーは、高齢になって徐々に策を弄するのをやめるようになったとき、『ドイツにおける保守革命』の構成面での弱点を自分から認めたことがある。

> 保守革命についての拙著は、この二つの対象——保守革命と国民社会主義《ナチズム》——を分離しようとするものでした。とはいえ、その区別は極めて困難でした。歴史的現実からすれば、やはり両者には重なり合うところが多いのです。[18]

それでもなお、ナチスに抵抗した「保守革命」という神話は、右翼の周辺のみならず、学問の世界でも定着することができたのであった。それは、「保守革命」こそが、ドイツ人の精神に刻み込まれた、国民社会主義《ナチズム》の過去を免罪したいという欲求を満たすものであったからにほかならない。

しかし、反対の声がなかったわけではない。クラウス・ラッゲヴィー〔政治学者。一九五〇年〜〕の一九八七年の報告によれば、モーラーが独自の基準で「保守革命」を国民社会主義《ナチズム》という大差ない同輩から区別したことによって成立した「砂上の楼閣」は、「すぐに現実に存在するファシズム勢力に奪いとられた」という。ラッゲヴィーはつけ加える。

モーラーの言動を正確に理解できるのは、一九四五年のあとでもファシズムをよりどころにして反抗を続ける者、そして挙句の果てには民族間衝突を挑発するしか能がない暴力右翼の理論的支柱になろうとする者にほかならない。[19]

その数年後、シュテファン・ブロイアー〔政治学者。一九四八年〜〕も、モーラーの著作の体系的な批判を行っている。モーラーの議論を詳しく考察したのち、ブロイアーは誤解の余地もなく断言する。

「保守革命」とは改良を要する概念であり、理解よりも混乱をもたらす。それゆえ、保守革命は二〇世紀の政治思想の一覧から削除されなければならない。[20]

ラッゲヴィーやブロイアーの意見は重く受けとめられ、二人の著作はモーラー本人やその高弟たちから一目置かれもした。しかし、その両人にしても、「保守革命」にまつわる幻想を一掃することはできなかった。

『ドイツにおける保守革命』には多くの欠点が存在し、何を「保守」とするのかについての定義も大雑把にすぎるものであった。にもかかわらず、ドイツの右翼の内部に、国民社会主義《ナチズム》の誹《そし》りを受けない大きな勢力としての「保守革命」伝説を植えつけるのに、モーラーは成功したのであった。「保守革命」という大胆な構図は、ドイツの知識人の自己解放欲求を満たすものと歓迎されたのみならず、誕生して間もないドイツ連邦共和国に極右が生まれ変わる可能性をもたらした。今日でもなお極右が存続しているのは、同書とともに再出発したおかげでもある。

ところで、極右の世界でモーラーが高い尊敬を勝ち得ているのは、「保守革命」を発明した業績だけでなく、ある二人の思想家と個人的に親しく交際していたことによっている。それはエルンスト・ユンガーとカール・シュミットである。この二人こそ、新右翼の内部では、疑いもなく守護神として扱われる存在にほかならない。

ユンガー、シュミット、ド・ゴール、シュトラウス

『ドイツにおける保守革命』の出版により、まさに自身の世界観を確立したモーラーは、一九四九年の秋、エルンスト・ユンガーの私設秘書に採用されることになった。ユンガーとモーラーの相性のよさは、すぐに明らかになった。モーラーはユンガーを尊敬しており、すでに『ドイツにおける保守革命』でも彼の著作には多くのページを割いて評価していた。ユンガーの方は、モーラーを「アルミニウス」〔紀元九年のトイトブルクの森の戦いでローマ軍に勝利したゲルマ

ン人指導者で、ドイツ民族主義の英雄となった人物の名でもある」と呼ぶようになった。これは、ユンガーがヴァイマル共和国時代に共同編集していた「保守革命」派の雑誌名にちなんでいた。また、オスヴァルト・シュペングラーへの敬意が二人を結びつけた。モーラーが日記で漏らしているところでは、ユンガーはシュペングラーの作品を「両大戦間における最も重要な知的現象[21]」と考えていたという。

自分の偶像《アイドル》のすぐ側にいながら、モーラーはほかの思想家との交流も深めていった。例えば、カール・シュミットである。モーラーは、「保守革命」研究の過程で、すでに個人的にシュミットの面識を得ていたのであった[22]。また、モーラーが『ドイツにおける保守革命』の版元にフリードリヒ・フォアヴェルク社を選んだのは、同社自体がヴァイマル時代の「青年保守」派が創業した出版社だったからであった。つまり、『ドイツにおける保守革命』を書いたおかげで、モーラーには幾重にも広がる人脈を得る機会ができたわけである。のちにモーラーがドイツの右翼の政治的フィクサーの任を果たすとき、これが大いに役立つことになる。

成立して間もないドイツ連邦共和国では、元ナチス党員に対しては、いかなる体制からの政治的逸脱も許容されなかった。しかし、モーラーは、多くの点で元ナチス党員とは異なっていた。モーラーはスイス人であり、つまり「中立」的であり、軍隊の思い出にも「党」の栄光を取り戻すことにもほとんど興味がなかった。むしろ、モーラーを媒介とする交流によって、ドイツ連邦共和国内の右派とヴァイマル時代の超国家主義とが結びつけられたのである。

もっとも、モーラーとその上司であるユンガーとの関係は、時とともにひびが入っていった。ユンガーは、文学史のなかに記念碑的作品を打ち立てるのにかかりきりになっており、政治などという低次元の事象への関心を次第に失っていった。加えて、モーラーはさらに強くシュミットの呪縛に陥るようになり、新右翼自体がシュミットをパトロンとすることで成立していったとさえいえる。[23] モーラーにとって、「先生」シュミットとの関係は依然として「師匠《マイスター》」ユンガーとのそれに比べて距離があったとしても、二人の指導者のあいだにある種の競合関係が生じたのは確かであった。

一九五三年、四年間をユンガーのもとで過ごしたのちに、モーラーは転居することになった。モーラーはパリに赴き、当初はスイス紙『タート』の通信員として活動し、最終的には『ツァイト』はじめ複数のドイツの新聞や雑誌にも寄稿する立場となった。さらに、文筆家としてのモーラーの名は、影響力の大きい週刊誌『キリスト教徒と世界』にも見られるようになった。『キリスト教徒と世界』の責任者、ギーゼルヘル・ヴィルジングは、熱心なナチスの宣伝要員の過去を持つのみならず、モーラーの『ドイツにおける保守革命』にも登場していた人物であった。

フランス滞在中、モーラーは同国の国家元首であったシャルル・ド・ゴールに熱狂していた。ド・ゴールは、自国をアメリカ合衆国に対抗しうる主権国家に育てようとする権威主義的大統領の典型として、まったくモーラーの趣味にかなう人物であった。これが、のちにモーラーがドイツで独自のド・ゴール主義を宣伝することになった発端である。このパリ時代には、モーラーはフランスの右翼との関係の基礎をつくったりもした。

モーラーが決定的な一歩を踏み出したのは一九六一年であった。新しく設立されたカール・フリードリヒ・フォン・ジーメンス財団が、モーラーを職員に採用し、ミュンヒェンに招聘したのである。その三年後、モーラーは財団所長としての地位を得ることになった。

モーラーを推薦したのは、同郷のスイス人、フランツ・リートヴェーク［一九〇七年〜二〇〇五年］であった。これは驚くに値することではなく、二人の経歴のあいだにはいくつかの接点があった。リートヴェークは医師であり、一九三八年以来ドイツに居住していた。リートヴェークは、かつて親衛隊（SS）に加入しており、積極的に戦争に参加し、上級大隊指導者［国防軍における中佐に相当する］の階級で親衛隊本部に勤務しつつ外国出身の義勇兵の徴募を担当していた。一九四二年のドイツへの冒険で、モーラーがまず配属されたシュトゥットガルトの「パノラマハイム」も、リートヴェークの管轄の一つであった。戦後、リートヴェークにはスイスでの重い禁固刑が待ち構えていたが、彼はドイツの市民権を持っていたため、そのままミュンヒェンにとどまって医師をしていた。終戦を挟んでもなお、リートヴェークの声望も人間関係も、明らかに損なわれてはいなかった。だからこそ、リートヴェークは、特に問題もなくモーラーを側面支援することができたわけである。

前述のカールハインツ・ヴァイスマンによるモーラーの伝記の一節から、初期のドイツ連邦共和国においてリートヴェークのようなキャリアを可能にした環境について、だいたい把握することができる。「リートヴェークはミュンヒェンで、「軍事学協会」の周辺に構築された保守派知識人のネットワークに所属していた」。この軍事学協会なる組織は、一九五二年に「元将校たちによって設立され、そのころ広まっていた「もう戦争は自分以外のやつがやってくれ」という厭戦気分に反対するのを目的としていた。同時に、軍事や国政の問題を議論する場でもあった」[24]。このような筋からの推薦によって、モーラーには社会的地位上昇の扉が開かれたのである。

モーラーを引き立てたもう一つの人脈に、軍事学協会と提携していたミュンヒェンの「円卓会議」があった。「円卓会議」は、非公開で時局の問題を論ずる団体であった。カール・シュミットとの往復書簡のなかでは、「円卓会議」の性格が完全に肯定的に描写されている。

ミュンヒェンの「円卓会議」は、あの戦後初期という時代にもかかわらず、萎縮しない雰囲気に満ちた場所の典型でした。老貴族、財界の若者、七月二〇日のヒトラー暗殺の参加者、帝政時代そのままの軍人、ひいては親衛隊や武装親衛隊の出身者すらも、新たな出発に加わっていました。

「円卓会議」のような排他的サークルと、ヴァイマル時代の右翼知識人を集めた「ドイツ紳士クラブ」[一九二四年に設立された、大土地所有者、大資本家、銀行家、高級官僚らの社交クラブ。思想的にはメラーら「青年保守」に近い位置にあった」が似た存在であったことは、モーラーにとって特に魅力に感じられた。モーラーは、「円卓会議」に新たに加入しなければならなかったわけではない。すでに一九五二年に来賓として「「保守革命」についての講演」を行っていたのであった。先に引用した書簡は、そのときカール・シュミットに送ったものである。そこでは、ヴァイスマンの伝記よりもはるかに詳細に、「円卓会議」の参加者を説明している。モーラーは、「円卓会議」を軍事学協会の「社交団体」と呼んでいる。

多数の貴族、老将校、あらゆる職業の大物がおり、ドイツ紳士クラブの一端のようでした。目立った構成員といえば、エンゲルマン将軍、親衛隊のシュタイナー将軍、プロイセンのブルヒャルト王子、エーヴァルト・フォン・クライスト〔……〕、そして私の同郷のフランツ・リートヴェーク（親衛隊におけるゲルマン系義勇兵の指揮官）でした。[25]

ここから明らかになるのは、リートヴェークがモーラーをカール・フリードリヒ・フォン・ジーメンス財団に紹介したときの人脈についてである。モーラー自身がすでに、「第三帝国」の旧エリートが参加する上流階級のネットワークに足跡を残していた。「円卓会議」に見られるように、民族至上主義《フェルキッシュ》を背景とした新貴族主義――二〇年代にモーラーの偶像《アイドル》たちが求めて闘っていたもの――と、親衛隊的なエリート「騎士団」志向のあいだには、さまざまな接点が存在していた。リートヴェークによるモーラーの推薦は、その結果にすぎなかったのである。「円卓会議」の人脈については、新右翼の内部では批判的に扱われることはなく、せいぜい沈黙されるだけであった。モーラーの伝記を書いたヴァイスマンの慎重な表現によれば、モーラーはリートヴェークと連絡をとっていた事実を、「ある種の戦術的配慮から」生涯にわたって明言せず、ほのめかすにとどめていた。[26]

「第三帝国」の旧エリートによる、モーラーという人材に対する投資は、やがて報いられることになる。モーラーは、財団の職を利用する術を心得ており、それを手がかりに現実政治に深く食い込んでいった。新たに文名が上がりつつある評論家として、モーラーは「ドイツ版のド・ゴール主義」の提唱者となり、ドイツ連邦共和国をアメリカ合衆国の同盟相手の地位から独立させるべしと論じた。また、アクセル・シュプリンガー社でも執筆を行い、そこではハンス・ツェーラー［ジャーナリスト。戦間期には「青年保守」に近い「保守革命」の一員で、戦後にも活動した。一八八九年〜一九六六年］と並んで、現代における「保守革命」の旗手として指導的な役割を果たした。

とはいえ、モーラーの存在は、もはやジャーナリストの仕事の域に収まらないものとなりつつあった。モーラーは、文筆業の立場を越えて、政治に直接的な影響力を持つ方法を探すことになった。その可能性をモーラーに与えたのは、キリスト教社会同盟（CSU）の政治家、フランツ・ヨーゼフ・シュトラウス［CSU党首。各省大臣やバイエルン州首相を歴任。一九一五年〜

一九八八年」であった。シュトラウスは、一九六二年のいわゆる「シュピーゲル事件」〔軍事機密を掲載したとして週刊誌『シュピーゲル』の発行人と編集者が逮捕され、報道の自由の侵害として、政府が野党などの追及を受けた事件。シュトラウスの辞任後、結局アデナウアー内閣は総辞職した〕のあと、連邦国防相の地位を追われたばかりであった。更迭以前から、モーラーはシュトラウス側近の数少ない知識人の一人として行動していた。「その結果、モーラーはシュトラウスを極端なド・ゴール主義へと、つまりアメリカ合衆国とソヴィエト連邦の両方に等距離をとる立場へと誘導しようとした」[27]。合衆国やソ連に対する「代替案《オルタナティヴ》」として、モーラーの念頭にあったのは、距離の離れた「赤色中国」との同盟であった。

こうして、モーラーはシュトラウスの助言者にしてスピーチライターとなり、CSUの機関誌、『バイエルンクリーア』でも確固たる地位を占めたのであった。モーラーがシュトラウスに期待したのは――最終的には成功を収めなかったが――、フランスのモデルをドイツに輸入することであり、そこには北大西洋条約機構（NATO）からの離脱や独自の核武装も含まれていた。スイス出身の逃亡者から国際的権力政治《パワー・ポリティクス》のキャッチフレーズ制作者へ、というモーラーの成り上がりぶりを見て、口の悪い同時代人のなかには次のように嘲笑する者もいた。「モーラー＝小国《スイス》への不満から核武装へ[28]」

総じてモーラーは、七〇年代には、新たな「反体制派の民族主義勢力」を熱心に構築しようと活動する、有能なフィクサーの性格を明らかにしていくことになった。最初の弟子であったカスパール・フォン・シュレンク＝ノッツィング、およびマルセル・ヘップとローベルト・ヘップの兄弟を通じて、モーラーはすでに、さらに若い世代に対する影響力を持っていた。思想家としての役割だけには満足していなかったモーラーにとって、若者との師弟関係は重要であった。モーラーが自分の周囲に集めた書き手たちは、「時代の空気を主体的に感じとるのみならず、それを長期的に変えていくこと[29]」を課題とした。

この目的に忠実に、一九六五年、モーラーはマルセル・ヘップを使って、マキャヴェリズムの手本通りの策を弄することになった。モーラーは、みずから仲介して、マルセルをシュトラウスの個人秘書に送り込み、まさにカール・シュミットが書いているような意味で、直接「権力者に近づく道[30]」を確保しようとした。モーラーは、戦略的もしくは政治的な理由から、自身の思惑を隠したりはしなかった。モーラーは、本人の弁によればシュトラウス自身に励まされて、一九六五年に『ドイツ人が恐れているもの――政治、歴史、権力への不安――』を刊行し、成功を収めている。このときの献辞は、「カール・シュミットへ。彼の教えを受けたことを告白する一人の弟子から」というものであった[31]。

さらに、一九七〇年、弟子のシュレンク＝ノッツィングが雑誌『クリティコン』を創刊したとき、モーラーはこれを支援し、同誌に定期的に記事を執筆するようになった。ギデオン・ボッチ［政治学者。一九七〇年～］の表現を借りれば、『クリティコン』は「意図的につくられた、反リベラリズムの、民主主義批判の、保守主義の拡声器」へと発展した。『クリティコン』の人脈は「常に、自由民主主義というドイツ連邦共和国の根本秩序に一応は従っている体制内の最右翼と、ラディカルな反体制右翼のあいだの境界線上で[32]」活動した。この境界線上に位置することで、『クリティコン』は、一九九〇年代後半にいたるまで、ある種の「保守革命」思想の拠点を提供したのであった。

メタ政治

モーラーが精力的に支援していたフランスの新右翼(Nouvelle Droite)は、ヴァイマル時代のドイツ民族主義の著作物によって高度に理論武装し、もともとフランス国内で好まれていたマルティン・ハイデガーのみならず、オスヴァルト・シュペングラー、カール・シュミット、アルトゥール・メラー・ファン・デン・ブルック、エトガー・ユリウス・ユング、エルンスト・ユンガー、エルンスト・フォン・ザロモンらを受容していた。逆に、ドイツの右翼も、西の隣人であるフランスの右翼から、戦略上の刺激をいくつか与えられていた。

ドイツの新右翼は、フランスの右翼の影響のもと、新たな政治手段を知ることによって出発したのであった。それは、「メタ政治」と呼ばれるものである。「メタ政治」とは、いわゆる「政治」ではなく、その周囲に広がる文化的領域――例えば社会習慣、言語、性――を敢えて取り上げて言論活動を行い、自分たちの主張を認めさせていくことである。古典的な政治概念を「政治以前」の領域にまで拡張して「文化革命」と呼んできたのは、もともとは左翼であった。しかし、それはいつまでも左翼の専売特許のままではいられなかったのである。

新右翼自身の説明によれば、「メタ政治」とは、守勢から攻勢にまわって敵——左翼——自身の武器で敵を打つ行動であった。「メタ政治」は、「政治原則の確認であり、［……］そこから政治的決断と政治的目的設定が導かれる」[33]。神学の言葉を借りれば、「メタ政治」によって根本的な「信仰」の問いが解決され、そのうえではじめて具体的な決断を下しうるということになる。

七〇年代の右翼知識人は、議会からは超然としつつ、「メタ政治」の旗印のもと、知識層の意識を塗り替える作業に向かっていった。その様子は、右翼研究の側からも記述されている。政治学者で極右研究家であるザムエル・ザルツボルン［一九七七年〜］は、次のように注釈している。

「新右翼」の本質的な政治目的は、二つの標語によってまとめられる。一つは「極右の知識人化」であり、これは知的領域で「メタ政治」を行うことで達成される。もう一つは「文化的覇権」の獲得である[34]。

ザルツボルンが提示した二つの標語、「極右の知識人化」および「文化的覇権」は、新右翼の評論家、出版社、あるいは国家政治研究所のような団体の長年の戦略を、実に適切に表現している。

また、一九九二年、トマス・アスホイアー〔ジャーナリスト。一九五五年〜〕は、アラン・ド・ブノワを参照しながら、フランスの新右翼の「メタ政治」行動を要約している。

フランス新右翼は、体制的な政治文化の内部で自分たちのイデオロギーが存続している方が、体制に直接反抗するより、体制にとって潜在的な脅威となると信じている。それゆえ、知的世界での運動を、政治的右翼が成功を収めるための前提条件と考えている。フランス新右翼は、まずは自己否定戦術によって自身を近代化し、出版のノウハウを得て、出版によって右翼と左翼が接触する場をつくり、両者の思想のあいだに橋を渡し、さらにそこを通って、「リベラルの沼」に落ちることなしに「ネオ・ファシスト専用ゲットー」を脱して世に出ることをやってのけたのである。そのためには、フランス新右翼は、失われた地位を取り戻すのを断念し、失敗に終わったかつての権力獲得行動を（さしあたり）放棄し、その代わり時代精神をめぐる言論闘争に参入しなければならなかった。[35]

アスホイアーの書いているフランス新右翼の信条は、テオドール・アドルノの有名な言葉の書き換えともいえる。アドルノによれば、「民主主義のなかで国民社会主義《ナチズム》が生き残ること」は、「民主主義に挑戦するファシスト的傾向が生き残ることよりも、潜在的には脅威である」[36]。アドルノの言葉は、逆方向からとはいえ、民主主義の条件下で極右がとるべき最も効果的な行動としての、「メタ政治」の概念を適切に要約している。

実際、「メタ政治」の概念は、今日にいたるまで効力を発揮してきた。例えば、かつて国民民主党（NPD）とその周囲で活動し、のちにホロコースト否定論者、フレッド・ルークター［アメリカ合衆国の人物。一九四三年〜］の法律面での支援者として知られるようになったトール・フォン・ヴァルトシュタイン［極右の弁護士。一九五九年〜］は、二〇一五年にクビチェクの出版社、アンタイオス書店から刊行したパンフレット『メタ政治』のなかで、「メタ政治」の重要性にあらためて言及している。ヴァルトシュタインは、ブノワの『右からの文化革命』から三十五年後、「メタ政治」[37]は「政治的成功を収めるには不可欠の課題」[37]である、と書くことになった。ヴァルトシュタインは、まさにPegida《ペギーダ》を示唆しながら、街頭でアジテーションを行って最終的に成功するには、テーマ設定の時点で「巧妙な言葉遣い」によって必要な理解を得て、参加者を動員せねばならない、と言っている。ヴァルトシュタインによれば、リベラルに敗北せず、新右翼が目的を達成するためには、宣伝意欲と組織内の統一が欠かせないのである。[38]

新右翼は、自分たちは被害者であると言い張り、「革命家」意識を持って活動し、『若き自由』から『独立』にいたるまで、もともとは左翼のものであったテーマを引き継ごうとしてきた。

この姿勢を見るとき、新右翼は、ヴァルトシュタインが言うような戦術を文字通り「肝に銘じて」いるのがわかる。そのために必要であったのは、忍耐であった。つまり、新右翼は何度もおのれの「メタ政治」の敗北に耐えなければならなかったのである。

しかし、「メタ政治」は、どちらかといえば知識人を対象とした、極めて長期的な計画であった。そして、最近になってようやく、いくつかの成果が表れるようになってきた。ポリティカル・コレクトネスおよび同性婚や男女平等——性に関する近代的啓蒙——への抵抗運動が大きな牽引力を持つようになった現状からも、それは明らかである。新右翼の標榜する保守的な家族像、男女の役割分担意識は、キリスト教原理主義にいたるまでのさまざまな勢力から、極めて強力な好意的反応を引き出した。また、ザラツィン論争やPegida《ペギーダ》の運動の過程で、新右翼自身の言葉が多くの人々の意識のなかに定着するようにもなった。

新右翼には、すでに長年にわたってつくり込まれた世界観があり、いまやそれを興奮した大衆に届ける手段だけが必要であった。このため、純粋な理論構築の段階を終えた次の段階では、街頭、そしてなによりもインターネットでの宣伝へと進むことになったのである。いま、「ドイツのための選択肢《オルタナティヴ》（ＡｆＤ）」というかたちで諸勢力が結集した事実が、「六八年」を修正する試みであった新右翼が最終段階に突入した現状を告げている。ＡｆＤこそ、知的領域での「メタ政治」を現実政治に転換することを期待されている存在にほかならない。

手本としての左翼？

「六八年」に直面した新右翼が、左翼による闘争理論を継承した証拠として、イタリアのマルクス主義者、アントニオ・グラムシ［イタリア共産党書記長。一八九一年〜一九三七年］の思想を盗用したことが指摘されている。グラムシは、国家機関と生産手段を奪取するという古典的なマルクス・レーニン主義の戦略を拡張し、左翼が「文化的覇権《ヘゲモニー》」を獲得するのが革命成功の前提である、と考えた人物である。

アラン・ド・ブノワによれば、左翼の成功は、その組織力以上に、「なによりも、左翼がメタ政治によって構築することができた、左翼の主張の方が明らかに正しそうだと一般層に思わせる空気」が要因であるという。[39] いまだに新右翼が守勢にあった時代に、ここでブノワが言っているのは、いまこそ「メタ政治」という攻撃の武器を握れということである。これに応えて、新右翼は、社会民主党と自由民主党が連立政権をつくって保守勢力が政府から排除されていた七〇年代を通じて、議会内での無力さゆえにかえって「メタ政治」戦略の宣伝にいそしむようになった。目的は、「決定的な成功を収めた左翼と、権力政治の領域のみならず、知的な水準でも闘争する」[40] ことであった。

これは、新右翼によるグラムシ受容の一環と理解されている。もっとも、研究者のなかには、誇張された伝説にすぎないとして、このグラムシ受容の意味を認めない者もいる。

言うまでもなく、ブノワとその一派によって、グラムシの唯物論戦略は観念論化されてしまったのである。新右翼がグラムシを受容したという伝説は、当初は小声で語られていたものの、次第に一般に普及するようになっていった。しかし、「覇権《ヘゲモニー》」に関するグラムシの理論は、ブノワたちの路線とは決定的に異なっている。それを理解するのは、さして難しい話ではない。新右翼の誰も、グラムシを本当に読みなどしなかった。グラムシの断片を呪文のようにぶつぶつと引用していたにすぎない[41]。

実は、「メタ政治」は、新右翼が自称するのとは違って、最近になってはじめて行われるようになった事象ではない。既存の保守勢力も、いまにいたるまでずっと、確実に「メタ政治」への理解を示してきたのである。それは、主権、道徳、倫理、言語をめぐってなされた、多くの言論闘争を見ても明らかである。

「メタ政治」の祖としては、フランスの保守思想家、ジョゼフ・ド・メーストル［イタリアのサルディーニャ王国に仕えたフランス貴族であり、反革命論で知られるカトリック保守主義の思想家。一七五三年〜一八二一年］の名を挙げることができよう。ド・メーストルはすでに、フランス革命批判の論陣を張るなかで、伝統に依拠するだけではなく、新思想に対してその反対物を突きつけようとしていた。ド・メーストルは、「啓蒙」に「反啓蒙」で立ち向かうことで、政治の新たな精神的根拠をつくろうとしたのである。また、戦間期の思想家たちも、ド・メーストルに似た文化闘争の構想を練り上げていた。

そう考えると、新右翼がグラムシを引き合いに出すのは、単なる記憶喪失のあらわれであるか、――またもや――擬態であるかのいずれかである。ブノワにしても、自分の戦略がイタリアのマルクス主義者のものに近いかどうかなど、実は大して問題ではなかった。いずれにせよ、ブノワはグラムシのキャッチフレーズを借りたにすぎなかったからである。むしろブノワは、グラムシの言葉を流用して、彼自身の独自理論を構築しようとしていた。ブノワがグラムシの言葉のなかに見いだしたのは、フランスの右翼が存在意義を失いかけていることの本質的な理由であった。右翼は、近代という条件のもとでは、君主制や軍隊を懐かしむ感情にひたっているわけにはいかず、もっと時代に適合しなければならない、とブノワは考えた。「コンラート・ローレンツ、ジョルジュ・デュメジル、ルイ・アルチュセール、クロード・レヴィ＝ストロース、アントニオ・グラムシについて、おそらく右翼はなにも言うべきことを持たなかったように見える」[42]と人名を列挙するとき、ブノワは構造主義という強力な言説を参照しようとしていた。

保守主義の消滅過程

新右翼による「メタ政治」の結果として重要なのは、自由に保守的な意見を述べる権利が、あるいは自由に保守的とされる行動をとる権利が、ドイツ連邦共和国に回復されたことであった。それまで保守的な言動の自由が失われていたのは、必ずしも勝利した左翼によって強制されたためではなく、保守主義自体の内的変容によるものであった。モーラーは、この事情を認識しており、公言してはばからなかった。

だからこそ、六〇年代後半に右派勢力が大きな敗北を喫したあとで、その戦犯が探されたとき、モーラーは保守主義者を槍玉に挙げたのである。このとき、モーラーは孤立していたわけではなかった。一九六九年、社会民主党と自由民主党の連立がはじまってすぐ、ドイツのメディアの学芸欄では、新聞や雑誌の垣根を越えて、保守主義の有効性についての論争が行われた。もちろん、モーラーもまたそこで強く声を上げたのであった。

モーラーの総合的な状況判断は、七〇年代初頭という時期にもかかわらず、驚くべきことに今日のＡｆＤやPegida《ペギーダ》の主張に酷似しており、しかも禁忌《タブー》を破るスキャンダラスな言論として入念に演出されたものであった。「政治の世界では、もはや「右」であろうとする者はいない。「中道」であろうとするか、たかだか中道右派にいようとする者がいるだけである」と、モーラーは、イタリアの新聞への一九七二年の寄稿のなかで非難している――そのドイツ語版は『クリティコン』に掲載されている[43]。モーラーによれば、ドイツ人はすでにせいぜい「保守」を自称できるにすぎなくなっており、その原因は敗戦や「ゲノッセ・トレンド」〔五〇年代後半以降の社会民主党の伸長にともなう、社会主義国風に相手を「同志《ゲノッセ》」と呼ぶような風潮〕に対する妥協である。

また、ドイツ人がかくも政治的に飼いならされるにいたった背景には、連合国の占領軍と、占領軍の内部にいたリベラル勢力の保護者がある、とも言っている。モーラーは、何の疑いもなく、主敵を一つに定めていた。「戦勝国の軍隊と「世論操作勢力」のあいだに結ばれたカルテル」がドイツの政治を「アウシュヴィッツの呪い」のなかに押しとどめた、というのである[44]。

また、モーラーは、リベラルな保守主義については、単にアングロ・サクソン的な、しかも歴史的に終わった現象であると見ていた。モーラーは、リベラルな保守主義を信奉する同時代人には、軽蔑をもって接するのが常であった。この態度は、別の文章のなかで露骨に表現されている。「一九七〇年／七一年のドイツ連邦共和国にいるリベラル保守主義者は、戦う前に降伏してしまった男にすぎない[45]」。アングロ・サクソンの手本を押し付けられて「極度に疲弊」した保守主義は、モーラーには論外であった[46]。ドイツ人には逃げ場所として、「ガーデニング保守主義」、「恭順的保守主義」、「文化保守主義」など、保守主義の人畜無害なヴァリエーションが残されているにすぎない、とモーラーは嘲笑する[47]。

また、モーラーによれば、保守主義に対するキリスト教とリベラリズムの影響は、真正な政治的保守主義すべての邪魔者でしかない。モーラーは、この時期に書かれた別の論文では、公然と「異教主義者」を名乗り、戦後のカトリックの「夕べの国の民」〔本書第7章を参照〕による「恭順的保守主義」への強い否定をほのめかしている。モーラーは、第1章で触れた、今日のイスラーム敵対者に対するカールハインツ・ヴァイスマンの反論を完全に先取りして、アメリカ合衆国に追随する「夕べの国の」反共主義者に「まるでリベラリズムの徒ではないかという嫌疑」をかけていた[48]。いずれにせよ、モーラーにとっては、当時の保守主義者の教会との結びつきも、親米的な体制派も、ドイツ人を政治的に誤らせるものでしかなかった。しかも、キリスト教会にせよ体制派にせよ、とどまるところを知らない左旋回に見舞われているのである。

以上すべてが示しているように、近年の「保守主義という城塞」は、「保守を自称する」リベラルという別の敵の手に落ちてしまった[49]。これがモーラーの結論である。モーラーは、リベラリズムを、あらゆる悪のなかでも最大のものと見なしていた。モーラーによれば、リベラリズムは、「波風のない時代に、あるいはスイスのような小天地で、かろうじて享受できる贅沢品である。ドイツという内戦の頻発する風土では、リベラルな発言はすべて、無惨にも左翼という落とし子を産むだけである[50]」。

モーラーは、なぜ自分にとってリベラリズムが社会主義よりはるかに大きな危機なのかについて、明確な比喩で強調している。

左翼は、我々にも必要となるかもしれない、理論や不屈の精神をもたらしてくれる。対して、リベラリストが持ち込むのは、病原菌とその悲惨な被害だけである。[51]

この言葉は、新右翼の内部では今日にいたるまで通用している。元をたどれば、ドイツの左翼と新右翼は、ヴァイマル共和国時代のラディカルな反リベラリズムという共通の土壌から生まれていた。また、ラディカル化した保守主義——右翼——が左翼のあり方を模倣する事例は、特にイタリア・ファシズムに顕著に見られた。モーラーの『ドイツにおける保守革命』で扱われた多くの思想家たちも、このイタリア・ファシズムの原理には憧れの目を向けていたのであった。モーラーは、リベラルという裏切者に対する考察を、メラー・ファン・デン・ブルックのよく知られた一文で締めくくっている。「リベラリズムに罹患した諸国民は破滅する」[52]。果たしてこれは、第1章で触れたように、幾年ものち、モーラーの弟子のヴァイスマンが、論争相手のシュテュルツェンベルガーに「まるでリベラリズムの徒ではないかという嫌疑」をかけたとき、聴衆のなかから叫ばれた野次と同じ言葉であった。

「真の保守主義」の名のもとで、戦後の民主化した保守主義を攻撃するのは、モーラーの典型的な論法であった。モーラーは最後まで、執筆活動によって、「保守」の概念を可能な限りさらに右側に引き伸ばそうとしていた。モーラーは、既存の極右陣営と接触することに、まったく恐怖を感じていなかった。モーラーは、極右雑誌の『ヨーロッパ国民』に書いた経験もあり、極右新聞の『国民新聞』にも文章を二つ掲載している。モーラーの唯一の行動規範は、リベラリズムと破壊的な頽廃すべてに対する闘争であった。既存の極右の領域に対して線引きするのではなく、彼らも仲間に加えて「保守」を右側に拡張しようと、モーラーは意を決していた。「なにが「保守」であるかを定義することは、すでにして政治的行為である」[53]。この種の言い方は、ある種の文章のあやであり、モーラーはすでに『ドイツにおける保守革命』のなかで多用して成功を収めていた。いずれにせよ、『ドイツにおける保守革命』を受容した勢力は、新右翼に限られていたわけではなかった。モーラーが同書で作成した思想家リストは、NPDのようなネオナチ党派にいたるまで、大変な好評で迎えられていた。

「メタ政治」的なものを優先することによって、また社会的に「保守的」と認められてきた対象を定義し直すことによって、新右翼ははっきりした方向性を得ることになった。いまや、新右翼に欠けているのは、現実政治への影響力だけであった。この現状を変えるため、七〇年代には、軟弱化して腐敗したCDUのさらに右側に全国規模の保守の基盤を設立しうるかどうかについての論争が行われた。

そのとき、手本を求めてモーラーが眺めたのは、またもやフランスであった。モーラーは国民戦線について調査したことがあり、そこでモーラーが書きとめた内容は、世界中から移民と難民が押し寄せる今日のヨーロッパ危機の影のもとで、息苦しいほど切迫して聞こえる。

（ジャン・マリ・）ル・ペン率いる「国民戦線［二〇一八年からは、「国民連合」に改称］」が選挙で勝利したことは、一つの好機である。［……］ル・ペンは、いわば鍬《くわ》や鋤《すき》のように働いており、新たな土壌を耕しては新右翼の理念に目覚めさせている。[54]

土をひっくり返す「鍬や鋤」の比喩は、今日ではAfDにこそ該当する。AfDは、例えばNPDなどとは異なって、実際に新たな有権者を開拓し、右翼政治を支持させるのに成功したからである。その意味で、AfD代表のフラウケ・ペトリ［連邦議会議員。二〇一七年までAfD共同代表を務めたが、現在は離党。一九七五年〜］と、ジャン・マリ・ル・ペンの娘にして後継者であるマリーヌ・ル・ペンが、二〇一六年七月に「政治的同盟」を結んだことは、注目に値する事態である。[55]

七〇年代とは、危機に揺れる右翼が、本章で見てきたような自問自答を繰り返した時代であった。よく考えてみれば、モーラーも漏らしているように、右翼という立場をとることに意味を喪失しかけて苦しんだことが、七〇年代の右翼の特徴であった。ドイツ連邦共和国の民主化はもはや押しとどめようがなく、保守主義の政党勢力も現実路線への変更を余儀なくされていた。

それにともなって、モーラーの運命の星も沈んでいった。七〇年代後半には、CDUのキャッチフレーズの制作者、フランツ・ヨーゼフ・シュトラウスの助言者、ジーメンス財団の所長は、もはや単なる極右の一人になり下がった。モーラーの書物を刊行するのも、ピーパー社やウルシュタイン社のような保守系大手から、ジーグヌム社やホーエンライン社のような中小の右翼出版社へと変わっていった。

当時のモーラーは、独特の修辞表現を弄して他人を興奮させるのを、現実政治への影響力であると勘違いしていた。いまだにシュトラウスを「ドイツのド・ゴール」の役割へと誘導し、その手でドイツをＮＡＴＯから脱退させようとしていたことからも、それは明らかである。モーラーの耳打ちにもかかわらず、ドイツ連邦共和国の西側との結びつきを危険にさらそうなどと、真剣に考える者はいなかった。モーラーはいつしか、自分の奇声を政府高官の発言と混同するようになっていた。しかし、ペーター・ヘーレス［ドイツ現代史家。一九七一年〜］が当時の議会外政治の研究書のなかで述べているように、「大西洋同盟」と「ド・ゴール主義者」の論争は、総じてメディア上では「激しく先鋭化して」行われたにしても、現実政治ではド・ゴール主義者はとうに敗れていたのであった。メディアでの論戦は、ドイツにおけるド・ゴール主義の敗北の印象を「緩和した」にすぎなかった[56]。

つまるところ、モーラーがジークフリートのような身構えで常に振りまいていた無敵神話は、所詮は欺瞞にすぎない。実態としては、モーラーは、七〇年代後半にはすでに政治的に孤立していたのであった。仮にジーメンス財団の所長という地位がなかったとしたら、八〇年代には、モーラーもまた存在意義を喪失していてもおかしくなかったのである。

3 AfDへの道——諸勢力の結集

八〇年代の新右翼は、さまざまな変容を重ねながらも、組織としても性格としても、今日よりも密接に体制内の保守勢力と結びついていた。事実、新右翼の主張は、体制寄りの保守知識人の社交空間《サロン》で話題にしても差し支えない程度のものと見なされていた。八〇年代を通じて、この傾向は一貫していた。

クラウス・ラッゲヴィー〔第2章を参照〕は、一九八七年の著書『精神は右にあり——転換期のシンクタンクへの旅』のなかで、「左翼知識人対CSUの愚かな保守政治家」という図式は誤っている、と断言している。[1] ラッゲヴィーの言う「転換期のシンクタンク」とは、キリスト教民主同盟／社会同盟（CDU／CSU）という保守政党の背後にいて戦略を練る、財団や大学教授陣のことである。党に近いところには、コンラート・アデナウアー財団［CDUと密接な関係のある政治財団］や、CDUにとって永遠の異分子であったクルト・ビーデンコップ［七〇年代にCDU幹事長を務めた政治家。統一後はザクセン州首相。一九三〇年〜］を囲むブレーン集団が、やや離れた位置には、キール世界経済研究所［キール大学の経済研究機関］があった。そして、この一群の末端にいて、新右翼とも密接な関係を持っていたのが、ギュンター・ロールモーザー［ヨアヒム・リッター学派に属する社会哲学者。一九二七年〜二〇〇八年］率いるヴァイカースハイム研究センター［一九七九年にバーデン・ヴュルテンベルク州のヴァイカースハイム城に設立された保守系シンクタンク］に集う面々であった。

また、ラッゲヴィーは、第2章で言及したカスパール・フォン・シュレンク－ノッツィングの雑誌『クリティコン』に掲載された、ローベルト・シュペーマン［ヨアヒム・リッター学派に属する哲学者。一九二七年〜］の弟子たちの試みにも注意を払っていた。彼らは、フランスのポストモダン思想を援用して、一方では保守主義がいつまでも「伝統という鉄の檻」にとらわれているのを批判し、他方では経済を最優先するテクノクラートにエコロジー的な限界を思い出させようとしていた。ただし、ラッゲヴィーは、このような保守政党の体制内批判者に対しては、明らかに厳しい目を向けている。CDU／CSUの内部にとどまったまま、社会民主党と組んで成功した緑の党に対抗して進歩主義を競い合ったとしても、いずれはカトリックの支持基盤から、「秩序を破壊するほどの後戻りできない近代化を押しとどめる「重石」[2]を求められるのは必然であったからである。

最後に、ラッゲヴィーは、体制外の保守勢力にも目を向けている。彼はアラン・ド・ブノワの名前を挙げ、ついには、個人的にアルミン・モーラーの自宅を訪ね、親しく情報提供を受けることにもなったのであった。

このラッゲヴィーの著書からもわかるように、中道右派は知的に衰退していたとはいえなかった。彼らは、ヘルムート・コールの保守政権が「永遠に」続くと思って安心していたわけではなかった。それどころか、進歩主義と妥協せず、左翼に政権を明け渡さない方策を探求していたのであった。

『若き自由』

その考えは、一九八六年にフライブルクで『若き自由』を創刊したディーター・シュタインを中心とする、次世代の書き手たちにも共有されていた。当初から、『若き自由』には、歴史の転換を求める新時代の文筆家が集まっていた。当時の執筆者自身が書いているように、『若き自由』の引力圏には、「なによりも「六八年の理念」に対する異議によって培われた、独特の生の喜びが充満していた[3]」。

もともと創刊者の人脈に根差した学生新聞にすぎなかった『若き自由』は、その後の三十年を通じて、新右翼の最も重要な機関紙になっていった。『若き自由』は、週刊新聞としての刊行ペースを維持し、一時的にポツダムに移ったあと、ベルリンに本拠を置くようになった。ほとんどすべての新右翼の指導者が、『若き自由』に執筆してきたし、いくつかの論点をめぐる近年の内部対立の余波で決別した者を除いては、いまなお執筆を続けている。『若き自由』が急速に内容面でも人脈面でも『クリティコン』に近くなっていった以上、アルミン・モーラーが執筆者に加わったのも、驚くにはあたらなかった。特にモーラーの文章が、読者の世界観を形成していったといえる。九〇年代初頭の『若き自由』のキャッチコピーも、それを裏付けていた。「定期購読は保守革命だ！」

ヘルムート・ケラースホーンは、最初期の『若き自由』を批判的に分析したとき、執筆者にとって、モーラーの『ドイツにおける保守革命』は「模範」であり、同紙の性格自体がヴァイマル時代の民族至上主義的《フェルキッシュ》ナショナリズムの「焼き直し」に近いと言っている[4]。

当初、モーラーは『若き自由』に単発の記事だけを書いていたが、一九九四年には「大空位《だいくうい》時代からの覚書《おぼえがき》」と題するコラムを連載するようになった。この物騒な題名は、明らかに「保守革命」の世界観にあらためて立ち戻るものであった。「保守革命」の世界観では、「共和国」はドイツ人に適した国家形態ではなく、ただちに克服しなければならない「大空位時代」［中世の神聖ローマ帝国において全国で認められるドイツ王が不在であった時代。一二五四年〜一二七三年］とされてきたからである。

ところが、そのわずか一年後、新聞上でのホロコースト（ショアー）否認論をめぐる論争によって、モーラーは『若き自由』と決別することになった。ドイツ再統一が進行するさなか、モーラーは次のように書いている。

> ドイツ人にほぼ与えられていない（より正確には、まったく与えられていない）主権は、「歴史に対する主権」であると言われている。もちろん、物怖じしない楽観論者は、依然としてドイツ人の「完全主権」を諦めてはいない。しかし、なかば制度的に押しつけられたドイツ史が、彼らを奴隷として飼いならすための「鼻輪」となっている。[5]

この記述の発端は、ドイツ国内でホロコースト否認論を処罰すべきかどうかについての議論であった。国民社会主義《ナチズム》やショアーをめぐっては、その数十年前からより詳しい研究が蓄積されてきていた。しかし、それはモーラーの目には入っていなかった。専門の歴史家に対するモーラーの評は、以下の通りであった。「歴史家は自分の学問をながらく裏切ってきた[6]」

ここでのモーラーの立場は、彼にとっては新しいものではなかった。モーラーは、『鼻輪――過去の克服の藪のなかで』という一九八九年の著書のなかで、すでに同じことを書いていたからである。[7] ライナー・ツィーテルマン［歴史家、評論家。国民自由主義者として自由民主党左派に近い位置にいた。一九五七年～］のような、「過去の克服」問題について決してリベラルな立場をとるわけではない評論家ですら、『フランクフルター・アルゲマイネ』紙の書評で、モーラーの『鼻輪』がフレッド・ルークター〔第2章を参照〕らのホロコースト否認論者に無批判なのを激しく非難していた。ツィーテルマンは、『鼻輪』は「多くの点で、いま流通しているあからさまな否認論よりもはるかに有害でさえある」と断言したほどであった[8]。

モーラーは、先の一九九五年のコラムが『若き自由』編集部のなかで批判され、ほかの意見と両論併記で掲載されることになったとき、これを侮辱と受け取り、同紙との協力関係を終わらせてしまった。少なくとも、ゲッツ・クビチェクはそう説明している。クビチェクは、彼自身が『若き自由』との関係を悪化させたのち、これ見よがしにモーラーのコラムを一冊に編集し、しかも同紙とモーラーの論争にたっぷりと注釈を付けて刊行したのであった。クビチェクによれば、編集長のディーター・シュタインの周囲にいたモーラー批判者にとって、モーラーの具体的な主張自体はどうでもよかった。彼らが不愉快に思ったのは、モーラーが「ショアー」という問題をあらためて取り上げたことであったという。

『若き自由』の編集部にしてみれば、ドイツの歴史的な罪、ショアーの特異性、ショアーの犠牲者数といった問題に青年右翼が足止めされるとすれば、それはまさに敵の餌食になることを意味していた。むしろ彼らが求めていたのは、モーラーのような問題提起には乗らないことであった。また、その問題提起への対応が、政治的にも文筆的にも、青年右翼にとって特筆すべき関心事でなくなることであった。[9]

『若き自由』編集部の反乱が示しているのは、モーラーが新右翼にとっての絶対的な掟――過去の犯罪を否認する代わりに相対化すべし――を破ってしまったことである。新右翼は、ホロコースト自体を否認しない一方で、それを無視したり、その特異性についての歴史的評価を矮小化したり、ほかの大量虐殺と等価と見なしたり、ご都合主義的に扱おうとしてきたのであった。

いずれにせよ、この時点でモーラーと『若き自由』の関係は終わった。シュタインとその取り巻きにとっては、ホロコーストのような繊細なテーマは避けるべきものであった。そして、モーラーには、自分の主張への異議それ自体が我慢ならなかった。

ドイツ再統一の短い春

編集長のディーター・シュタインが、『若き自由』上でホロコースト否認論の罠に慎重さを見せたのには、もう一つの理由があった。新右翼にとってドイツ再統一とは、長いトンネルの出口に光を見いだすことであり、だからこそ不要なリスクを避けようとしたのである。新右翼は、既存の保守勢力が存在意義の喪失を自覚していた七〇年代に、社会民主党と自由民主党の連立に対する反動として、最初の躍進を経験していた。そして冷戦末期は、新右翼の第二の躍進時期であったといえる。一九八九年以降に吹いてきたドイツ再統一という風のもとで、『若き自由』の書き手の一部は、ふたたび多くの読者を得るための第一歩を踏み出していた。

もっとも、ドイツ再統一という歴史的事件に対して、新右翼は一貫して攻勢であったとはいえ、必ずしも何らかの根拠に裏打ちされていたわけではなかった。そもそも、新右翼のあいだの空気自体、期待していたほど多幸的なものにはならなかった。

リアルタイムで状況を観察していたトマス・アスホイアー〔第2章を参照〕によれば、ベルリンの壁崩壊やドイツ再統一は、九〇年代初頭の新右翼に、「願望達成による意気喪失」と「アイデンティティの危機」の両方をもたらした。[10] また、新右翼がながらく問題にしてきた、ドイツ再統一の方法が、ふたたび新たな問題を突きつけていた。確かに、ドイツ再統一は新右翼の悲願であった。しかし、ドイツ民主共和国（東ドイツ）の崩壊は、新右翼の望むモデルで実現したわけではなかった。新右翼は、冷戦下、西ドイツが妥協せずに圧力をかけることで東ドイツが敗北する未来を望んできた。にもかかわらず、現実に東ドイツ崩壊を決定づけたのは、近年の「東方外交」〔ヴィリー・ブラントの社会民主党政権のはじめた、東側諸国との関係改善外交〕による西ドイツ側の歩み寄りや、グラスノスチやペレストロイカなどのソヴィエト連邦の内部改革なのであった。

それでも、今度は一九四五年に失った「ドイツの東方」――大半は現ポーランド領――を取り戻そうと、新右翼はすぐに元気を取り戻すことになった。アスホイアーは、この点について、転換期の新右翼の議論をまとめている。

彼らは、「大ドイツ（一九三七年の国境による――引用者注）」を回復してはじめて、本来のドイツの歴史が取り戻されるであろうと考えている。旧国境の回復は、はじめて西側同盟の束縛から自由になること（あるいは「ロシア的なもの」と和解する機会を得ること）を意味している。[11]

つまり、新右翼にとって、国土の回復こそ外国支配からの「解放」であったのである。国土の境界とともに、ただちに歴史意識の境界も見直されなければならない。ナチスの「過去の克服」という、すべての右派の目に突き刺さる刺《とげ》も、最終的に取り除かれるかもしれない。……こう新右翼は考えた。新右翼は、「固有の」歴史を取り戻すために、まず「過去の廃棄[12]」を図ろうとしていたのである。

「ドイツの東方」はともかく、旧東ドイツの領土を取り戻しただけでも、国家の未来は可能性に満ちているように思われた。新右翼によるドイツ再統一の評価を、アスホイアーは次のようにまとめている。「ふたたび完全な主権を持ち、「現代史の束縛」から解放され、ドイツがヨーロッパを導かなければならない[13]」

この波に乗って、九〇年代の中盤には、新右翼の出版界は拡大期を迎えることになった。二人の『ヴェルト』紙の編集者、ウルリヒ・シャハト［ジャーナリスト。SPD党員から新右翼寄りの立場に移動した。一九五一年〜］とハイモ・シュヴィルク［ジャーナリスト、編集者。エルンスト・ユンガー関係の著作でも知られる。一九五二年〜］を編者とした、一九九四年にウルシュタイン社から出版された論文集、『自覚した国民』が、この躍進をもたらした当時の状況を物語っている。続いて、同じくウルシュタイン社から、ローラント・ブービクを編者として、『我ら八九年世代』と題された論文集も刊行された。『我ら八九年世代』では、「六八年世代」に対抗して、次世代の新右翼が論陣を張っていた。そのなかには、エレン・コジッツァやディーター・シュタインの名も見えた。このうち、『自覚した国民』という表現は耳目を集め、『フランクフルター・アルゲマイネ』紙が「忘却に抗して」と題する緊急声明を掲載したほどであった。

このとき新右翼は、左翼による「過去の克服」の政治手法を逆用しようとしていた。その一環として、一九九五年五月八日の戦後五十周年式典の直前には、旧東方領土からのドイツ人追放、国家分断、そして「旧東ドイツ末期の抑圧体制」の記憶を喚起しようとしたのであった。また、公式の終戦記念行事への不満を表明するため、二百人を超える人々が署名を行った。そこには、ハイモ・シュヴィルク、ウルリヒ・シャハト、クラウス・ライナー・レール［第1章を参照］、ライナー・ツィーテルマン、カールハインツ・ヴァイスマン、ディーター・シュタインの名が含まれていた。[14]

しかし、この人々もそれ以上は進めなかった。「現存した社会主義」を敗北させたあと待ち受けていた世界の新秩序は、すでに九〇年代にはグローバリズムの徴候を見せつつあり、それは各国の民族主義とは無関係なものであった。ヨーロッパは一体となって経済成長していた。また、「国防軍の無謬性《むびゅうせい》」〔第二次世界大戦において、親衛隊をはじめとするナチス党の組織とは異なって、国防軍は戦争犯罪に手を染めていないという議論〕、強制労働問題、旧東方領土への請求権などをめぐって行われた最後の歴史論争に、右翼は敗北していた。「ライヒ」を懐かしむ意識と完全に決別してはじめて、ヨーロッパでの指導的地位を得られることを、ドイツ人はとうに理解していたのであった。

この「非ナチ化」の最終局面は、一九九八年、社会民主党と緑の党の連立政権によって実行された。その首班、ゲアハルト・シュレーダーは、「六八年」の議会外反対派と「赤い七〇年代」に影響を受けて政治家となった人物であった。シュレーダー政権が当時の市民階級の意識を代表していたことが、新右翼を失望させた。カールハインツ・ヴァイスマンは、政権交代の直前であった一九九八年八月、『若き自由』のインタビューに応じ、この失望感を語っている。

ある種の歴史の流れが我々の背中を押しているはずでした。その力を借りて、歴史の一部をこちら側に引き寄せることができるはずでした。ですが、それは実現しませんでした。次なる希望は市民階級でした。市民階級は、時代の恩寵を受けて、六八年以来とらわれていた「左翼によるバビロン捕囚」から解放されるであろう、と我々は考えていました。まあ、臆病な市民階級を過大評価してしまっていたわけですね。[15]

実際、ドイツの戦後史は、その比類のない「平和革命」も含めて、信じがたいほどの近代化サクセスストーリーであるかのように見えたのであった。ファシズムの試みは、永遠に追放されたと思われていた。左翼のテロも、ロストックやホイエルスヴェルダの路上でのネオナチの狼藉《ろうぜき》［メクレンブルク・フォアポンメルン州のロストックでは一九九二年、ザクセン州のホイエルスヴェルダでは一九九一年、ネオナチによる外国人襲撃事件が発生した］も、国家を民主主義による浄化から逸脱させることはできなかった。外国からも、ドイツは経済的に成功し、これからもよき手本として先頭を歩んでいくと考えられていた。ドイツ人は、自発的に道徳に従うものとされ、そうでなくともせいぜい経済的利益にしか関心がないと言われていた。

しかし、ドイツ再統一をめぐる転換は、ドイツ人のこの自己イメージを変えるものでもあった。保守的な市民階級といえども、その変化とは無縁ではなかった。長期的には、このことが新たなジレンマをもたらす要因となる。ＣＤＵは、ふたたび選挙で勝利するためには、大都市住民の気を引く必要があった。だが、ＣＤＵは、大都市住民に接近したことによって、今度はもともとの基礎票であった地方住民を離れさせてしまった。また、ＣＤＵは、グローバル・マーケット向けにあまりにも規制緩和に入れ込みすぎたために、保護主義政策を行ってきた従来の立場――社会保守主義――を放棄しつつあった。『若き自由』が驚くほど、既存の保守政治は、社会民主党と緑の党の連立政権の重圧のもと、追放者同盟〔第二次世界大戦後、旧東方領土や東欧諸国から追放されたドイツ人の団体〕大会とクリストファー・ストリート・デイ〔ベルリンで行われるＬＧＢＴパレード〕のあいだで、そしてキリスト教系労働組合とグローバル化のあいだで、危うい綱渡りを強いられるようになった。

国家政治研究所を中心とする「メタ政治」の「カルテル」

二〇〇〇年前後、既成の保守陣営は、このような現実路線化の圧力に見舞われていた。それに抵抗し、またかつての保守系右派のシンクタンクやブレーン集団に代わるものをつくるため、新右翼は、独自の戦略立案機関を設立しようと計画していた。こうした目的で、二〇〇〇年にカールハインツ・ヴァイスマンとゲッツ・クビチェクが発足させたのが、私立の「国家政治研究所」であった。同時にアンタイオス書店も創業され、新右翼の理論的著作の出版を一手に引き受ける役割が与えられた。

今日、国家政治研究所の「学術部長」を務めているエーリク・レーナートは、ドイツ人の受け入れてしまった「アイデンティティ喪失」を批判しながら、「メタ政治」〔第2章を参照〕におおける右翼知識人の役割について語っている。レーナートによれば、「『ドイツ人の魂」の存在は、いまなお忘れ去られているわけではない。だからこそ、「魂」のための組織が必要なのである」[16]。

レーナートのこのモットーにもとづいて、国家政治研究所はさまざまな学術会議を開催し、新右翼世界の言論の中心としての地歩《ちほ》を固めていった。各集会は、当初から『若き自由』と密接な協力関係のなかで行われるのが常であった。また、国家政治研究所は、そういったイベントのみならず、さまざまな著作物を刊行することで、言論の担い手として影響力を高めようともしてきた。実際、国家政治研究所が世に出した刊行物のなかには、極めて大きな注目を得たものもあった。一つは、二〇一〇年の「ザラツィン論争」に際して刊行されたザラツィン擁護の書であり、これは何度も増刷された。もう一つは、二〇一一年に出版された小冊子『兵士としての女性』――男性の職場としての連邦軍を守ろうという内容――で、狙い通り連邦軍の若手男性士官に訴えかけるものとなった。

研究所設立の引き金を引いた要因については、一九九九年に行われたヴァイスマンのインタビューからうかがうことができる。そこでヴァイスマンは、『若き自由』のディーター・シュタインのインタビューに応じて、「右翼版のレームツマ研究所」の必要性を力説している[17]。ジャン・フィリップ・レームツマ〔ドイツ文学者、評論家。一九五二年〜〕が設立したハンブルク社会研究所〔一九八四年に設立された社会科学と現代史の研究機関〕とその運営財団は、左翼の側で重要な仕事をしており、当時は「国防軍の犯罪」展〔第二次世界大戦中の国防軍の戦争犯罪を扱った一九九五年のパネル展」を開催して広い歴史論争を引き起こしていた。まさに「メタ政治」による干渉の手本となる存在であった。ヴァイスマンは、このハンブルク社会研究所に相当するものを右翼の世界につくろうとしていたわけである。

もちろん、左翼の模倣によって自己主張するのは、新右翼のおなじみのやり方ではあった。だが、ヴァイスマンは、このインタビューで、これまで公式的にほとんど語ったことがなかった、もう一つの腹案を明らかにしてもいる。ヴァイスマンは言う。

歴史家のマルティン・シュパーン〔戦間期の「青年保守」の一人。のちにナチス党員。一八七五年〜一九四五年〕を囲む青年保守の人々は〔……〕、一九一八年のドイツの敗戦ののち〔……〕、ある「政治学校」を創設しました。〔……〕そこは一種の私立大学でした。そこを拠点に、青年保守の人々が、学術研究、情報収集、教育活動を相互につなげようとしていたのは明らかです。[18]

シュパーンの「政治学校」は、一九二〇年から一九二五年まで、「青年保守」の講習会場となり、そこではアルトゥール・メラー・ファン・デン・ブルックをはじめ、モーラーの『ドイツにおける保守革命』の登場人物が教鞭を執っていた。また、財政的には重工業界の支援を受け、徹底してヴァイマル共和国に反抗するものであった。ヴァイスマンは、シュパーンの「政治学校」を引き合いに出すことで、自分の活動をいま一度「民族至上主義的《フェルキッシュ》ナショナリズム」の伝統のなかに位置づけ、新右翼の「思い出の地」としての「保守革命」との関連を証明しようとしていた。[19]

ヴァイスマンが国家政治研究所の講習会の生徒として想定していたのも、ヴァイマル時代の「青年保守」のような権威主義的エリートの集団であった。ヴァイスマンは、『若き自由』の別のインタビューで、自分の課題を「CDU／CSUを支配している精神的空虚」を埋めることであると説明している。ヴァイスマンによれば、そのためには、政党政治からも大衆からも距離をとって、政党組織からは独立を保ち、「政治以前」の――「メタ政治」の――領域で活動しなければならない。

我々が目指すべきなのは、知的影響力なのです。我々の関心は、床屋政談ではなく、講堂やセミナー教室で「制空権」を握ることです。重要なのは、「頭脳」に対する影響力なのです。もし、その「頭脳」の持ち主が権力や議席を握っているのなら、さらに好都合なのです。[20]

この構想からもわかるように、ヴァイスマンは、国家政治研究所の「講堂やセミナー教室」には、大衆ではなく、むしろ権力に近い人物が来ることを想定していた。国家政治研究所は、この路線で、「上からの革命」という「青年保守」の理念を現代に持ち込もうとしていたのである。

さらに、国家政治研究所は、二〇〇三年以来、雑誌『独立』を編集し、同じタイトルのブログと共に世に送り続けている。『独立』の題名は、ボート・シュトラウス〔劇作家、小説家。一九四四年～〕の評論「高鳴りゆく山羊の歌」の提唱するコンセプトに由来している。「高鳴りゆく山羊の歌」は、九〇年代に新右翼のマニフェストと見なされるようになった文章であった。シュトラウスは言う。

自由な選択だけは放棄してはならない。そのために必要となる唯一のものは、社会の主流から「独立」する勇気である。確信を持って言おう。求められているのは、世俗から隔離された秘密の場所であり、啓示を受けてしまったがゆえに世間との妥協を拒否する者たちの隠れ処(かくが)なのである。[21]

以上の展開からも明らかなように、社会民主党と緑の党の連立政権という悪条件のもと、二〇〇〇年前後の新右翼は、それに対抗する態勢を整えはじめていた。コール内閣時代の新右翼は、これほど精力的な動きを展開できていなかった。この事態は、新右翼の最初の躍進が七〇年代の社会民主党と自由民主党の連立政権のもとで生じたこと、そのときのスローガンが「路線転換」であったことを思い起こさせる。

六〇年代末期のモーラーが文筆家と政治家のネットワークづくりを試みたのと同じく、二〇〇〇年前後のモーラーの弟子たちは、いわば「青年保守」の「カルテル」を構築しようとしていた。「カルテル」は、週刊新聞（『若き自由』）、シンクタンク（国家政治研究所）、出版社（アンタイオス書店）、そして雑誌（『独立』）から構成されていた。その中心人物としては、クビチェク、ヴァイスマン、シュタインがいた。こうして束ねられた各勢力の目的は、新右翼の覇権のもとで、ラディカルな右派市民が勢いを取り戻すことであった。彼らの運動の根本的な動機は、左派政権の攻勢に対して、かえって強い反撃の姿勢を見せるところにあった。その限りで、この勢力は古典的な意味における「反動」であったともいえよう。

もっとも、この同盟は、ある決定的な出来事を契機に崩壊することになった。ＡｆＤが結党したとき、よりによって『独立』と『若き自由』のあいだで、すでに第1章でも言及した紛糾が生じたのである。一見、ますます攻撃的になっていく『独立』や『若き自由』の編集方針が、両者の衝突を誘発したようにも思われた。しかし、実際には、ＡｆＤという新たな右翼政党に、意味があるのかないのかについて両者が異なった評価をしたことが、決裂の主たる原因だったのであった。

外国に手本を求めて

さて、左派が政権についた二〇〇〇年代の危機にあっても、国家政治研究所の設立者たちは、自分たちの路線の正しさを確信していた。彼らが考えるような「保守主義」は、保守政党の世界では、もはや疑いもなく終焉していた。CDU／CSUと党外の右翼との組織的なつながりは、八〇年代とは異なって消え去りつつあった。国民保守主義の最後の代表者たちは、年老いるか孤立するかのいずれかであった。

国家政治研究所の分析によれば、この現状を導いたのは、ヘルムート・コール内閣の日和見主義的な路線であった。そして、コールの後継者、アンゲラ・メルケルのもとで、保守政党内の右派が壊滅する危機は、ついに差し迫ったものとなった。メルケルは、東ドイツの社会主義で育った、子供を持たないプロテスタントの女性自然科学者という背景もあって、新右翼にとって、体制の変貌を象徴する憎悪の対象となった。かくして、国家政治研究所はメルケルに必死で抵抗することになった。国家政治研究所は、『説得力なき政治――メルケルのCDU／CSU』と題した小冊子を二〇〇五年に刊行し、コール時代から引き継がれたメルケル政権の経済中心主義、現実主義と対決しようとした。

『説得力なき政治』は、次のように批判している。CDUのリベラル化が新しい現象ではないのは、とうにわかっていた。コールの言っていた、経済中心主義から脱却する「精神的道徳的転換」が実際にはなされなかった時点で、すでに現行の路線は予想されていた。かつて東ドイツ政府の定めたポーランド国境の見直しや、旧東方領土からの追放者に対する補償という最後の砦すら、ヨーロッパ統合を優先して、穏健なものにされてしまった。確かに、コールは個人的には、「ロナルド・レーガンとのビットブルク戦没者墓地の参拝」あるいは「エルンスト・ユンガー宅の訪問」といった、左派に対する歴史的 - 政治的挑発ともとれる「象徴的行動」をしたことがあった。しかし、それを例外として、CDUは、一応は約束していたはずの路線転換に、現実には興味を示さなかったのである……。[22]

二〇〇九年九月の連邦議会総選挙の直前、『若き自由』の編集長、ディーター・シュタインは、巻頭記事のなかで、同様にCDUの現実路線について詰問している。シュタインによれば、CDUの罪はほとんど無限に挙げることができるという。

メルケルの首相としての四年間、党首としての九年間は、極めて深刻な痕跡を残した。党は、すでにコールや〔ヴォルフガング・〕ショイブレ〔コールとメルケルのあいだのCDU党首。各省大臣や連邦議会議長を歴任。一九四二年～〕のもとで現実路線に屈し、絶え間なく原理原則を投げ捨ててきており、ましてや社会民主党との大連立に入ってからというもの、政権維持という果実を求めるあまり、すっかり鵺的《ぬえてき》に振る舞うようになってしまった。

この文章は、東ドイツ崩壊ののち国民保守主義を取り戻し損ねた失望がいかに深かったかを物語っている。リベラル化した保守主義は、『若き自由』の目には、なんら魅力あるものと映らなかった。

シュタインには、CDUは、一九六八年以来の害毒を除去するどころか、いまや自分から進歩主義の先頭に立とうとしているように見えていた。シュタインは、「メルケルのCDU」の「脱原則化」を弾劾する。シュタインによれば、メルケルは、東ドイツ政府が没収した私有財産を取り戻そうともせず、むしろ社会主義流の農地改革を肯定していた。また、メルケルによる期限付きの妊娠中絶承認は、「生命防衛における堤防決壊」であった。さらに、同政権が「伝統的家族観」を放棄しつつあることは、キリスト教的価値の崩壊にほかならなかった。いまこそ「同性婚反対」が求められているのに、CDUは「フェミニストの「セクシャリティの平等」計画や社会主義的家族政策を率先して」実行しようとしている、とシュタインは真剣に嘆いている。

シュタインによれば、CDUのこの「左旋回」を象徴しているのは、メルケルの人事方針であった。マルティン・ホーマン［元CDUの政治家。二〇〇三年の反ユダヤ主義発言によって除名され、無所属を経て現在はAfDに所属。一九四八年〜］、フリードリヒ・メルツ［CDUの政治家。元経営者で経済専門家。連邦議会でのCDU／CSU会派代表を務めたが、党代表選ではメルケルに敗れた。一九五五年〜〕、イエルク・シェーンボーム〔CDUの政治家。元連邦陸軍中将。メルケルの「過去の克服」路線を批判した。一九三七年〜〕といった特色ある保守政治家は、その犠牲になっているという。CDUは従来の保守的な支持基盤への許しがたい「裏切り」を犯した、とシュタインはまとめている。とはいえ、さしあたって代替案《オルタナティヴ》となる投票先は存在しなかった。このため、二〇〇九年の総選挙の時点では、シュタインが読者に勧めたのは、自由民主党に投票し、党内の国民自由主義〔特にドイツ語圏における、個人の自由と国家主権を両立させようとする立場。第二次世界大戦後は自由民主党内の右派を形成した〕勢力を強化することであった。[23]

シュタインの理想は、オーストリア自由党を模範する、CDU／CSUとは別の、明白な右翼政党の発足であった。かつてのシュタインは、この目的のため、ドイツ共和党〔一九八三年にCSU出身者が設立した極右政党〕や自由市民同盟〔一九九四年から二〇〇〇年まで存在した、オーストリア自由党に影響された右翼ポピュリズム政党〕といった小政党に期待したこともあった。しかし、党員がごく少数である以上、イエルク・ハイダー〔元オーストリア自由党党首、ケルンテン州首相。極右政治家として知られる。一九五〇年〜二〇〇八年〕の自由党に比肩すべき権力因子にまで成長するのは、まず望むべくもなかった。

シュタインの次なる計画は、議会でCDU／CSUの連立パートナーとなりうるような小グループを形成し、そこから両党に圧力をかけて、右派的性格をふたたび取り戻させることであった。新右翼ウォッチャーに言わせれば、これは、かつて緑の党が社会民主党に対して行ったのと同じ戦略であった。もっとも、過去の新右翼自身のなかにも、このやり方の手本は存在した。例えば、アルミン・モーラーは、当時のCDUはリベラル化しすぎていると考え、フランツ・ヨーゼフ・シュトラウスを動かしてCSUに全国で候補者を立てさせ、こちらを全国政党にしようとした。そのとき、「第四党統一行動」――CSUをCDU、社会民主党、自由民主党に続く第四の全国政党にしようとする党内グループ――の一員としてネットワーク形成を行ったのは、モーラーの腹心のマルセル・ヘップであった。彼らは、シュトラウスにバイエルン州境の「マイン川を越え」させようとしていたのであった[24]。

もちろん、新たな右翼政党の設立計画は、この時点では決して成就することはなかった。確かに、CDU／CSUの混乱にかんがみれば、二〇〇九年という時期はその好機であるようにも思われた。しかし、そのころ、例の「青年保守カルテル」の内部、特に『独立』と国家政治研究所の周囲には、すでにヴァイスマンがインタビューで述べているように、政党政治から距離をとることをよしとする空気が形成されていた。彼らにしてみれば、政党活動とは市民的で改良主義的な行為であって、そもそも軽蔑すべきものであったからである。また、エリートを自任する彼らは、多数決を原則とする今日の政党生活のなかで、大衆の支持を集めようとはしたがらなかった。まして、近い過去には、新党結成の試みはすべて失敗していたのである。このため、新党をめぐる国家政治研究所の小冊子には、次のように書かれていた。「若者の人生を、悪しき政党に拘束して生命力を浪費させることをやめさせられるなら、悪くない仕事ではないか[25]」

国家政治研究所が、まだしも許容される政党の条件と考えていたのは、党員資格を極端に限定することであった。そのような排他的な団体は、大衆政党というより、ある種の政治的「紳士クラブ」を思わせるものであった。件の小冊子によれば、その時点で国家政治研究所が想定していた新政党は、できるだけ「党員数を最少に抑え、新規党員を加入させるときは既存党員二人の保証を必要とし、党の財政は主に寄付によって賄う」よう努めなければならないとされていた。[26]

『若き自由』がいまなおCDU内部での国民保守主義勢力の失墜を嘆いていたとき、『独立』は政党とは別のラディカルな代替案《オルタナティヴ》を求めるようになっていた。二〇一〇年、『独立』の「ファシズム」特集号では、マルティン・リヒトメスが、イタリアのネオファシストが占拠したローマの邸宅について熱狂的な記事を書いている。リヒトメスは、明らかにその光景に魅了されていた。『独立』の当該号は、その建物、「カーサ・パウンド」――前衛詩人にしてムッソリーニ賛美者であったエズラ・パウンド［ファシズムに共鳴したアメリカの詩人。『詩篇《キャントウズ》』の作者。一八八五年～一九七二年］にちなんで名づけられた、ネオファシストの本拠地――をめぐる運動を詳しく報道している。

占拠者たちは、ローマの戦闘的なラディカル右翼の世界に出自を持ち、当時と同じようにいまも、おのれの信念――社会的情熱、反資本主義、民族主義――を隠さなかった。彼らは、「右でも左でもない」と言って、単に「ファシスタ」を名乗っている。[27]

カーサ・パウンドは、小さなラジオ局や書籍と雑誌の販売所を備え、現地の右翼の音楽文化やフーリガン文化と密接な関係を保ち、挑発的な存在としてみずからを売り出すのに成功していた。これは、七〇年代の左翼が構築していた文化センターの自覚的な模倣でもあった。それもあって、カーサ・パウンドは、当時のヨーロッパで勃興しつつあった「アイデンティティ運動」〔第4章を参照〕の一つに分類されていた。アイデンティティ運動の特徴は、かつての左翼運動と同様、サブカルチャーの形式を利用するところにあった。

ながらく『若き自由』文化欄の記者を勤めてきたリヒトメスが特に魅力に感じたのは、このイタリア人たちが反抗的な青年運動として攻撃的な自己演出をしていたこと、またイタリア未来派〔近代的テクノロジーを芸術に取り入れようとした前衛運動。のちにファシズムと結びついたことで知られる〕の美学を再導入しようとしていたことであった。カーサ・パウンドの活動家たちは、みずから「ターボダイナミズム」なる綱領を発表し、フィリッポ・マリネッティ〔未来派を代表するイタリアの詩人、批評家。一八七六年～一九四四年〕一派による一九〇九年の「未来派宣言」を模倣しようともしていた。この姿勢は極めて時代錯誤的なものではあった。少なくとも、未来派は美術館からは激しい憎悪の対象となっており、その芸術的評価も十年とたたないうちに半減するものにすぎなかった。にもかかわらず、リヒトメスには、「とどまるところを知らない、残酷な、情け容赦のない行動」、「炎上のために必要な様式《スタイル》」といった「ターボダイナミズム」一派の言葉は、ドイツにも輸入したくなるほど魅力的に聞こえたのであった[28]。

イタリアのネオファシストは、英雄的で男性的な行動と、美学的な「革命」運動のエネルギーとを、見事なまでに結びつけていた。だからこそ、リヒトメスやクビチェクのような新右翼指導者は、ネオファシストに憧れるようになったのである。権威主義的反乱者であり、実際にイタリア・ファシズムの創設者の一人であったマリネッティも、新右翼にとっての魅力的なロールモデルであった。

リヒトメスの記事に続いて、『独立』は、「カーサ・パウンド」やそれと関係を持つイタリアの似たようなグループの拠点を訪問したり報道したりしはじめた。これまでも、ラディカル化した民族至上主義的《フェルキッシュ》ナショナリズムは、常にファシズムへと転化してきた。『独立』がネオファシズムの紹介に踏み切るようになったのも、同じ現象であったといえる。

それを裏付けるかのように、クビチェクは、二〇一三年の第二回「ツヴィッシェンターク」のパネル討論に、イタリアのネオファシスト、ガブリエーレ・アディノルフィ［一九五四年〜］——イタリアの官憲から一九八〇年のボローニャでの大規模爆弾テロに関与したとの嫌疑を受け、フランスに亡命した人物——を来賓として招いた。クビチェクは、アディノルフィがファシスト組織を創設したのは確かであるにしても、自分の得ている情報ではテロ行為とは無関係である、と言って招聘を正当化した。クビチェクは、アディノルフィとの絆を力説するため、彼が亡命中にフランスの新右翼との関係を深めたことを強調している。「アディノルフィは、フランスでは、なによりもアラン・ド・ブノワとそのヨーロッパ文明研究会に啓示を受け、「メタ政治」と理論構築の仕事に従事していた[29]」

二〇一二年の一回目とは異なって、第二回の「ツヴィッシェンタークク」には、『若き自由』は出展者としては参加しておらず、明らかに国家政治研究所や『独立』との確執が背景にあることを示唆していた。新右翼ウォッチャーは、アルミン・モーラーの論文集をアンタイオス書店が刊行したのが発端となって、もともとあった感情のもつれに火がついたのではないかと見ていた。論文集には、モーラーが『若き自由』と決別する原因となった、一連の歴史修正主義的なコラムが、しかもモーラーに好意的な注とともに収録されていたからである。こうして、『独立』と『若き自由』は、政党設立問題のみならず、「国民社会主義《ナチズム》時代のドイツの犯罪への対応」をめぐっても反目し、もはや互いに付き合いを望まなくなっていった[30]。

『若き自由』も、第二回「ツヴィッシェンターク」について報道してはいた。とはいえ、アディノルフィの出席にも、ハンガリーの政治家、マールトン・ジェンジェシ［一九七七年〜］の講演にも、ともに魅力を感じた形跡は見られなかった。ジェンジェシは、ファシスト的と見られている政党「ヨッビク」［二〇〇三年に設立されたハンガリーの政党。反ユダヤ主義で知られる］に所属しており、彼自身も反ユダヤ主義の主張で著名な人物であった。

『若き自由』は、すでに前年、第一回「ツヴィッシェンターク」についての記事を掲載したとき、この集まりは「保守の」見本市――そう自称していた――というより「右翼の」見本市と呼んだ方がよい、と書いていた。そのうえで、『若き自由』は次のように続けていた。「しかし、主催者の望み通り、「ツヴィッシェンターク」が政治的にさらに大きな存在となるためには、「右翼の」立場について自己批判する必要があろう」[31]

『独立』と『若き自由』の仲違いの前史としては、このほかにノルウェーの大量殺人犯、アンネシュ・ブレイヴィク〔二〇一一年のノルウェー連続テロ事件の犯人。一九七九年～〕の事件への対応を異にしたことが挙げられよう。ブレイヴィクの犯行声明「二〇八三年――ヨーロッパ独立宣言」は、「保守革命」的なモチーフの雑多な寄せ集めであった。地位向上意識の強い『若き自由』は、ブレイヴィクのようなイデオロギーのごった煮と同一視されるのを、極めて恐れていたらしい。逆に、『独立』と同じくクビチェクの経営するアンタイオス書店は、『若き自由』とは正反対の動きを見せ、ブレイヴィクの主張に影響を与えたノルウェーのブロガー「フィヨルドマン」〔本名はペーデル・イェンゼン。一九七五年～〕のエッセイを書籍化して売り出したのであった。[32]

いた。

ドイツ版ティーパーティー？

『独立』と国家政治研究所の首脳陣が、政党への幻滅を明言し、ますます原理主義的な批判と主張に賭けるようになっていったのとは逆に、『若き自由』は、引き続き政党政治を志向していた。

『若き自由』は、いまだにメルケル指導下のCDUの変貌に大きな不満を持っており、CDU党内の反乱に期待していた。この苦境に対処する手本は、よりによってアメリカ合衆国から現れた。そのころ、もともとは草の根運動であったアメリカの「ティーパーティー」が、すでに共和党を制圧しはじめていた。『若き自由』の編集長、ディーター・シュタインは、「ティーパーティー」のドイツ版を創設しようとしたのである。アメリカのティーパーティー運動は、キリスト教原理主義のグループと密接な関係を持っており、シュタインの目には模倣すべき手本であると映った。

シュタインがドイツ版ティーパーティーの原動力として期待していたのは、右派統一運動「ストップ左傾化」であった。「ストップ左傾化」は、CDUの最右派に属するフリードリヒ・ヴィルヘルム・ジーベケ［CDU党員の弁護士。前述のマルティン・ホーマンの除名に反対したことで知られる。一九二二年〜二〇一三年］を中心とする党内最後の国民保守主義勢力が、党の路線是正を求めて行っていた運動であった。シュタインは言っている。党内紛争が大きくなった場合、「確固たる指針と指導力を欠いたメルケル体制のCDUには、大きな遠心力が働いたとしてもおかしくない」[33]。こうして、『若き自由』は「ストップ左傾化」を強く支持することになった。

しかし、そのシュタインにしても、「ストップ左傾化」の成功を信じるのは難しかったかもしれない。すでにCDU党内では、メルケルによる党の現実路線化を肯定する勢力が勝利を収めており、自分たちの側に理があるのを確信しているように見えた。それにともなって、党内右派の陣営は、ますます道化じみた反主流派でしかなくなっていった。

このことは、『フランクフルター・アルゲマイネ』の大物コラムニストで、誰もが認める保守派の中心人物であったローレンツ・イェーガー［一九五一年〜］が、二〇一一年に発表した野次めいた文章からも確認できる。イェーガーは、珍しく新右翼と関係をもつことに躊躇せず、ながらく新右翼に共感して取材してきたジャーナリストであった。イェーガーは、国家政治研究所で講演を行ったり、そこでカールハインツ・ヴァイスマンと一緒に登壇したりしたこともある。しかし、そのイェーガーが新右翼を見捨てたのであった。

イェーガーにとって、新右翼方面から聞こえる声は、あまりにも不快なものとなっていた。イェーガーは、そのころ出くわすようになった、一様に「保守」を自称する人物を数え上げてみせる。いわく、「地球温暖化懐疑論者」であり、原発推進派であり、「社会国家」としてのドイツを軽蔑する者である。さらに、「その最底辺には」、ブログ『政治的に正しくない』に煽られたイスラーム嫌悪者がいるという。かつては右翼には「よき時代」があった、とイェーガーは告白する。だが、いまや度が過ぎている。「私をメンバーから外してくれ」[34]

イェーガーのような保守派の反応からも明らかなように、ヘルムート・ケラースホーンの言う「保守のレコンキスタ」──右翼が既存の保守政党を奪い返す試み──は、さしあたり挫折したのであった。[35] CDUが民族至上主義的《フェルキッシュ》ナショナリズムの精神にもとづいて権威主義的な復古運動に打って出ることは、もはや永久にないであろうと思われた。この最後の試みのあと、CDU／CSUの外部に拠点となる政党を、つまり「ドイツ版オーストリア自由党」を求める時代がやってくるのである。

そして、二〇一三年二月六日、ついにこの動きが最高潮に達し、「ドイツのための選択肢（AfD）」が結党されたのであった。

『若き自由』は、当初からAfDとの近さを明らかにしており、四月一四日にベルリンで行われた党設立大会にも人員を派遣し、ライヴ中継を行っていた。編集長のディーター・シュタインは、のちに『若き自由』に掲載された党の歴史と設立背景についての記事のなかで、結党一年前にAfDの初代党首、ベルント・ルッケ［元CDU党員。一九六二年～］に対して自分が行ったインタビューを読むようにうながしている。当時ハンブルク大学の経済学者であったルッケは、このインタビューですでに党設立をほのめかしていたからである。[36]

ルッケの指導下、AfDは、なによりも反「社会国家」、反ヨーロッパの政党として台頭していった。というより、実際には、これは発足時からの党の本質であった。例えば、ヨーロッパ議会議員、ベアトリクス・フォン・シュトルヒ［一九七一年～］を代表とするキリスト教原理主義のネットワーク「市民連合」は、ＡｆＤの内部で強い影響力を持ち続けていた。今日でもなお、宗教勢力のなかには、「市民連合」のような団体を通じた「メタ政治」によって、現実政治への力を行使しようと考える者がいるのである。「市民連合」は、同性愛者の法的平等やジェンダーについての啓蒙を標的として組織的な反対キャンペーンを行い、「伝統的な家族」を維持しようとしてきた。「市民連合」自身の説明によれば、「市民連合の下部に」組織された「積極的家族防衛」運動から、「万人のためのデモ」が派生したという。[37]この「万人のためのデモ」は、名称のみならず、抗議のあり方それ自体が、フランスの「万人のためのデモ（La Manif pour tout）」――キリスト教原理主義と極右勢力の連合――を手本とするものであった。『若き自由』も、「積極的な子供の保護」を題目として「結婚や養子の権利における同性愛者の法的平等」に反対する、フランスの「万人のためのデモ」には歓迎の意を表明したことがあった。[38]

ディーター・シュタインは、同性愛者の権利平等への反対がＡｆＤの中心的な主張の一つであるのを承知したうえで、『若き自由』紙上で、フランスの例を引きつつ、ＡｆＤを「本格的な解放勢力」と賞賛している。[39]シュタインは、伝統的な性別役割分担や保守的な家族観の擁護によって、ＡｆＤが支持を集めるのを期待していた。これは妥当な見通しでもあった。ジェンダーや家族についての保守的な姿勢は、ＡｆＤの党綱領にも煽動的な文で書き込まれていたからである。「我々の子供たちは、学校で明らかな性的マイノリティの玩弄物とされてはならない」[40]。この一文が示しているのは、同性愛カップルの権利平等を拒否する党の方針である。ジェンダーについての啓蒙を否定し、同性愛を合法的なセクシャリティとは認めないことは、同性愛を子供に対する大きな脅威としてスティグマ化することと並んで、AfDの綱領の一つなのである。「市民連合」を中心にフォン・シュトルヒらの形成したネットワークは、その種の「バックラッシュ」政策を担うものと評価して差支えあるまい。

ゼバスティアン・フリードリヒ［社会科学者、評論家。一九八五年〜］がAfDの勃興を扱った論文で書いているように、「AfDの内部でも［……］反フェミニズムについて主導的役割を果たしているのは「市民連合」である」[41]。もっとも、保守勢力右派による草の根運動を自分の目的のために利用する試みは、別に新しいものではない。オルデンブルク公爵家の当主でもあるフォン・シュトルヒは、すでに九〇年代に同じ方法で「法治国家同盟」を組織し、東ドイツ時代の農地改革を見直すように主張していた。

当初のAfDは、「市民連合」などのキリスト教原理主義勢力をはじめとする騒々しい圧力団体との共闘にもかかわらず、いまだに「名望家政党」のイメージを持たれていた。AfDはあまり大衆的ではなく、国民保守主義やオルド自由主義［自由放任経済と計画経済をともに退け、秩序《オルド》ある自由主義を目指す立場。ただし、しばしば新自由主義と同一視される］を支持する市民同盟のようにも見え、党員には大学教授を多く含んでもいた。また、離党を余儀なくされたCDUや

ＦＤＰの右派政治家も合流していた。いわゆる「ゲルマノミクス」――ユーロ圏ではなくドイツのための経済――の要求は、ユーロ危機、ユーロ圏救済策、ギリシャ救済論争を背景として、明らかに増大していた。

それもあって、二〇一三年九月の連邦議会総選挙では、わずか数ヶ月前に結党されたばかりのＡｆＤは、四・七パーセントの得票という驚異的な成果を得ることになった。ディーター・シュタインは、この展開を「息を飲む強行軍」と言って、『若き自由』で喝采を送っている。シュタインによれば、ＡｆＤの迅速な候補者擁立と、あと一歩まで迫った連邦議会での議席獲得「ドイツ連邦共和国の選挙制度は小選挙区比例代表併用制であり、比例代表で議席を獲得するためには、その政党の得票が五パーセントを超える必要がある」は、「歴史的大事件」と呼ぶにふさわしい。[42]

さて、ＡｆＤの成功と前後して、新右翼のネットワークの舞台裏では、同党のような政党には意味があるのかないのかをめぐる論争がはじまっていた。カールハインツ・ヴァイスマンは、二〇一三年末、ある覚悟を決めて、『独立』でＡｆＤに対する態度表明を行ったと思われる。ヴァイスマンの言葉は、これまでの読者に、ＡｆＤと異なって、自分たち新右翼の行動が現実に影響力を持てなかったことを悟らせようとしていた。

「メタ政治」はすべてではない。「メタ政治」的な戦略は、現実政治の一部となってはじめて意味を持つ。「メタ政治」を行う者は、状況を分析し、実現可能性を問わねばならない。確かに、「メタ政治」にとっては、マルクス主義でいう「上部構造」が問題である。しかし、「上部構造」は、哲学的な真理探究とも、イデオロギーの生産とも、精神的なガラス玉遊戯とも、気分を「刺激する」（カール・シュミット）さまざまなテーマに目移りすることとも関係ない。「メタ政治」が関心を持たなければならないのは、政治実践とその担い手に対してである。「メタ政治」とは——厳密な禁止は不可能でもあり、望ましくもないとはいえ——、政治に自分の個人的・審美的な基準を持ち込むことではない。そのような基準は、個人的・審美的であっても政治的ではないからである。[43]

しばらくのあいだ、この文章の意図は不明であった。ヴァイスマンの警告の真意が読者に伝わったのは、彼が『独立』と公式に決別したあとのことであった。

『独立』のような「国民革命」派とＡｆＤという改良主義的勢力との対決構図がはじめて明らかになったのは、ゲッツ・クビチェクと取り巻きが、「ＡｆＤ肯定派」の「おめでたさ」を嘲笑する対談をアンタイオス書店から刊行したときであった。[44] そこでは、古典的な強硬派に特有の身振りで、ＡｆＤは政党の皮を被った「安定志向の組織」であると言われていた。クビチェクらによれば、ＡｆＤの主目的は、ただ「薬缶《やかん》から湯気を立てる」ことにすぎない。[45] また、国家政治研究所の幹部、エーリク・レーナートは、『若き自由』に牛耳られているＡｆＤの路線に、次のような懐疑を向けている。

ドイツ共和党はうまくいきませんでした。自由の党［二〇一〇年に結成され二〇一六年に解党した右翼ポピュリズム政党。正式名称は「さらに自由と民主主義を求める市民権党」］もうまくいきませんでした。自由市民同盟もうまくいきませんでした。それでも、彼らは何度も同じことを考えました。で、ＡｆＤではじめてうまくいったわけです。まったく驚くべきことに、これまで人々はずっと同じ計画を繰り返してきたのです。一度たりとも成功しなかったのに、ですよ。[46]

この手の嫌味を言いながらも、つかず離れず、『独立』はＡｆＤの動向を観察していた。例えば、二〇一四年の秋、クビチェクは、長年の同志二人へのロングインタビューを発表している。一人はＡｆＤのテューリンゲン州代表、ビョルン・ヘッケであり、もう一人は歴史家にしてラインラント・プファルツ州のＡｆＤ活動家、シュテファン・シャイルであった。[47]

しかし、その少しあとの二〇一五年二月、エレン・コジッツァは、自分と夫のクビチェクはともに二〇一四年内にＡｆＤに入党申請し、その数ヶ月後にすぐ州レベルでは受理されたのに、全国執行部から申請が却下された、と公表した。[48]

以前ならば、ＡｆＤは、『独立』や国家政治研究所の活動家をここまで徹底的には拒絶しなかったかもしれない。しかし、いまや、結党してから数年を経たＡｆＤ――ドイツ連邦共和国史上はじめて成功を約束された「ＣＤＵより右」の政党――のなかには、一方は「革命」、他方は議会主義を目指す、新右翼同士の分裂が拡大していたのである。ヘルムート・ケラースホーンによれば、『若き自由』は、AfDのなかに自分たちの計画を実行してくれる存在を見ようとしていた。ケラースホーンは、その計画を次のようにまとめている。

> 国民自由主義、キリスト教保守主義、民族至上主義《フェルキッシュ》といった各政治理念を結びつけ、「現代的な」民族至上主義《フェルキッシュ》的保守主義の運動を、「政治以前の」――「メタ政治」の――空間のなかに構築すること。また、政党の力を借りて現実政治に入り込み、政治システムの「大変革」（ディーター・シュタイン）を行うこと。[49]

ところが、この計画のもとでなされる現実政治上の行動は、審美家タイプのクビチェクにとっては、どう見ても些末にすぎるものでしかなかった。クビチェクは、経済政策や社会政策などの「外面的」事柄に興味がないことを率直に告白し、自分は別の次元の対象を優先する、と言っている。

> ドイツ人の魂のあり方、我々の心《プシュケー》の深層構造、我々の文化の存在……、こういったものを考えるのが課題である。どういう言い方をしても、私には同じである。［……］いずれにしても、この民族の本来的な実体のことだからである。[50]

続いて、教師たるヴァイスマンと、弟子たるクビチェクの対立が、政治的な父殺しとして忌まわしい様相を呈しはじめた。このいさかいの激しさは、長年の新右翼ウォッチャーをも驚かせた。何十年も新右翼内の動向を精密に分析してきたケラースホーンは、「「新現実主義」（ヴァイスマン）と政治的実存主義ないし「メタ政治」的多元主義（クビチェク）との決別」に衝撃を受けたように見えた。とはいえ、ヴァイスマンとクビチェクは、これまで互いに干渉しないように「排他的形式」でそれぞれの地位を守ってきたため、ケラースホーンには、二人の破局は新右翼の崩壊にはつながらないと容易に推測できた。ケラースホーンは言う。「おそらく、国家政治研究所の内部でも、また、国家政治研究所と『若き自由』のあいだでも、「青年保守」陣営の分業と協力関係が組み換えられるだけで終わる[51]」

二〇一五年三月、クビチェクは、イタリアの北部同盟［一九九一年に結成された、経済的に優越する北部諸州の自治拡大を目指す地域政党。一般には極右とされる。二〇一八年に「同盟」に改称し、全国政党化を図っている］の政治家、マッテオ・サルヴィーニ［ジュゼッペ・コンテ内閣の副首相、内務大臣。一九七三年～］と並んで、ローマで開催された極右政党の会議で演説を行い、付随するデモにも参加した。クビチェクと一緒に来ていたコジッツァは、そのあと『独立』に寄せた報告記事で、露骨な演出を目の当たりにして熱狂したのを記している。

壮麗な音楽に続いて、ガブリエーレ・ダヌンツィオ通りの坂から、すでに人々で埋め尽くされた広場に、「カーサ・パウンド」の百人隊が重々しく行進してくる。そして万雷の拍手。このすべてがドイツでは考えられない！[52]

右翼系ラジオ局であるドイツ放送の報道によれば、「カーサ・パウンド」の面々は、ムッソリーニの肖像を高らかに掲げ、腕をまっすぐに伸ばしてファシスト式敬礼を行っていたという。また、ギリシャから来た「黄金の夜明け」の代表団の姿があったともいう。[53] コジッツァは、そこでのクビチェクの演説の決め台詞を、嬉しそうに引用している。

「大事なのは右か左かではない。我々のアイデンティティでなくてはならない」。彼がこう言うと、大歓声が起こった！[54]

しかし、これにはさっそく『若き自由』から物言いがつくことになる。「イタリアにおける右翼ポピュリストとネオファシストの政治同盟という袋小路」に魅了されている者のせいで、右派の代替案《オルタナティヴ》をつくる試みが脅かされてしまう、というのである。[55]

そのころ、ヴァイスマンとクビチェクの絶交も、ついに決定的になりつつあった。ヴァイスマンは、のちに『若き自由』で、クビチェクとの関係を終わらせたことを明かしている。ヴァイスマンは、『若き自由』に向かって、二〇一三年から一四年にかけての冬、まず『独立』から、続いて国家政治研究所から脱退したのを説明し、クビチェクに対して厳しい言葉を投げかけている。

脱退の理由なら、すぐにでも列挙することができますね。まず、クビチェクが長年にわたって独断専行を重ねてきたこと。次に、会議での決定事項を守らない点で悪名高いこと。さらに、例えば「二一世紀型ファシスト」への接近はじめ、何度も限度を超えた行動をしたこと。[56]

この新右翼陣営の内紛は、ＡｆＤが民族至上主義《フェルキッシュ》派と国民自由主義派へと分裂しかけていたのと並行した現象であった。ＡｆＤ党内での対立は、すでにはやくから認識されていたものの、党運営上の都合のため表面化はしていなかった。

二〇一四年のヨーロッパ議会選挙でのＡｆＤの選挙公約には、他国の反ユーロ政党や、二〇一五年の統一地方選挙におけるＡｆＤ自身のドイツ東部の地方組織の公約とは、かなりの違いが見られた。アルバン・ヴェルナー〔政治学者。一九八二年〜〕の解釈では、その原因は選挙戦術の差異だけではなかった。ヴェルナーによれば、二〇一四年のヨーロッパ議会選挙は、いまだベルント・ルッケを中心とする新自由主義色の濃い執行部のもとで行われており、焦点は通貨政策や経済政策におかれていた。いわゆる社会の「イスラーム化」は、当時すでにヨーロッパ中で問題となっていたとはいえ、この時点では話題にも上らなかった。ＡｆＤを既存の右翼ポピュリズム運動の方針と比較したのち、ヴェルナーはこう結論づけている。

国際比較から明らかなのは、〔……〕ＡｆＤのヨーロッパ議会選挙公約がまったく扱わないテーマ、それはイスラームである。〔……〕古典的な右翼ポピュリズムの物言いとＡｆＤのヨーロッパ議会選挙公約のあいだの差異は、このうえなく大きくなっている。右翼ポピュリズムは、「無垢な故郷」という神話的イメージの回復を誓おうとする。これに対して、ＡｆＤが武器とするのは、国民経済や経済政策の専門用語という、庶民には疎遠で難しそうに響く言葉なのである。[57]

ところが、まさにその二〇一四年、そのルッケを推《お》す国民自由主義勢力が、極右とのあいだに線引きを求め、ＡｆＤから脱出をはじめたのである。それにともなって、ドイツ東部の党員のなかにはネオナチ出身の者もいたという事実が暴露された。もっとも、当の東部の地方組織は、この情報に真剣には対応しなかった。最終的に、二〇一五年三月、アンドレ・ポッゲンブルクやビョルン・ヘッケのような東部を拠点とするＡｆＤ右派は、いわゆる「エアフルト決議」を行い、民族至上主義的《フェルキッシュ》ナショナリズムを旨とする党内派閥を形成することになった。

これに対し、ベルント・ルッケは、「モーニングコール二〇一五年」と名乗るグループを結成し、ＡｆＤ内の国民自由主義派閥を結集した。しかし、ルッケは、民族至上主義的《フェルキッシュ》ナショナリズムと国民保守主義との連合を相手にした党内抗争に敗北し、二〇一五年七月の党首選に落選した。党首はフラウケ・ペトリに交代し、ルッケはＡｆＤを離党して「進歩と出発のための連合」［二〇一六年に「保守自由改革者」と改名］という新小政党を結成したものの、同党が力を持つことはなかった。この経緯により、ＡｆＤの路線は極度に右旋回し、当初の国民自由主義よりも右側に固定されることになった。

二〇一五年一一月二一日と二二日、ビョルン・ヘッケが国家政治研究所の集会で人種主義の演説を行ったのは――確かにＡｆＤ執行部は演説を批判したとはいえ――、その影響の表れであった。ヘッケは、そこで人類の二種類の出産行動について語っており、アフリカ人を「土地移動タイプ」、ヨーロッパ人を「土地維持タイプ」として対立させている。ヘッケの結論は、「進化は［……］アフリカとヨーロッパに［……］二種類の異なった出産戦略をもたらした」というものである。[58]

この動きを目にして、『若き自由』はますます激しく警笛を鳴らすようになった。『若き自由』は、ルッケを議会政治への入場券として、新右翼のイメージを改善し、一般市民からも読者を集めるつもりでいた。にもかかわらず、よりによっていま、むかしからの同志が、自分たちの『青年保守』的覇権獲得計画」を潰しにかかっているのである。[59]『若き自由』からの批判に気分を害されたクビチェクは、「同紙編集長のシュタインはヘッケの離党さえも要求した」と読者に報告している[60]。

ヴァイスマンは、『若き自由』によるインタビューで、ようやく得られそうになった「国民政党」としてのAfDの地位が、一部の跳ねっ返りのために危機にさらされている、といましそうに警告している。国家政治研究所を、そしてイタリアのネオファシズムに憧れるクビチェクを名指ししながら、ヴァイスマンはついに、誤解の余地もなく切り捨てている。

ヘッケがしていること、それからクビチェクのような煽動家がいまだに露骨にやろうとしていることは、まったく破壊的であって、AfDの好機を妨げるものです。もし彼らの考えに従いでもしたら、AfDはイタリアの北部同盟ならぬ「東部同盟」で終わってしまいますよ。まあ、いままで彼らにそんなことはできませんでしたし、これからもできないでしょうね。ですから、ご心配には及ばないでしょう[61]。

だが、AfDからのベルント・ルッケの排除によって、事態はクビチェクに好都合な方向に進んだのであった。そして、期待されていた新右翼内部の決定的な崩壊は起こらなかった。ルッケ執行部のもとでは、クビチェクとコジッツァは公式的にAfDから拒否された存在であった。しかし、ルッケの更迭以降、『独立』は、ビョルン・ヘッケをはじめとする党内の民族至上主義《フェルキッシュ》派閥にさらに接近していくようになった。国家政治研究所は、主催するセミナーに対してAfD支持者の関心が増しているのを伝えている。これは、明らかなAfDの先鋭化の徴候であった。左翼党のザクセン州議員、ケアスティン・ケーディッツ［左翼党の反ファシズム運動の代表者の一人。一九六七年〜］がAfDを「前革命《プレ》政党」と名付けて警告しているのは、必ずしも恣意的なレッテルではなかった[62]。

AfD党内で民族至上主義的《フェルキッシュ》ナショナリズムの派閥が台頭したのは、同党が単なる反ユーロ政党――当初はそう思われていた――ではなかったからである。AfDのもともとの性格は、CDUとNPDの中間にある幅広い運動を束ねるものであった。このため、AfDは、「EUとドイツ政府の財政政策と通貨政策だけに取り組む「ワンイシュー政党」にはならなかった。党員も幹部も、最初からさらに広いテーマを引き受けようとしていた[63]」。

実際、ベルント・ルッケに対抗するAfDの大物政治家のリストは、キリスト教原理主義のロビイスト、ベアトリクス・フォン・シュトルヒにはじまって、CDU出身のベテラン政治家、アレクサンダー・ガウラントやコンラート・アーダム［ジャーナリスト。CDU党員を経てAfD設立に参加し、二〇一五年まで共同代表。一九四一年〜］を経て、日和見主義的な右翼ポピュリスト、フラウケ・ペトリまで続いていた。のみならず、党創設者であるルッケを党首選で落選させたビョルン・ヘッケやアンドレ・ポッゲンブルクらの派閥は、国民保守主義と民族至上主義的《フェルキッシュ》ナショナリズムを掲げて今後のAfDを支配しようとしていた。

ＡｆＤの成功にしても、必ずしも経済政策の主張が受け入れられたためではなかった。むしろ、難民、同性愛者、あるいは「良心的な人々《グートメンシェン》」〔道徳的に振る舞う人々を揶揄する語。近年ではポリティカル・コレクトネスを遵守する人間に使用される〕への見境のない攻撃によるものであった。確かに、ＡｆＤは新右翼そのものではなかった。しかし、新右翼は党内で中心的役割を果たしていたのであった。

ＡｆＤからのルッケの退場ののち、ついに新右翼の立役者たちはＡｆＤのなかで再会することになった。クビチェクと国家政治研究所は、ヘッケやポッゲンブルクの人脈でＡｆＤに接近していった。『若き自由』は、ガウラント、ペトリ、そしてＡｆＤのバーデン・ヴュルテンベルク州代表であるイェルク・モイテン〔経済学者、欧州議会議員。ＦＤＰ党員を経てＡｆＤに入党、二〇一五年から共同代表〕――党内最後の国民自由主義者――らの「堅実な」幹部を頼りにした。こうしてＡｆＤは、新右翼による年来の「右からの文化革命」が、既存のオルド自由主義者やキリスト教原理主義者と、議会内で同盟を組むための基盤となったのであった。

ＡｆＤの傘のもと、ついにあの新右翼の「カルテル」も再結集した。先に触れたように、ヘルムート・ケラースホーンは、ヴァイスマンとクビチェクの内部紛争のあと、国家政治研究所と『若き自由』とＡｆＤ諸派閥のあいだで、課題ごとの分業体制が再調整されていくはずである、と分析していた。結果的に見れば、これは正しかった。

新右翼は、それぞれの道を分かれて進み、いまやともに敵を撃ちはじめようとしていた。

ＡｆＤは、スキャンダルを恐れず、組織的に挑発行動をとる方法を発見した。とはいえ、新右翼の覚醒は、ＡｆＤという組織だけに生じたものではなかった。

さて、ここで、本章で見てきた、新右翼の内紛の過程を振り返ってみよう。すると、そこで『若き自由』に対抗して『独立』が礼賛していた、「カーサ・パウンド」における「アイデンティティ運動」の特徴であったサブカルチャー路線が、驚くべき活力を内包していたことを思い出すであろう。

4

右側からの挑発
――スペクタクルの政治

招かれざる客は記憶に残る。二〇一六年八月、ベルリンのブランデンブルク門によじ登り、横断幕を掲げた活動家たちも、それを熟知していた。横断幕には、「確かな国境、確かな未来」と書かれていた。

このデモは、「アイデンティティ運動」を名乗るものであった。アイデンティティ運動は、自分自身の主張を世間に周知させるため、ながらく挑発的演出の実験をしてきたといってよい。強引にでも公衆の注意を引きつけるのは政治運動の古典的戦略であるとはいえ、彼らの場合、そのためにデジタルメディアを活用してきたのが特徴である。YouTube《ユーチューブ》とFacebook《フェイスブック》の時代、特異な活動で話題をさらうのは容易である。口コミによるマーケティングの効果が過小評価できないのはすでにわかっており、そう考えればコストパフォーマンスはさして悪くない。

アイデンティティ運動の戦略は、特に既存メディアからの反響を期待したものであった。また、ポップで視覚的な演出の効果も認識していた。ニュースを発信する際には、あらゆる情報を「アイデンティティの危機」に結びつけ、危機に対する「福音」を伝えようとしてきた。この路線をヨーロッパ全体で展開してきたのが、アイデンティティ運動なのであった。アイデンティティ運動は、意図してサブカルチャー的イメージを用い、挑発的な手法を選び、周到にポップカルチャーの記号をまとって公衆に働きかけるのである。オーストリアのアイデンティティ運動に対して批判的な文脈で書かれた『ハンドブック』によれば、彼らに特有の要素は「若さ、行動主義、ポップカルチャー、意匠の統一化」[1]であるという。

アイデンティティ運動のテーマは、ほとんどヨーロッパの国境と難民の問題だけに向けられている。彼らは、ヨーロッパの「民族文化の維持」を目的とし、土地固有の住民が(ムスリムの)移民に「乗っ取られる」ことに対して抵抗していると言っている。

アイデンティティ運動の最初の波は、イタリアとフランスから現れた。また、基本的にオーストリアでの運動の方がドイツ連邦共和国のものよりも盛んであり、ドイツでの運動の主要メンバーも、多くのプロパガンダの手法も、オーストリアに由来している。彼らにとっての「アイデンティティ」の概念は、第1章で触れた「民族的多元主義」を引き合いに出すことも含め、過去の「国民革命」派と酷似している。アイデンティティ運動は、地域的伝統を重視し、各地域に自決権を与えよと訴える。街頭のステッカーやインターネット上の言論でも、アイデンティティ運動は常に同じことを言っている。「右でも左でもない――アイデンティティだけが問題なのだ」

もちろん、「右でも左でもない」はまやかしであって、主張や沿革を概観するだけでも、アイデンティティ運動が右翼のものであることはすぐにわかる。より適切に言えば、アイデンティティ運動は、本書で扱っている新右翼の一つである。つまり、彼らは、「第三帝国」と同一視されるのを避けつつも、それと類似した「文化革命」を計画し、汎ヨーロッパ的なネットワークを構築し、「保守革命」の「正典《カノン》」をもとに世界観を確立しているのである。

「アイデンティティ」の宣戦布告

ブランデンブルク門占拠事件により、アイデンティティ運動は、はじめてドイツで多くの注目を集めることができた。

事件以前から、『独立』は、二人のオーストリア人、マルティン・リヒトメスとマルティン・ゼルナーを、ドイツ語圏におけるアイデンティティ運動の主導者として執筆陣に加えていた。『若き自由』も、すでに何度もアイデンティティ運動を好意的に紹介する記事を掲載していた。ブランデンブルク門占拠事件を受けて、この二誌が急速に運動の御用メディアとなっていった。

例えば、『若き自由』は、そのときの参加者の一人に詳しいインタビューを行っている。[2]また、『独立』のゲッツ・クビチェクは、「リベラル保守の意見サイト」を自任する『ティッチーの見解』なるブログに対して、自分が同事件のスポンサーであるのを認め、この行動を「現代のメディア体制の内部で「空間《ラウム》」と「言語」を占拠する試み」であると賞賛している。[3]

他方、新右翼とは関係のなかった一般メディアも、ブランデンブルク門占拠事件を報道するようになった。これこそ、比較的小規模であった事件が勝ちとった大きな成功であり、それまでではあり得なかった事態であった。

例えば、同じ二〇一六年の、象徴的な日付としての六月一七日［一九五三年の東ベルリン暴動の日。賃金カット反対に端を発するデモがソ連軍に武力制圧され、西ドイツでは東側の抑圧や統一への願いを象徴する記念日とされた］、「抵抗の夏」の触れ込みで行われたデモは、この運動が属する政治勢力の外では、あまり広く認知されたとはいえなかった。さらに以前、二〇一三年一二月、同じくブランデンブルク門で、アイデンティティ運動の活動家が、ドラマチックな夕日を背景に旗を立てる――アイデンティティ運動はわかりやすいシンボルマークを旗に描いている――という撮影映えする機会を演出したときも、メディアは冷淡であった。あるいは、参加者が血糊をつけたブルカを全身にまとって各都市で行った「ショック行動」も、注目されないまま終わっていた。

そんななか、二〇一六年八月に起きたブランデンブルク門占拠事件は、はじめて世論が右翼の街頭行動の高揚に敏感さを示した事件となったのである。かくして、極右の世界から出てきた新たな「青年運動」としてのアイデンティティ運動は、次第に多く報じられるようになっていった。

かつてはレーニン主義者、いまは大きく右旋回した陰謀論者であるユルゲン・エルゼサーの雑誌『コンパクト』は、二〇一六年九月号で、アイデンティティ運動について独自の特集を組んでいる。エルゼサーは、いつもの新右翼のやり口で、事件の首謀者であったマルティン・ゼルナーを「ルディ・ドゥチュケの再来[4]」と説明している。

こうしたアイデンティティ運動の台頭に応じて、ブランデンブルク門占拠事件の少し前、連邦憲法擁護庁は、この運動を全国的に監視対象にすると通告していた。また、それ以前から、いくつかの地方裁判所は、アイデンティティ運動に注意を払いはじめていた。とはいえ、発足してから数年間は、アイデンティティ運動はドイツではほとんど認知されてこなかった。おそらく、今日にいたるまで、単にヴァーチャル世界の現象として、ソーシャルメディアをさまよう存在としか見なされてこなかったからであろう。

確かに、アイデンティティ運動の動員能力の実態を評価するのは難しく、多くの場合、その活動は個々人が勝手に参加するものでしかなかった。「ヨーロッパ中から」動員された二〇一六年六月一七日のデモでさえ、およそ百人の参加者が街頭に出たにすぎなかった。六月一七日という日付は、一九五三年に東ドイツで生じた労働者の蜂起を思い起こさせようと意識的に選択されており、右翼の仲間内で好んで言われているように、現在のドイツ連邦共和国を、東ドイツの再来である左翼体制――「東ドイツ二・〇」――に喩えるためのものであった。もちろん、アイデンティティ運動にとっては、その程度の小規模なデモであれ、ベルリンの空のもと旗を掲げた小さな一団が行進するという象徴的なイメージをつくり出せれば十分であったわけである。

いずれにせよ、アイデンティティ運動は、第3章でも触れた新右翼の方針に従って、大衆そのものよりも権力を持つエリートに語りかけようとしてきた。このため、エリート候補としての学生がターゲットとなり、感化された彼らは運動の学生組織に組み込まれていった。そして、アイデンティティ運動は、独立した運動であると言いながらも、いかにも関係を持ちたそうに、同傾向の政党――ドイツでは「ドイツのための選択肢」（AfD）、オーストリアでは自由党（FPÖ）――を横目で見てきた。

それでもAfDは、二〇一六年七月、アイデンティティ運動とは共闘しない方針を決定した。しかし、さっそく、「愛国者プラットフォーム」をはじめとする同党の民族至上主義《フェルキッシュ》派閥の領袖たちは、そんなものに拘束される気はさらさらないと宣言した。アイデンティティ運動が憲法擁護庁の監視対象となったことからも、彼らの反憲法的立場は明らかであった。

我々は、アイデンティティ運動とAfDとの共闘を望んでいる。AfDは一種のアイデンティティ運動であり、アイデンティティ運動は一種のドイツのための選択肢にほかならない。[5]

同じく二〇一六年の夏、フルダで発行されている雑誌『プリントツィープ』は、アイデンティティ運動の内部文書を暴露した。そこでは、「AfDに関与をはじめるか、そしてさらに党内に入り込んでいくか」についての戦略論争が行われていた。[6]

AfDの側からアイデンティティ運動に好意を示したのは、「愛国者プラットフォーム」のような旧東ドイツ地域の勢力だけではなかった。マルティン・ホーマン〔第3章を参照〕――『若き自由』に支持されている政治家――を擁するヘッセン州の地方組織もそうであった。また、国家政治研究所の幹部でもあるアンドレアス・リヒャート〔AfDヘッセン州議会議員候補。一九七五年～〕にも、自身がアイデンティティ運動の一員であった過去がある。

オーストリアでも、ドイツと同じく、アイデンティティ運動は政党から独立した運動と見られてきた。にもかかわらず、例の『ハンドブック』によれば、アイデンティティ運動の構成員やテーマは、FPÖと重複している面が大きい。例えば、アイデンティティ運動の活動家のなかには、運動に参加する以前は（一部は、参加して以降も）、FPÖの党事務所で働いていたり、FPÖ学生組織である「自由学生連合」に所属していたりした者もいたという。

また、オーストリア抵抗運動資料館のウェブサイトによれば、FPÖとアイデンティティ運動のあいだには「活発な人的交流」さえあって、そこでは指揮系統がすでに一本化されている。[7]『ハンドブック』も、これを裏付けるような、グラーツ市のFPÖ責任者、マリオ・オイスタッキオの言葉を引用している。「アイデンティティ運動との協力は、我が党の規約となんら矛盾しない[8]」。アイデンティティ運動のFPÖに対する態度も、「基本的に好意的」であり、せいぜいたまに「体制側の政治屋」の一角として批判したりする場合がある程度である。[9]

オーストリアでは、アイデンティティ運動は、常に千人ほどの構成員を動かしてきた。彼らは、インターネット空間のみならず現実世界でも活動し、しかも基本的に攻撃的な行動をとった。

アイデンティティ運動は、「反移民」のワンイシュー路線をとってきただけに、最も注目を集めた行動は、もっぱら難民に対する攻撃であった。二〇一六年の初頭、オーストリアのアイデンティティ運動は、ウィーンのブルク劇場の舞台占拠によって有名になった。この行動は、エルフリーデ・イエリネク〔オーストリアの小説家、劇作家。二〇〇四年にノーベル文学賞受賞。一九四六年〜〕の戯曲『庇護にゆだねられた者たち』の上演――難民が協力者として参加していた――に対するものであった。それ以前では、二〇一三年二月に難民申請者による教会占拠を「逆占拠」をもって妨害しようとしたことがあった。

また、各国の活動家のあいだで国を超えた協力が見られるのも、アイデンティティ運動の特徴である。二〇一五年一一月には、オーストリアとスロヴェニアのアイデンティティ運動は、

「生ける国境」と称する行動で共同歩調をとった。両者は、第1章で触れた「ワンパーセント」の支援を受け、国境通過点であるシュピールフェルトに人間の鎖を築いたのである。[10]

とはいえ、ドイツやオーストリアでのアイデンティティ運動の各活動は、長くは続かないのが普通で、実際になんの政治的成果ももたらさなかった。結局は、「アイデンティティ運動」の名前が象徴的な意味を得たにすぎなかった。しかし、十分にメディアの注意を引きつけることだけには成功したのであった。

アイデンティティ世代——「もう一つの青年」

アイデンティティ運動は、ドイツ語圏で台頭する以前から、すでに別の場所——フランス——ではじまっていた。というより、伝統的に新右翼の歴史の特徴であったドイツとフランスの協力関係の、今日的な一例と見ることができる。

ドイツ人やオーストリア人に先駆けて、多文化主義化する社会に対して最初の「宣戦布告」を行ったのは、「アイデンティティ世代」を自称するフランスの若い活動家であった。[11]アイデンティティ世代は、「もう一つの青年」とも名乗り、自分たちの「アイデンティティ喪失」を防ぐための最後の機会として、「有事」を宣言したのであった。[12]

アイデンティティ世代に集う若き「愛国者」たちは、インターネットに多くの動画を投稿し、

「他人の喫煙を拒否したり変わった格好をしたりしたために、大人の敵意を浴びて社会的に殺されつつある」という世代意識を強調していた。また、自分たちを「六八年世代の犠牲者」と見なしており、「六八年世代」――団塊世代――の誤った現実意識、頑迷さ、仕切りたがり、闘争心、そしてなによりも英雄主義的な発言に対する忌避感を表明していた。彼らの「アイデンティティ」を求める闘争の最終目標は、「危機」や「頽廃」の克服であり、過去の負の側面に縛られるのをやめて輝かしい未来を求めることであった。

我々のグループは、我々のアイデンティティ、我々の遺産、我々の民族、我々の故郷に向いた運動をしている。それは、確かな足取りでまっすぐと、太陽の上る未来へと行進する運動である。[13]

「アイデンティティ」を運動の名称に掲げて「闘争概念」［カール・シュミットの用語。第7章を参照］としたのは、巧妙な選択であった。確かに、「自分自身のアイデンティティを守る」は、最近のドイツでは新右翼のアジテーションの決まり文句になっている。しかしもともとは彼らだけの思想ではない。特にフランスでは、「アイデンティティ」の概念は、ドイツにおいてよりも存在感があった。九〇年代には、「フランス・アイデンティティロック」と呼ばれる音楽スタイル――ドイツでは「右翼ロック」とラベリングされている――があったくらいである。

ギヨーム・ファユは、自著『ヨーロッパの抵抗のマニフェスト』を、「ヨーロッパのアイデンティティの運動」に向けて書いたと言っている。運動名としての「アイデンティティ運動」が、国境をまたいで知られるようになる以前のことであった。[14] また、アラン・ド・ブノワは、NPDの雑誌『いまここで』によるインタビューのなかで、「自分はアイデンティティの概念に全生涯を捧げた」と語っている。[15] 二〇〇七年、各国の極右政党がヨーロッパ議会で一時的に結集し、独自会派を形成したときも、選ばれた名前は「アイデンティティ、伝統、主権」であった。つまり、右翼のなかでも理論好きの人々にとっては、以前から「アイデンティティ」は重要概念であったわけである。

政治学者のベルナルト・ヴィルムス〔新右翼研究の先駆者。一九三二年～一九九一年〕は、すでに一九八六年の論文で、新右翼の世界観を次のようにまとめている。

> 我々のアイデンティティは、ドイツ人としてのアイデンティティである。しかも、これは客観的な事実なのである。[16]

ヴィルムスは、新右翼が「ドイツ人のアイデンティティに対する万死に値する罪」と考えるものを列挙している。いわく、「自己嫌悪」であり、国民的自覚の欠如であり、「過去の克服」政策による「道徳主義化」であり、国家よりも優先される民主主義であり、平和主義であり、一九四五年の戦勝国への屈服である。[17] これらは、今日にいたるまでの新右翼（だけではないが）の思想の本質部分を、すでに先取りしていたともいえる。

フランスでは、インターネット空間での宣伝活動にとどまらず、現実世界での行動がなされるようになっていった。二〇一二年一〇月二〇日、「アイデンティティ・ブロック」の活動家が、南フランスのポワティエに建設中のモスクを占拠し、世界的な注目を集めたのである。この事件では、象徴的な場所や日付が選択されていた。つまり場所も日付も、七三二年にカール・マルテルがアラブ軍に勝利した戦い［トゥール・ポワティエの戦い］――「夕べの国」イデオロギー［第7章を参照］を誕生させた神話的出来事でもある――と同じものであった。アイデンティティ・ブロックは、イスラームのテロリストによる『シャルリー・エブド』編集部殺戮事件のときには、「私はシャルリー・マルテル」の標語を掲げ、ふたたび「七三二年の精神」を取り上げることになる。[18]

この二〇一二年のモスク工事現場占拠事件の前にも、アイデンティティ・ブロックは、フランス国外の一部の人々からは認知されていた。例えば、本書でも何度か言及したウェブサイト『政治的に正しくない』や、「国民革命」派のブログ『火花』――どうもオーストリアのネオナチ勢力が関わっているらしく、また同国のアイデンティティ運動の「先駆的媒体」と見なされている――は、彼らに関する記事をいくつか掲載したことがあった。[19] 第3章で触れたローマのカーサ・パウンドからもうかがえるように、右翼サブカルチャーというニッチな領域のなかで、

「アイデンティティ」を求めるヨーロッパ各国の運動が次第に形成されはじめていた。そのうえで、ポワティエでの事件に対してメディアの見せた強い反応が、フランスの外でも「アイデンティティ運動」というコンセプトが受け入れられるための最終的な後押しになったのかもしれない。

フランスの「アイデンティティ運動」自体は、ポワティエでの占拠事件の時点で、すでに約十年にも及ぶ歴史を持っていた。同国のアイデンティティ運動は、講習会や格闘技の公開練習をともなうキャンプを開催しており、そこで外国と交流を行ってきた[20]。今日では各国のアイデンティティ運動が採用しているポップカルチャー的な言葉遣いも、このキャンプでは当初から口にされていた。

フランスでも、アイデンティティ運動は、無から生まれたわけではなく、やはり独自の先駆者がいた。件の『ハンドブック』では、アイデンティティ運動は外部団体の影響なしに草の根から生じた運動であるという伝説を否定し、実際の設立過程を報告している。

アイデンティティ・ブロックは、「急進部隊」の後身組織である。急進部隊は、危険な反ユダヤ主義を特徴とし、構成員が当時のフランス大統領、ジャック・シラクの暗殺を企てたため、二〇〇二年に禁止された。そののち、急進部隊は類似の極右「アイデンティティ青年」の活動家と合同して、二〇〇三年にアイデンティティ・ブロックを誕生させた。［……］アイデンティティ・ブロックは、引き続きフランスの極右組織として活動し、しかも急進部隊の持っていた政治資源を失わないための、戦略的な解なのであった。[21]

つまるところ、既存の極右団体が結社禁止を言い渡されたあと、その受け入れ組織としてアイデンティティ・ブロックをつくる必要があったわけである。

フォルクマール・ヴェルクも、二〇〇二年から二〇〇三年にかけてのフランスで、アイデンティティ・ブロックが「国民革命」派勢力から台頭してくる様子を活写している。ヴェルクによれば、アイデンティティ・ブロックは、国民戦線のような既存のフランス右翼とは、いくつかの点で異なっていた。アイデンティティ・ブロックは、新たなイデオロギー――のちに次世代の右翼がヨーロッパ中に広めることになる――を先取りしていたのである。

今日と同じように当時も、アイデンティティ・ブロックを特徴づけるものは、地方主義、民族主義、汎ヨーロッパイデオロギーの三位一体であった。そのうち、地方主義と汎ヨーロッパへの志向は、国民戦線とは相容れない決定的要素であった。[22]

アイデンティティ・ブロックは、フランス新右翼の幾人かの文筆家の主張を受け入れており、彼らの言う「メタ政治」戦略を実行してもいた。そのとき主に彼らに読まれていたのは、ヨーロッパ文明研究会でアラン・ド・ブノワの盟友（かつ組織内での競争相手）であった、ギヨーム・ファユの著作であった。特に、ファユが二〇〇一年にフランスで刊行したマニフェスト『何のために我々は闘うのか』は、「文化革命とヨーロッパ新生」への道筋を示したものとされていた。

この本は、ヨーロッパ文明研究会のドイツ支部であったトゥーレ・ゼミナールによって、ドイツ国民民主党（NPD）に近い「表現の自由協会」の協力のもと、二〇〇六年に翻訳されている。同書は「アイデンティティ」政治のわかりやすい綱領となっており、例えば次のように書かれている。「結局のところ、文化の基礎となるものは生物学的な遺伝である。遺伝こそが、まさに特別な（生物学的）資質をもたらすのである」[23]

ファユは、ほかにもキャッチフレーズや刺激的思想を伝えている。『何のために我々は闘うのか』では、特に（ムスリムによる）「ヨーロッパの植民地化」に対抗する「レコンキスタ」の計画が、念入りに提示されていた。「レコンキスタ」は、やはりファユによる「カタストロフへの収斂《しゅうれん》」という未来予測と並んで、新右翼の思想や語彙のなかに入り込んでくることになった。

明らかに、ファユもまた、ファシズムの思想的系譜のなかに立っており、なによりもハイテクと伝統主義を弁証法的に総合しようという試みがそれを示している。ファユは、「原始未来主義」なる概念を標榜し、近代をあらためて神話化しようとしていた。この方向性は、前世紀にすでに、未来派が、あるいはエルンスト・ユンガーのような作家が打ち出していたのと同じものであった。また、ファユの黙示録的な文章は、イタリア・ファシズムにおける神秘思想家、ユリウス・エヴォラを思わせる面もある。

もちろん、先に引いた「生物学的な遺伝」についての箇所にも見られるように、ファユは古典的な人種主義を継承しており、そのためにフランス新右翼の内部からも批判されている。とはいえ、その批判は、ヨーロッパ各国のアイデンティティ運動がファユを理論的支柱として尊敬することを妨げるほどのものではなかった。

ファユと並ぶフランス新右翼の巨頭であったアラン・ド・ブノワも、アイデンティティ運動のなかに新右翼の伝統が息づいているのを見て、これに好意を寄せるようになった。ブノワは、ポワティエの事件の直後、『若き自由』誌上で、一〇月二〇日にモスクの工事現場を占拠するという「発想の豊かさ」を賞賛している。ただし、地域主義のアイデンティティ運動と中央集権志向の国民戦線の関係が定まらないのを理由として、実際の政治的影響力については限界があると見ていた[24]。

ブノワのこの見通しの背景にあったのは、アイデンティティ運動と国民戦線が日々の活動や選挙名簿で共闘できるかどうかという、すでに何度も浮上していた問題であった。それもあって、ブノワの記事は、モスク工事現場占拠事件それ自体より、南フランスのオランジュで開催されているアイデンティティ運動の会議に焦点を当てていた。オランジュの会議では、ほぼ毎回のように、アイデンティティ運動と国民戦線の差異が問われていたのである。

なかでも、二〇一二年一一月三日と四日に開かれたアイデンティティ運動十周年を記念した第四回大会では、ドイツ版のアイデンティティ運動をつくる計画が具体的に話し合われることになった。その理由は単純であった。『独立』のゲッツ・クビチェクとマルティン・リヒトメスが、来賓として招かれていたのであった。

すでにながらく、『独立』とその周辺は、アルミン・モーラー学派そのままの古典的新右翼よりもメディア時代に適応した、現代版の「保守革命」を求めていた。また、『若き自由』がますます市民階級の国民保守主義を受け入れつつあり、「革命」ではなく改良主義の立場をとりつつあるのも明らかであった。第3章で見てきたように、『独立』と『若き自由』の同伴関係は、ゆっくりと終わりに近づいているように見えていた。個人的な憎悪と性格の相違にも駄目押しされ、クビチェクとディーター・シュタインたち『若き自由』の編集部とは、さらに疎遠になっていくようであった。

それもあって、クビチェクには、より先鋭的なほかの運動が魅力的に感じられたのである。その一つは、すでに第3章で言及した、新右翼ウォッチャーがアイデンティティ運動の「原型」と考えているカーサ・パウンドであった。[25]『独立』がアイデンティティ・ブロックの路線に惹かれるようになったのも、その延長にほかならなかった。

クビチェク自身がオランジュ大会への出席予定を明らかにしたインターネットの記事で、フランスのアイデンティティ運動をローマの「第三千年紀のファシスト」――カーサ・パウンドの活動家による自称――と結びつけている。[26] 確かに、アイデンティティ運動がとっている現代的な運動方法や「右翼インターナショナリズム」計画は、これまでクビチェクやその腹心に進むべき道を示してきた、戦間期の汎ヨーロッパファシズムの構想とも合致している。

いずれにせよ、活動家たちの南フランス訪問は、それぞれの期待を大きくする結果となったに違いあるまい。後日、リヒトメスとクビチェクは、ドイツ版のアイデンティティ運動を誕生させようと、いくつかの記事を著している。また、クビチェクらとフランスに同行した若年層向きメディア『青い水仙』の執筆者は、「オランジュのアイデンティティ運動」の題名で、この新勢力について好意的な報告を行っている。[27] さらに、それ以来、ほかならぬアンタイオス書店が、「アイデンティティ運動文献」をフランス語からドイツ語に翻訳して普及させる仕事をはじめている。ルノー・カミュ［評論家。移民による「民族の乗っ取り」を主張してアイデンティティ運動に影響を与える。一九四六年～］やジャン・ラスパーユ［作家。共産主義やリベラリズムの挫折を描く近未来小説で知られる。一九二五年～］の著作は、主にリヒトメスによって翻訳され、フランスとの「偉大な交流」の成果が各地にもたらされることになる。このようにしてクビチェクは、経済的利益と政治的利益の両面から、ドイツ版のアイデンティティ運動の企画立案者となっていった。

『独立』編集部のオランジュ大会出席は、新右翼内部で大きな反響を呼んだ。近年では各種の直接行動から距離をとっていた『若き自由』ですらも、アイデンティティ運動には飛びついたのであった。

二〇一三年三月、『若き自由』は、アイデンティティ運動という「新たな青年運動」をわざわざトップ記事にして、編集長のディーター・シュタイン自身の手で高い評価を与えている。シュタインは、グラムシ的な文化的「覇権」の問題について、そろそろあらためて議論する必要性を感じていた。「重要なのは、公共空間を支配することである」[28]

さらに、その号には、ファブリス・ロベール〔政治活動家。一九七一年〜〕というフランス人のインタビューも掲載されている。ロベールは、かつては国民戦線の市議会議員であり、のちにアイデンティティ・ブロックの設立者の一人となった人物であった。ロベールは、祖国のフランスでもアイデンティティ運動に動員できる活動家は二千人から三千人にすぎないと認めつつ、インターネットを通じたヴァーチャルな動員に希望を持っているとも言っている。「ある行動の参加者が百人だけだったとしても、もしかしたら十万人がアクセスするかもしれません」。そのあと、ロベールは、グラムシを学習し、ブノワのヨーロッパ文明研究会を手本とし、左翼の政治活動観を受容したという新右翼のお決まりの説明を繰り返している。

続く箇所で、ロベールは、アイデンティティ運動における「アイデンティティ」概念は、フランス「共和国」の主張している「アイデンティティ」とは区別されるとも言っている。ロベールによれば、共和国の「アイデンティティ」は、「身体的アイデンティティではないがゆえに、肉体および歴史の次元では無意味である」。ここでロベールが展開しているのは、国籍決定における古典的な「血統主義」の、洗練された言い換えにほかならない。民族的に異質な住民にも開かれている「出生地主義」とは異なって、血統主義のもとでは、基本的にある特定の民族の血統を持つ者に対して国籍が与えられるのである。

ロベールは、自身の「アイデンティティ」概念を「民族」や「文化」と結びつけようとしていた。これは、マリーヌ・ル・ペンによって現実路線化された国民戦線を批判するためであった。ロベールに言わせれば、マリーヌ指導下の国民戦線は、「民族」や「文化」よりも「共和国の価値」を優先する点で「ジャコバン派的」である。ここで、アイデンティティ運動のスポークスマンたるロベールの言葉は、極度に先鋭な色彩を帯びてくる。

国民戦線は、アイデンティティの問題を、「共和国の価値」を受け入れるか否かと結びつけています。国民戦線の「国民統合」の論理では、北アフリカ人でも、フランスに住んでフランス語を習得してフランスの法律を尊重するのであれば、いつの間にか完全なフランス人と認められてしまうのです。我々はそうは考えません。この北アフリカ人には、我々のアイデンティティの構成要素のうち三分の二が欠けているからです。つまり、身体－遺伝的なアイデンティティと、文明的なアイデンティティが欠けているのです。この北アフリカ人は、決してアルザス人、ブルトン人、コルシカ人などにはならず、ましてやヨーロッパ人にはならないのです。[29]

常に「右翼ではない」と触れ回り、オンラインで公開する文章にも「一〇〇パーセントのアイデンティティ、〇パーセントの人種主義」なるスローガンを掲げているアイデンティティ運動の実態を物語る、まことに露骨な発言である。

もっとも、アイデンティティ運動の内部で、本人たちの公式見解と矛盾する現実が見られるのは、いまにはじまった事態ではない。すでに二〇一一年、カーサ・パウンドの活動家は、ボルツァーノで南ティロルの分離主義に反対する抗議デモを行ったことがある。アイデンティティ運動の出発点であった地域主義からすれば、分離主義は、本来なら支持しなければならないはずの主張であった。そして、そんな活動をしてきたにもかかわらず、ネオファシストたちは、いまだに地域主義を唱えているつもりでいるのである。

もう一つの問題は、ドイツのアイデンティティ運動の主要人物の多くがオーストリア出身であることと関係している。確かに、ドイツとオーストリアを一体とする古来の「全ドイツ」思想の伝統からすれば、両国が緊密に結びつくのは当然である。とはいえ、これは民族至上主義的《フェルキッシュ》「ナショナリズム」の考えであって、本来ならアイデンティティ運動の「地域」主義とは相容れないものである。

いずれにせよ「右翼ではない」というアイデンティティ運動の主張は、もともと見かけ倒しであったのがわかる。アイデンティティ運動の活動内容は、むかしながらの政治主張を審美的に現代化することにほかならない。見逃せないのは、まさにその過程で、アイデンティティ運動がさらに右翼陣営へと入り込んでいくという事実である。

スパルタからスターリングラードへ、そしてふたたびスパルタへ

アイデンティティ運動の活動家たちは、直接行動主義の極右青年運動に特有の、ある矛盾を抱えている。つまり、現代的なアジテーション手段を利用して、伝統的な主張を宣伝しなければならない、という矛盾である。このため、アイデンティティ運動が「アメリカの大衆文化による民族的アイデンティティの破壊」と呼んでいるものが、まさに運動の宣伝媒体になってしまう事例も稀ではない。

アイデンティティ運動は、メディア時代の要求に合わせて、わかりやすい視覚言語を用いるのを主眼としている。アイデンティティ運動の演出は巧妙に考えられたもので、活動家たちは大きな旗を掲げ、背後にさらに多くの大衆が隠れている印象を与える。スローガンやシンボルマークは、魅力的であるのみならず、どこからでも認識できるものでなければならない。また、世間的に「右翼」を連想させる要素は、できるだけすべて避けなければならない。こうして、アイデンティティ運動は、自分がスマートで、ポップで、かつ地域に根差しているように見せ

るのである。

また、アイデンティティ運動の活動家たちは、インターネットでの広報と拡散が、行動そのものよりも重要であることに気づいていた。ちなみに、アイデンティティ運動のインターネット活動を支援しているのは、例の市民運動「ワンパーセント」である。

ビラ、ステッカー、プラカードなど、アイデンティティ運動が宣伝に用いる手段は、耳に心地がよく、挑発的で、すぐに見分けがつく現代の広告の原則に従わなければならない。反面、そこで使われるシンボルワードは、伝統的な意匠をまとっており、ドイツ民族やヨーロッパ文化の神話を表すものでなければならない。この二つの要求に合わせて、アイデンティティ運動が選んだシンボルマークは、ギリシャ文字のラムダ「Λ」であった。このマークはやがて「コカコーラのロゴよりも有名になる」はずだ、と活動家たちは繰り返してきた。

アイデンティティ運動が「黒地に黄色いラムダ」を採用したのは、スパルタ兵士の盾の飾りを連想させるためである。このマークは、九〇年代後半に、アメリカ合衆国の漫画家、フランク・ミラーの迫真のグラフィック・ノヴェル『スリーハンドレッド』によって有名になり、同名のスプラッター映画（アメリカ合衆国、二〇〇七年）を通じて世界的に認知されるようになった。『スリーハンドレッド』に見られるイメージや象徴は、アイデンティティ運動の展開のなかで何度も浮上してきている。『スリーハンドレッド』は、内容的にはむしろ見るところのない映画であって、まったくアイデンティティ運動に似つかわしい浅薄な選択といえる。この映画が行ったのは、古典的な神話を現代人向けに加工したことにすぎない。

『スリーハンドレッド』は、紀元前四八〇年、テルモピュライ地峡にて、スパルタ王レオニダスに率いられた超人兵士の小集団が、ペルシャ王クセルクセスのはるかに優勢な、多文化主義的な編成をした軍隊の侵略を耐え抜き、後方で次の防衛作戦を用意する時間を稼ぐ様子を描いている〔ペルシャ戦争（紀元前四九九年〜紀元前四四九年）におけるテルモピュライの戦いのこと〕。典型的なドイツの歴史主義では、テルモピュライでのスパルタ軍の自己犠牲が、「夕べの国」の文化の誕生につながったと説明されてきた。

アイデンティティ運動は、シンボルマークによって「テルモピュライ神話」を再生し、その象徴的な力を引き出そうとしたわけである。「アイデンティティ世代」が「ヨーロッパの密集陣形《ファランクス》」を名乗っていることからもわかるように、アイデンティティ運動の世界観では、彼らはいまなお「バルバロイ」〔古代ギリシャ人にとっての蛮族、異民族〕に対する防衛戦を遂行している最中なのである。すでに言及した、二〇一三年に難民の教会占拠を妨害すべくアイデンティティ運動が行った「逆占拠」も、「ウィーンのテルモピュライ」のスローガンのもとになされていた。彼らは「我々の運動は、頽廃や自己否定より、喜んでテルモピュライで玉砕することを選ぶのです」[30]と自負している。

もちろん、ここには例の皮肉も欠けてはいなかった。つまり、「テルモピュライ」というヨーロッパ誕生神話をふたたび呼び覚ますために、よりによって、自分たちが嫌っているはずのアメリカのポップカルチャー――なかでも最も悪趣味なもの――を経由する必要があったのである。いずれにせよ、自分たちをスパルタになぞらえることは、いまどきの青年運動としてのアイデンティティ運動の戯画的な側面にほかならない。

　一方、スパルタ好みそれ自体は、ヨーロッパ各国の英雄的軍国主義の伝統に由来している。文化的にヨーロッパに属する地域では、軍人に不可避の運命――確実な戦死――を負わせなければならないとき、常に「テルモピュライ」の名が口にされてきた。特に「テルモピュライ」を教え込まれたのは、自分の命より国民の義務を優先せよと言われてきた、両大戦間期のドイツ教養市民層の子弟であった。そのとき基調となったのは、ギリシャの抒情詩人、ケオスのシモーニデース［アテナイで活動した詩人。紀元前五五六年頃～紀元前四六八年］のものとされる「テルモピュライ碑文」であった。その文章は、フリードリヒ・シラーの翻訳によって、後代のドイツの「英霊」たちの手に渡ったのであった。いわく、「スパルタに行きて告ぐべし、旅人よ。法の命じに従ひて、我らこの地に斃《たお》れりと」。

「テルモピュライ」への言及は、国民社会主義《ナチズム》のもとで最高潮に達する結果となった。特に、東部戦線での大量戦死に意味づけして礼賛しなければならなくなったときのことである。ステファン・レベニッチ［歴史家。一九六一年～］は、「スターリングラード攻防の最後の日々、ヘルマン・ゲーリング元帥は、各部隊にレオニダスと三百人の同志たちの戦死について訓示し、最高の軍人精神の一例としてこれを礼賛した[31]」と言っている。

こうして、大戦を生き延びた者にとっても、戦後生まれの者にとっても、「テルモピュライ」神話は、国民社会主義《ナチズム》と関係した忌まわしいものとなった。そして、「民族の歴史を意識した」と称するアイデンティティ運動をしてはじめて、この神話を再生させるほどの歴史の忘却に達したのである。

アイデンティティ運動を冷静に観察してみると、民族主義に対する疾風怒濤的な情熱は厄介なものに見える。とはいえ、その情熱は、反抗期の思春期少年《ちゅうにびょう》じみた攻撃性の結果にすぎない。この傾向を助長してきたのは、主にマルティン・ゼルナーとマルティン・リヒトメスである。二人はともに、ゲッツ・クビチェクの若い友人であり、しばしば国家政治研究所に招かれている。のみならず、アイデンティティ運動でも主導的な役割を果たしてきた人物でもある。

なかでも、ゼルナーの経歴は、アイデンティティ運動とネオナチの境界がさして明確ではないことを示している。ゼルナーは、今日ではオーストリアのアイデンティティ運動の全国指導者であり、同時にドイツ連邦共和国での運動を牽引する数少ない一人でもあるが、かつてはゴットフリート・キュッセル［一九五八年〜］というネオナチを囲む集団に属していたのである。

このキュッセルは、仲間とAlpen-donau.infoというポータルサイトを運営していた人物で、彼らは二〇一一年にオーストリア内務省から活動停止処分を受けている。明らかにネオナチであるとして国家から干渉を受けたことが、彼らに逃げ場所としてアイデンティティ運動を結成させる原因となった。オーストリア抵抗運動資料館によれば、「オーストリアのアイデンティティ運動の設立は［……］、二〇一一年以降に強まったネオナチ団体に対する圧力への対応策とする説が有力である。ネオナチ団体の構成員は、一目でネオナチとわかる組織を維持することを、宣伝効果の点でも、法律や警察により活動制限を受ける点でも、将来性に乏しい路線と認識するようになったのである」[32]。

アイデンティティ運動の道具立て――英雄的民族主義のフレーズや神話への回帰――は、ネオナチのような旧来の右翼と緊密に結びつくためにはむしろ有益であり、それはかえってアイデンティティ運動の自己演出の限界を示している。

アイデンティティ運動は、ポップカルチャーの法則に従って、「テルモピュライ」のような伝説を肥大化させて反復している。その意味では、アイデンティティ運動の「前衛」的な外見はとってつけられたもので、むしろ「広告」のための手段にすぎない。にもかかわらず、そうやって「広告」目的で「民族の神話」の表層をなぞるとき、陳腐な右翼趣味が浮上してしまうのである。

アイデンティティ運動のイメージ画像は、運営本部によっても、各支持者によっても、SNS上に多く投稿されている。それを眺めると、かねてから右翼サブカルチャーの本質をなしてきた、似たり寄ったりのステレオタイプの内容であることがよくわかる。つまり、「黒いロマン主義」であり、「ネオフォーク」であり、挙句の果てにはあからさまな「血と大地」的なキッチュである。この趣味に加えて、先に触れた民族至上主義《フェルキッシュ》団体との接点から、オーストリア抵抗運動資料館は、既存の極右に対するアイデンティティ運動の線引きを「欺瞞的」と判定している[33]。

この表層へのこだわりが、アイデンティティ運動に次なる展開をもたらすことになる。マルティン・ゼルナー――クビチェクと同じく、運動内で活動家と企業家の二役を担う人物――が、二〇一三年一一月、アイデンティティ運動の戦友であるパトリック・レーナルト［一九八八年～］とともに、「ファランクス・ヨーロッパ」と称するファッションブランドを設立したのである。ゼルナーたちは、ブランド直営の通信販売によって、アイデンティティ運動にふさわしい衣類を売り出そうとしている。

「ファランクス・ヨーロッパ」が提供するのは、例えば、エルンスト・ユンガーの肖像画とともに「炎と血――エリート」なる文字［『炎と血』はエルンスト・ユンガーによる一九二五年の著作］が書かれているような服である。また、皮肉なことに、サングラスをかけたフリードリヒ・ニーチェをプリントした服もある。ほか、「移民は帰れ」と呼びかけるTシャツ、アンタイオス書店の書籍、ニーチェ、ハイデガー、ユンガー、シュペングラーらを印刷したステッカーやポスターなどが売られている。

ゼルナーらが「ファランクス・ヨーロッパ」を設立した動機は、本人たちが『青い水仙』に漏らしたところによれば、フランスのアイデンティティ・ブロックの設立者の一人、フィリップ・ヴァドロン［一九八〇年～］の次の言葉に集約されているという。

我々は、我々自身の文化を創造しなければならない。いまなお、我々にとっての価値は、体制にとっての価値になってはいないからである。そして、我々自身の文化を普及させるためには、あらゆる手段を用いなくてはならない。[34]

「ファランクス・ヨーロッパ」は音楽も扱っており、衣類と同じく、その傾向は明白である。ブランドの目録には三枚のディスクしかなく、いずれも右翼ロックバンド、フォン・トローンシュタール［一九九五年に結成されて二〇一〇年に解散した「ネオフォーク」のバンド］の作品である。フォン・トローンシュタールの音楽は、たいへん政治宣伝に向いたもので、もちろんその用途に使われてきた。またもやギリシャ文字のラムダを装飾した画像とともに、歌詞の一行は意味深長にささやいている。「急げ！　潜行して秘密の国家を建てるのだ！」[35]

アンドレアス・シュパイトは、右翼イデオロギーとある種のサブカルチャーの重なりを報じてきたジャーナリストである。そのシュパイトによれば、アイデンティティ運動の「前衛」性は見せかけであり、その正体は陳腐で古い「審美的動員」――文化を通じた大衆の動員――にほかならない。[36]

アイデンティティ運動の活動家は、ファッション用語の「ヒップスター」にちなんで「ＩＢ《イッブ》スター」と名乗り、「モダニスト」を自任したりしている。しかし、仔細に眺めれば、彼らの発する言葉は、「〔ユリウス・〕エヴォラの弟子、オーディンの戦士」といった古典的なものでしかない。[37] つまり、アイデンティティ運動は、むかしながらの右翼サブカルチャーのもったいぶった趣味にとらわれており、ノスタルジーに浸った感情を吐露しているのである。

確かに、アイデンティティ運動は、イタリア未来派やポップアートを借用する場合もある。しかし、彼らの使っている題材の大部分は、映画版『指輪物語』のファンタジーであったり、大自然のロマンであったり、キッチュな田舎趣味であったり、薄明のなかの森と山々であったりして、いずれも大げさな英雄主義に彩られている。自画像として好まれるのは、男性的な戦士のいかつい肖像であったり、エロティックなレザースーツを着たお下げ髪の女性であったりする。とはいえ、この種の趣味が示唆するのは、当のアイデンティティ運動が敵視しているはずの「頽廃」――しかも現代というよりヴィクトリア朝時代の――なのである。彼らのモチーフの出所は、イギリスのラファエル前派、アルノルト・ベックリンやフェルディナント・ホドラーらの象徴派、あるいはユーゲントシュティールの有名画家であるように見える。

また、アイデンティティ運動が好んで引用する文章は、アルミン・モーラーが「保守革命」の「正典」として挙げた思想家、フリードリヒ・ニーチェ、エルンスト・ユンガーとフリードリヒ・ゲオルク・ユンガーの兄弟、オスヴァルト・シュペングラー、アルトゥール・メラー・ファン・デン・ブルック、ユリウス・エヴォラらのものである。ミヒャ・ブルムリク〔教育学者、評論家。一九四七年〜〕によれば、この選択は、アイデンティティ運動の中心に「新右翼の古い思想」があるという証拠にほかならない。さらに、ブルムリクは、アイデンティティ運動がマルティン・ハイデガーを読み直しつつあることについても注意をうながしている。[38]

ハイデガーとともに「抵抗」へ

ハイデガーを「自分自身の」哲学者として好んで引用するのは、新右翼の伝統であった。この傾向は、ハイデガーの『黒ノート』〔二〇一四年から二〇一五年までに、数冊に分けて刊行されたハイデガーの手稿〕が出版され、そこで露呈した反ユダヤ主義をめぐって一連の論争が行われたあと、ますます強まることになった。

『黒ノート』論争が最高潮に達した二〇一四年、マルティン・リヒトメスは、ハイデガーの文章にある表現を題名に借用し、『唯一の神は我々を救いうるのか？』というマニフェスト的な書物を刊行している。また、『独立』は、まるで学界への当てつけのように、二〇一五年の最初の号でハイデガー特集を組んでいる。

さらに、哲学科の学生であり、ハイデガーの存在哲学を学んでいるマルティン・ゼルナーは、二〇一五年、アイデンティティ運動の戦友であるヴァルター・シュパッツとの対談『抵抗への放下《ほうげ》——ハイデガーについての対話』を、アンタイオス書店から出版している。ゼルナーは、ハイデガーを「アイデンティティの思想家」に位置づけ、その哲学を「反移民」アイデンティティ運動の主張の中心であると結びつけようとしている。[39]

新右翼の常道として、ゼルナーとシュパッツは、いまは「有事」であると宣言する。二人によれば、ハイデガーの思弁を再構成するだけではもはや十分ではないという。二人は、近代を激しく否定しつつも冷静沈着さ（Gelassenheit）を失わず、アイデンティティ運動の政治的使命を宣伝するのを忘れない。

我々の抵抗は、個々の難民が、ドイツに来たりドイツにとどまったりするのを防ぐことしかできないのでしょうか？[40]

このあと、二人の話題は急転し、ハイデガーのお墨付きを得たと称する政治活動へと変わる。そこでは、「民族」についてのハイデガーの考察が、一九三四年から現代へと無媒介に転送されることになる。また、二人とも、歴史的に実在した国民社会主義《ナチズム》や今日の極右から距離をとろうとする努力をほとんど見せなくなる。ついに、哲学の専門用語は単純なスローガンへと姿を変えてしまう。

「民族」概念の三段階――肉体、魂、精神――を受け入れるなら、まさに肉体としての、魂としての、精神としての我々自身を、我々自身が定義し直さなければならないのです。

もちろん、それは「民族」から外国人を除外することでもあります。故郷、自由、伝統！

多文化主義は終わりつつある！[41]

自分たちの政治姿勢の価値を哲学によって権威づけしたいという欲求が、この対談を最後まで貫いている。『抵抗への放下《ほうげ》』は、学部生が初学者向けのゼミで披露しがちな知識自慢のせいもあって、実に神経にさわる読み物になっている。にもかかわらず、本書は思いがけず読者に好印象を与えてきたのであった――内容的にはありがちな右翼インテリの議論にすぎないのに。

最終的には、ハイデガーの全発言が、アイデンティティ運動の動機である「反移民」の次元に矮小化されることになる。ゼルナーとシュパッツは、まさにこの手口で、「民族」同士の区別を絶対的概念と考えようとしている。

ハイデガーの思索は、無限性と有限性の思索にとどまるものではありません。同時に、「境界」を賞賛する思索でもあるのです。自然科学と哲学の「境界」、存在論的と存在的の「境界」、存在と現存在の「境界」、最終的には民族と民族の「境界」が必要になるのです。[42]

この知的粉飾にもとづいて、ドイツとオーストリアのアイデンティティ運動は、現実の国境の閉鎖に着手し、二〇一五年にはハンガリー国境に高さ数メートルの柵を、翌二〇一六年にはテューリンゲンの難民収容所の周囲に同様の柵を建設することになった。[43]

ゼルナーとシュパッツの言葉遊びは、アイデンティティ運動の主張をハイデガーの専門用語《ジャーゴン》で粉飾しようとするものである。同じやり方で、移民によって「民族が乗っ取られる」というおなじみの脅し文句も、ハイデガーの名のもとに「存在忘却にともなう被害」と言い換えられ、哲学的に権威化されていく。[44]ついには、『抵抗への放下《ほうげ》』自体が、アイデンティティ運動の国境防衛論に哲学用語をあてはめたものでしかなくなる。

その際には、新右翼の根幹にある概念、「民族多元主義」〔第1章を参照〕も持ち込まれている。二人の結論は、以下の通りである。ハイデガーが言うように、「存在者は、擁護され尊重されねばならない独自性を持っている」。この認識については、「存在者」を「民族」に置き換えたうえで理解しなければならない。すると、「「民族多元主義」というハイデガーの真の福音」が明らかになるのである……。[45]

ゼルナーとシュパッツが露骨に展開しているのは、ネオナチを含む極右全体が共有している歴史観である。二人は、「古代の立像や文学が感動的に証明しているように、古代ギリシャ人は北方人種であるという事実を再認識」しなければならないと言っている。これは、古典的なナチスのプロパガンダから今日のアイデンティティ運動の「テルモピュライ」崇拝にいたるまで、共通して見られる要素なのである。[46]

この思想的遺産を明らかにするためには、一九四一年一二月一一日にアメリカ合衆国が第二次世界大戦に参戦したとき、ヒトラーが行った「夕べの国演説」に目を向けなければならない。そこで「総統」は、まさにギリシャ人が「北方人種」であることを宣言し、「テルモピュライ」にも忘れずに言及している。

かつて、ヨーロッパとはギリシャの半島のことであった時代がありました。北方人種の種族は、ギリシャの地に侵入し、はじめて文明の灯をともしました。それ以来、人類の世界はゆっくりと、しかし確実に夜明けを迎えていったのであります。そして、ギリシャ人がペルシャの侵略者を撃退したとき、彼らが守ったのはおのれの故郷だけではありませんでした。彼らが守ったのは、今日「ヨーロッパ」と呼ばれている、あの概念そのものなのであります。[47]

ゼルナーとシュパッツも、まさに同じ精神にもとづいて、『抵抗への放下《ほうげ》』の別の箇所で、現代という時代に対する診断を下している。

ハイデガーは、アングロ・アメリカ世界、つまり今日では「自由で民主的な秩序」とか

「西側の価値」とか言われているものに触れて、その思索を終えています。ハイデガーの見解では、一九四一年のアメリカの参戦は、夕べの国を救済するのではなく、破壊するための行動と評価しなければなりません。私もこの時代診断には一〇〇パーセント同意しています。[48]

ゼルナーとシュパッツの歴史解釈を見ていくとき、一つの疑問が浮上する。彼らが何度も言っている「自分自身のもの」が、本当にドイツ人の手から失われたとすれば、どのような経緯であったのであろうか。

ここでも、ゼルナーとシュパッツの見解が、伝統的な極右の延長線上にあるのを見過ごすことはできない。つまり、彼らも、第二次世界大戦での敗戦と、それに続く「過去の克服」を、ドイツ人に「アイデンティティ」を喪失させた原因と見なしているのである。ゼルナーたちによれば、いまだにドイツ人は過去の重荷に拘束されている。また、その拘束ゆえに、「敵対的思想を容赦なく排除し、妥協なく失われた国土を取り戻し、現にある国土を守り抜く」のを禁じられているという。

ドイツ人を拘束しているのは、罪と贖罪が永遠に続くことであり、終わりなき「カノッサの屈辱」であり、「ドイツ人の罪」とか「白人の罪」とか呼ばれて我々の活力を奪っていく罪悪感なのです。[49]

こう主張するとき、ゼルナーとシュパッツが依拠しているのは、戦後のドイツ人が「罪の崇拝」に陥っているという、極右全体に広まっているおなじみの言い方である。もっとも、既存の極右にとってすら、「今日、我々ドイツ人は、歴史のなかでおそらく最も暗い時代に入り込んでいるのです」などという二人の言葉は、あまりにも度を越したものに映るかもしれない。[50] このような言い草を聞くにつけても、「右でも左でもない」というアイデンティティ運動の自称にせよ、「ネオナチの過去から決別した」というゼルナーの表明にせよ、まったく信ずるに値しない印象を受ける。

『抵抗への放下《ほうげ》——ハイデガーについての対話』は、かくも物騒な背景を持っている対談である。そこからもわかるように、アイデンティティ運動の立場は、シュペングラー、シュミット、ユンガー、メラーらの思想家による、二〇年代の民族至上主義的《フェルキッシュ》ナショナリズムの著作と、ほとんど区別されるものではない。ゼルナーは言っている。

我々の目的は、人々の精神をとぎすますことです。我々は、人々の心に火をつけ、なにかを動かし、新しく深い決定的な問いを突きつけ、政治的成果をもたらしたいと思っています。精神の憂いは、チュートンの眠れる怒りは、永遠に文明に馴致《じゅんち》されざる原《ウア》ドイツの熱情は、ゲルマニアの原生林からもゴシックの聖堂からも光芒《こうぼう》を発し、我々のなかに結集するのです。敵たちは、それを知って不安を覚えています。敵たちは、それがいずれ爆発し、再生するかもしれないのを察知しています。また、敵たちは、我々をもはや押さえ込めないこと、目覚めた我々が言いなりにならないことを認識してもいるのです。[51]

ゼルナーとシュパッツの哲学ショーの目的は、アイデンティティ運動に、ポップカルチャーの要素のみならず、知識人風の外見を追加することであった。そのために、ハイデガーの哲学があからさまなまでに利用されているわけである。ハイデガーの哲学によって、アイデンティティ運動は、ドイツ民族のなかで「本来性の意味で現－存在する唯一者」を自任することができるのである。[52]

ところで、『抵抗への放下《ほうげ》』の読者は、ある奇妙な問いに対する回答を迫られるはずである。ゼルナーとシュパッツの対談は、ハイデガー哲学は野蛮への道であるという、従来のハイデガー批判の正しさを証明しているのであろうか。それとも、アイデンティティ運動の哲学青年たちは、ハイデガーの名のもとに、ハイデガーの思索の露骨な矮小化――ハイデガー擁護者の言うところのハイデガー批判者の悪癖――を行っているのであろうか。

ゼルナーとシュパッツの対談は、総じて哲学の戯画であり、ハイデガー哲学の専門用語《ジャーゴン》に専門用語《ジャーゴン》を重ねて読者を煙《けむ》に巻くものにすぎない。ゆえに、いまの問いに対する答えは、次の通りとなる。二人の青年は、哲学者を引用して極右の主張を知的に見せかけるのにためらいを覚えたとしても、まさに運動の論理で、すぐに考えるのをやめてしまったのである。

5

保守-破壊的行動

——街頭の精神から

挑発的に登場してきたアイデンティティ運動といえども、新右翼の系譜の例に漏れず、実際には新しい要素を持っているわけではなかった。前章のように仔細に眺めれば、アイデンティティ運動の実態は、伝統的な商品を新しく包装したものにすぎないのがわかる。彼らの右翼的挑発の方法でさえ、すでに過去に手本が存在していた。右翼運動の考古学は、ここでも対象を慎重に解析し、二番煎じの内容を明るみに出すことができたのである。

そこで示されたように、今日のアイデンティティ運動の特徴であるサブカルチャーめかした政治活動とて、いまにはじまったものではなかった。ただ、彼らの挑発方法が、さしあたってはドイツよりもフランスで勢いを持っていたにすぎない。数年前、ゲッツ・クビチェクが福祉

は、社会の無気力を嘆いたことがある。「ここには宣戦布告がない」[1]と。その憧れの「宣戦布告」は、ついに二〇一二年のフランスに登場した。それが、前章でも触れた「アイデンティティ・ブロック」による「宣戦布告」だったわけである。興奮したドイツ人は、すぐにこれに飛びつくことになった。

とはいえ、そうやって二〇一二年にオランジュのアイデンティティ運動大会へと向かったクビチェクたちドイツ人の一団にとっても、フランスの同志の活動コンセプトは、実はまったくの初耳でもなかったはずである。それは、結局はクビチェクたち自身のものであり、少し前に当の本人が実行しようとして挫折を余儀なくされていた計画なのであった。

招かれざる客たち

フランス、イタリア、ドイツおよびオーストリアの活動家が、黒地に黄色のロゴを掲げて登場する以前、『独立』周辺の人々は、「招かれざる客」として各種のイベント会場に押しかけてメディアの注意を引くという、アイデンティティ運動的な戦術を試みたことがあった。クビチエク本人が、オランジュ訪問に先立って、そのときの経験とアイデンティティ運動の手法のあいだの類似性を指摘してもいた。

実は、「招かれざる客」とは、二〇〇八年五月、クビチェクたち活動家がベルリン・フンボルト大学を訪問したときに掲げていたモットーなのであった。その目的は、「抗議の年」として「一九六八年」を記念する会議を妨害することであった。

クビチェクたち右翼活動家の一団は、開場前から、わざわざ用意したプラカードとステッカーの山を大学構内で見せつけ、会議がはじまってからは、――のちに『独立』にクビチェクが記した文章によれば――ずっと六八年世代の活動方法を「真似して」いた。「スローガンを書いた横断幕を広げ、メガホンで会議の中断を要求し、講堂に突入し、二階席から参加者の頭上にビラを雨あられと降らせた」[2]そうである。続いて、自前のメディアによるこの妨害活動の宣伝が行われた。

クビチェクとその取り巻き連中は、これに味をしめたのが明らかで、同二〇〇八年の後半には、この「保守－破壊的行動」と称する活動を通じて、マスコミ受けする光景をつくり出そうと努めはじめた。彼らがしようとしていたのは、自分たちが体制に「宣戦布告」している、と徹底して宣伝することであった。クビチェク本人の言葉によれば、「国民の名のもとで体制に対して精神的内戦」を宣言するのだという[3]。

このようにして、総計六回にものぼる「保守－破壊的行動」のパフォーマンスは、すべて大衆を挑発し、その反応をうかがうことを意図したものとなった。クビチェクたちは、特に政治家や有名人の会合に狙いを定め、挑発行動を繰り返した。対象とされたのは、エゴン・クレンツ［元政治家。東ドイツ最後の最高指導者。一九三七年～］、ギュンター・グラス、ダニエル・コーン－ベンディット［フランスの政治家。欧州議会議員。一九六八年「五月革命」の学生運動指導者。一九四五年〜］などであった。いずれの場合でも、実況動画や公式ウェブサイトや自前のメディアでの告知を通じて、一連の行動が、少なくとも『独立』やアンタイオス書店の読者に対しては届くように配慮されていた。[4]

また、完全にヴァーチャルな意思表示を行った場合もあった。二〇〇九年一一月一一日、わずかな「保守－破壊的行動」の人々は、首相、アンゲラ・メルケルのパリ訪問への抗議行動を企てていた。メルケルは、パリで開催された第一次世界大戦終結の九〇年記念式典に出席していたのである。右翼が即興行動《ゲリラ》に打って出て、ヴェルサイユ条約九十周年に抗議するとしたら、まさに格好の機会であったといえる。しかし、現場には抗議者の姿は見えなかった。その代わり、「保守－破壊的行動」の一団は、黒シャツを身にまとい、ブランデンブルク門や旧国会議事堂などベルリンを象徴する場所に立って、カメラに向かってポーズをとったのであった。

少なくとも、そこでは、同じくヴェルサイユ条約への抗議を目的として一九一九年に設立された、アルトゥール・メラー・ファン・デン・ブルックの「六月クラブ」の伝統が意識されていたはずである。[5]クビチェクたちは、「健全な精神を持った健全な人々が集結してアイデンティティを守る」ための「伝統的結社」を自称しており、そういった歴史への関連付けを常に重視していたからである。[6]

「六八年」左翼の方法論を持った反「六八年」右翼。この定義の引き起こす混乱は、クビチェクたちがもともと意図していたものであった。「保守‐破壊的行動」という名称からして、すでに六〇年代左翼の「破壊的行動」に対する暗示となっていた。

かつてドイツにおける六八年世代の指導者たちは、「破壊的行動」を名乗る運動団体に所属していた。当時、ディーター・クンツェルマン〔六八年世代の学生運動指導者。社会主義学生同盟（SDS）幹部。秘密結社「トゥパマロス・西ベルリン」を設立するなど、その後も左翼活動を続けた。一九三九年〜二〇一八年〕、ベルント・ラベール〔六八年世代の学生運動指導者。社会主義学生同盟（SDS）幹部。現在では極右に転向している。一九三八年〜〕、ルディ・ドゥチュケ〔第1章を参照〕、ギュンター・マシュケ、フランク・ベッケルマン〔本章を参照〕ら、のちに有名になった「破壊的行動」の幹部たちは、挑発的な活動と文章によってメディアの注目を勝ちとりはじめていた。

そのとき、彼らが手本としていたのは、ギー・ドゥボール〔評論家、映画監督。一九三一年〜一九九四年〕を中心とするフランスのグループ「シチュアシオニスト・アンテルナシオナル（国際シチュアシオニスト）」であった。ドゥボールは、既存の社会主義――東側の体制、西側の議会政党――とは異なったかたちで、「革命」を追求しようとしていた。

シチュアシオニストが批判の中心にすえていたのは、「スペクタクル」の概念であった。ドゥボールによれば、現代資本主義のもたらす「スペクタクル」は、「自律化したイメージの世界」をつくり出し、その世界のなかでは「偽りのものがさらに自分自身を欺いている」。[7] シチュアシオニストの出発点は、現代のプロレタリアートのための新理論として、マルクスの物神《フェティッシュ》批判に注目することであった。そして、ついには、当時すでに最高段階に達していると見なされていた「資本主義的な商品生産とイメージ生産」それ自体に、理論と実践の鉾先《ほこさき》を向けるようになったのである[8]。

シチュアシオニストは、戦後社会の条件そのものを問い直そうとする左翼の運動であって、新右翼のように、永遠に神話的な価値を求めたわけでも、文化を強引に民族性と結びつけたわけでもなかった。それでも、徹底して急進的なシチュアシオニストの振る舞いは、いまの右翼の目にも魅力的に映っている。例えば、『独立』のマルティン・リヒトメスは、最近の文章のなかで、シチュアシオニストへのある種の驚嘆を隠していない。

しかし、一九五〇年、ノートル・ダム大聖堂での復活祭ミサの最中に神の死を公言して参列者のリンチを受けたのが、シチュアシオニストの第一世代なのである。ある意味でこの伝統を継承しているのは、二〇一二年にモスクワの救世主ハリストス聖堂で「パンク祈禱」を行った、プッシー・ライオット［ロシアのフェミニスト・パンク・ロックのグループ。目出し帽をかぶって即興演奏することで知られる］である。このとき、新右翼の論壇は、プッシー・ライオットに激昂して騒然となったのであった。

そこからも明らかなように、かつてのシチュアシオニストの立場に、今日の新右翼と共通するものはなに一つない。とはいえ、シチュアシオニスムにも、資本主義のつくり出す「イメージ世界」の背後に、いまだ「疎外」［人間が制度や生産物に支配されて人間性を喪失しつつある状況をいうマルクス主義用語。特に戦後思想で重視された」されていない「自分自身のもの」を求めようとする傾向があったのも事実である。この点については、彼らのドイツにおける落とし子、「破壊的行動」が当てはまる。「破壊的行動」には、「文化批判と社会批判」を通じて、「むしろ保守的と思われている事象を再評価する」傾向があったと言われている。そのため、「文化が「文化産業」に牛耳られ没落していると考えて消費社会批判を行うことは、保守革命の特徴でもあった[9]」のである。

実際、ドイツにおけるシチュアシオニスムの代表者のなかには、ドゥボールたちがフランスで行っていたようなミクロ水準の反乱に飽き足らず、国家の懐《ふところ》に回帰しようとした者がいた。これが原因となって、すでに早い段階でシチュアシオニスト・アンテルナシオナルの内部で決裂が生じていた。一九六二年、シチュアシオニスト・アンテルナシオナルの執行部は、ドイツの分派を「国民シチュアシオニスム」であると非難し、彼らを除名していたのである。ここで排除された人々があらためて結成したのが、「破壊的行動」であった[10]。その後の年月のなかで、「破壊的行動」の幹部たち、マシュケ、ラベール、ベッケルマンは、極右として台頭するようになっていった。

また新右翼の側からも、ヘニング・アイヒベルク［第1章を参照］は、デンマークのシチュアシオニストであったアスガー・ヨルン［画家。一九一四年～一九七三年］を受容し、自分たちの思想をシチュアシオニスト・アンテルナシオナルに結びつけようとする動きを見せた。アイヒベルクは、一九九一年、注目を集めていたベルリンでのシチュアシオニスム回顧展で、ヨルンの作品目録への解説文を執筆している。解説文でアイヒベルクは、ヨルンの「北方的民族芸術」への関心に魅了されたと明言し、ヨルンが「急進的な革命的保守主義者」を名乗ったときの文章を引用している。また、ヨルンがスカンディナヴィアのルーン文字、神話、シャーマニズムを作品化したことに注目し、それを彼の「アイデンティティ」の痕跡をたどる試みとして評価している。[11]

二〇一五年から一六年にかけての冬、六八年世代の雑誌、『動乱――合意妨害のための季刊誌』の移民特集号が、大きな騒動を引き起こした。もっとも、かつては、「破壊的行動」に属し、いまは同誌の編集長を務めるフランク・ベッケルマンが、ヘニング・アイヒベルク、ホルスト・マーラー、ベルント・ラベールら『若き自由』の執筆者と並んで、すでに一九九八年、『我ら自身』〔第1章を参照〕で執筆するようになっていたことが読者に知られていれば、混乱がそこまで拡大することはなかったはずである。[12]

『若き自由』の執筆陣には、ヴェルナー・オレス〔一九四二年〜〕という、やはり転向した六八年世代が加わっており、しばしばベッケルマンたちの現状を紙上で報告していた。とはいえ、『動乱』の読者には、かつて革命側にいた面々のその後の人生は、ほとんど伝わっていなかった。それもあって、『動乱』のその号は、突如としてスキャンダルを引き起こしたのであった。なにしろ、ドイツの名誉ある書き手であったはずの人々が、そこではPegida《ペギーダ》〔第6章を参照〕ばりの専門用語《ジャーゴン》を振りまわしていたのである。

　少なくとも、当初は前衛系の出版社、メルヴェ社から刊行されていた『動乱』は、七〇年代以来、ドイツへのミシェル・フーコーの紹介に決定的な役割を果たしてきた雑誌プロジェクトであった。しかし、何十年もの歳月を経るうちに、脱構築《デコンストルクツィオーン》への衝動は、復古主義《レスタウラツィオーン》への欲望の前に屈していたのが明らかであった。

　確かに、「破壊的行動」の一員であったベッケルマンは、雑誌の副題が言うように、依然として「合意妨害」をしようとしていたのであろう。しかし、いまや『動乱』は、「スペクタクル」という順応主義的な抑圧と闘うと自称しつつ、ＡｆＤやPegida《ペギーダ》に味方するまでになっていた。『動乱』の「編集同人」には、二〇一六年に物故したエルンスト・ノルテ、ウルリヒ・シャハト〔第3章を参照〕、ギュンター・マシュケといった新右翼の重鎮のほか、ティル・キンツェル〔歴史家、文学研究者。国家政治研究所に関わり、『独立』や『若き自由』での執筆も多い。一九六八年〜〕やベンヤミン・ショッケ〔画家。後述のフェリックス・メンツェルと並ぶ『青い水仙』の共同創刊者。一九八六年〜〕など若手の名前が挙げられている。[13] クビチェクたち「保守-破壊的行動」は、敵である六八年世代の「真似」をしようとしていた。しかし、その敵の方から新右翼に接近してくる現状があったのである。

「保守-破壊的行動」の第一回活動となった、ベルリン・フンボルト大学での会議妨害は、さしあたり、敵である六八年世代の美学を自覚的に奪いとる実験であった。その方法は、確たる計画にもとづいていたというより、「一九六八年」という相手側のテーマに応じて考え出されたものであった。そこでの成功は、クビチェクのほか、『青い水仙』のフェリックス・メンツエル、『独立』のマルティン・リヒトメスといった同志たちを、大いに勇気づけたのであった。クビチェクは、『独立』に掲載したこの最初の成功体験を報告する記事のなかで、かくも攻撃的なやり方を今後も維持すべきであると考える理由について、詳しく語っている。クビチェクによれば、「保守－破壊的行動」の方法は、敵を妨害し、不安にさせるのみならず、その真剣さゆえに、行動を仕掛ける側の自己確認の役にも立つ。そして、いまなお劣勢である右翼が、反撃に転ずるための好機となるという。

だが、クビチェクが、「イメージの政治」としてなによりもこだわっていたのは、「保守－破壊的行動」の活動を通して独自の「物語」を創造し、今後の宣伝活動に役立てることであった。

これから数ヶ月間の活動は、物語にもイメージにも乏しかった新右翼の世界に、のちに何度も語られる物語と、のちに何度も繰り返されるイメージとをもたらすであろう。そして、活動を目にする聴衆は、物語とイメージの反復のなかで、いつの間にか行動をする「私」のコピー――「我々」――となっていくのである。[14]

つまり、「保守－破壊的行動」には、単に巧妙な広告戦略にとどまらない性格があるわけである。「保守－破壊的行動」は、自分自身の伝説、「物語とイメージ」――それが実態を反映しないものであるとしても――をつくり出したいという新右翼の願望を具現している。それは、これまでも右翼が依拠してきた「創られた伝統」を、あらためて意識的に創造することでもある。「保守－破壊的行動」の自覚的な攻撃性を支えているのは、メラー・ファン・デン・ブルックによる一九二三年の信仰告白めいた言葉にほかならない。「保守的であるとは、維持するに値するものを創造することである」[15]

「保守－破壊的行動」の最終目標は、さらに大きな注目を集め、Attac《アタック》［正式名称は「市民のために金融取引への課税を目指す団体」。いわゆるトービン税、通貨投機への課税を実現するための市民団体。一九九八年に発足し、日本にも支部がある］のような左派系の活動集団に比べて乏しかった支持者を、少なくともいくらかは補うことであった。右翼は、リヒトメスに典型的なように、これまで不当に継子《まま こ》扱いされてきたと不満を募らせていた。しかし、「保守－破壊的行動」のすべての活動に報道価値がある、と思わせれば、今度こそメディアにも気に入られるはずであった。

ところが、「保守－破壊的行動」の挑発への熱意は結実せず、メディアの反応も冷淡なままであった。のちのクビチェクの回顧によれば、「保守－破壊的行動という実験」をしたとき、「本格的に注目を集める」のは「そう簡単ではなかった」。[16]おそらく、その理由は、「保守－破壊的行動」が選んだ方法が、新右翼の活動家にとっては大胆なものに思われたとしても、実際には、数十年来どんな集団でもやったことがあるような、ありふれた政治実践にすぎなかったからであった。ビラを撒き、横断幕を高く掲げ、スローガンを叫ぶだけでは、新聞の大見出しになるにはあまりにも不十分であった。

このことは、のちにアイデンティティ運動が「「保守-破壊的行動」の轍《てつ》を踏みそうになって、すんでのところでそれを免れたとき、あらためて確認されたのであった。アイデンティティ運動が大きな存在として認知されるために必要であったのは、わかりやすい直接行動だけではなく、それにふさわしい社会情勢でもあった。そして、その社会情勢をはじめてつくり出したのは、シチュアシオニストの右翼版コピーではなく、「難民危機」だったのである。

「保守戦線」

さらに今日の新右翼の先祖をたどってみると、「保守-破壊的行動」がとった方法は、同じドイツの新右翼の内部で見てさえも、特に新しくはないことがわかる。ここでもまた、新右翼の出発点を六八年世代への反動とする見方は、限界に突き当たってしまう。

右からの挑発的パフォーマンスの歴史は、五〇年代後半のドイツ連邦共和国にまでさかのぼる。当時、アルミン・モーラーの弟子であったマルセル・ヘップは、弟のローベルト・ヘップとともに、自身の組織「カトリック戦線」――のちに「保守戦線」へと名称を変更する――で、似たような挑発行動を繰り返していた。「カトリック戦線」は、右翼の学生団体であり、テュービンゲン大学とエアランゲン大学で、第二次世界大戦中のドイツの犯罪に関する「過去の克服」を妨害していた。そこで採用されたのが、「保守－破壊的行動」からアイデンティティ運動にまでいたる、今日の「代替案《オルタナティヴ》」集団の即興行動《ゲリラ》で見られるのと同種の手段であった。

ヘップ兄弟は、左翼側で流行していた議論やスローガンを敢えて取り上げ、その意味を逆転させた。二人の行動は先鋭化していった。例えば、「ドイツ系イスラエル人学生集団」なるダミー団体をつくり、ドイツ人の「二〇世紀における自己処罰の歴史」について発表させ、聴衆のいらだちを誘ったりした。新右翼は、「罪の崇拝」〔第4章を参照〕に抵抗するという触れ込みで、今日でも「過去の克服」を拒否している。この態度は、五〇年代にしてすでに、新右翼の自認するところとなっていたわけである。同じことは、人種差別についてもいえる。保守戦線の一部の構成員が、アルベルト・シュヴァイツァーの言葉を改悪し、アフリカ系の学生を「黒い小さな兄弟」と呼んだとき、エアランゲン大学はさすがに構内立入禁止処分を課した。[17]

一連の行動の背後にいた首謀者、マルセル・ヘップは、新右翼の歴史のなかに確固たる地位を占めている。マルセルと弟のローベルトは、輝かしいキャリアに恵まれてきた。マルセルは、司法試験に合格して法曹の資格を得たのち、一九六五年にアルミン・モーラーの仲介でフランツ・ヨーゼフ・シュトラウスの私設秘書となり〔第2章を参照〕、その側近としてＣＳＵの機関誌『バイエルンクリーア』の編集に携わった。

ローベルトの方も、極右の社会学者として名を成し、新右翼の世界では「先駆的思想家」とされている。[18] ローベルトは、主著『ドイツ問題の最終解決』のなかで、人口統計データの分析をもとに、八〇年代後半にしてすでに、やがて移民によって「民族の乗っ取り」が行われるという、ザラツィンやアイデンティティ運動と同じ結論を先取りしている。[19]

とはいえ、鋭敏な先駆者としての名声を享受してきたのは、どちらかといえば兄のマルセルであった。一九七〇年にマルセルが夭折《ようせつ》したことは、モーラーを深く悲しませた。一九七二年、モーラーは、『ドイツにおける保守革命』新版をマルセルに捧げ、この書物は二人の友情の賜物であると書いたのであった。

モーラーは、雑誌『バイエルンクリーア』に掲載したマルセル追悼文のなかで、ヘップ兄弟の結成した保守戦線の挑発行動について、次のように述べている。

マルセルたちが大学に導入したのは、ゴー・インやティーチ・インなどの現代的な活動方法である。のちの議会外反対派は、まったく逆の目的のために、ほかならぬマルセルたちから、その方法論を引き継ぐことになった。[20]

モーラーは、同じ文章で、今日のアイデンティティ運動にも該当する重要な点、「若さ」についても言及している。マルセル・ヘップは、「若すぎたのも災いし、政敵には理解されなかった。しかし、マルセルは、若者はみな左翼であるという見方に対してだけは、実存をかけて反論しようとした」[21]。

二〇一五年に『独立』に掲載されたマルセルの伝記も、モーラーの発言を継承している。それによれば、「革命家気取りの六八年世代より十年も前」に、「現代的な活動方法」によって成功したことが、保守戦線の「格別な功績」であるという。

このとき、ゴー・イン、つまり敵の集会を「奪取」したり、教授陣を質問攻めにして自説の弁明を迫ったりする方法は、真正な右翼が発言するための戦略として、ドイツ連邦共和国のアカデミア空間に導入されたのである[22]。

要するに、マルセル・ヘップにはじまる政治－メディア上の闘争方法の歴史は、新右翼の世界ではよく知られたものなのである。二〇〇八年から二〇〇九年にかけての「保守－破壊的行動」も、今日のアイデンティティ運動も、自覚的にそこに連なろうとしていた。

もっとも、わかりやすい挑発行動をとり、インパクトのあるモチーフをメディアに載せて大衆に認知させるという手法は、新右翼だけのものではなかった。ネオナチも同じことをやりはじめたのである。一九七八年、ミヒャエル・キューネン［一九五五年～一九九一年］らのネオナチ団体「国民社会主義者行動戦線／国民活動家」は、ドイツ国内の歩行者専用区域で、ロバの面を被ってパフォーマンスを行った。それ以降、「ロバの面」はネオナチを意味するモチーフとなった。

ほかの右翼と同じく、ネオナチにとっても、ドイツの「過去の克服」を妨害することが課題であった。ネオナチたちは、ドイツの絶滅収容所にガス室があったことを否定し、その主張を看板に書いてデモをしてきた。最近のネオナチは、一貫していわゆる「フラッシュモブ」の方法を採用しており、音楽、松明《たいまつ》、あるいは「民族の死」に抵抗すると称する「不死者」の服装などによってゲリラ的な示威行動をするようになっている。彼らは、どうせ無視するに決まっている既存メディアに注目されるのは諦めており、自分たちで写真や映像を撮影し、インターネットで公開すればよいと考えている。これまでと同様に、ネオナチのような旧右翼と新右翼の境界は、形式面でも内容面でも流動的なのである。

右翼パルチザン——カール・シュミットとギュンター・マシュケ

本章でたどってきた展開からもわかるように、サブカルチャーの要素を取り入れ、挑発的であると同時に創造的《クリエイティヴ》でもあるような活動方法は、ドイツの右翼の系譜だけを見ても、特に新しいものではなかった。

一九六八年前後、左翼の議会外反対派は、メディアを掌握する賭けに勝利した。すると、すぐに右翼側でも同じことが行われるようになった。むろん、驚くに値する結果ではない。挑発行動は、なによりも大衆の注意を引きつけねばならない全政治党派にとって、日常茶飯事の一つだからである。そうでもしなければ、各党派の主張が認識されることはなかろう。

挑発行動は、守勢、劣勢にありながらも影響力を及ぼそうとする政治的「パルチザン」にとって、うってつけの武器である。党派間の勢力不均衡ですら、そのための好材料となる。成功した挑発行動は、自分の弱さを強さに変え、相手の優越性を脆弱性に変える。挑発行動に際しては、メディアの利用も手段の一つであり、それが奏功しさえすれば、いくらでも敗北を勝利に転じうる。優位にある党派は、挑発を受けたとき、過度に頑《かたく》なな対応をしがちであり、挑発者――劣位にある党派――の側に大衆の注目や共感を与えてしまうからである。

それゆえ、パルチザン闘争の論理は、戦っている両勢力が相互に過激化することにつながる。正規兵がパルチザンに降伏する権利を行使できないのも手伝って、パルチザン闘争は残酷なものとならざるを得ない。より正確にいえば、敵の降伏など、パルチザンにとっては問題にもならない。

かくして、パルチザンの内部にいる「革命家」的性格の持ち主は、挑発行動をふさわしい手段と考えるようになる。なにしろ、挑発行動のためには「革命家」が必要であり、その挑発行動の結果、前線の位置が明確になるのである。

この構図については、すでにカール・シュミットが、『パルチザンの理論』のなかで詳しく整理している。シュミットは、戦後、小規模なパルチザン集団が既存の大国を凌駕できたことに関心を持ち、そのメカニズムを『パルチザンの理論』で追究したのである。

右翼は、このシュミットの分析を、ながらく手引として読んできた。パルチザンの「守勢を装う態度」は、「犠牲者とされた人物を道徳的に持ち上げる」のが習いとなっている右翼にとって、特に魅力的に映ったのであった。[23]

師のパルチザン理論をさらに洗練させたのが、シュミットの後年の弟子、ギュンター・マシュケであった。マシュケは、かつては「破壊的行動」の一員であり、大衆に対する挑発行動について知り尽くしていた。また、強靭な性格の持ち主であるマシュケは、「永遠の反乱」のために、自分の知識を惜しげもなくつぎ込んできた。

カールハインツ・ヴァイスマンは、「破壊的行動」に属する急進左翼から『若き自由』に執筆するような右翼知識人へと転向したマシュケの人生について、次のように書いている。

（マシュケの志向は、）決して、耽美的もしくは宗教的な別世界へと逃避しようとするものではない。それは、おそらく、「若いころから私は本当にいつも「反抗」していました」とインタビューで答えるような彼の性格のみならず、彼の世界観とも関係している。マシュケの世界観の中心にあるのは「闘争」である。彼は、決断、敵の決定、そして闘いを不可避のものと見ている。マシュケの世界観の正反対に位置しているのは、妥協、友愛、永遠平和ではなく――そもそもこれらは幻想にすぎない――、頽廃なのである。[24]

ゲッツ・クビチェクは、シュミット、マシュケに続いて、「パルチザン」の思想をさらに発展させ、二〇〇七年、自身のアンタイオス書店から小さな戦術指南書を刊行した。同書の題名は、まさに『挑発』というものであった。

ヴァイスマンがマシュケの世界観の対極として挙げている「頽廃」の問題が、クビチェクに『挑発』を書かせたといってよい。クビチェクは、絶望的とも見える時代診断を下している。クビチェクは、「虚ろなまばたきをするドイツ人の群れ」に直面していると感じている。ドイツ人たちは、もはや敢えて抵抗をしようとは思っておらず、堕落し、「暖かい部屋、十分な食料と飲料、ゲームコントローラー、テレビ、DVD再生機、そしてガールフレンドと簡単に交際できる環境が用意されていることによって、運命に立ち向かう力を奪われている」[25]。

クビチェクは、豊かな社会の停滞をこじ開ける手段を熱望し、ついに意図的な挑発行動にたどりついたわけである。『挑発』の後段で、クビチェクは、その後の数年間で実行に移すつもりの計画について詳しく記述しており、そこでは示威行動の予定が語られるのみならず、「良心的な人々《グートメンシェン》」［第3章の訳注を参照］や「嘘つきメディア《マスゴミ》」などの言葉も使われていた。「危機を好機として利用できるかどうかは、我々にかかっている。概念を研ぎ澄まし、敵を明らかにすること。これこそ我々の課題である」[26]

またクビチェクは、与えられた状況下で意図的な挑発行動を展開するための「確たる方法はない」、と書いている。

（挑発行動は、）唯一の「弱者の兵法」である。権力を手中に収めている者ならば、単純にやりたいことを押し通し、言いたいことをあらゆるメディアで語ればよい。対して、いかなる権力も持たない者は、長期的かつ根本的に態勢を整え、メディア時代における反響のあり方を研究し、不意打ちによって大衆の認知を奪いとるしかない。[27]

やがて、挑発行動を成功させるためのクビチェクの戦術指南書、『挑発』は、アイデンティティ運動にとっての基本文献になった。アイデンティティ運動は、そもそも反道徳的な「スキャンダル政治」として批判を集めてきた。それが、今度は、自分からスキャンダルそのものを求めるようになっていくのである。

クビチェクにこの洞察を与えた師匠こそ、ギュンター・マシュケであった。マシュケは、かつては議会外反対派の活動家でありながら、やがてカール・シュミットに魅了されるようになった人物であり、「パルチザン」の問いを徹底して追究してきた。

マシュケは、かつて共産主義者であったとき、しばらくハバナで過ごし、そこでキューバ革命史を研究して、キューバ政府の公式見解の裏を探る作業をはじめた。『若き自由』によれば、キューバで、「マシュケは国民革命派に転向した[28]」。それ以来、マシュケは新右翼の大物の地位を確立していったのであった。

かつてクビチェクは、これ見よがしにマシュケの著書『ゲリラ戦士批判』を読む姿を、テレビ番組に撮影させたことがあった[29]。『ゲリラ戦士批判』は、これまで多くの注目を集めてきた書物であり、「人民戦争の理論」に貢献しようとする著作であった。

『ゲリラ戦士批判』でマシュケが強調しているのは、党や政府による「公式的演出」の力である。マシュケに言わせれば、フィデル・カストロは、軍事の戦場ではなくメディアの戦場で勝利したにすぎない。カストロの指揮下では、そもそも大きな軍事的衝突は起こらなかった。最大の衝突では、都市のパルチザン部隊が主力になっており、そのときカストロ一味は遠く離れたキューバの密林をさまよっていた。にもかかわらず、カストロは、自己「演出」によって、革命の前面に躍り出ることができたのであった。「カストロが反政府勢力のなかで鍵となる役割を果たしたというのは、ゲリラ神話以上のものではない[30]」

マシュケによれば、このゲリラ神話の根底にあるのは、カストロがあくまでも全権保持者として振る舞った自己「演出」である。また、その態度を正当化したのも、革命の起点となったのはカストロであるという「演出」である。カストロがいつでも積極的に「有事」を宣言できたのも、同じ理由によっている。

『ゲリラ戦士批判』を読んだ新右翼は、戦間期の「保守革命」における手本たちに加えて、このカストロの振舞いを意識するようになった。「情況を認識せよ」が、二〇一一年に『独立』でクビチェクがマシュケと行った対談で、中心に置かれたメッセージとなった[31]。

「スキャンダル政治」下の注目獲得合戦

挑発によってスキャンダルを引き起こし、自身に注目を集める戦略は、別に新右翼の世界に限られたものではない。実際、そこで言われているのは、マーケティング一般に適用される技術にすぎない。ギー・ドゥボールたちシチュアシオニストが強調したような「スペクタクルの社会」のメカニズムによって、今日の広告戦略は決定されている。禁忌《タブー》を侵犯してはじめて大衆の注目が生まれ、それが利益を生むのである。

既存のメディアにしても、これと異なった行動をしているわけではない。現に、売れなくなった歌手がふたたび話題に上り、俳優が新聞に載るとしたら、この仕組みに従っているからである。クビチェクもそれを示唆している。「今日、新参の者は、もっと認知されるために挑発行動をしなくてはならない。だが、腐るほどいる、落ちぶれたかつての有名人がまた話題に上ろうと思ったら、蛆虫《うじむし》だらけのバケツに頭を突っ込みでもするしかない」[32]

もちろん、新聞の大見出しを飾るような挑発行動といえども、それを受け入れるだけの精神風土にめぐまれなければ、そのまま立ち消えになる可能性がある。二〇一四年、アンタイオス書店は、『脳犬』なる小説を出版した。そのとき、経営者であるクビチェク自身が、作者の「ラウール・タールハイム」は実は有名作家で、自分のイメージと家族に配慮して偽名で執筆した、という噂を流したにもかかわらず、特に効果は見られなかった。[33] この「タールハイム」は、「嘘つきメディア《マスゴミ》」理論も含めてPegida《ペギーダ》の全主張を先取りしていたというのに、スキャンダルとはならなかったのである。

当時、アンタイオス書店は、ＡｆＤとPegida《ペギーダ》の陰にいる出版社として、ようやく世に知られるようになってきたところであった。失敗したにせよ、『脳犬』の出版は、自覚的にスキャンダルを煽動して操縦することにより、読者を右翼のスキャンダル作戦に遭遇させようという、最初の試みではあった。

クビチェクの弟子であるフェリックス・メンツェルは、『独立』で、まさにこの「スキャンダル」の観点から、挑発行動の効果を分析している。メンツェルが挑発行動を評価するのは、リベラルな公共圏の「スキャンダル防衛機構」に対抗する手段だからである。メンツェルによれば、リベラルな公共圏の核にあるのは、リベラルの枠組からはずれる立場に対しては一切の発言権を与えないという「表現の自由の侵害」である。右翼の立場から放たれる批判はすべて、リベラルな公共圏にとっては黙らせたいものであり、右翼が議論を強行するためには挑発行動を繰り返さねばならないという。その成功例としてメンツェルが挙げているのは、ティロ・ザラツィンの名である。

ザラツィンが「頭にヒジャブをした少女」から話しはじめなければ、「ザラツィン論争」

は起きなかったであろう。これは、自覚的なスキャンダル戦術であった。失うものをなにも持たず、かつ面の皮が厚いのであれば、スキャンダルを一つ煽動してやればよい。なにしろ、今日では、スキャンダルを通じてしか新たなテーマは語れないのである。そう考えれば、ザラツィンによるスキャンダル戦術にしても、まだ改良の余地はあった。[34]

この分析が発表されたあと、スキャンダル路線の過激化は、さらに加速していった。例えば、アキフ・ピリンチ［トルコ出身のドイツの小説家。一九五九年〜］は、かつては成功したミステリ作家でありながら、一貫して「スキャンダル政治」の道を歩むようになっていった。ピリンチは、明らかな右旋回を行い、ついにはPegida《ペギーダ》の演壇に立ち、クビチエクのアンタイオス書店にも登場するようになった。

ピリンチは、二〇一三年初頭、ブログ『善の枢軸』［ジョージ・W・ブッシュによる「悪の枢軸」敵視に対抗し、二〇〇四年に評論家やジャーナリストがはじめた政治ブログ］でムスリム男性の暴力犯罪に対して進化生物学的な主張を行ったのを皮切りに、ポリティカル・コレクトネスを攻撃しはじめた。翌二〇一四年、ピリンチは、マヌスクリプトゥム社から『分別を失ったドイツ――女性、同性愛者、移民の誤った崇拝』と題した自著を刊行した。猫を主人公にしたミステリ小説の作者というピリンチの親しみやすいイメージは、もはや取り戻せないほど失われていった。ピリンチは、事なかれ主義の娯楽産業にとって「好ましからざる人物《ペルソナ・ノン・グラータ》」となってしまったのである。そして、二〇一五年の秋、Pegida《ペギーダ》のデモで行った、強制収容所を引き合いに出して移民をあてこする演説が曲解され、「スキャンダル政治」へのあらゆる反感を一身に浴びたのち、ピリンチはアンタイオス書店の御用作家となった。

もっとも、新右翼のスキャンダル路線が最高潮に達したのは、それより以前、フランスで発生したある事件に際してのことであった。二〇一三年五月二一日、フランスの評論家、ドミニク・ヴェネール［一九三五年～二〇一三年］――フランス極右の長年の立役者であり、右翼テロリスト結社「秘密軍事組織（ＯＡＳ）」［アルジェリア独立に反対し、極右民族主義者が一九六一年に結成した組織。ド・ゴール大統領らフランスの政治家やアルジェリアの独立運動家へのテロで知られる］の元構成員――が、同性婚に抗議してノートル・ダムの祭壇で拳銃自殺をしたのである。

ゲッツ・クビチェクは同日すぐにこの件に触れ、少し前に『独立』がインタビューを行ったとき、ヴェネールはすでに自死をほのめかしていたと述べている。[35]また、カールハインツ・ヴァイスマンも翌日付の『若き自由』のブログで、ヴェネールの「夕べの国のアイデンティティの防衛に費やされた人生」と、彼の行動がもたらした「力強いイメージ」を讃えている。[36]結局、シチュアシオニストもプッシー・ライオットも、ヴェネール一人に敵わなかったのである。

ドイツに限らず、意図的な挑発行動の方法論を完璧なまでに実践してきたのは、右翼ポピュリズムであった。右翼ポピュリズムの政治家の十八番は、挑発的言動をするやいなや、そんなつもりではなかった、と即座に「誤解」に対して遺憾の意を表明する手法であった。これは、英語圏では「犬笛政治（Dog Whistle Policy）」と呼ばれている技術で、メッセージをターゲットに確実に届けることができる。

ＦＰÖ元党首であったイェルク・ハイダーが、オーストリア方言でいう「言い手（Sager）」、つまり故意の失言王として悪名高かったのは、この「犬笛政治」の達人だったからである。ハイダーの発言は、「第三帝国」の雇用政策の肯定から、武装親衛隊員の不屈の闘志への賞賛まで及んでいた。ハイダーの支持者は、そのような発言を、あるときは単に歓迎し、あるときはすぐに相対化したうえで擁護した。

ＡｆＤも、定期的に同じ方法を試している。ＡｆＤは、場合によっては難民を銃で撃つぞと脅したり［二〇一六年一月、ＡｆＤ党首であったフラウケ・ペトリは、必要なら国境を侵犯する難民を射殺すると発言した］、「民族至上主義《フェルキッシュ》」の概念を復権させると主張したりして、新聞の見出しを飾るのに成功している。その際には、「抵抗者」であるというイメージ、「抵抗」の空気《アウラ》が、ＡｆＤに付加価値を与えているのである。

ＡｆＤが成功し、ＡｆＤと社会との距離がますます近くなっている現状は、こうした「政治の野蛮化」が完全に是認されつつあることを示している。ドナルド・トランプは、すでに選挙戦の時点で、いかがわしい物言いを繰り返したにとどまらず、批判された発言を撤回することすらしなかった。挑発行動を戦術とする右翼の頂点にいるのは、おそらく、そのトランプなのであろう。

6

没落と救済
――「秘められたるドイツ」の決起

二〇一四年一〇月二七日の月曜日、ドレスデンで、「夕べの散歩」と称する政治デモが行われた。デモの体裁は、さしあたり、宗教的原理主義に対する「市民社会」からの意思表示であるかのように見えるものであった。参加者たちは、「愛国的ヨーロッパ人」を名乗り、「夕べの国のイスラーム化」〔「夕べの国」については第7章および解説を参照〕に反対していると言っていたからである。つまり、「夕べの国のイスラーム化に反対する愛国的ヨーロッパ人（Patriotische Europäer gegen die Islamisierung des Abendlandes）」――この短縮形が、Pegida《ペギーダ》なのであった。

Pegida《ペギーダ》にとって、この日のデモは、すでに二度目のものであった。もっとも、一週間前に同じやり方で行われた初回のデモが、ドレスデン市域の外にも知られることはなかった。一〇月二七日の参加者にしても、およそ数百人といったところであり、少なくとものちに「スペクタクル」化したPegida《ペギーダ》のデモに比べれば、まだしも概数を目で把握できる規模にとどまっていた。

このとき、Pegida《ペギーダ》の主催者が力点を置いていたのは、ほかの運動と差異化を図ることであった。彼らは、イスラーム主義のみならず、それに抗議する人々の暴力行為とも距離をとろうとしていた。発端となったのは、ほかならぬその前日にドイツ連邦共和国の西部で起こったある事件である。その事件が災いして、世間から「イスラームの野蛮に反対するデモというのは口実で、参加者自身が原始的な暴力衝動を解き放ちたいだけだろう」という印象を持たれるのを避けなければならなかったのである。さしあたって、Pegida《ペギーダ》の前史には、ケルンで起こったその事件がある。

HoGeSa《ホゲーザ》——ケルンでの第一回デモ

ドレスデンでPegida《ペギーダ》のデモが行われたのは、公衆の目が、まさにラインラント［ラインラント・プファルツ州やノルトライン・ヴェストファーレン州のライン川流域地方。ここでは後述のケルンを示している］の方を向いていたときであった。一〇月二七日のザクセン州とは対照的に、その前日の一〇月二六日、ノルトライン・ヴェストファーレン州では、フーリガンのデモにともなう大規模な暴動が生じていたのである。

この日、「HoGeSa《ホゲーザ》」を名乗る一団が、反「イスラーム主義」の闘争と称して、ケルン中央駅に集結した。彼らは、通常なら「西側の価値」を代表するとはまず考えられない連中であった。つまり、ネオナチとのつながりも稀ではないような、暴力的サッカーファンの集団であった。HoGeSa《ホゲーザ》とは、「サラフィー主義者に対抗するフーリガン」[サラフィー主義とは、七世紀から九世紀にかけての「元祖(サラフ)」に回帰して体制を再構築しようという、スンニ派イスラームの復古主義。サウジアラビアの国是であり、いわゆる「原理主義」の大半を占める]の意味なのであった。

もっとも、彼らの闘争宣言はお題目にすぎなかった。この時期、イスラーム主義者の多くは中東にいて、そこで破壊活動を行っており、ケルンでフーリガンが当たり散らした相手は、ショーウィンドウと通行人と警察にすぎなかったからである。

この乱暴狼藉は、そもそも防ぐことができたはずであった。フーリガン勢力からデモの事前申告があり、彼らの動員も公然と行われたにもかかわらず、当局は適切な準備対応をしなかったのである。当局は、参加者の人数も士気も見誤っていた。警察発表の「一五〇〇人」は完全な誤りであり、実際にはおよそその三倍の、明らかに好戦的な、なかば組織化されたフーリガンが襲来していた。

警察の誤算の結果、警官は負傷し、通行人や記者は暴力の被害に遭い、五万ユーロにも及ぶ物的損害が生じた。警察投入の失敗に関連して、注目しなければならないのは、HoGeSa《ホゲーザ》を準備したフーリガン集団の連絡要員であった南ドイツのネオナチ、ローラント・ゾコール[一九七二年〜二〇一五年」の身柄が、すでに拘束済みであったことである。当局は、状況を詳しく把握していたはずであった。[1]にもかかわらず、有効な対処はなされなかった。そして、お決まりのフーリガン暴動の写真が、翌日のメディアを飾ることとなった。

フーリガンの言い分を信じるなら、彼らにとって、今回の暴動は、いつも「第三ハーフタイム」と称してやっている大乱闘とは質を異にするものであった。HoGeSa《ホゲーザ》の目的は、「夕べの国の救済」にほかならなかった。二〇一四年の夏以来、「イスラーム国」を名乗る殺人集団が、シリアやイラクの制圧に成功しつつあった。中東からの報道は、サッカーファンのなかの「戦士」を呼び起こしてしまったのであった。[2]

これまでにも、ノルトライン・ヴェストファーレン州のいくつかの都市で、フーリガンによる小規模な反「イスラーム主義」デモが行われていた。当時、ドイツの若手イスラーム主義者が、ヴッパタールで「シャリーア警察」〔揃いのベストを着て、飲酒やギャンブルなどシャリーア（イスラーム法）に違反する地域住民の行為を勝手に取り締まる運動〕を称して宣伝活動を行い、メディアの注目を集めるようになっていた。それもあって、各フーリガン集団は、本格的な「反イスラーム」活動の必要性を感じはじめたらしい。

ラインラント地方のフーリガン事情に詳しい政治学者のリヒャルト・ゲプハルト〔一九七〇年〜〕は、一〇月二六日の事件についてもすぐに分析を発表し、HoGeSa《ホゲーザ》の危険性を強調している。「HoGeSa《ホゲーザ》の実力行動が示しているのは、暴力親和的なサッカー・サブカルチャーの一部が「闘争」の範囲を広げている事態である」。ケルン暴動のあとでもなお、政治家やスポーツ界の幹部は、HoGeSa《ホゲーザ》のこれ以上の拡大の可能性を否定していた。これに対し、ゲプハルトは、HoGeSa《ホゲーザ》はさらに大規模化するであろうと言っていた。的中したのは、ゲプハルトの方であった。ゲプハルトは、HoGeSa《ホゲーザ》の過小評価を戒め、特に覚悟を要する展開を予測している。

確かに、HoGeSa《ホゲーザ》は、今後も現在と同じような「臨時の闘争共同体」であり続けるかもしれない。しかし、だとしても、フーリガンを政治的目的のためだけに再編成するという、未完の事態が進行しつつある前兆であることには変わりない[3]。

ゲプハルトが書いているように、フーリガンの世界は、当局が考えているよりもはるかに大規模で、かねてから緊密に組織化され、しかも明らかに右翼に親和的であった。実際、容易に推察できるように、ケルン暴動には、古参のネオナチ幹部が手下を率いて加わっていたのである。そもそも、暴動の発端となったデモ自体、「非政治的」というフーリガンにありがちな自称とは裏腹に、右翼の活動と区別しがたいものであった。例えば、デモに参加したり演説したりした者のなかには、有名なネオナチやネオナチ関連の音楽グループの姿が見られた。主要弁士の一人には、ハンブルクのネオナチ、トルステン・デ・フリース［一九六八年〜］がいた。デ・フリースは、デモの準備にも参加しており、前述のゾコール——事前に逮捕され、のちに連絡要員であったのが判明した人物――とも密接な協力関係にあった。[4]

また、デモの準備には、右翼ポピュリズムの小政党「ノルトライン・ヴェストファーレンのための市民運動（Pro-NRW）」［二〇〇七年に設立された、デュッセルドルフに本部を置く小政党。反イスラーム、反移民を主張している］や、ネオナチ系の小政党「右翼党」［二〇一二年に設立された、ドルトムントに本部を置く小政党。ネオナチと目される］が加わっていた。デモの届け出をしたのも、当時のPro-NRWのノルトライン・ヴェストファーレン州代表、ドミニク・レーゼラー［一九六九年〜］であった。Pro-NRWの反イスラーム志向からして、ケルンのデモとの関係は驚くものではなかった。いずれにせよ、右翼の構成員とフーリガンの人的交流は、恒例のことであったのである。

右翼党の代表であるジークフリート・ボルヒャルト［一九五三年〜］は、過去数十年にわたって、ネオナチの世界でもフーリガンの世界でも知られた人物であった。すでに八〇年代、ボルヒャルトは「SS-Siggi」――「親衛隊のジークフリート」――という活動家名を持っていた。ボルヒャルトは、「国民革命派」を称するあるブログによるインタビューで、ケルンのデモの準備会議に臨席していたことを公言し、HoGeSa《ホゲーザ》のなかには相当数の「活動的な民族主義者」がいると誇らしく語っている。[5]

こうした背景のもと、ケルンのデモは、すぐにおなじみのフーリガン暴動へと姿を変えた。デモ参加者は、「ホ・ゲー・ザ！　俺たちは団結する！　ドイツのために！」などの掛け声とともに行進し、やがて暴力行為をはじめた。そして、それを見守っていた群衆は、この暴徒たちが歴史とも宗教とも無関係であることを確信したのであった。

もっとも、デモ参加者は、一応「ヨーロッパ文化」を示す印として、のちのPegida《ペギーダ》のデモと同じく、「アフー！」という雄叫びを発していた。これは、第4章ですでに言及した古代ファンタジー映画、『スリーハンドレッド』から拝借したもので、作中でスパルタの英雄たちが不屈の闘志を確かめあうときの声であった。フーリガンたちは、そうやって暴力への衝動を歴史で飾り立て、ドイツに「自由、権利、秩序」を取り戻せと要求しつつ、人を殴って物を破壊していった。[6]

一方で、HoGeSa《ホゲーザ》は、現実のイスラーム狂信者に対しては、なんら危害を加えていなかった。HoGeSa《ホゲーザ》の元来の主張であった「反サラフィー主義」は、いわばヴァーチャルなままで終わったのである。その代わり、ケルンでのHoGeSa《ホゲーザ》のデモは、ドイツ社会に蔓延する反イスラーム言説をドイツ人同士の滑稽な流血というかたちで示したのであった。

Pegida《ペギーダ》――「ドレスデンを見ろ、俺たちはできるんだ！」

HoGeSa《ホゲーザ》の狼藉に対するメディアの反応は、完全に否定的なものであった。この時点では、「ヨーロッパのイスラーム化に反対する」大衆運動は、ケルンではじまって、その日のうちにケルンで終わったかのように思われた。ところが、期せずして、Pegida《ペギーダ》がすぐにバトンを継承し、新たな政治情勢をつくり出すことになったのである。

ドレスデンではじまったPegida《ペギーダ》は、ケルン暴動で失われたように見えた「反イスラーム化」の主張に対して支持を取り戻し、次第に右翼ポピュリズムの大衆運動として発展させていった。この展開は驚くべきものであった。なぜならば、当初ドレスデンのデモは、別の地域からは注目されていなかったからである。ただ『青い水仙』の編集部だけが、発足時のPegida《ペギーダ》について小記事を掲載し、「ドレスデンを見ろ、俺たちはできるんだ！」と書いていた。

すでに本書にも何度か登場した『青い水仙』は、フェリックス・メンツェルの率いる若手新右翼の新聞で、紙媒体よりブログ版の方が影響力を持っていた。『青い水仙』は、ドレスデンに支局を置いており、それで即座にPegida《ペギーダ》に反応できたのである。ブログ版『青い水仙』の記事は、次のように報じている。

Pegida《ペギーダ》の主催者は、日曜の夕方に毎週ドレスデンを行進しようと考えている。壁崩壊から二十五年後のいま、Pegida《ペギーダ》は、「月曜デモ」［一九八九年から一九九〇年にかけて、ドレスデンを含む東ドイツの各都市ではじまったデモ。自由選挙と移動の自由化を訴え、ベルリンの壁崩壊やドイツ再統一につながったとされる］の伝統に連なろうとしている。[7]

『青い水仙』の報道からも、ケルン暴動と同一視されたくないがゆえの自制が感じられた。Pegida《ペギーダ》の発起人でありスポークスマンでもあるルッツ・バッハマンは、一〇月二七日のデモのすぐあとに行われた『青い水仙』のインタビューで、Pegida《ペギーダ》の非暴力的性格を強調し、HoGeSa《ホゲーザ》とは一線を画そうとしていた[8]。

Pegida《ペギーダ》は、ある面ではケルン暴動と関係があり、ある面では無関係であった。ケルン暴動との時間的な近さは、確かに発足時のPegida《ペギーダ》に暗い影を落としたとはいえ、もとより偶然にすぎなかった。約三五〇〇人の参加者を集め、Pegida《ペギーダ》の第一回デモが行われたのは、そもそも一〇月二〇日、つまりHoGeSa《ホゲーザ》によるケルン暴動の約一週間前であった。とはいえ、ケルン暴動があってはじめて、対照的な存在としてPegida《ペギーダ》が注目を集めるようになったのも事実である。ケルンで「サッカーファンの屑」が暴れたがために、ドレスデンの「憂い顔の市民」が理性的に見られることができたのである[9]。

しかし、実態としては、市民の「よきイスラーム批判」とフーリガンの「悪しきイスラーム批判」という対比は、明らかに疑わしいものであった。両者のあいだには、多くの意見の一致があった。例えば、『若き自由』の読者投稿欄では、フーリガンに肩入れする者が頻繁に見られた。

いずれにせよ、Pegida《ペギーダ》が要求していたのは、ドレスデンでの品行方正なデモをもってケルンでのフーリガン暴動への反論とすることだけではなかった。Pegida《ペギーダ》のスポークスマン、ルッツ・

バッハマンが『ビルト』に語ったところでは、彼は、少し前にクルド人のデモに遭遇して脅威を覚え、ドレスデンで抗議運動を組織しようと思いついたという。[10] バッハマンを恐れさせたクルド人のデモは、ほかならぬイスラーム主義者に包囲されたシリアの都市、コバニへの連帯表明のために実施されたものであった。コバニでは、主に世俗主義のクルド人民兵が、「イスラーム国」に対する防衛戦を行っていたのである。しかし、バッハマンは、明らかにそんな事情は気にしていなかった。バッハマンにとっては、ドレスデンのクルド人や支援者たちの反「イスラーム国」のデモは、「ドイツの国土を戦場とする宗教戦争」の表出でしかなく、実際、Pegida《ペギーダ》の横断幕にも同じことが書かれていた。

ここからもわかるように、ドイツにおける「イスラーム主義」批判は、すでに袋小路に入り込んでいた。つまり、Pegida《ペギーダ》という、おそらく最大の「反イスラーム主義」の「草の根運動」は、クルド人が行った「反イスラーム主義」のデモを、自分たちの脅威であると考えて発足したものなのである。それもあって、当初から、Pegida《ペギーダ》の本来の目的は「反イスラーム主義」ではなく「反移民」ではないか、という疑惑が持たれることになった。

『青い水仙』の大見出し「ドレスデンを見ろ、俺たちはできるんだ！」は、すぐにPegida《ペギーダ》のデモのスローガンに使われるようになった。のみならず、当時の状況を適切に表す言葉であったことも明らかになっていった。

すでに二〇一四年の一二月初旬の段階で、『フランクフルター・アルゲマイネ』は、ドレスデンから発信された最初のPegida《ペギーダ》関係の記事に「東方からの新たな怒り」という題名を与え、ドレスデンに蔓延する雰囲気を「怨恨と不安の混在」と書いている。同紙によれば、Pegida《ペギーダ》の公式的な設立目的——「イスラーム原理主義への反対」——はすぐにうしろに退いており、抗議はすでにドイツの難民政策に対して行われるようになっていた。組織者《オーガナイザー》にしてスポークスマンであるルッツ・バッハマンは、Pegida《ペギーダ》の成功を見て「電撃的に」計画を変更し、国民社会主義《ナチズム》じみたポピュリズムのカードで勝負をはじめ、それも上首尾に終わったという。

バッハマンの演説は、すでに当初の「宗教戦争」への懸念ではなく、イスラームそのものに向けられていた。いまや、バッハマンが語りかける相手は、国家が完全装備の宿泊施設を提供する難民申請者とは対照的に、電気を止められて寒いアパートに暮らし、シュトレンの一片もつくれないような貧しい年金生活者なのであった。「これが現状だ！」とバッハマンが叫び、「その通り！」と群衆が応じた。[11]

さしあたり、部外者が当時のPegida《ペギーダ》の勢いを実感するのは難しかった。主催者であるバッハマンの急速な台頭についても同様であった。四十一歳の生粋のドレスデン人、バッハマンは、「安全と秩序」を声高に呼びかけるPegida《ペギーダ》の闘士として輝かしい存在となり、ごく短期間のうちに、彼の人生のなかではじめて脚光を浴びたのであった。

はやくも二〇一四年の一二月初旬、『ザクセン新聞』は、「Pegida《ペギーダ》首領のゆがんだ人生」を調査した記事を掲載している。[12] そこに書かれたバッハマンの過去の経歴は、もはやブレヒトのオペラの台本の域に達しており、盗人が猛々しくも善人面で露骨な自己演出をしたものにほかならなかった。バッハマンは、かつては「古典的なCDU支持者」であったと自称する一方で、ながらくザクセン州内のいかがわしい組織に出入りしており、犯罪経験を武勇伝として吹聴するような人物でもあった。[13] バッハマンは、傷害、家宅侵入、薬物使用などによって起訴されており、前科を持っていた。

バッハマンは、その半生が何度もメディアで取り上げられるようになったあと、それに対抗して敢えて自分の経歴について情報公開に踏み切った。そして、彼の半生を、一度は堕落したものの過去を悔いて正道に戻ったように見せることに成功したのであった。バッハマンはかつて、禁固刑を逃れて南アフリカに高飛びし、すぐに国外追放に処されたことがあった。のちにバッハマンは、この経験すらも「犯罪外国人に対する模範的な措置」として、逆に南アフリカ当局を賞賛するまでになった。

ドレスデンに設立されたPegida《ペギーダ》は、その主張内容が一つに定まらなかったにもかかわらず、あるいは定まらなかったがゆえに、さらにほかの都市へと広まっていった。次第に、ドイツ以外のヨーロッパ各国でも、似たような試みが行われるようになった。こうして、ドレスデンではじまったPegida《ペギーダ》は、その後の二年間で、一万五千人以上を街頭に動員するまでに成長したのである。

Pegida《ペギーダ》のデモは、不満を持った「一般市民」を引きつけたのみならず、予想の通り極右の有名活動家をも呼び寄せることになった。ただし、ドイツ西部への輸出だけは、必ずしも成功しなかった。ノルトライン・ヴェストファーレン州の大都市、およびミュンヒェンやハンブルクで、Pegida《ペギーダ》への対抗運動《カウンター》が力を増してきたためである。一方、新たにドイツ連邦共和国に加わった旧東ドイツの州では、多くの類似組織が湧いて出てきた。Pegida《ペギーダ》の分派のなかで特に過激な者が設立したのが、ライプツィヒの「Legida《レギーダ》（夕べの国のイスラーム化に反対するライプツィヒのヨーロッパ人）」であり、ここにはAfD幹部のハンス＝トマス・ティルシュナイダー［第1章を参照］が所属していた。同じく、ゲッツ・クビチェクも、Pegida《ペギーダ》に合流して演壇に立つようになった。

ケルン暴動で評価が暴落していたあの人々も、Pegida《ペギーダ》に加わってきた。つまり、当初は強調されていたHoGeSa《ホゲーザ》との差異はいつの間にか消滅しており、フーリガンもPegida《ペギーダ》を魅力的に感じるようになっていたのである。例えば、ドレスデンのサッカークラブ、FCディナモ・ドレスデンのフーリガン集団は、Pegida《ペギーダ》のデモに警備係として参加するようになっていった。Pegida《ペギーダ》の吸引力を示す最大の例は、ケルンでのHoGeSa《ホゲーザ》のデモの参加者でもあった元AfDの政治活動家、タチアナ・フェスターリング［一九六四年〜］である。フェスターリングは、ケルン暴動に参加し、その後もHoGeSa《ホゲーザ》への同調を表明し続けたため、当時はAfDの「穏健派」に属していたハンブルク州の地方組織から批判を受け、離党してドレスデンでPegida《ペギーダ》に加入したのである。フェスターリングの過激化路線が大成功を収めたことは、徐々に明らかになっていった。フェスターリングは、二〇一五年六月のドレスデン市長選挙で、同市に移住して間もない無所属候補にもかかわらず、第一回投票で九・六パーセントを獲得した。

この事態を見ても、現実政治に対するPegida《ペギーダ》の影響力に、もはや疑問の余地はなかった。執行部の内部抗争の激化のため、一時的に参加者を減少させはしたものの、二〇一五年末のいわゆる難民危機は、Pegida《ペギーダ》をふたたび躍進させた。すでにPegida《ペギーダ》現象は、ドイツに定着しつつあった。Pegida《ペギーダ》は、まさに好機にめぐりあったのである。二〇一四年から二〇一五年にかけての冬、ドレスデンを練り歩いたのが発端となって、さまざまな思惑を持ったさまざまな人々が、この一つの右翼集団へと束ねられていくことになった。

先鋭化

Pegida《ペギーダ》のような急速な発展は、その時点ではAfDにすら達成できていなかった。政党の場合、いくら主張や支持者が大きく重なっていたとしても、運動ほど旗幟鮮明《きしせんめい》な態度をとりにくかったからである。当時のAfDは、リベラル右派――国民自由主義勢力――と民族至上主義的《フェルキッシュ》ナショナリズム派のあいだで激しい内部抗争が行われている最中であり［第3章を参照］、党内はいまだ動揺を見せていた。この抗争には、AfDの内部の、ポピュリズムに批判的で「厳格な」右派からのフェスターリングへの批判も含まれており、彼女が離党してドレスデンに移るまで終わらなかった。

二〇一五年七月、ハンブルク出身の党創設者、ベルント・ルッケが党首選に敗れたのち、AfDでは、民族至上主義的《フェルキッシュ》ナショナリズム路線が勝利を収めることになった。AfDとPegida《ペギーダ》が接近したのは、このときからである。AfD内でのルッケの政敵であったアンドレ・ポッゲンブルク［第3章を参照］は、のちに、自身の支持者は「最初のPegida《ペギーダ》のデモ参加者」であった、と言って賞賛している。[14] AfDはすぐに、街頭で形成された空気が選挙では票に変わることを理解し、Pegida《ペギーダ》の議会部門の様相を呈するようになった。

その過程で、フェスターリングたちPegida《ペギーダ》の活動家の語気も鋭くなっていった。『フランクフルター・アルゲマイネ』が、二〇一六年の初頭にライプツィヒで行われたフェスターリングの演説を、一字一句そのまま引用している。

ライプツィヒ市民の頭がまだ大丈夫なら、堆肥フォークをつかんで、売国糞エリートと国賊糞エリートを、議会と裁判所と教会と出版業界から叩き出すに決まっているじゃないですか！

同記事は、このような言葉遣いについて、演説者がとうのむかしに「あらゆる自制心」を失っている証拠であると断じている。[15]

言うまでもなく、フェスターリングの活躍は、ヨーロッパ各国の右翼が彼女に関心を抱くきっかけとなった。二〇一六年四月、フェスターリングは、まだドイツ国外では知られていなかったにもかかわらず、あるフランスの集会で演説者に選ばれた。これこそ、右翼の国際的ネットワークの賜物であった。集会は、パリの新右翼系団体、「イーリアス研究所」——前章で触れたドミニク・ヴェネールの公開自殺の一周忌を記念し、二〇一四年に設立された——が主催したもので、フランスの新右翼の幹部たちを集めて行われた。そこで、自身の著書のドイツ語訳をアンタイオス書店から刊行したアイデンティティ運動の指導者、ジャン・ラスパーユやルノー・カミュ［両人ともに第4章を参照］と並んで、ドイツからの来賓として演説したのが、タチアナ・フェスターリングだったのである。

Pegida《ペギーダ》が成功し、先鋭化していくなかで、活動家たちに対する重圧も強まっていった。初期の同志のなかには、すでに二〇一五年の初頭、ルッツ・バッハマンとの確執のために運動を去った者もいた。そして、次の内部抗争は、バッハマンの過激な言動というより、活動に対するPegida《ペギーダ》内での考え方の違いからもたらされた。二〇一六年六月九日から一二日にかけて、ドレスデンで各国要人の会議、いわゆる「ビルダーバーグ会議」［ヨーロッパと北米の対話を目的として、一九五四年から毎年開催されている会議。政治家、官僚、財界人、王族や貴族が出席する］が開かれたとき、Pegida《ペギーダ》の一部が抗議活動を予告して注目を集めた一方、執行部は動かず、分裂と相互非難の原因となったのである。

その結果、かつてのPegida《ペギーダ》指導部は、公然と内部抗争を行うようになった。独断専行疑惑、資金をめぐる争い、一方が他方を裏切り者呼ばわりする応酬は、部外者には全貌がつかめないものであったにしても、組織が崩壊していた証拠ではあった。『ザクセン新聞』は、タチアナ・フェスターリングの執行部からの追放を報じている。[16] ゲッツ・クビチェクも、内紛に怒りを覚えた一人で、彼の率いるファンド設立運動「ワンパーセント」［第1章を参照］は、Pegida《ペギーダ》が「清潔で信頼できる運営になる」まで共同歩調をとらない、と通告するまでになった。[17]

フェスターリングはといえば、当面のあいだは公の場から姿を消し、しばらくして南ブルガリア国境で戦闘服を着てカメラの前に現れた。そのとき、フェスターリングは、森林地帯で不法移民狩りをする民族主義者の準軍事組織《パラミリタリー》に随行していた。また、ルッツ・バッハマンについては、二〇一六年九月、生活拠点をテネリフェ島［カナリア諸島に属するスペイン領の島］に移したものの、すぐにそこで「好ましからざる人物《ペルソナ・ノン・グラータ》」に指定されたのが知られるようになった。

こうして、Pegida《ペギーダ》指導部についての報道は、新聞の政治面からゴシップ欄へと移されていった。最後まで虚栄と憎悪にまみれるのは、あまりにも未熟な運動の、あまりにも急速に知名度を得て全盛期を迎えた運動の宿命なのであった。

果たして、Pegida《ペギーダ》の運命の星は沈んだ。しかし、Pegida《ペギーダ》の目的は、実はすでに果たされていたのである。右翼に対する動員力という点で、Pegida《ペギーダ》とＡｆＤの関係は逆転していた。つまり、Pegida《ペギーダ》の崩壊と時を同じくして、ＡｆＤの党勢拡大が生じていた。Pegida《ペギーダ》は、選挙に勝利したＡｆＤに吸収されていったのである。そして、そのＡｆＤの躍進を媒介したのが、Pegida《ペギーダ》がドレスデンで行っていた「夕べの散歩」デモであった。

二〇一六年一〇月一六日、ドレスデンで、Pegida《ペギーダ》の二周年を記念するデモが行われた。そのときの登壇者の一覧は、いかに狭い人間関係のもとでこの運動が発展してきたのか、ふたたび示すものとなった。ドレスデン国立歌劇場に集まったおよそ八千人を前にして演説したのは、マルティン・ゼルナー（アイデンティティ運動）、ユルゲン・エルゼサー（『コンパクト』）、またミヒャエル・シュテュルツェンベルガー（『政治的に正しくない』）であった。

Pegida《ペギーダ》が成功した新右翼組織として異例であったのは、政治宣伝のための自前の手段を持たずに活動していたことであった。この傾向は、特にメディアに関して当てはまった。

Pegida《ペギーダ》とＡｆＤと仲間たちは、当初から「嘘つきメディア《マスゴミ》」の報道には好意を示さなかった。保守系メディアですら、彼らから報道の信頼性を歪曲して攻撃され、驚愕した様子を見せていた。『フランクフルター・アルゲマイネ』政治面の編集委員、フォルカー・ツァストロー［一九五八年〜］は、ＡｆＤとPegida《ペギーダ》を正しく「新たな民族至上主義運動《フェルキッシュ》」と呼び、彼らは過去の民族至上主義《フェルキッシュ》の「暴力への欲望」を「諸手を挙げて歓迎している」と書いている。ツァストローによれば、ＡｆＤとPegida《ペギーダ》のメディアに対する怒りは、「消えることはない。そもそも彼らは、

「嘘つきメディア《マスゴミ》」に代わる『フェルキッシャー・ベオーバハター』［国民社会主義党機関紙《ナチス》］を求めているからである」[18]。

実際、彼らは自分たちの『フェルキッシャー・ベオーバハター』の一群を手にしたのであった。本書でも見てきたように、社会情勢は、極右の「代替案《オルタナティヴ》」なメディアを形成するのに十分なほど成熟していた。『若き自由』、『コンパクト』、『政治的に正しくない』、『RT』（旧称『ロシア・トゥデイ』）［モスクワを本拠とするロシア国営のニュース専門局。フェイクニュースの発信源として西側に批判されている］、『独立』などの各メディアは、この機に乗じて、従来の悪評を埋め合わせようと待ち構えていた。また、新しいメディアの可能性も、十分に利用し尽くされた。大衆の憤激は、新聞のオンライン記事のコメント欄で荒れ狂い、Twitter《ツイッター》やFacebook《フェイスブック》を通じて大々的に発散された。怒れる人々は、自身のパラノイア的世界観への同意を求め、それがさらに反響をもたらし、ますますポリティカル・コレクトネスや「良心的な人々《グートメンシェン》」性［第3章を参照］から遠ざかっていった。

このような状況のなれの果てについては、二〇一六年末に行われたアメリカ合衆国大統領選挙を見れば明らかであった。勝利したドナルド・トランプは、選挙戦終了の少し前、スティーヴ・バノンを自陣営に加えた。バノンは、かつて『ブライトバート・ニュース』の編集長を務めていた人物であった。『ブライトバート・ニュース』は、合衆国の「オルト・ライト（オルタナ右翼）」、つまり人種差別的な「白人至上主義」勢力に属しており、既存の合衆国の保守主義よりさらに右に位置していた。オルト・ライトがリベラルなエリートやメディアに対して浴びせかける極度に攻撃的な言葉は、「嘘つきメディア《マスゴミ》」だの「売国奴」だのといったPegida《ペギーダ》の専門用語《ジャーゴン》の、まさにアメリカ版なのであった。

メディアを敵視するPegida《ペギーダ》の振舞いは、特にジャーナリストの仕事に、具体的な悪影響を及ぼしはじめた。新聞やオンラインメディアは、中傷や脅迫を含む投稿が実際に急増していることを報じている。記事へのコメント欄で議論する文化は、すでに限界にあったのが明らかであったとはいえ、ここに来てまったく機能しなくなった。『南ドイツ新聞』にいたっては、コメント欄の閉鎖を余儀なくされたほどであった。

保守系の『フランクフルター・アルゲマイネ』であろうが左派系の『ターゲスツァイトゥング』であろうが、記者たちは、等しく「サヨクの良心的な人々《グートメンシェン》」と呼ばれて集中砲火を受けた。Pegida《ペギーダ》の周辺に形成された世論では、ほとんどすべての報道機関が一斉に「遠隔操作」され、同一のプロパガンダを行っている、という陰謀論が定着していたからである。この妄想の合言葉となったのが、「嘘つきメディア《マスゴミ》（Lügenpresse《リューゲンプレッセ》）」であった。のちにミヒャエル・クロノフスキー［一九六二年〜］――長年にわたってニュース雑誌『フォークス』の編集者を務め、続いてAfDの政治家、フラウケ・ペトリのブレーンとなった人物――は、濁音を除去してさらに軽々しくなった「欠落メディア（Lückenpresse《リュッケンプレッセ》）」という蔑称をつくることになる。[19]

ドイツではながらく絶えていた報道人に対する暴力行為も、ふたたび急増しつつあった。国際団体「国境なき記者団」は、二〇一五年と二〇一六年の報道の自由の状況をめぐる最近の報告で、ジャーナリストに対する権利侵害の頻発と、Pegida《ペギーダ》やLegida《レギーダ》とその仲間たちとの関係について、あからさまに指摘している。

ドイツでの記者や編集者への攻撃、脅迫、中傷の件数は、急激に増加した。二〇一五年には、国境なき記者団に対して、少なくとも三十九回の暴力行為があった。二〇一六年の最初の数ヶ月にも、この傾向はとどまることはなく、さらに継続した。

国境なき記者団の記述によれば、一連の事件の「多くは、Pegida《ペギーダ》運動や各地方の分派、右翼急進派の組織のデモや対抗《カウンター》デモの過程で生じた」[20]。国境なき記者団は、この憂慮すべき傾向の原因を、はっきりとPegida《ペギーダ》の対「嘘つきメディア《マスゴミ》」キャンペーンの影響と見ている。

大舞台にて

新右翼メディアの躍進は、その主たる書き手のPegida《ペギーダ》内での存在感を高めることになった。そもそも知識人の集まりではなかったPegida《ペギーダ》に言葉を与えたのは、新右翼の論客たちなのであった。ゲッツ・クビチェクのような新右翼メディアの立役者は、すぐにPegida《ペギーダ》の演壇に登場し、大規模な聴衆を相手に自身の主張を展開するようになった。

ここに出現したのは、ある種の現代的なパラドックスである。Pegida《ペギーダ》やＡｆＤの末端にいる兵隊は、自分たちにとってよそよそしいメディアをすべて「嘘つきメディア《スゴミ》」と決めつけてきた。にもかかわらず、彼らは、クビチェクやユルゲン・エルゼサーの演説ならば大人しく聴き、その活字版を『独立』や『コンパクト』で読むことにもなんら問題を感じなかったのである。

そもそも、Pegida《ペギーダ》というかたちで街頭に繰り出した「夕べの国の救済者」たちは、伝統的な新右翼の理論と、極めて大きな親和性を持っていたのであった。そして、両者の根幹には、古典的なドイツの民族主義があった。このことは、二〇一五年一月二一日、ライプツィヒにて明らかになった。この夜、クビチェクは、Legida《レギーダ》の集会で登壇し、集まった大勢の人々を前に、ドイツ人の「偉大にして比類のない歴史」について演説した。


我が民族は、ほかの民族から多くを学び、ほかの民族に多くを教えてきました。我が民族の発明精神、組織能力、勤勉さは言うに及ばず、我が民族の音楽も哲学も、唯一無比のものなのであります。我が民族は、ヨーロッパの中心という困難な位置にありながら、地歩を固め、戦争を遂行し、戦争に覆われてきました。さて、なぜ私はこう列挙しているのでしょうか。ここにいる我々みなが、このドイツの歴史を継承する義務、そして権利を持っているからにほかなりません。

続いてクビチェクは、ドイツ史におけるドイツ国民の「偉大な歩み」を呼び起こしていく。話題は、貴族の家系にはじまって市民や農民を経て印刷工に及び、ヨハン・ゼバスティアン・バッハやライプツィヒでの対ナポレオン「諸国民戦争」〔プロイセン、オーストリア、スウェーデン、ロシアの連合軍がフランス帝国を破った、一八一三年のライプツィヒの戦いのこと〕の名が出される。「貧しい人々の歴史、富める人々の歴史、〔……〕勤勉な職人の歴史、偉大な研究者の歴史、良妻賢母の歴史、厳格な教師の歴史」のすべてを全ドイツ人が担っているのであり、今後も担い続けなければならない、とクビチェクは言う。

この演説が宿していたのは、大きな国民統合の機能であった。クビチェクの演説は、ドイツ人の差異ではなく、まさに共通の歴史を呼び起こし、国民の統一性を印象づけるのに成功していた。そうすることで、クビチェクは、Pegida《ペギーダ》の掛け声、「我々こそが国民だ」の真の意味を明らかにしたともいえる。「我々こそが国民だ」は、かつて東西ドイツ統一時に東ドイツ側のデモで使われたものであったが、Pegida《ペギーダ》にも採用され、いまふたたび街頭で響きわたるようになっていた。クビチェクの演説は、「国民」を、かつてもいまもドイツ人にとって逃れられない運命共同体として描き出している。その意味における「国民」を主権者と呼ぶことで、ギリシャ語で言う「デーモス（民衆）」と「エトノス（民族）」が渾然一体となった、超歴史的共同体たる「国民」が喚起されるのである。

そのとき、クビチェクは、ドイツ人の「運命の歴史」のなかの負の側面も、隠さずに扱っていた。これは、新右翼としては珍しい態度であるようにも思われた。クビチェクは、「暗部」に沈黙する代わりに、単刀直入に「破壊の歴史」――「倒れた兵士、殺されたユダヤ人、爆撃で破壊された都市、何百万人もの被追放者の歴史」――をも俎上《そじょう》に載せる。クビチェクは、ドイツの東西分断と統一に言及し、次のように演説を締めくくる。「いまや我々全員が、新たなドイツの歴史の、さらなる建設にとりかかっているのであります」[21]

クビチェクの発言のなかでふんだんに提供されているキッチュは、本質的には、運命共同体としての「国民（Nation）」と、それを操作する集合体である「民族（Volk）」という、大昔の民族主義のモチーフの焼き直しにすぎなかった。クビチェクの演説が言っているのは、例えば、オスヴァルト・シュペングラーの『夕べの国の没落』［一般に『西洋の没落』と訳されているシュペングラーの代表作。第一巻が一九一八年、第二巻が一九二二年に刊行された］の有名な図式と同じである。『夕べの国の没落』が定義する歴史とは、「過去から現在へと続く存在の流れである。そのなかでは、男女、諸氏族、諸民族、諸身分、諸国家が、「事実」という巨大な波に洗われつつ、互いに互いを圧倒しようとしてきたのである」[22]。

それでも、クビチェクによる、このドイツ「国民」好みの演説は、一万五千人にも及ぶライプツィヒのデモ参加者の意にかなったのであった。参加者のなかには、後述する「ヴィルマー旗」、大きな黒、赤、金の十字旗を掲げた者さえ含まれていた。

デモ参加者がシュペングラーを知っていたかどうかは、さしあたってはどうでもよい。重要なのは、クビチェクの演説が、負の歴史をも扱っていたにもかかわらず、目に見えて聴衆に受けていた事実である。クビチェクが「ドイツ人に共通の運命」と言っていたものの中身には、実際には明らかに差異があった。しかし、クビチェクは、その区別を意図的に放棄していた。つまり、クビチェクの語り口では、「倒れた兵士」は「殺されたユダヤ人」――ショアーの犠牲者――と一緒くたになり、加害者も被害者も隔てなく、単一の歴史の流れのなかに統合されてしまうのである。微妙な区別があるとすれば、旧東部領土からの被追放民は「何百万もの」と数えられ、「破壊された都市」とともに最後に置かれて強調されているのに対して、ユダヤ人は「殺された」以上の形容もなく、「運命」の中身を列挙する途中で挟み込まれているにすぎない。おそらく、これが演説の好評の原因であった。

もっとも、この演説を生んだものは、シュペングラーの精神でなかったのは当然として、クビチェク本人のアジテーション能力でもなかった。実は、演説の内容は、他人からの受け売りにすぎなかった。聴衆の期待に反して、このときクビチェクがライプツィヒの演壇で語っていたのは、かつて彼が他人の演説で聞いてきたのと同じ内容であった。その聴講体験については、何年も前に、クビチェク自身が人生の転機として語ったことがあった。端的に言えば、クビチェクのライプツィヒ演説の核心部分は、かつて知的影響を受けた先輩、カールハインツ・ヴァイスマンからの拝借であったのである。

ヴァイスマンとクビチェクは、この十年前、『我々の時代が来る』なる予言的な題名を付けた、短い対談本を刊行している。そこでクビチェクは、九〇年代中盤、「ドイツ人ギルド」［一九二〇年に設立された大学生と大学卒業生の団体。民族至上主義的《フェルキッシュ》ナショナリズムの傾向を持つとされる］という国民保守主義の大学卒業生団体で、ヴァイスマンと知り合ったときの様子を詳しく説明している。当時、伝統的な学生団体に由来する「ドイツ人ギルド」では、ドイツ国歌を一番から三番まで通して歌うべきかどうかについての論争が行われていた［戦後のドイツ連邦共和国では、ドイツ国歌の一番と二番が忌避され、三番だけしか歌わないことになっている］。もちろん、ヴァイスマンとクビチェクは、全歌詞を歌うのに賛成する側に属していた。二人は、ある催しを企画し、参加者がドイツ国歌を一番から歌わずにはいられなくなる演出を行った。クビチェクによれば、そのときのヴァイスマンの演説に圧倒され、彼から強い影響を受けるようになったのであった。

ヴァイスマンが講演の最後で強力なイメージを喚起したことは、まだはっきりと覚えている。ヴァイスマンは、ドイツ人の歴史的な歩みを、聴衆に走馬灯のように思い起こさせていった。王朝、農民指導者、入植者、芸術家、思想家、あるいは画期的事件の名前が、いずれも自明にして比類のないものとして挙げられていった。ヴァイスマンの話が第三帝国の時代に及んだとき、講堂中が固唾《かたず》を飲んだ。ヴァイスマンは、前線兵士を、七月二〇日のヒトラー暗殺者を、強制収容所の拘留者を、東部国境を最後に守ろうとした者を、次々と呼び出していった。そして、中断を挟むことなく、一九五三年六月一七日の労働者〔六月一七日暴動のこと。第4章を参照〕に続かせ、ベルリンの壁を破壊した人々で締めくくった。このとき、それまで静寂に包まれていた講堂で、弦楽四重奏団が例のハイドンの第二楽章〔ドイツ国歌の旋律のもととなったのはフランツ・ヨーゼフ・ハイドンの弦楽四重奏曲第七七番ハ長調の第二楽章〕を演奏しはじめた。すると、みな起立して、ドイツ国歌の、言うまでもなく全番を歌いはじめたのである。批判していた者は黙ってしまった。あの日、「秘められたるドイツ」とは何なのか、私は知ったのであった。[23]

この「秘められたるドイツ」〔シュテファン・ゲオルゲの同名の詩に由来し、ゲオルゲ派で好んで言及された理念で、審美化されたドイツ国家を表現する言葉〕が、Pegida《ペギーダ》やその各分派の集会によって再出現し、批判者をふたたび沈黙させることになる。「秘められたるドイツ」を強調するため、ゲッツ・クビチエクとエレン・コジッツァの夫妻は、ライプツィヒへの講演旅行に際して、いわゆる「ヴィルマー旗」を持参していた。ヴィルマー旗は、スカンディナヴィア諸国の国旗と同じかたちに黒、赤、金を配色した十字旗で、シュタウフェンベルク伯爵〔クラウス・フォン・シュタウフェンベルク。貴族出身の軍人で、詩人のシュテファン・ゲオルゲに師事していた。一九四四年七月二〇日にヒトラー暗殺を企てて処刑された。一九〇七年〜一九四四年〕を囲む一派の考案によるとされている。

ヴィルマー旗の象徴は、あまりにも明らかであった。つまり、「独裁に対する抵抗」である。これは、批判の対象にはなりようがないものであった。「七月二〇日」のヒトラー暗殺者の旗のもとに集まり、殺されたユダヤ人を偲ぶのであれば、さして悪いことではなかろう。ただし、このヴィルマー旗は、九〇年代以来、ホルスト・マーラー［社会主義学生同盟幹部、ドイツ赤軍創立メンバーからネオナチに転向した政治活動家、弁護士。一九三六年〜］の率いるネオナチ団体の「ドイツ会議」で使用されてきたような代物でもあったのである。

　クビチェクがライプツィヒ演説でやってのけたのは、シュペングラーからヴァイスマンにいたるまでの、新右翼による歴史解釈を大衆の前で再現することであった。また、クビチェクの演説は、Pegida《ペギーダ》がドイツの急進的民族主義をいかにして受け入れていったのかについて、模範的なまでに説明するものともなっていた。

　ところで、Pegida《ペギーダ》の大々的な成功は、決して予想されていたわけではなかった。もともと、デモの名称自体、あまりわかりやすいものではなく、その点でもマイナスであった。「Pegida《ペギーダ》」は、「夕べの国のイスラーム化に反対する愛国的ヨーロッパ人」という、長たらしい名前の略称でしかなかった。Pegida《ペギーダ》が失敗したとしても、驚く者はいなかったであろう。

　Pegida《ペギーダ》以前の数年間、「上級国民」を敵視する政治的右翼と結びついたさまざまな抗議運動がはじまっていた。なかでも最も有名となったのは、いわゆる「月曜の黙禱（Montagsmahnwache）」運動であり、そこでは過去の平和運動の主張と多種多様な陰謀論と右翼思想とを混ぜあわせたスローガンが叫ばれていた。のちにクビチェクの盟友となるユルゲン・エルゼサーも、当時すでに「月曜の黙禱」に参加していた。とはいえ、「月曜の黙禱」は、のちのPegida《ペギーダ》のように参加者の心に火をつけることはなく、すぐにお決まりの「月曜デモ」の一ヴァリエーションとだけ見られるようになっていった。

このようなデモは、何度も新しく企画されたにもかかわらず、どれも似たような言葉を用い、しかも決まって同じ月曜日に行われていた。というのも、旧東ドイツで月曜日にデモが行われていたことが、すでに政治的「伝説」となっていたからである。だからこそ、完全にこの特徴が当てはまるPegida《ペギーダ》にしても、「月曜の黙禱」と同じ末路をたどるであろうと思われていたのであった。

しかし、Pegida《ペギーダ》は、「月曜の黙禱」のときにはまだなかった「難民危機」という要素に背中を押されていた。中東や北アフリカの数ヶ所で発生した危機は、いまや難民という形態で、見過ごしようもなくヨーロッパ国境へと押し寄せていた。難民は、いくつもの都市に入り込み、すぐにインターネットとテレビ画面を占領していった。そして、ついには「ケーニヒシュタイン基準」［ドイツ連邦共和国が国家事業を行うのにあたって、人口と税収額に応じて各州に負担を割り振るときの基準］に従って、行政が難民を――Pegida《ペギーダ》のザクセンを含む――各州に割り振るという事態が生じたのである。

例えば、アメリカによる盗聴事件［二〇一三年、アメリカ国家安全保障局がメルケル首相の携帯電話を盗聴したと報道された事件」が抽象的な経験でしかなかったのとは対照的に、難民は具体的に感知される脅威であった。急進的ムスリムのテロというグローバルな現実とあいまって、難民危機は、「夕べの国の守護者」たろうとする者を呼び起こし、シュペングラーに学んだ新右翼の領袖を演壇に上がらせた。HoGeSa《ホゲーザ》にはじまり、アイデンティティ運動の自称する「ヨーロッパの密集陣形《ファランクス》」〔第4章を参照〕を経て、Pegida《ペギーダ》に集う「愛国的ヨーロッパ人」にいたるまで、みな「夕べの国の没落」に立ち向かっていたのである。

7 夕べの国——ある神話小史

「夕べの国」という概念が選ばれたのは、偶然ではなかった。だからこそ、「夕べの国」は、アイデンティティ運動にせよ、HoGeSa《ホゲーザ》にせよ、Pegida《ペギーダ》にせよ、超歴史的共同体を求めて抗議する者たちの立場を支え、一つの「アイデンティティ」を打ち立てることができたのである。

Pegida《ペギーダ》が成功しはじめた当初、発起人のルッツ・バッハマンは、『若き自由』のインタビューのなかで、彼の自負を強調している。「ドイツは夕べの国なのです！」[1]ヨーロッパが「イスラーム化」しているという脅し文句と同様に、「夕べの国」も、大衆の情念を動員するのに適していた。

Pegida《ペギーダ》には、あらゆる民族主義のアジテーションに共通して見られる各種の要素——愛国心の誇示、排他的アイデンティティ、外的脅威を利用した煽動——が集まっており、運動が右翼のものであることを示していた。ただ、彼らが「ヨーロッパ人」を名乗っていたことだけは、事情に疎い者を驚かせるかもしれない。なにしろ、Pegida《ペギーダ》の支持層には、ヨーロッパ連合（EU）の組織と法律に対する、多数者《マジョリティ》としての拒否反応が広まっていたからである。少数者《マイノリティ》の権利を擁護するヨーロッパは、こうした人々から「ゲイロッパ」と中傷されることも稀ではなかった。政治機構としてのEUは、「EUSSR」［EUとUSSR（ソヴィエト連邦）を掛けている］などと呼ばれた。

しかし、これから見ていくように、かねてから右翼にも、もう一つの「ヨーロッパ」概念、「夕べの国」が存在していたのであった。Pegida《ペギーダ》と同時に、それもここに来て浮上してくることになる。

反ヨーロッパ主義者のための「ヨーロッパ」

新右翼にとって、今日でも「夕べの国」というコンセプトが重要性を持っていることは、国家政治研究所の出している『国家政治ハンドブック』に「主要概念」として採録されているところからも明らかである。同書では、「夕べの国」は、「五世紀の西ローマ帝国崩壊ののち、ゲルマン民族の土地取得と国家樹立、ならびにラテン的キリスト教の確立によって影響を受けた、ヨーロッパ西部および中部を指す伝統的な呼称」とされている。[2] 他方、「ヨーロッパ」は、「夕べの国と異なって明確な政治的概念ではない[3]」とされ、同書では「夕べの国」よりも劣位に置かれている。

もっとも、これでは十分な定義になっていない、という反論もありうる。この説明から漏れているのは、「西」である「夕べの国」が、対になる「東」の「朝の国」と不可分であることである。「夕べの国」の概念は、さしあたっては移民問題に際して、東方から来る「彼ら」に対して西方にいる「我々」という対比をつくるものとなる。国家政治研究所も、この東西対立を政治的打算のうちに入れていたはずである。しかし、ここで問題となるのは、本章で見ていくように、「朝の国」と「夕べの国」という二項対立を行うとき、伝統的にはイスラームが前者の代表とされた例はなかったということなのである。

「夕べの国」は、これまで多様な意味を持たされ、雑多な目的のために利用されてきた。「夕べの国」という言葉は、なんらかの政治的現実を示すものというより、ある種の神話であったといってよい。にもかかわらず、今日でもなお、「夕べの国」の概念は巨大な力を保っている。これは、驚くに値する事態ではない。少なくとも現在では、「夕べの国」の概念に詰め込まれている内容は、多様ではあるにしても、基本的に俗耳に入りやすいものだからである。「夕べの国」の側には理性の世界、科学の世界、自覚した個人の世界が、逆の側には情動の世界、宗教の世界、無定形な大衆の世界が置かれる。あるいは、前者には文化と守るべきものが、後者には野蛮と脅威があるとされる。総じて、複雑な歴史を単純な構図に還元する世界観であるといえる。

こう考えても、やはり「夕べの国」は、その逆の側――「朝の国」、東方――なくしては成り立たないのがわかる。ジハーディストが「シオニスト」や「十字軍」なしに存在できないのと同様に、「夕べの国」の民を自任する者は、みずからの位置を確認するためにこそ、敵を必要とするのである。このメカニズムゆえに、彼らの政治的情熱を動員し、「自分たちのもの」を防衛しようとさせるのは容易である。

ＡｆＤも、この「夕べの国」による動員を行っている。二〇一六年に決定された党綱領の前文のなかに、「夕べの国のキリスト教文化」が書き込まれたのである。もっとも、「夕べの国」とは何なのかについては、綱領でも厳密には定義されていない[4]。『若き自由』は、ＡｆＤの政治家、アレクサンダー・ガウラント［第1章を参照］の談話を掲載している。「我々はキリスト教政党ではありません。我々は、ドイツの国益を擁護しようと努める、ドイツの政党なのです」。その「ドイツの国益」の一つであるドイツの「文化的伝統」は、「イスラームに端を発する」「空間《ラウム》外的な移民行為」とは相容れないという。ガウラントによれば、彼自身は、「『夕べの国』の概念をイスラームに対する境界画定として使用している」。そのため、ガウラントは、近代史において重要な意味を持った東西の境界線を持ち出している。「一六八三年のトルコ軍に対するウィーンでの勝利［第二次ウィーン包囲のこと。神聖ローマ帝国がオスマン帝国を撃退した」によって、我々は、夕べの国とオスマン帝国のムスリムが占領した地域とを明確に分割したのです[5]」

ガウラントの談話に見られるように、「夕べの国」は、目下の政治情勢では、もともとその概念の構成要素であったキリスト教的な含意から切り離されつつある。ＡｆＤ内の民族至上主義《フェルキッシュ》派閥も、「夕べの国」のキリスト教性を批判している。ビョルン・ヘッケ［第1章を参照］は、「夕べの国」のモチーフを使用するとき、ゲルマン民族の異教的伝統が黙殺されるのを非難している。「Pegida《ペギーダ》が「キリスト教－ユダヤ教を刻み込まれた我々の夕べの国を維持し、防衛する」と言うとき、一方では嬉しく思うにしても、他方では、「夕べの国」は古代ヨーロッパやゲルマン民族の伝統を無視しているな、と感じもするわけです[6]」

今日の右翼が「キリスト教なしの夕べの国」を求めるのは、なによりも、既存のキリスト教会が社会政策や移民政策に前向きに取り組んできたのを嫌っているからである。そして、キリスト教からの切り離しは、もともとの「夕べの国」のモチーフが、ＡｆＤやPegida《ペギーダ》をはじめ、その名称を持ち出している今日の運動とはそう簡単に結びつけられないことを示している。元来の「夕べの国」と昨今の「夕べの国」の落差は、場合によってはかなり深刻であるにもかかわらず、隠蔽される傾向すらある。

「夕べの国」は、二〇世紀後半に一時的に言及されなくなるまで、政治史のなかで意味を持ってきた。そもそも「夕べの国」の元来の意味は、ＡｆＤやPegida《ペギーダ》その他による使い方とは異なるところにある。「夕べの国」が突如として復活したとき、全面的な語義変更が行われたのである。しかし、それはあまりにも短期間の出来事であったため、どのような改変がなされたのかについては公然とは問われてこなかった。Pegida《ペギーダ》のデモ参加者から新右翼にいたるまで、みなドイツにおける「伝統との断絶」を嘆いてきた。しかし、「伝統との断絶」は、ほかならぬ彼ら自身に降りかかっているのがわかる。

「夕べの国」の語義変更は、便利な旗印として政治闘争の場で掲げるため、それまでむしろ明確でさえあった概念に、いかに恣意的な意味が詰め込まれていったのかを物語っている。もっとも、ＡｆＤやPegida《ペギーダ》が掛け声として「夕べの国」を使用すること自体は、必ずしも矛盾ではない。むしろ、歴史上「夕べの国」の意味の振れ幅が大きすぎた結果であるともいえる。

東西分裂とその結末

「夕べの国」は、保守主義者がヨーロッパを論ずるとき、伝統的に鍵としてきた概念である。「夕べの国」は、古代の「occidens《オッキデーンス》」［ラテン語で太陽の没する方角、西方］と同義とされることもある。しかし、これはすべての場合に当てはまるわけではない。ギリシャやローマのような地中海地域にとっては、「東方《オリエント》」と「西方《オッキデーンス》」の概念は、今日のような世界観的な対立物ではなく、単なる方角にすぎなかったからである。また、「夕べの国」は、単純に「キリスト教」と同一視することもできない。キリスト教の発祥の地であるエルサレムは、地理的には東方に属していた。また、後期古代にビザンツ帝国の統治を通じてキリスト教世界の主要部分を占めるようになった地域も、同様に東方であった。

　むしろ、キリスト教の理念は、東西の分裂を克服しようと努めるもので、東西の境界をなくしていこうという萌芽的な試みですらあった。ハインツ・ゴルヴィッツァー［ドイツ近現代史を専門とする歴史家。一九一七年～一九九九年］の古典的研究書『ヨーロッパ像とヨーロッパ思想』によれば、キリスト教世界は「東と西を貫く」思想を持っており、その理念は「夕べの国というキリスト教的普遍主義のなかで、あるいはヨーロッパ人という世俗的世界市民意識《コスモポリタニズム》のなかで」その後も存続した。[7]

「夕べの国」としての特殊な自意識がはじめて顕在化したのは、いわゆる「シスマ」、つまり教会の東西分裂と、それにともなう西方ローマの東方ビザンツからの疎外によってである。そのため、「夕べの国」は、第一義的には「ローマ・カトリック」を意味することになり、「夕べの国という共同体意識は、ラテン的西方とビザンツ的東方の対立と結びついていた」[8]。十字軍にしても、単にイスラームと対決しただけではなく、ビザンツ帝国を攻撃して深刻な打撃を与えたのであった［一二〇二年から一二〇四年にかけての第四回十字軍のこと。イスラーム教徒ではなくビザンツ帝国を攻撃し、一時的に滅ぼした］。

　ゴルヴィッツァーによれば、「夕べの国と東方との断絶を確定した」のは、カール大帝［フランク王国の国王。ローマ教皇から「ローマ皇帝」として戴冠された。七四二年～八一四年、皇帝在位八〇〇年～八一四年」による帝政である。このフランク人の君主が、「西方に新たなローマ帝国を」もたらしたからである。[9] とはいえ、カール大帝が境界を確定しようとした本来の相手は、またもやイスラームではなく、ギリシャ教会なのであった。なんといっても、カールに戴冠することで西ローマ帝国を復興しようと考え、それによって「夕べの国」の物語の基礎をつくり出したのは、当時のローマ司教［ローマ教皇のこと］にほかならない。

オスヴァルト・シュペングラーに言わせれば、このときを境に、世俗の支配と信仰の支配の分離が可能となる、新たな時代がはじまることになる。

夕べの国の支配者は、神の恩寵によって歴史的世界の君主となった者である。神が支配者に民衆を与えたがゆえに、民衆は支配者の臣下となる。しかし、信仰に関しては、支配者自身が、地上における神の代理人の臣下、もしくは自分の良心の臣下となる。［……］ビザンツ皇帝は、祭司としての世界感情にもとづき、信仰面でもローマ教皇の主君であると思っていた。他方、フランク族の皇帝は、宗教の事柄については教皇の従僕であり、世俗の事柄についてはは、もしかしたら教皇の片腕であったかもしれない。教皇権の理念を生じさせたのは、カリフ制との差異化でもある。教皇のような立場は、カリフの権限の一部だったからである。[10]

かくして、「東」と「西」は、異なった体制を持つ、異なった精神によって担われることになる。東西を分かつのは、世俗と信仰を分離するか否かであり、必ずしも具体的な信仰内容ではなかった。そして、シュペングラーにとっても、ギリシャ正教は言うまでもなく東方に属していた。そこからもわかるように、「夕べの国」の境界線は、基本的にイスラームに対してだけ引かれていたわけではなかったのである。ゴルヴィッツァーによる次の理解の通りである。これこそ、「大フランク王国－ラテン教会の反ギリシャ主義とビザンツ帝国の反ラテン主義。盛期中世において最も重要な対立である」[11]

文化学者、宗教学者のリヒャルト・ファーバー［一九四三年〜］によれば、『夕べの国』は、二つの異なった伝統が一体になったものであるという。一つはローマ帝国の伝統で、そこではウェルギリウスが「夕べの国の父」とされる。もう一つは、キリスト教中世に登場した、「ライヒ」という神学的な理念である。[12]

この「ライヒ」という特異な国家理念が、神聖ローマ帝国《ライヒ》を成立させることになる。神聖ローマ帝国《ライヒ》には、ルネサンス時代になってから事後的に、「ドイツ国民の」という枕詞がつけられるようになり、ドイツ人にとっての新たな物語をもたらした。

一方、当初から、オットー一世［初代神聖ローマ皇帝。九一二年〜九七三年、在位九六二年〜九七三年］の後継者たちは、「神聖ローマ帝国《ライヒ》」（sacrorum imperium romanum）を名乗り、国家の重心を「ローマ帝国」、つまりイタリアに移動させていた。この「ローマ－ドイツ」の国家が、教皇と帝冠と諸侯のあいだの闘争を通じて、何世紀ものあいだヨーロッパの政治構造を形成していくことになる。東方からヨーロッパに迫る「モンゴル人」の脅威を前にして、一二五〇年、最後のシュタウフェン家［ホーエンシュタウフェン朝。一一三八年〜一二〇八年、一二一五年〜一二五四年］の神聖ローマ皇帝、フリードリヒ二世［一一九四年〜一二五〇年、在位一二二〇年〜一二五〇年］の死去によって生じた大空位時代は、国家没落と内的脆弱の代名詞とされるようになった。

これに対して、ビザンツ帝国は、ムスリムのみならずローマ・カトリックのキリスト教徒によってもさまざまな攻撃を受ける過程で、ますます一地方国家へと縮小していった。ビザンツの敗北は、イスラームの拡大を助長する結果となったとはいえ、そもそもの原因は西方ラテンにあった。第四回十字軍のあと、カトリック教徒の軍隊にビザンツは分割され、もはやギリシャ正教徒の帝国が完全に復活することはなかった。ついに一四五三年、オスマン帝国のスルタン、メフメト二世［一四三二年〜一四八一年。在位一四四四年〜一四四六年、一四五一年〜一四八一年］がコンスタンティノポリスを征服した時点で、ビザンツ皇帝の支配が及んでいたのは、すでにかつての帝国の残骸でしかなかった。

正教徒とカトリック教徒のあいだの宿命の対決のなかでも、キリスト教世界の統一は、何度も約束だけはされてきた。それがいまや、今日のイスラームにとってのウンマ［イスラーム共同体］の一体性と同様に、幻想にすぎなくなったのである。ビザンツ帝国の没落にともなうギリシャから西欧への亡命運動が、西方世界のルネサンスを促進したのは確かである。だが、キリスト教世界に対するローマの支配が盤石であった期間自体、そもそもそう長くは続かなった。すぐに宗教改革が行われ、中欧がローマ・カトリックによって無制限に影響される伝統に異議が唱えられるようになったからである。それでも、さらに数世紀間、公式的には神聖ローマ帝国《ライヒ》が存続したのであった。

一八〇六年、その神聖ローマ帝国《ライヒ》がついに瓦解したのちにも、強力な皇帝の統治する「ライヒ」という理念は、「夕べの国」の理想的な秩序として残ることになった。神聖ローマ帝国《ライヒ》解体の原因が革命を経たフランスに対しての敗北であったのも手伝って、「ライヒ」思想は、現代にいたるまで、復古主義の反革命神話にふさわしいものと見なされるようになっていく。今日でもなお力を持っている「夕べの国」の概念自体が、一九世紀における理想化の産物となった。「夕べの国」は憧れの地となり、やがて到来する新たな「ライヒ」によって政治的に具体化されることが期待されたのである。

ドイツの諸領邦で、一七八九年［フランス革命の年］にはじまる教会と国家の分離への対抗策として、この「夕べの国」を用いたのは、ロマン派の作家たちであった。ノヴァーリスことフリードリヒ・フォン・ハルデンベルク［初期ロマン派の詩人。一七七二年〜一八〇一年］は、一七九九年に書かれた評論「キリスト教世界あるいはヨーロッパ」のなかで、ローマ教皇庁の庇護のもとで、戦乱に喘《あえ》ぐ大陸ヨーロッパにふたたび平和をもたらす望みを語っている。アーダム・ミュラー［ロマン派の政治学者、経済学者、外交官。一七七九年〜一八二九年］やフリードリヒ・

シュレーゲル［初期ロマン派の詩人、文芸評論家。一七七二年〜一八二九年］も、類似の議論を行っている。ロマン派の常として、彼らの憧れはすでに過去を向いていた。「ヨーロッパから夕べの国へ」。フランス革命以降の世俗化に対する反動として復活した「夕べの国」思想は、「神学的な政治思想に特有の危険性をすべて持っていた」、とゴルヴィッツァーは批判している。[13]

フリードリヒ・シュレーゲルにとっては、「夕べの国」とは、キリスト教の指導下で達成されるローマとゲルマンの弁証法的総合であった。シュレーゲルによれば、「ドイツ人の種族的性格と、ゲルマンの自然や英雄の力が、キリスト教の愛や宗教的良心を通じて、ローマ世界の理性と調和して一体に溶けあう」ところで「夕べの国」は開花する。唯一の危機は、キリスト教という「アイデンティティ」の喪失である。「このキリスト教的良心という宗教の力が衰えて失効する、あるいは曇って混濁が生じる」やいなや、「人類のなかで一つにならなければならない二つの要素［ローマ的なものとゲルマン的なもの］は、ふたたび離散してしまう」からである。[14]

「ドイツ国民の神聖ローマ帝国《ライヒ》」という理念のもとでは、キリスト教の再生は、ゲルマン民族の国家の責務とされる。ロマン派の願いは、「［キリスト教とゲルマン］のヨーロッパにおいて夕べの国を復活」させることであった。[15] すでにこの段階で、各時代の流行がその折々の「夕べの国」の意味を決定するという、現代まで続く傾向が見られるといってよい。ゴルヴィッツァーも書いているように、「ロマン派の言う夕べの国は、ロマン派が発見したというより発明した」。また、その着想からして、「夕べの国」の核には、すでにして「ドイツ民族」が設定されていた。つまり、「「ロマン派のドイツ」を端緒とするヨーロッパの再生[16]」が待望されていた。もちろん、ロマン派にとって審美的対象にすぎなかった「夕べの国」は、民族主義によってすぐに政治的に利用されることになる。民族主義の信奉者たちは、二〇世紀にいたるまでずっと、例えばアルブレヒト・デューラー［画家、版画家。一四七一年〜一五二八年］の時代の「古きライヒ」を、言うまでもなく近代的に産業化したうえで再構築しようと努めてきた。

もっとも、ドイツにおけるカトリックとプロテスタントそれぞれへの信仰の分裂が、「夕べの国」を政治的正統性の根拠とする可能性を制限していた。東方のプロテスタント勢力であるプロイセンは、いくら努力したとしても、ラテン的伝統に拠って立つことはできなかったのである。

この問題は、ドイツ国家の統一過程をめぐる争点とも関係するものであった。本来、正統的な「ライヒ」君主として求められていたのは、カトリックを信仰するハプスブルク家の後裔だけであり、プロテスタントのホーエンツォレルン家ではなかった。その意味で、「ライヒ」の神学を武器にできたのは、プロイセンの「小ドイツ主義」［オーストリアを排除して、プロイセンを中心としてドイツを統一しようという主張］を、「異端」として非難するカトリック勢力の方であった。彼ら、プロイセンの敵にしてみれば、プロテスタントの率いる国家が、教皇に戴冠された皇帝もおらず、またその皇帝が持つはずの神器もなしに、一八七一年以降に「ライヒ」を自称するなど、神をも恐れぬ所業であった。神聖ローマ帝国の皇帝たち、ドイツ王たちの遺産は、帝冠とともに、ベルリンではなくウィーンにあった。とはいえ、ファーバーが半畳《はんじょう》を入れているように、「神学的に問いを立てることは、［……］最初から回答を諦める」ことを意味しているにすぎない。しかし、「「ライヒの神学」についてのすべての思弁は、それ自体として根拠がないにもかかわらず、「ライヒ」は常に歴史的な粉飾を施されながら、ドイツ国民にとっての政治的選択肢《オルタナティヴ》の地位を占めてきた[17]」。

一八六六年、オーストリアを盟主とするドイツ連邦に対してプロイセンが勝利し、「小ドイツ主義」によってドイツ統一問題は解決された。これ以降しばらく、「夕べの国」を持ち出すことはすべて時代遅れとなった。「夕べの国」の神話と現実政治との乖離は残っていたものの、それ以上はっきりとは語られなかったのである。そもそも、「オーストリアの抗争者としての、ひいては新たなドイツ帝冠の継承者としてのプロイセン——そんな考えは、政治的ロマン主義者にしてみれば冒瀆としか映らなかった[18]」と、ハインリヒ・アウグスト・ヴィンクラー［ドイツ現代史を専門とする歴史家。一九三八年〜］は断じている。

プロイセンによる「ドイツ帝国《カイザーライヒ》」の創造というかたちで、一八七一年に達成された「ライヒ」の統一は、民族的要求に従ったものではあっても、「夕べの国」の理念にもとづくものではなかった。北東を支配の重心とする「ライヒ」にとって、「ローマ」はもはや文化的中心地ではなかった。

むしろ逆に、「ライヒ」宰相のオットー・フォン・ビスマルク［プロイセン王国およびドイツ帝国首相。一八一五年～一八九八年］は、教皇の権威問題をめぐって、カトリック聖職者と恒常的な闘争を行うようになった。カトリック教徒は、ベルリンよりローマに忠誠を捧げるのではないかと疑われ、ヴィルヘルム一世［プロイセン王、初代ドイツ皇帝。一七九七年～一八八八年、皇帝在位一八七一年～一八八八年］の「ライヒ」では半売国奴的な扱いを受けた。「ライヒ」創設ののち、このいわゆる「文化闘争」［ビスマルクの一連の反カトリック政策をいう］が頂点に達したとき、カトリックの司教の大部分が拘束されたり亡命したりしたのは、理由のないことではなかったのである。

二〇世紀における「夕べの国」

二〇世紀になると、「夕べの国」という言葉は、従来とはまったく異なった目的に利用されることとなった。ドイツ帝国の治下、元来の「ライヒ」概念が持っていた伝統的な正統性は、徹底的に周縁に追いやられていた。「プロイセン的」な思想家は、プロイセン「国家」の創設者である中世のドイツ騎士団［一一九八年に創設され、バルト海沿岸を領土とした騎士修道会。一五一〇年に総長がプロテスタントに改宗し、世俗のプロイセン公国となった］の歴史を受け継ぎ、ローマよりもスパルタの伝統を重んじたのである。[19] とはいえ、ドイツ帝国でも、「夕べの国」に依拠しようという試みは、まったく途絶えていたわけではなかった。

そして、一九一八年のドイツの敗戦を機に、「夕べの国」は、久しくなかった活況をふたたび手にするようになったのである。もっとも、その原因は、かつてとは完全に別のものであった。一方では、一九一七年のロシアでの十月革命のあと、「夕べの国」の伝統のすべてが、ソヴィエト連邦に対する武器として動員された。他方では、オスヴァルト・シュペングラーの『夕べの国の没落』が、市民階級の「アイデンティティ」危機を示すわかりやすい図式としてもてはやされることになった。

ヴァイマル共和国の時代、「ライヒ」を求めるドイツ民族主義の信奉者は、意図して当時をシュタウフェン朝の末期、「大空位時代」になぞらえて描いていた。シュペングラーも、暗に現代のことを匂わせつつ、「大空位時代」を世界史的な転換期として書いている。それは、「恐るべき危機」であり、「封建制が崩壊しつつあり、とはいえ来るべき国家はいまだ成立せず、国民の活動もいまだ発展していなかった」時代の幕開けであった。[20]

一九一八年のホーエンツォレルン家の皇帝の逃亡は、権威喪失による国家没落の脅威という「国民的危機の未来像」を、またもやドイツ人に自覚させることになった。[21]「大空位時代」はいまや、「ライヒ」にふさわしからぬ政体、「ライヒ」の実体を脅かす政体として、ヴァイマル共和国の同義語となった。また、「大空位時代」の概念は、あのとき東方から現れた「モンゴル人」が「ライヒ」を危機に陥れた歴史を思い出させるものでもあった。もちろん、「モンゴル人」

はソヴィエト連邦を明らかに示唆するものである。

この状況にもかかわらず、権威主義的な社会構造に固執する民族至上主義的ナショナリズム《フェルキッシュ》の思想家にとって、ドイツの国土に存在しうる唯一の国家形態は「ライヒ」であった（いまなおそうである）。また、そこで常に見え隠れするのは、カール・シュミットが「ライヒ」概念に与えた権力政治上の意味である。

あらゆるライヒは大圏域《グロースラウム》を持っており、その空間内部では、ライヒの政治理念が光を放ち、外国の干渉にさらされずにいることができる。ライヒ、大圏域《グロースラウム》、非干渉原則の三者関係は絶対的である。[22]

それもあって、「大空位時代」という「ライヒ」の脆弱化局面は、実存的な危機としても理解されることになる。

なお、第二次大戦後から今日にいたるまで、右翼の一部では、「大空位時代」という言葉は、非「ライヒ」とされるドイツ連邦共和国の政体や政府の非正統性を弾劾するために使用されている。第3章で触れたように、アルミン・モーラーは、『若き自由』の連載コラムの題名を「大空位時代からの覚書」としていた。そして、「大空位時代」の比喩が用いられたのは、それだけではなかった。カールハインツ・ヴァイスマンも、戦後秩序の腐敗を「新たな中世」と見たうえで、ドイツ国外からアメリカの政治学者、ジョン・ラプリー［一九六三年〜］を援用して、再度の「大空位時代、歴史の混沌局面」と書いている。[23]

このような見方は、ドイツでの議論に限定されるものではない。フランス人のギョーム・ファユも、現代を「大空位時代」と呼び、「およそギリシャ諸都市がペルシャに対して連合して以来か、あるいはポエニ戦争以来の、もっとも宿命的で決定的な時代」と書いている。ファユは、「夕べの国」が運命の岐路にさしかかっていると見て、次のように予言する。「この大空位時代は、ヨーロッパにとっての第四の時代を生むであろう——さもなくば死をもたらすであろう[24]」

特に「ライヒ」再生を旗印としていたのは、新右翼の系譜の最初に位置する、あの「保守革命」の思想家たちであった。リヒャルト・ファーバーは言う。

第一次世界大戦から第二次世界大戦を経て現在にいたるまで、保守革命に一貫する本質は、夕べの国の思想である。夕べの国のイデオロギーは、旧来のライヒの形式を、少なくともライヒの概念を含んだ政治体制を求める。これこそ、保守革命の国際政治理論であり、国内政治における「職能身分国家」論と対になるものなのである。[25]

こうして、「夕べの国」は、「ライヒ」の再生と結びついたかたちで、ふたたび政治の世界の日常的話題となっていった。

ヴァイマル共和国に対抗して「古きライヒ」が持ち出されるのと並行して、かつての「ライヒ」が持っていた身分的－位階的構造は、取り戻すべき理想の秩序として賛美されるようになった。身分国家への羨望は、ドイツ騎士団にまつわるプロイセンの原神話《ウア》とも一体化し、「騎士団国家」の思想と並んで人気を博していった。そして、シュペングラーやアルトゥール・メラー・ファン・デン・ブルックから国民社会主義《ナチズム》にいたるまで、「騎士団国家」は肯定的に扱われることになった。

メラーは、一九一六年の『プロイセン的様式』のなかで、宗教改革以前と以後の伝統の矛盾を弁証法的に総合するための公式を提案している。

プロイセンは、ドイツ民族による植民の実践のうち最大のものである。一方、ドイツは、プロイセン人による国家樹立の実践のうち最大のものとなるであろう。[26]

国民の信仰がプロテスタントとカトリックに分かれていることは、ドイツ「ライヒ」の政治的日常のなかで、相変わらず大きな難事であった。しかし、それはあくまでも都合よく扱われ、理想とする過去はプロテスタント－プロイセンの「騎士団国家」なのか、カトリック的な「ライヒ」なのかという決断を迫るものにはならなかった。[27]

「夕べの国」についての戦間期の議論を主導したのは、例えば、ケルンで発行された文化雑誌『夕べの国』［まえがきを参照］であった。『夕べの国』は、「ヨーロッパ文化同盟」［一九二二年にウィーンで設立されたカトリック保守主義の団体］を中心とする、「青年保守」のなかでもカトリック色の強い集団と近い位置にあり、ほかならぬカール・シュミットに執筆の場を提供していた。思想史研究者の指摘によれば、『夕べの国』の編集部に影響を与えたのは、シュペングラーの展開した世界史における文化興亡論であった[28]。

加えて、『夕べの国』は、はやくから文化闘争、つまり「メタ政治」［第2章を参照］の路線を追求していた。なぜなら、『夕べの国』編集部は、「政治的知識人の空間で、喫緊の時事問題について、全ドイツのカトリックのあいだで意見の一致を得る[29]」のを目的としていたからである。このため、『夕べの国』の周辺は、「保守革命」のなかのプロイセン－プロテスタントの勢力とは完全に衝突することになった。

カール・シュミットは、論文「ローマ・カトリック教会とその政治形態」を、次の断言をもって起筆している。「反ローマ的情念というものが存在する」。もちろん、これはドイツの信仰の分裂を原因とする言葉であり、のちに有名な一文となった。シュミットによれば、「反ローマ的情念」は、「宗教的かつ政治的なエネルギーを大量に集めつつ、数世紀の間、ヨーロッパ史を動かしてきた[30]」。

この信仰分裂を克服するための好機こそ、「夕べの国」の理念がもたらす反ボルシェヴィズム——反ソヴィエト連邦——思想にほかならなかった。そのなかでは、「ビザンツ的」東方に対する古来の「ローマ的」反感と、近代的な反共主義と、「蒙古襲来」という人種差別感情を含んだ脅し文句とを一体化することができたのである。いずれにせよ、シュミットにとっては、ソヴィエト連邦と「夕べの国」が敵対するのは、当然の帰結にすぎなかった。シュミットは言っている。

一九世紀以来、ヨーロッパには、西欧の伝統や教養と敵対する二つの大きな勢力が存在してきた。それはあたかも、西欧の防波堤へと押し寄せる、二つの激しい濁流のようであった。一方は大都市の階級闘争的プロレタリアートであり、もう一方はヨーロッパに背くロシア民族である。伝統的な西欧の教養からすれば、両者はともに蛮族である。しかし、両者は、いまやおのれの力を自覚し、みずから誇りをもって蛮族を称している。ロシアの土地で、ロシアのソヴィエト共和国で、両者が出会った事実は、深い思想史的な正統性を持つのである。[31]

ファシズムの「夕べの国」

戦間期の「夕べの国」の理念は、多様な意味を持ちながら、やがて反ボルシェヴィズムという点で統一されていった。このため、リヒャルト・ファーバーは、「夕べの国としてのヨーロッパ」にとっての「ライヒ」とは「反革命勢力のインターナショナル」であった、と断言している。[32]

「ライヒ」の含意するものは、反リベラリズム、反マルクス主義であると同時に、反「東方」でもある。「東方」とはユダヤ人の隠喩でもあった。この精神のもとで、イタリア、スペイン、そして国民社会主義《ナチズム》のドイツ「ライヒ」を含んだファシズム諸国は、カトリックとプロテスタントに信仰が分裂していることすらも克服したのである。カトリック教会とラテン諸国のファシズムとの同盟からして、近代唯物論——特に共産主義の姿をとるとされた——との闘争のための「新たなレコンキスタ」なのであった。

「レコンキスタ」〔元来はイベリア半島でのキリスト教国のイスラーム教徒に対する再征服運動。八世紀初頭からはじまって一四九二年に終了した〕の比喩は、理解しやすいものであった。なにしろ、この闘争の最初の大舞台はスペイン内戦であり、そこでは代表的なカトリック保守主義勢力とファシズムが手を組んで共和国を抹殺したからである。反面、「夕べの国」の概念が現代に復活した動機が「反イスラーム」であったことからすれば、反共和国側の将軍たちに率いられ、スペイン植民地軍のムスリム部隊が内戦に参加していた事実は、皮肉な意味で注目に値する。

一方、ドイツ人はといえば、「カトリックの夕べの国」という神話を軽視しすぎる傾向にあった。「夕べの国」としての「ライヒ」の理念と国民国家のあいだの葛藤は、一九三八年以降〔一九三八年にドイツはオーストリア併合を行った」、「オーストリアープロイセン的なライヒ国家」と言われた「第三帝国」のなかで、すぐに解消されてしまったのである。ファーバーによれば、このことが示しているように、「第三帝国」では、「夕べの国」にまつわるカトリック的な含意については、極めていい加減な扱いが許されていた[33]。

「夕べの国」というレトリックが新たな絶頂に達したのは、第二次世界大戦にアメリカ合衆国が参戦したときのことである。すでに第4章で触れた、ヒトラーの一九四一年一二月一一日の国会演説は、この機会に行われたものである。

ヒトラーは、この演説に、「夕べの国」の神話の、ほとんどすべての含蓄を注ぎ込んでいる。演説は、ラジオを通じてすぐ前線に中継され、その重要性を強調することになった。当時、戦争はグローバル化の様相を呈し、ドイツ国民向けの宣伝だけではもはや間に合わず、ヨーロッパ各国を含んだ広域秩序として、「夕べの国」を引き合いに出すことが不可欠であった。すでに物資不足が進行しつつあり、全ヨーロッパから同盟軍を動員し、新たな「蒙古襲来」たるソヴィエト連邦軍の反攻を共同で防ぐように命じる必要もあった。ヒトラーは、戦争の前線では、「ドイツのみならず全ヨーロッパの、否《いな》、全世界の、今後五百年から千年の歴史を決定する」[34]闘いが続いている、と言って聴衆を納得させようとした。

ヒトラーの官房長、フィリップ・ボウラー［ナチ党総統官房長、親衛隊大将、国会議員。一八九九年〜一九四五年］は、国民社会主義《ナチス》党の文書全体を扱う権限を持った人物であり、のちに「総統」の演説集を刊行する際に、当時の状況について注釈を加えている。「ほとんど全ヨーロッパが、ボルシェヴィズムに対して武器を取りはじめていた」。また、これとの関連で、ボウラーは、占領下の「大ゲルマン的」ヨーロッパに課せられた、反ユダヤ主義の性格を強調するのも忘れなかった。ボウラーは、少し前に発効した、「ライヒ」の各地方に対する「星の命令」――ユダヤ人は公共の場では見えるところに黄色い星をつけなければならないと強制する命令――に言及している。ボウラーはこの措置を賞賛し、「人類の敵との最終的決別[35]」と呼んでいる。ヒトラー本人も詳しく述べているように、国民社会主義《ナチズム》の思想にとっては、星の命令は「ヨーロッパ防衛策」の一つであった。ヒトラーは問うている。

> ヨーロッパとは何なのでしょうか。我々の大陸に対して、地理的な定義はありません。ただ、民族的、文化的な定義があるだけなのであります。ウラル山脈が大陸の境界なのではありません。西方の「生」の観念を東方の「生」の観念から区別するあの分割線こそ、大陸の境界なのであります[36]。

このときのヒトラーによる「ヨーロッパ」の定義には、注目に値するものがある。ドイツの右翼の大部分にとって、少なくとも第一次世界大戦以降は、ドイツが「西方」に属すると考えるのは不本意であったからである。ドイツの右翼にしてみれば、「西方」とは、「フランス革命の一七八九年の理念」、「世俗化」、「共和国」などの意味であり、いずれも嫌悪する対象でしかなかった。しかし、いまや「東方」ソヴィエト連邦に対する闘争ゆえに、ドイツを「西方」とする大義名分が得られたのであった。また、アメリカ合衆国との戦争が突如としてはじまったために、「夕べの国」の思想も意味を増すことになった。

ヒトラーは、この演説でも、ゲルマン民族中心史観からヨーロッパ史を概観しており、「北方人種の種族」に言及している。ヒトラーにとっては、「北方人種」は、まずギリシャに到達し、ヨーロッパ文化を創設し、ペルシャ人の進攻を阻止し、ついにギリシャとローマの総合を達成し、「国家運営術」をもたらし、「世界帝国《ライヒ》」を樹立した存在である。[37] ヒトラーは、露骨に同時代の状況になぞらえつつ、「北方人種」を脅かすものは東方から現れた、と説明している。

文化なき者の群れが、恐るべき濁流をなして中央アジアから現れ、今日でいうヨーロッパ大陸の中心部深くにまでなだれ込み、まさに「主の鞭《しゅむち》」［神の鞭。フン族の王、アッティラのこと］として、焼き尽くし、焦がし尽くし、殺し尽くしたのであります。[38]

ヒトラーは、時の流れのなかで、建設したものを守る責務が、ふたたびゲルマン民族に課されることになると言っている。ヒトラーによれば、ゲルマン民族は、地中海空間に移住したとき、すでにあった古代文化の礎《いしずえ》を踏み固めたのみならず、「夕べの国」という形態でローマ人からその遺産を継承したのである。

夕べの国は、希臘《ヘラス》とローマから誕生しました。しかし、夕べの国を守ることは、何百年ものあいだ、もはやローマ人だけの役割ではありませんでした。それは、なによりもゲルマン民族の役割だったのであります。夕べの国は、ギリシャ文化の光に照らされ、またゲルマニアの植民地化を通じて、いたるところにローマ帝国の激しい拡大の痕跡を受け取りました。そして、その夕べの国がやがて領域を広げはじめたとき、まさにその範囲が、いま我々がヨーロッパと呼んでいる空間概念となったのであります。[39]

ドイツ「ライヒ」の指導的役割は、利己的な国益を追求するものであってはならず、ただ人類の文化を蛮族の影響から守るために果たされねばならない、とヒトラーは歴史の比喩を締めくくっている。ドイツ「ライヒ」は、文化創造性に富んだゲルマン民族がかねてから遂行してきた課題を継承している。時局が危急を告げ、大陸規模の「有事」が到来しつつあるいま、ヨーロッパの諸民族は「ライヒ」の側に導かれている。「ライヒ」との同盟は、各民族自身の利益にかなっている。こうヒトラーは言う。

かつて、ギリシャ人はペルシャ人からギリシャを、ローマ人はカルタゴ人からローマを、ローマ人とゲルマン人はフン族から西ローマを、ドイツ皇帝はモンゴル人からドイツを、スペインの英雄たちはアフリカからスペインを――守ったわけではありませんでした。みな、ヨーロッパそのものを守ったのであります。同じように、今日のドイツも、自分自身のためだけではなく、我々の大陸自体のために闘っているのであります[40]。

もちろん、アングロ・サクソン世界は、この闘争の蚊帳の外に置かれたままである。ヒトラーにとって、リベラルな諸国民は、おのれの根から完全に切断されて、頽廃現象のなかにいる。それゆえ、アメリカ――来るべき戦場で相まみえなくてはならない相手――が持ってくるのは、直接ヨーロッパに由来しないもの、なかでも「ユダヤ人や黒人との混血の遺産」にすぎない[41]。

このときのヒトラーの説明は、国民社会主義《ナチズム》に典型的な論法という以前に、ドイツ教養市民層に広まっていた歴史観にほかならなかった。すでにゴルヴィッツァーが指摘しているように、教養市民の史観では、ローマ帝国崩壊後のヨーロッパを指導しうるのはゲルマン民族だけであるとされていた[42]。ヒトラーが持ち出した内容は、実は教養の「正典《カノン》」にかなっていたのである。そして、それは演説の効果を強めもしたであろう。

そのうえで、国民社会主義《ナチズム》の習いとして、「人種的分類」にもとづく「古代の再解釈」が積極的に行われたわけである。古代史家のシュテファン・レーベニッヒ［スパルタ史や古代キリスト教史を専門とする古代史家。一九六一年〜］によれば、国民社会主義《ナチス》党の「古代の再解釈」は、人種理論を導入してヨーロッパ古代史を都合よく解釈するためのものであった。「当時、スパルタは、「北方人種の世界史」に組み込まれ、疑似科学的な人種学を援用して、ドイツ人と古代ギリシャ人の人種的近縁性が「発見」された[43]」

国民社会主義《ナチス》ドイツの国内政治にとって、「夕べの国」の遺産を持ち出すことは、これまでながらく、時として公然と敵対してきたカトリック教会と、手を組むための重要な手段であった。スペイン内戦でのカトリック教会の動きからすでに明らかなように、無神論を掲げるソヴィエト連邦と戦うにあたっては、ローマは信頼できる味方であった。実際、ドイツは、対ロシア戦争のために、「夕べの国の称揚」を通じてカトリック教会と同盟したのであった。歴史家のアクセル・シルト［二〇世紀ドイツの思想史、文化史を専門とする歴史家。一九五一年〜］は、その効果について次のように指摘している。

カトリック的な夕べの国イデオロギーと国民社会主義《ナチズム》のイデオロギーは、まったく異なるものであった。なにしろ、後者は、もともと体制を挙げて教会と闘争するのが売り物であった。にもかかわらず、学校教育その他における半公式的な宣伝でも、夕べの国の思想は生き延びており、トーマス・マンに「夕べの国のファシスト時代」と言わせるほどであった。出所の異なる二つの反ボルシェヴィズムは、まさにロシア像のなかで収斂し、互いに混ざりあった。そこにあったのは共通の敵としてのイメージであり、一九四一年のソヴィエト連邦への侵攻は、「ボルシェヴィズムの脅威から我々の民族と土地を防衛する」、および「ボルシェヴィズムという伝染病《ペスト》からロシアを解放する」（ガーレン伯クレメンス・アウグスト司教［ミュンスター司教、のちに枢機卿。ナチスによる障害者虐殺への反対で知られるが、対ソ戦は支持した。一八七八年〜一九四六年］による一九四一年九月一四日付の司教教書）として歓迎されることになった。[44]

プロテスタント教会はといえば、やはり東部戦線での軍事行動を、「あらゆる秩序、あらゆる夕べの国の文化にとっての不倶戴天《ふぐたいてん》の敵に対する決定的な武力行使」と見ていた。シルトは、教会がヒトラーに宛てた公式の「忠誠電報」を引用している。その言葉遣いはおなじみのもので、教会を基盤として対ソヴィエト連邦の広域戦線が呼びかけられていた。「夕べの国に触発された教会の態度表明は、当時の市民階級が正統であると考えていた事柄、当時のメディアが主張していた内容を、またしても後世に伝えるものとなった」[45]

ドイツの指導部は、第二次世界大戦の激化とともに、国内政治の鎮静化のみならず、同盟国のなかでもカトリックの影響の大きいラテン諸国のファシズムの協力を必要とするようになっていった。古代や「夕べの国」に言及するのは、この国々にさらに接近するための手段でもあった。例えば、ファシストのイタリアは、ウェルギリウスのヨーロッパやアウグストゥスの帝国を正統性の根拠としていた。フランスにとっては、「ヨーロッパの父」としてのカール大帝が大きな意味を持っており、ドイツもフランスも、同じようにカールの築いた帝国を讃えることができた。

　とはいえ、カロリング朝の遺産に関しては、国民社会主義《ナチス》党の内部でも、見方が完全に分裂していた。なぜならば、カール大帝がザクセンを征服し、キリスト教を宣教したことは、キリスト教以前の異教をも含む「ゲルマン的」な伝統を引き継ぐという国民社会主義《ナチズム》のイメージとは相容れなかったからである。そういう見方の一方で、カールによる「ライヒ」とその領土は、西ヨーロッパ制圧に野心を持つ国民社会主義《ナチズム》の目指すものでもあった。

　やがて、カロリング朝のヨーロッパを引きあいに出すことは、西方の隣国、フランスにイデオロギーを浸透させようとするうえで、適切な宣伝戦略と考えられるようになった。そのため、国民社会主義《ナチス》党は、フランスに対する勝利のあと、親衛隊学術部門の密接な協力のもと、シュトラースブルク大学［現ストラスブール大学。フランス降伏後、ストラスブールを含むアルザス地方はドイツに編入されていた］を「ライヒの大学」に改組し、「国民社会主義《ナチズム》の模範大学」とする作業に着手したのであった。この政策について、歴史家は次のように要約している。「シュトラースブルクは、ドイツ西部の研究の中心とならねばならず、そこで行われる仕事は、学問としても政治イデオロギーとしても、西ヨーロッパに輸出されねばならなかった」

　シュトラースブルク大学を改組する目的は、かつて「青年保守」の一員であり、のちに親衛隊に加入したヴェルナー・ベスト［裁判官ののち親衛隊大将。一九〇三年〜一九八九年］に言わせれば、フランスを「ヨーロッパ新秩序と結びつけ、ドイツ指導下の諸国民共同体のために獲得する」[46]ことであった。ベストは、一九四一年、国家保安本部から占領下フランスの軍政当局へと異動していたのであった。ベストによれば、カロリング朝の「大圏域《グロースラウム》」のゲルマン化に成功すれば、国民社会主義党《ナチス》は、西方を文化的に指導する権利とともに、東方に「生存圏」を求める正統性も手にすることができる。

つけ加えれば、このような世界観を宣伝するために生まれたのが、武装親衛隊の「汎ヨーロッパ」精神である。すでに第2章で述べたように、武装親衛隊の「汎ヨーロッパ」性は、アルミン・モーラーを魅了したのみならず、第二次世界大戦後の世界で、復活したドイツとフランスの右翼の組織に影響を与え、そのなかでよみがえったのであった。

冷戦の「闘争概念」としての「夕べの国」

アクセル・シルトが書いているように、一九四五年以降も、「夕べの国」の思想は、意味や解釈の矛盾と多様性を抱えつつも、依然として大きな国民統合作用をもたらしていた。大戦中、「夕べの国」は、国民社会主義《ナチズム》のみならず抵抗運動の側によっても持ち出されており、それが戦後に生き延びるうえで有利に働いた。シルトによれば、西ドイツでは、「「夕べの国」は、冷戦の激化のなかで、もっぱら「ボルシェヴィズム」に対する闘争概念としての意味を与えられていた。夕べの国にもとづく反ボルシェヴィズムは、かつての「第三帝国」の敵も味方も、同様に利用することができたのである」[47]。

戦後のドイツでは、国民の信仰がプロテスタントとカトリックに分かれていることが、またもや話題にのぼっていた。もっとも、その違いは、「非ナチ化」の路線をめぐるものであった。リヒャルト・ファーバーによれば、特に南ドイツやオーストリアの論客に、中世のローマ・カトリックの「よきライヒ」とプロテスタントの「悪しきプロイセン」を区別したがる傾向が見られたという。それによって、少し前に頓挫した「第三帝国《ライヒ》」は、「悪しきプロイセン」の方の歴史に含められ、彼らは自分たちをいわば公然と免罪できるのであった。この見方では、プロイセンは「東方」、つまり新たな敵としての含みを持たされていた、ということもできよう。もちろん、この評価はあまりにも短絡的であった。なにしろ、国民社会主義ドイツ労働者党が南ドイツ《バイエルン》から台頭をはじめ、ヒトラーがオーストリアのカトリック教徒としての背景を持ち、ウィーンの反ユダヤ主義が（それだけではないにしても）ヒトラーに明らかな痕跡を残していたことは、忘れようにも忘れられない事実なのであった。

他方、「夕べの国」という常套句が復活したのは、カトリックの議論に限られた現象ではなかった。一九四五年以降のプロテスタントも、ますます「夕べの国」を取り上げるようになっていった。もっとも、以前と異なったのは、冷戦という新たな対立構造のなかで、アメリカ合衆国も「夕べの国」に含められるようになったことである。

一九五一年には、カトリック右派の雑誌『新・夕べの国』の陣営で、「夕べの国行動」が結成され、アメリカの率いる西側諸国が理念とする「自由」にキリスト教的な意味を与えようとした。[48]「夕べの国行動」の性格は、ヴァイマル時代の同種の集団と似たものであったといえる。「夕べの国行動」は、貴族や実業家に主導され、厳格な反マルクス主義、反リベラリズムの傾向を持ち、主張面ではオーストリア・ファシズムやスペインのフランコ体制に近かった。アクセル・シルトによれば、「夕べの国行動」は、「多くの点で、一九三二年末にフランツ・フォン・パーペン［五九ページの訳注を参照］の側近が唱えていた「新国家」の理念を思わせた」。[49]なお、当時のパーペン人脈には、カール・シュミットも名を連ねていた。

ほどなく、「夕べの国」の神話は、西ドイツが冷戦の最前線に立たされるなかで、国民動員のために再浮上するようになった。一九五五年には、九五五年のレヒフェルトの戦い［オットー一世がキリスト教改宗以前のマジャール人のドイツ侵入を阻止した戦い。オットーの権威を高め、戴冠と神聖ローマ帝国成立につながったとされる］でのハンガリーに対する勝利の千周年を祝ったとき、ドイツ連邦共和国外務大臣のハインリヒ・フォン・ブレンターノ［CDUの政治家。アデナウアー内閣の外相、のち連邦議会のCDU議員団長。一九〇四年～一九六四年］は、「キリスト教の夕べの国」を呼びかけた。[50]

とはいえ、戦後体制という条件下では、「夕べの国」という言葉にはそれほど力がないことも理解されていった。シルトは、キリスト教を重要な要素とする「夕べの国」の思想が、いったんは復活したのち、七〇年代中盤以降、世俗的な「ヨーロッパ」の概念にとって代わられていく過程を描いている。ただしシルトによれば、「夕べの国のイデオロギーは、当時「ヨーロッパ」が熱狂的にもてはやされたことと密接な関係にあった」ものの、「「ヨーロッパ」のなかに完全に埋没したわけでもなかった」[51]。

総じて、「夕べの国」は、その言葉の意味の目まぐるしい変遷のなかでも、ドイツ国民の統合神話としての機能を失わなかったといえる。リヒャルト・ファーバーは、この点に注目し、「夕べの国」の概念に、世界を二極――西と東、「我々」と「他者」――に分類する機能を見いだしている。この二極分類に従って決定されるのは、なによりも「敵」である。そこからファーバーは、「夕べの国」を、カール・シュミットの言う意味での「政治的闘争概念」と定義している。ファーバーは、シュミットの『政治的なるものの概念』から、「闘争概念」の「抗争的機能」について論じている箇所を引用して説明している。

闘争概念は、具体的対立を念頭に置いており、具体的状況と結びついている。ここでいう具体的状況とは、最終的には（戦争や革命として具体化する）友と敵の結集をもたらすものである。その状況が消失するならば、闘争概念は空虚で実体のない抽象物となるほかない。国家、共和国、社会、階級、ひいては主権、法治国家、絶対主義、独裁、計画経済、中性国家、全体国家などの言葉は、その言葉が具体的に攻撃し、闘争し、拒絶し、抵抗しようとする相手を知らなければ、理解することはできない。[52]

シュミットの著作は、新右翼の思考回路の根幹にあるものである。のみならず、今日の文脈では、この「闘争概念」の定義には特別な意味が加わっている。二〇〇一年以来、『若き自由』は、「闘争概念」を逆転して「概念の闘争」と称する政治論争をはじめ、「世界観的な概念の戦場」で政敵に勝利しようとするようになったのである。そのとき、彼らが旗印として掲げたのが、「夕べの国」の理論なのであった。[53]

エドワード・サイードの「オリエンタリズム」論を拡張すれば、これまでヨーロッパ各国は、いわゆる「オリエント」――西アジア――に対してだけでなく、少なくともそれと同程度には、ロシアと自己を差異化する言説を紡いできたといえる。イギリスの歴史家、オーランドー・ファイジズ〔ロシア史を専門とする歴史家。一九五九年～〕は、一八五三年から一八五六年にかけてのクリミア戦争〔オスマン帝国およびそれを支援したイギリス、フランス、サルデーニャ（のちにイタリア王国の中心となる）とロシアの戦争〕を扱った数年前の著書のなかで、ロシアへの忌避感はある種の「宗教戦争」的な情熱にすらつながった、と述べている。

クリミア戦争は、イギリスとフランスを中心とする同盟軍とロシア帝国《ツァーリ》とのあいだで行われ、大きな損害をもたらした一九世紀における最大の戦争というだけではなかった。クリミア戦争は、「イスラーム問題」に関して、ヨーロッパがいかにご都合主義的に態度を変えることができたかという証拠でもあった。つまり、イギリスとフランスが「自由とヨーロッパ文化を守るための十字軍」を派遣したのは、イスラーム教国たるオスマン帝国に対してではなかったのである。むしろ、英仏両国が懸念していたのは、「ロシアによる野蛮と専制の脅威」の方であった。

ファイジズによれば、「ロシアの好戦的な拡張主義は、西方世界だけではなく、全キリスト教世界にとっての真の危機とされていた」[54]。ロシア正教は、西方世界の側からは、必ずしも自分たちの宗教――カトリックやプロテスタント――と等価値のキリスト教として認められていたわけではなく、別種の神秘信仰と思われていた。それどころか、主に（英国国教会の）イギリスと（カトリックの）フランスからなる西側同盟は、ロシアとの対決に際して、（ムスリムの）オスマン帝国の側に立ちさえしたのである。

トルコのカリフ制は、支援者となった英仏からすれば、啓蒙への意欲と近代化する能力とを備えた体制であった「当時のオスマン帝国皇帝であったアブデュルメジド一世は「タンジマート」と呼ばれる近代化改革を推進していた」。逆に、正教会のロシア帝国《ツァーリ》は、そのような美徳を持たないものとされたのである。ファイジズによれば、一九世紀中盤のイギリスには、「イスラームに対するロマン主義的な共感」が存在し、イスラームは「善意と進歩にもとづく（がゆえに、深層では迷信的で「半キリスト教」にすぎないロシア正教より望ましい）力」とされていた[55]。なお、この西方世界からの憎悪に対するロシア側からの応答が、反西側を旨とする「ユーラシア主義」という理念を生んだのであった。「ユーラシア主義」は、次章で見ていくように、今日ではドイツの新右翼の注目を集めるようになっている。

「夕べの国」という概念の意味をとらえるためには、各時代で誰を敵とするか——クリミア戦争ならロシア——によって、どのように唱えられていたのかを考える必要がある。そして、「夕べの国」の敵は、歴史の流れのなかで絶えず移り変わってきた。「夕べの国」とは相対的な「闘争概念」である、というファーバーの記述も、この事実にもとづいている。実際、ファーバーが言うように、「夕べの国のイデオロギー」も、それと密接に結びついた「ライヒのイデオロギー」も、「一意的ではなかった」。より正確に言えば、「夕べの国」も「ライヒ」も、「二〇世紀を通じて、それぞれのあり方を決定してきた歴史的条件が変わっていくなかで、それだけが一意的でいられるはずもなかった[56]」。

だからこそ、過去の数世紀を通じて、「夕べの国」の概念が表す政治体制は、元来のキリスト教－ローマ帝国の理念から、「新異教主義」の傾向すらともなうプロイセン－ドイツ「ライヒ」の理念にまで、姿を変えることができた。このため、「夕べの国」の遺産の継承者として名乗りを上げる者は、その文脈や関心に応じて、極めて多様な勢力となっていったのである。

それでも、「夕べの国」は、いかに意味が変わったとしても、過去と同様に、世界を二極に分類する機能を保ってきたのであった。キリスト教の好戦的な歴史に即して、カトリック神学者、マンフレート・ベッカー・フベルティ［一九四五年〜］も、次のように断じている。

「キリスト教の夕べの国」の概念は、他者に対する自分の差異化にしか役立たない。夕べの国は、闘争概念、排外的概念であり、根拠なき虚構である。夕べの国は、策略に使われるほかなく、今日ではPegida《ペギーダ》の運動に利用されている。Pegida《ペギーダ》は、夕べの国への熱狂によって、本来の目的を煙幕で覆おうとしているのである。[57]

しかし、実は、本章で見てきた歴史からも明らかなように、「夕べの国」概念の伝統的な意味においては、イスラームとの対決が主たるテーマになることはほとんどなかった。むしろ、「夕べの国」が持ち出されるとき、その背景にあったのは、社会を権威主義的に再編しようとする内政上の要求――反改革、反リベラリズム、反近代化――なのであった。アクセル・シルトは、「夕べの国」言説の変遷を説明している。

〔夕べの国の概念は、〕教養市民層のなかで広まっていた価値体系と各種の政治構想のあいだで、一つに定まらなかった。その過程で、夕べの国は、中世の「神聖ローマ帝国《ライヒ》」の再建から、「反ボルシェヴィズム」的な抵抗意志の隠喩にいたるまで、さまざまな異なったものを意味するようになっていった。[58]

「夕べの国」の言説は、もともと、ウェルギリウスなどの「ラテン的」伝統を引き合いに出すために使われたり、ノヴァーリスのようなカトリックの影響を受けたロマン派によって唱えられたりするものであった。次いで、「ライヒ」を復活させようとする「青年保守」に利用されたり、教会の東西分裂の余韻としての反共主義者——ソヴィエト連邦に東方正教会の残影を見る——に言及されたりした。そして現在では、プーチンが「救済者」になってくれるのを期待するような［第8章を参照］新右翼によって唱えられている。

そして、依然として、「夕べの国」の歴史に近づこうとする者は、すぐに神話にからめとられてしまう。この超歴史性は、「夕べの国」の思想に一貫したものでさえある。一九五三年になってもなお、エルンスト・ユンガーは、『ゴルディオスの結び目』のなかで、「東」と「西」に超歴史的で根源的な対立を見ている。

マラトンとテルモピュライ、ビザンツとロドス、カタラウヌムとウィーンとヴァールシュタット、このような地点で、歴史は本来の流れに、大きなテーマに幾度も立ち戻ってきたのである。これらの場所で、夕べの国は、最も広く、また最も重く測られるのである。夕べの国は、おのれの意味に、おのれの統一性に引き戻される。そして、必要とあらば、そのなかで復活する。[59]

現状——東方の「夕べの国」？

本章では、「夕べの国」の概念が生成し、変容していく過程を、通史的に見てきた。そこから今日のドレスデンに戻るとき、Pegida《ペギーダ》がこの言葉の含意を完全に変更してしまったことがわかる。いまや、「夕べの国」は、徹底したヨーロッパ否認論の、しかも多くの場合には親ロシアの文脈で用いられており、何世紀間も決定的な要素であったキリスト教的な意味をまったく失っているのである。

Pegida《ペギーダ》が「夕べの国」を脱キリスト教化しようとしたことには、十分な理由がある。つまり、Pegida《ペギーダ》の牙城であるザクセン州は、明らかにキリスト教会と疎遠な地域だからである。ザクセン州の政治教育センターによれば、東ドイツに属していた歴史から、「「宗教改革の故郷」であるザクセンも、徹底した無神論の土地へと変えられた。［……］二〇〇八年には、プロテスタントのキリスト教徒の比率は全人口の二〇・七パーセントであり、カトリックの比率は三・六パーセントであった[60]」。それ以外の宗教的共同体は特筆すべき規模を持たず、ザクセン州民の四分の三が無宗教ということになる。

ドレスデン工科大学の憲法・民主主義研究センターがPegida《ペギーダ》の参加者に対して行ったアンケート調査からも、上記の比率が如実に反映されていることがわかる。アンケート結果によれば、

Pegida《ペギーダ》参加者の二一・二パーセントがプロテスタント、三・八パーセントがカトリックなのに対して、七一・八パーセントにも及ぶ大多数が無宗教であった。研究者たちは、「アンケート結果は、ほぼ完全にザクセンの宗教分布の内訳」と一致している、との結論にいたった。[61] Pegida《ペギーダ》参加者の自己認識という点で、特に驚くのは、「夕方デモ」に来た動機を尋ねる質問への回答である。

ドレスデンのPegida《ペギーダ》運動に参加した理由として、イスラーム、イスラーム主義、イスラーム化によって生じるであろう脅威や懸念を挙げたのは、全質問対象者の二四・二パーセントにすぎなかった。つまり、調査対象となったPegida《ペギーダ》参加者の大多数からは、「イスラーム化に反対する」Pegida《ペギーダ》の主たる動員モチーフとの関連は検出できなかったのである。[62]

少なくとも、キリスト教の「夕べの国」が失われる不安と同程度には、社会的没落、犯罪、「過剰外国化」〔外国人やマイノリティが社会に過剰に影響を及ぼすことをいう右翼用語〕、「アイデンティティ喪失」への懸念が、参加者たちを街頭に駆り立てていたのである。「メディア」や「政治」一般に対する不信も、アンケートでは頻繁に挙げられていた。

このアンケート結果は、『若き自由』が伝えた、ヘルト・ウィルダース〔オランダ自由党の創設者、党首。国会議員。一九六三年〜〕がPegida《ペギーダ》で演説したときの聴衆の様子とも一致している。オランダの右翼ポピュリストであるウィルダースは、二〇一五年四月一二日、タチアナ・フェスターリング〔第6章を参照〕とゲッツ・クビチェクにともなわれ、主要弁士としてPegida《ペギーダ》に登壇した。このとき、ウィルダースは、ドイツの右翼とは異なった語り口を用いた。ウィルダースは、イスラームを攻撃する点ではいつも通りであったとはいえ、他方でイスラエルを賞賛したのである。『若き自由』は、現場の反応を再現している。

ウィルダースの演説を聞いたPegida《ペギーダ》参加者の反響は、真っ二つに分かれている。「なぜ、ずっとイスラームの話をしているんだ」と、ロシア国旗を持った老紳士が首を振っている。逆に、「素晴らしい演説でした。勇気のある方ですね」と、好意を示している女性もいる。とはいえ、ウィルダースのイスラエル賞賛は、ほとんど共感を得ていない。「こういうことを言うやつはユダヤ人なんだよ」と、無神論を公言する二人の参加者がつぶやいている。もっとも、「夕べの国のイスラーム化」は、人々をPegida《ペギーダ》に駆り立てるいくつものテーマの一つにすぎず、そのすべてではないのは明らかである。多くの人にとっては、国境での犯罪、難民申請者、それからメディアの方が、さらに重要な問題なのである。[63]

『若き自由』は当初から一貫してPegida《ペギーダ》を支持してきただけに、この報告には注目する価値がある。『若き自由』もまた、「夕べの国の救済」を名乗るPegida《ペギーダ》が、実際には古典的な「夕べの国」の概念とは関係がなく、雑多な現代右翼の抗議活動を束ねたものにすぎないという印象を持っていた。言い換えれば、Pegida《ペギーダ》とは、新右翼や右翼ポピュリストが「伝統」を自分で捏造している一例なのである。新右翼は、「左翼は文化を勝手につくり変えようとする」と言って非難してきた。その彼ら自身が、まったく同じ行為をしているのである。

「闘争概念」としての性質は、「夕べの国」の概念がさらに意味を変更するのを可能とする。「夕べの国」は、よりによって今度は、その原義にとっては敵にほかならなかった東方に拡大されるようになった。

シュペングラーのようなドイツ民族主義の理論家は、ヴァイマル時代を通じて、二律背反に直面していた。彼らは、ドイツを西方の側に置くことを望んではいなかった。西方が象徴するのは、第一次世界大戦の戦勝国であり、ヴェルサイユ条約体制であり、フランス的な共和制であり、アングロ・サクソン的なリベラリズムであった。だからこそ、民族主義者は東方の文化に魅力を覚えたのである。しかし、その東方では、ボルシェヴィキが実権を握っていた。一九四五年以降の民族主義者も、西ドイツの体制が選択した独米同盟には否定的であったため、同様の問題に悩まされていた。

もともと、ドイツの民族主義は、東方で生まれ変わろうとする傾向があった。そのためにも、ドイツが西方に属することはあってはならなかった。すでに一九世紀、アウグスト・ヴィルヘルム・シュレーゲル〔ロマン派の文献学者、文芸評論家、翻訳家。フリードリヒ・シュレーゲルの兄。一七六七年〜一八四五年〕がこの決断を先取りしていた。シュレーゲルは、――もちろん悪意はなしに――次のように述べている。「オリエントが人類の新生の地であるならば、ドイツはヨーロッパのオリエントであると考えられねばならない[64]」

のちの「保守革命」の東方神秘主義者、なかでもアルトゥール・メラー・ファン・デン・ブルックのような人物も、同様の精神のもとで思考している。メラーにとって、ドイツは西方の守護者であると同時に、西方による犠牲者でもあった。「ウィーンの城壁で、我々は夕べの国を朝の国から守った。一方、ライン川で、敵が我々の西方国境に侵入するのを許してしまった[65]」

ヴァイマル時代の民族主義の思想家は、常に政治を地理的にとらえる傾向にあった。そこでは、神話性を帯びた分類としての「東方」と「西方」は、彼らの世界観のなかで、自分たちの位置づけを決定する要素として用いられた。アルミン・モーラーも、この現象について注記している。「「保守革命」においては、東西南北にもとづく思考に何度も出くわすことになる。ただし、各方角に与えられる評価（特に東方と南方）は、必ずしも一定ではない[66]」

興味深いのは、この政治地理学のなかで、二つの相反する勢力が意見の一致を見たことである。「プロイセン人」であることを誇りとするうち、急進的な者は、「ライヒ」自体を西方ではなく東方に位置づけようとした。他方、プロイセンに悪意を持つ一部の人々は、「境界線《リーメス》」〔ライン川とドナウ川によるローマ帝国の国境。プロイセンを含むドイツの国土の大半はリーメスの外側となる」の外側は「アジア」である、と主張していた。この両者は、期せずして同じことを言っているのである。

「ヨーロッパ人」を自任する保守思想家、ルドルフ・パンヴィッツ［作家、評論家。一八八一年〜一九六一年］は、第二次世界大戦ののち、四五一年のカタラウヌムの戦いにおけるフン族の王、アッティラに対する西ローマ帝国の勝利を、「最初のマルヌ会戦」［第一次世界大戦初期の年、フランス軍がドイツ軍の進撃を阻止した戦い］と呼び、「このときヨーロッパが誕生した」[67]と書いている。カタラウヌムの戦いをマルヌ会戦に喩えるのは明らかに不当であったとはいえ、第一次世界大戦時のドイツは、敵対者の目にはフン族として映っていたわけである。

敵を「アジア」に分類するのは、多くの政治陣営で好まれていた。これまで、フランスやイギリスの知識人は、ドイツを「アジア」に数えてきた。同様に、三〇年代の国民社会主義《ナチズム》は、カトリック陣営の敵対者からは「アジア」と同一視された。

皮肉なことに、一九四五年以降、「夕べの国」のモチーフは、元国民社会主義党員《ナチス》が「過去の克服」を行うための手段にさえなった。リヒャルト・ファーバーが書いているように、そのとき元党員たちは、国民社会主義《ナチズム》を単純にボルシェヴィズムの双子の兄弟として解釈し直し、ボルシェヴィズムと同じく「アジア」に分類し、本来は「夕べの国」と関係ないはずの思想であると言い張って、自己を免罪しようとした。その痕跡は、八〇年代の歴史家論争［ショアーの特異性をめぐるノルテとハーバーマスの論争を皮切りに、多数の学者や評論家を巻き込んで「過去の克服」について行われた論争」にも見られる。そこで、エルンスト・ノルテは、国民社会主義《ナチズム》を「アジア的蛮行」としたのである。[68] 要するに、「ヨーロッパのフン族」とは誰なのかという問いは、いまなお論者の視点を決定している。

すでに見てきたように、二〇世紀には、「夕べの国」は反共主義のために持ち出されるものとなっていった。そして、それは、盛期中世に行われた、ギリシャ－ビザンツのキリスト教に対するラテン－ローマのキリスト教の闘争の旗印を引き継ぐものであった。ギリシャ－ロシアの正教会を神秘信仰として拒絶する態度は、ロシアのボルシェヴィズムの敵視に変わった。そこでは、ボルシェヴィズムは「アジア的」な脅威とされ、「蒙古襲来」の再現であると解釈されることになった。

もちろん、マルクスやレーニンが西方の唯物論思想からいかに大きな哲学史的影響を受けていたかを考えるならば、ボルシェヴィズムを東方のものとするのは不条理であった。結局、その主張の下地にあるのは人種主義であり、イデオロギー以前に、東方の住民とされた人々を脅威視するものでしかなかった。冷戦下の「夕べの国の民」がいまだに信奉していた比喩体系のなかでは、民族至上主義《フェルキッシュ》的ナショナリズムや国民社会主義《ナチズム》の人種理論が生き延びていたのである。

「夕べの国の民」であることを誇りとする保守思想家、ルドルフ・パンヴィッツが戦後に見せた懸念も、それを裏付けている。パンヴィッツは、ソヴィエト連邦によって「モンゴル化した東ドイツ」が出現するかもしれない、と怯《おび》えたのである。[69] 五〇年代中盤のパンヴィッツは、今日ではAfDやPegida《ペギーダ》が多用するのとまったく同じ筆法で警告している。「新たに民族移動が生じているのは事実である。東方から西方への流入は常に存在し、いまではそれが極度に増大している」[70]。パンヴィッツの目には、ソ連の占領地域から向こう側は「アジア」であるかのように見えていた。

確かに、一九四五年以降、国境だけでなく人間も移動していたのは事実であった。しかし、パンヴィッツらが恐れていた、ソ連占領地域での「ドイツ民族排斥」は起こらなかった。今日では、「アジア化した東ドイツ」という比喩は、弁証法の狡知によって、完全な逆転を見せている。つまり、かつて「アジア」――ソヴィエト連邦――に占領されたはずの東ドイツは、多文化主義の土地にはならなかっただけでなく、よりによって「夕べの国」を守るPegida《ペギーダ》の拠点と化したのである。これこそ歴史のイロニーにほかならない。

ゲッツ・クビチェクも、戦後、「夕べの国」を保証する好材料として、この状況を逆に歓迎している。アイデンティティ運動の記者会見上の発言では、クビチェクにとっては、東ヨーロッパや「中部ドイツ」の民族的に同質な空間は、「歴史のもたらした偉大な祝福」であり、「キリスト教－ヨーロッパの夕べの国」という「アイデンティティ」を守る最後の砦にほかならないのであった。[71]

クビチェクのような考えは、新右翼陣営では少なからず共有されている。二〇一五年一一月、AfDの政治家、ビョルン・ヘッケ［第1章を参照］は、シュネルローダの国家政治研究所での講演で、ベルリンの壁崩壊当時の思い出に言及している。一九八九年一一月九日の夜、ヘッケはテレビの前に座り、国境開放を報じるニュース番組を見ていたという。ヘッケはすぐに、同じように民族主義に傾倒していた父親と、涙を流しながら抱きあったのであった。

私と父が抱擁をやめて、互いにまじまじと見つめあったとき、父は忘れられない言葉を口にしました。「これでドイツ民族も終わりだよ」

ヘッケは、芝居がかった間のあと、反共主義者であった父親が、西ドイツの多文化社会に大きな不満を持っていたことを説明した。

父は、共産主義イデオロギーを敵視していたにもかかわらず、何世紀にもわたって育まれてきた信頼の共同体が無傷のまま残っている国家として、東ドイツを評価していたのでした。[72]

要するに、西側の移民社会の現実を目の当たりにして、ドイツの民族主義は、暗黙裡に立場を変更していたのである。ながらく恐れられ、いつかは闘うべき相手とされてきた東方は、いまでは脅威からドイツの民族的「アイデンティティ」の避難所へと姿を変えていたのである。

「夕べの国」の神話のなかにも、もともとは多少なりとも歴史の痕跡が含まれていたはずである。しかし、こうして最終的に東方へと移し替えられることによって、「夕べの国」は、ついに歴史から解き放たれたのであった。東方に向かった「夕べの国」には、ローマーラテンの伝統は、なに一つとして残っていない。実際、ドレスデンのPegida《ペギーダ》、ライプツィヒのLegida《レギーダ》の演壇で「防衛」せよと主張されていた「夕べの国」は、単なる「闘争概念」であり、まったく恣意的に意味が変更されうるものになってしまった。「夕べの国」は、ドイツ民族の文化の再建計画を背負わされ、新たな「人種闘争」の婉曲表現となっていくことになる。

8 敵の空間と形態——イスラーム、アメリカ、普遍主義

二〇一四年六月、スイスの新聞『ターゲスアンツァイガー』は、ウィーンでのある特筆すべき会議について、詳しい報告記事を掲載した。

このとき、ウィーン市庁舎の周囲では、同性愛者の参加を積極的に受け入れて、ＨＩＶ感染者のための慈善イベントが開催されていた。舞台で歌っていたのは、少し前にオーストリア代表としてユーロヴィジョン・ソング・コンテストで優勝した、女装タレントのコンチータ・ヴルストであった。

その一方で、よりによって同じ日に、そこからさして遠くないリヒテンシュタイン宮殿を借り切って行われていたのは、ヴルストのような「髭の歌姫」を西側の頽廃の極みと断じるよう

な、例の右翼の領袖たちの会議であった。ロシアの新興財閥《オリガルヒ》当主コンスタンティン・マロフェーエフ［一九七四年〜］の呼びかけに応じて、彼らは、メディアを締め出したうえで、「いかにしてヨーロッパをリベラリズムや「悪魔的な」同性愛者の圧力団体から救済するか、また神に与えられた古い秩序をいかにして回復するか[1]」について協議していたのであった。

敵の空間

この秘密会議の名目は、一八一五年のウィーン会議［フランス革命とナポレオン戦争後の秩序再建のため、オーストリア外相のメッテルニヒが主催した国際会議］の二百周年記念日の準備であった。ウィーン会議とは、まさに、プロイセン、ロシア、オーストリアの同盟が、保守的改革によって革命に揺れる大陸に秩序を取り戻そうとした出来事にほかならなかった。『ターゲスアンツァイガー』の報道によれば、マロフェーエフの設立した聖大バシレイオス財団がそこに招いた来賓のなかには、ヨーロッパ各国の極右の代表者の名が並んでいた。なかでもおそらく最も移動距離が短かったのは、オーストリア自由党（FPÖ）代表のH・C・シュトラーヘ［オーストリア副首相。ハイダー離党後の自由党党首。一九六九年〜］、および副代表のヨハン・グデムス［オーストリア国会議員。一九七六年〜］であった。グデムスは、この少し前の同年三月、ロシアによるクリミア半島併合について行われた、いわゆるクリミア住民投票の監視員を務めた政治家であった。また、同紙によれば、フランスから出席したのは、国民戦線の国会議員、マリオン・マレシャル＝ル・ペン［一九八九年〜］であった。マリオンは、国民戦線党首のマリーヌ・ル・ペンの姪でもあり、マリーヌはすでにクリミア半島のウクライナからの分離を承認していた。ほか、スペインのカトリック王党派、スイスの富豪、カトリック右派、ブルガリアの反ユダヤ主義者、クロアチアのファシストなどが加わっていた。参加者は厳選されており、写真撮影は禁じられ、秘密厳守が要請されていた。

そのなかでも、声の大きさではコンチータ・ヴルストをはるかに上回る、一人の来賓の姿が目を引いていた。アレクサンドル・ドゥーギンである。ドゥーギンは、「ユーラシア主義者」であり、ロシアの指導するヨーロッパ－アジア大陸間同盟によって世界戦略新秩序を構築せよと叫ぶイデオローグであった。いずれの参加者も、「いまヨーロッパ人とキリスト教徒が直面している歴史的、地政学的条件は、（ウィーン会議の）神聖同盟の精神の復活」を必要としている」[2]という点では一致していた。

リヒテンシュタイン宮殿での出来事は、新右翼の世界を特徴づける一つの発想を物語っている。つまり、ヨーロッパの古い文化的、「空間《ラウム》」的秩序の再生を求め、保守的な権威主義体制を持つロシアを番人役に指名する、というものである。このシナリオは、ウィーンでの会議にロシアからの来賓としてほかならぬドゥーギンが出席していたことと並んで、本書の考察を地政学の領域へと導いている。「大圏域《グロースラウム》」［本章および解説を参照］思想こそ、新右翼の真骨頂の一つだからである。

本書の第4章で「アイデンティティ運動」について、第7章で「夕べの国」の概念の奇怪な復活について見てきたように、新右翼の思想の根幹にあるのは、「アイデンティティ」と「空間《ラウム》」という二大要素である。一九四五年以降、民族至上主義的《フェルキッシュ》ナショナリズムの世界観が再構成される過程で、「アイデンティティ」と「空間《ラウム》」には核心的な意味が与えられてきた。さらに、「アイデンティティ」と「空間《ラウム》」は、互いに分かちがたく結びついてもきた。なぜなら新右翼の思想では、「空間《ラウム》」によってその内部で生きる民族の「アイデンティティ」が確立され、逆に民族によって「空間《ラウム》」は影響を受けるとされているからである。

「アイデンティティ」と「空間《ラウム》」を不可分なものと見なす思考は、古典的な民族至上主義《フェルキッシュ》の産物であるのみならず、「民族多元主義」〔第1章を参照〕のような現代的イデオロギーにも入り込んでいる。「民族多元主義」も、「同質な」民族が「彼ら自身の空間《ラウム》」で暮らすべきであると考える。その際には、その「空間《ラウム》」内で覇権を握る勢力が完全な主権を手にすることによって、「西側」思想のような異物の影響は排除されねばならないとされる。

すでに見てきたように、ドイツ人は「ライヒ」という概念を「空間《ラウム》」と「アイデンティティ」を一体化したものと見なしてきた。「ライヒ」の思想は、原義的にはカトリック－ラテン的な「夕べの国」を基礎としながらも、やがてプロイセン－ドイツ的に民族主義化されていった。ドイツ民族の精神の特殊性は、すべて「ライヒ」思想のなかで形成されてきたといってよい。

過去のドイツ人にとって、「ライヒ」とは形而上学的な課題であった。すでに一九二三年、アルトゥール・メラー・ファン・デン・ブルックは、ヴァイマル共和国に対する闘争の書、『第三の国《ライヒ》』〔『第三帝国』とも訳され、のちに国民社会主義党《ナチス》の国家理念に流用された〕のある箇所で、次のように述べている。

教会が一つしかないように、ライヒも一つしかない。それ以外でライヒの名を騙《かた》るものは、単なる国家、単なる地域、単なる党派にすぎない。このライヒがあるだけなのである。ドイツの民族主義は、来るべきライヒを求めて闘わねばならない。[3]

また、ヴァイマル時代に「保守革命」のキリスト教人脈のなかで広まっていた別の歴史神学によれば、「ライヒ」には「カテコン」としての役割があるとされていた。「カテコン」とは、キリスト再臨の前に、「反キリスト」が地上に到来するのを遅らせる者のことをいう。[4] メラーのような思想家は、「ライヒ」の概念に形而上学的な意味を与えることにより、やがて「第三の国」という終末論的なヴィジョンを持つようになった。とはいえ、「ライヒ」の形而上学は、第一次世界大戦直後の民族主義者たちの、熱に浮かされた妄想にとどまるものではなかった。

第二次世界大戦の前夜、あらためて「ライヒ」の思想を地政学へと拡張し、「大圏域《グロースラウム》」の理論を築いたのは、カール・シュミットであった。そして「大圏域《グロースラウム》」への問いは、戦後のシュミットの思考の原動力となった。

シュミットは、一九五一年、「夕べの国」のラテン的な原義に立ち戻ったうえで、自身の「ライヒ」概念を形而上学的に基礎づけようとした。そこで、シュミットは、極めて秘教的な説を展開し、「空間（Raum）」とは「ローマ（Rom）」の同義語であると宣言する。シュミットは、この秘められた関係のなかに、「ライヒ」の深層の意味にたどりつく手掛かりを見いだしたのである。シュミットは、土地の開墾とキリスト教の宣教とを同じものと考えている。

空間《ラウム》とは、［……］ゲルマン語では、原野の開墾によって人間が住めるようになった領域を示す、太古の表現である。ラウムとローマは同一の言葉であると、私は確信している。[5]

シュミットが論拠として挙げているのは、「ラウム」でも「ローマ」でも、共通の子音「R」と「M」が母音を挟んでいることである。また、シュミットは、二つの単語の起源はゲルマン祖語にあるとも言っている。このようにして、シュミットは、「ライヒ」には政治的のみならず宗教的な意味も含まれているという着想を得るわけである。

シュミットが確認しようとしたのは、「ライヒ」とは単なる国家形態ではないということであった。メラーと同様に、シュミットによる語源探索は、「ライヒ」が領域的な起源（「ラウム」）とともに宗教的な起源（「ローマ」）を持つというところから出発している。シュミットによれば、歴史的にドイツ人の国土を規定してきたのは、この「ラウム」と「ローマ」なのである。

もっとも、メラーにせよシュミットにせよ、「ライヒ」の神話学で事足りることはなかった。両人ともに、権威主義的な国民国家として、また地球的《グローバル》な指導的役割を担いうる力として、「ライヒ」を復活させるべく努めてきたのであった。

もちろん、今日にいたるまで新右翼が主張してきた「ライヒ」復活論は、彼らのもう一つの——国際政治上の——イデオロギー、「民族多元主義」と衝突するものでもある。「民族多元主義」には、一国平和主義的な傾向があるからである。「民族多元主義」と「ライヒ」にもとづく「大圏域《グロースラウム》」思想とは、互いに相容れない面がある。この観点からすれば、今日の新右翼は、自分自身のイデオロギーに対して完全に言行が一致しているわけではない。それもあって、『国家政治ハンドブック』は、民族多元主義の意図するような「複数の文化の平和共存」と現実の「パワー・ポリティクス」の葛藤からは目をそらしている。[6]

こうした言行不一致が特に当てはまるのは、覇権国家の理念についてである。カール・シュミットの見解によれば、戦略的「大圏域《グロースラウム》」を保障、管理するのは、覇権国家の任務である。とはいえ、それほど支配的な地位を持ちうる者は、いわゆる「アメリカ帝国主義」——右翼が「アメリカ化《アメリカナイゼーション》」の決まり文句で合衆国を非難するときの言葉——以外にはない。もちろん、ドイツの右翼は、ドイツに覇権国家の役割を望んでいるのは明らかであり、アメリカの覇権など問題外である。

こうした現状に対する解答として現れるのが、例の「ユーラシア主義」なのである。もちろん、これは、確実にフランス、イギリス、イタリアの同志たちからは不満を持たれ、東欧の近隣諸国からは歓迎されない路線である。というのも、ロシアとドイツという二つの覇権勢力がいま一度「ユーラシア大陸間同盟」を築くことが、その具体的な計画となるからである。

「ユーラシア」

ロシアとドイツの同盟は、新たな地球的《グローバル》「大圏域《グロースラウム》」秩序として、今日の右翼のあいだではよく論じられている。そこで議論の中心となるのは、超国家主義者にして秘教主義者であるロシアの大学教授、アレクサンドル・ドゥーギンによる「ユーラシア」圏域《ラウム》理論である。ドゥーギンは、前節で触れたウィーンの会議でも、来賓の目玉となっていた。

ロシア政治を批判的に観察してきたアンドレアス・ウムラント［ソ連とソ連崩壊後を専門とする政治学者。一九六七年〜］によれば、かつてモスクワ大学で教鞭をとる政治学者であったドゥーギンは、九〇年代初頭に突如として世に現れた「ソヴィエト以降のロシア極右のなかでも最も多作な理論家」[7]である。また、クラウス・ラッゲヴィーに言わせれば、ドゥーギンは、今日「疑いもなく最も雄弁な、最も多くの支持者を擁する「新ユーラシア主義」の闘士」である。

この一派の――つまりドゥーギンとその崇拝者の――目的は、「ヨーロッパを政治的・文化的に西側から切り離し、西側を指導するアメリカ合衆国の権力から解き放ち、ロシア連邦の指導のもと、ロシアのアジア部分と、また場合によっては中央アジア諸国とも、一つの領域として（もしくは一つの文明として）統一すること」[8]である。そのためには、アメリカ合衆国の影響力を弱め、「ヨーロッパ人」という独自の「アイデンティティ」を強めなければならないとされる。

ドゥーギンの世界観は、二〇年代のドイツとロシアの思想的伝統が起源となっている。このため、ドゥーギンは「新」ユーラシア主義者と呼ばれるのである。ドイツ思想への言及は、ドゥーギンをドイツの新右翼にとって魅力的な人物にしているだけにとどまらず、ドゥーギン本人が、計画的に新右翼の世界に入り込み、その一部をなすようになってすでに久しい。

数年前からは、ついに西側の大手メディアも、ドゥーギンという思想家に興味を示すようになってきた。ドゥーギンの方も、「現代のラスプーチン」としての謎めいた自己演出によって、メディアの煽情的《せんじょうてき》な欲求に応えてきた。ウクライナ共和国から分離した東部ウクライナに対して、ドゥーギン思想の概念として知られる「ノヴォロシア（新ロシア）」という名称が使われるようになったとき、ドゥーギンは、ロシア大統領のプーチンに対しても影響力を持っていると言われるようになった。

もっとも、事情通のなかには、ドゥーギンがプーチンにさして大きな力を及ぼしているとは見ない者もいる。フランスのジャーナリスト、ミシェル・エルチャニノフ［ロシアを専門とする哲学者、評論家、ジャーナリスト。一九六九年〜］は、プーチン本人の思想的系譜を詳細に分析し、プーチンは、確かに必要に応じてドゥーギンの理論を利用しているものの、根本的にプラグマティスト、権力政治の担い手であって、ドゥーギン的な秘教主義者と評価すべきではない、としている。また、プーチンはみずから思想の原典にあたっているため、特にドゥーギンを経由する必要性がないという。

一般的に言えば、新プーチン哲学は、ロシア哲学のみならず、各種の西側の保守思想に起源がある。ことに、一九一八年から一九三三年にかけてのドイツにおける「保守革命」である。[9]

いずれにせよ、この「ユーラシア主義者」のかき鳴らす陣太鼓はクレムリンの重荷となり、二〇一四年にロシア国内で発生した罷免運動を受けて、ドゥーギンの教授任期は延長されなくなった。

ドゥーギンの著作は、その奇矯な見かけにもかかわらず、ドイツの新右翼のあいだでも明らかに反響があった。『若き自由』のミヒャエル・パウルヴィッツ［歴史家、ジャーナリスト。AfDの活動家。一九六五年〜］は、政治学の教授でもあったドゥーギンを、「右翼知識人であり、カール・シュミットの影響を受けた地政学思想家」としたうえで、「その地政学理論はウラディーミル・プーチンの政策に決定的な影響を与えた」と評している。[10] さらに、パウルヴィッツによれば、ドゥーギンのユーラシア思想は、九〇年代にすでに新右翼の周囲のメディア――例えばハンス＝ディートリヒ・ザンダー〔評論家、編集者。一九二八年〜二〇一七年〕が編集長を務めていた雑誌『国家書簡』――で論じられていた。ここでのパウルヴィッツは、ほかの西側の論客と同じく、クレムリンに対するドゥーギンの影響力を過大評価する傾向にある。とはいえ、右翼の側からドイツとロシアの橋渡しをしようとした点で、ドゥーギンが重要な存在であることは間違いない。

ドゥーギンが独露間の媒介者として働くうえで役に立ったのは、ソヴィエト連邦の末期、西ヨーロッパの右翼の理論を集中的に読み込んだ経験である。大学の教職を得る以前から、ドゥーギンの名は評論家、編集者、活動家として知られていた。八〇年代、すでにドゥーギンは反共主義者として活動しており、ファシストの地下組織に所属し、その関係先のなかには親衛隊を崇拝するようなオカルト集団もあった。

ドゥーギンは、ソ連崩壊ののち、反ユダヤ主義団体「パーミャチ（記憶）」に加入し、そのあと「一九九三年から一九九八年まで、「革命」志向を隠さないエドワルド・リモノフ〔作家、政治活動家。一九四三年〜〕の民族ボルシェヴィキ党の、共同創設者にして筆頭イデオローグ」となった。[11] ドゥーギンは、エルンスト・ニーキッシュとカール・シュミットを崇拝し、アルミン・モーラーの『ドイツにおける保守革命』でも主要人物として扱われているこの二人の著書を読み込んでいた。そして一九八九年には、ドゥーギンは西ヨーロッパとの接点を持つようになり、その一人はフランスの新右翼、アラン・ド・ブノワであった。

ドゥーギンは、数多くの出版活動を行ってきた。一九九四年には、まさに『保守革命』と題された著書が刊行されている。また、ドゥーギンがロシア国内で編集したうち最も重要な雑誌は『エレメンティー（Elementy）』というもので、第1章で触れたフランス新右翼「ヨーロッパ文明研究会」の機関誌『元素（Eléments）』やドイツ新右翼「トゥーレ・ゼミナール」の機関誌『元素（Elemente）』を明らかに意識している。こういったシグナルが理解され、ドゥーギンは西側にも読者を獲得していった。ドゥーギンの著書のドイツ語訳の多くは、アルクトス社という、「アラン・ド・ブノワ、ギヨーム・ファユ、ピエール・クレーブスといった周知の著者［……］」、さらに（ユリウス・エヴォラなど）保守革命の古典を普及させるための出版社[12]」から刊行された。ほかには、歴史修正主義や軍事分野で知られる極右の老舗出版業者、ディートマル・ムーニアー傘下の会社が世に出したものもあった。

ドイツでも、ドゥーギンは同調者に恵まれていた。なかでも、ムーニアーの雑誌『まず第一に！』がドゥーギンに大きな紙面を提供した。『まず第一に！』は、ムーニアーに買収された『ヨーロッパ国民』の後継誌で、明らかに右寄りの性格を打ち出しつつ、前身よりも多くの読者を得ていた。『まず第一に！』の編集長は、かつて『若き自由』の編集者であったマヌエル・オクセンライターである。なによりもこの『まず第一に!』を通じて、新右翼の理論家にとどまらない広いドイツ人読者層が、ドゥーギンを受け入れるようになっていった。

ドゥーギンの事例は、新右翼の思想に対応するものが東欧にもあることを示している。粉々に破壊されたソヴィエト帝国の瓦礫のうえで、いくつかの驚くべき政治的徒花《あだばな》が咲き誇り、いまやドイツの右翼に認知されるまでになったのである。

この状況を的確にまとめているのは、カールハインツ・ヴァイスマンである。ヴァイスマンによれば、九〇年代には、「戦間期の保守革命を思わせる運動、あるいは自覚的に保守革命と結びつけられた運動が、共産主義体制末期ないし体制崩壊後の東欧に根を下ろしはじめた」。この展開は、完全に世相を反映していた。そして、ついには、「ある面では二〇年代や三〇年代の保守革命と酷似した理念を抱く」思想家が支持を集め、「共産主義の過去からも資本主義の現在からも離反する」可能性が生まれることになった。

ヴァイスマンは、東欧でモーラーの受容がはじまったのを賞賛し、それに貢献した代表的なロシア人としてアレクサンドル・ドゥーギンの名も強調している。ヴァイスマンによれば、ドゥーギンの著書『第四の政治理論』は、「保守革命の大成を名乗る権利すら持っている」。また、「ドゥーギンがドイツの先駆的思想家に依拠しているのは、周知の事実である」[13]。実際、『第四の政治理論』に残された二〇年代の先駆者の痕跡は、あまりにも明白である。

当時の「保守革命」との一致点としては、なによりもドゥーギンのリベラリズム嫌悪を挙げることができよう。ただし、ドゥーギンは、ソヴィエトの国有財産が民営化される過程で、実際にロシア人に強いられた悲惨な経験から反自由主義《リベラリズム》を唱えているわけではない。むしろ、ドゥーギンは、リベラリズムを根本的に「民族や民族主義とはまったく相容れない」ものと位置づけている。ドゥーギンによれば、「リベラリズムとは、技術による組織的な民族虐殺である」[14]。これは、メラー・ファン・デン・ブルックによる反リベラリズムの言葉――リベラリズムに罹患した諸国民は破滅する――を、さらに徹底したものにほかならない。

西ヨーロッパの新旧右翼がドゥーギンに着目するようになったのは、彼の方から「保守革命」に接近してきた結果にほかならない。アイデンティティ運動は、対戦車砲を肩に担いだドゥーギンの写真を宣伝に用い、その主張を論じている。彼らが八つの矢印を交差させた「ユーラシア主義」の記章を掲げることも稀ではない。二〇一四年のウィーンでの会議からもわかるように、ドゥーギンは、西側のいたるところで個人的な名声を手にしつつある。

二〇一三年、ドゥーギンは、ビーレフェルト大学の学生団体「ノルマニア・ニーベルンゲン」の建物で行われた「ドイツ地政学」をめぐる討論に参加し、その模様は『青い水仙』で詳しく報じられた[15]。ほかのパネリストは、グンナル・ハインゾーン〔経済学者、社会学者。一九四三年〜〕、ディーター・ファールヴィック〔評論家、元連邦軍軍人。一九四〇年〜〕、ペーター・ファイスト〔旅行ガイド編集者、政治評論家。一九六〇年〜〕であった。ハインゾーンは、人口統計学に依拠した政治主張で知られる人物で、その見解は新右翼の定番となっている。ファールヴィックは退役准将で、ファイストは『コンパクト』の執筆陣の一人である。

親ロシアの民族ボルシェヴィズム路線をとる『コンパクト』は、ドゥーギンに特別な興味を示してきた。また、『若き自由』も、多少の嫉妬や懐疑を見せながらも、ドゥーギンへの関心を明らかにし、「歓迎すべき対話相手」の一人として彼の名を挙げている。[16]

ドゥーギン自身、西側の新右翼と連携してヨーロッパを強化し、彼らの目をロシアに向けようと努めている。その際、ドゥーギンはながらく、フランスの新右翼を模範とする、ある種の文化革命のコンセプトを展開してきた。ドゥーギン版の文化革命、「ユーラシア運動」を見れば、その知的影響の大きさを理解できる。

アンドレアス・ウムラントによれば、ドゥーギンは、ロシアの再生のためには、外交の路線変更のみならず、「西側の影響からロシアを浄化すること、ロシア社会の文化を根底から変えること、なによりも脱アメリカ化を行うこと」が不可欠であると考えているという。[17] このため、ドゥーギンは、ポピュリストとして活動するのではなく、特に二〇〇〇年以降の「ユーラシア運動」を指揮する過程では、意図して知的エリートの方を向いてきた。ドゥーギンにしてみれば、来るべき大転換のためには、先頭に立つ指導者層に語りかけるのが正しいのであり、ほかの者すべては権威主義的な社会構造のなかで常に上意下達によって統制されるほかないのである。もっとも、この「メタ政治」〔第2章を参照〕の構想は、そのままでは実を結ばなかった。やがて確実な政治的利益をもたらすのでなければ、「文化革命」は成功したとはいえないからである。

近年の東西対立のなかで、遅くともグルジア［ジョージア］危機の緊張の高まった二〇〇八年までには、ドゥーギンは、「アメリカ支配下の」西側に対する攻撃的措置を唱えるようになっていた。『若き自由』は、ロシアによるクリミア併合の直後である二〇一四年四月に撮影したドゥーギンのメッセージ動画を引用している。[18]ビデオでドゥーギンは、「自衛」のためと称し、ロシアは「ヨーロッパを征服し、分割し、併合しなければならない。我々はヨーロッパを単なる保護領とすることもできるのである」と語っている。そこでドゥーギンは、そのような見解を述べるにあたって、ほかならぬカール・シュミットの「空間政治」理論を援用していた。ドゥーギンは、ドイツやフランスの新右翼とは合衆国への深い敵意によって一致しており、連携相手として彼らの理解を得ようと期待していたのである。

もちろん、ドゥーギンの「ユーラシア」路線に対して独仏の新右翼から注目が集まったといっても、それは断じて、ロシアの支配下で生きたいという希望に転ずるものではない。現代の新右翼にとっても、ドイツの東部国境に関するロシアへの疑念は、完全には解消されていない。確かに、ロシアは強力な国家であるものの、安定性には乏しくもある。

例えば、カール・シュミットの信奉者であり、長年にわたっていくつかの主要な新右翼組織に関係してきたハンス－ディートリヒ・ザンダーは、国民民主党（ＮＰＤ）の理論誌『いまここで』のインタビューに応じ、二〇〇八年のグルジア紛争を示しつつ、「ロシアはライヒたり得ない」と断言している。とはいえ、ザンダーは、ドイツはロシア政治から利益——戦後秩序からの脱出——を引き出すことができると言っている。「このままロシア人が態度を変えないのなら、国際連合を含む戦後秩序は、あるいは「ワン・ワールド」や「世界共同体」などと呼ばれている国際法的な欺瞞の産物は、もはや維持できなくなるでしょう」[19]。ザンダーやカールハインツ・ヴァイスマンのような理論家は、ながらくドイツの支配する「中欧」を建設しようとしてきた。その際、ロシアは、少なくとも対等の同盟相手になるものとされた。彼らが言うには、時機が来るまでは、ロシアを風よけとすることでのみ、アメリカの影響から逃れられるのである。

『若き自由』の記者、トルステン・ヒンツ［ジャーナリスト、評論家。一九六二年〜］のように、ドゥーギンがヨーロッパの覇権をロシアに求めるのを批判してきた論客もいる。それでも、ヒンツは、ザンダーの言うような意味での対露同盟までは全否定しなかった。ヒンツもまた、ロシアの助けを借りてドイツの「アイデンティティ」を防衛する計画を持っていたからである。ヒンツは、ドイツとロシアを念頭に、「ユーラシア」とは、「二つの異なった大圏域《グロースラウム》によってのみ構成される。両大圏域《グロースラウム》は、政治的、経済的、軍事的な虐待や文化の破壊から身を守るため、必要とあらば、協力して外部の大圏域《グロースラウム》に対抗するであろう」[20]と言っている。

こうして、ロシアの傘のもとでヨーロッパの「アイデンティティ」を維持せよというドゥーギンのメッセージは受け入れられ、西側としてのヨーロッパの結合を解体する彼の計画のために、ドイツは決定的に重要な国になっていく。ドゥーギンは、『まず第一に！』に対して、ドイツ人が「大西洋の悪夢から決別する」限り、「ユーラシア」はますますドイツに接近してくる、と語っている。新たな独露同盟の締結場所をベルリンにするかモスクワにするかという問いに、ドゥーギンはこう答えた。「どうしてケーニヒスベルク［現カリーニングラードのこと。もともとプロイセンの重要都市だったが、第二次世界大戦後はロシアの飛び地となっている］ではないのですか」[21]「自分自身のもの」を求めて闘争してきたドイツの新右翼は、なによりもその激しい反米主義ゆえに、ドゥーギンを評価してきた。『若き自由』は、ドゥーギンの妥協のないヒロイックな発言を引用している。「おのれの敵を知らねばなりません。そして、ことあらば刺し違えて死ぬ覚悟がなくてはなりません」

ドゥーギンの文化闘争への志向が、現実に拡大しつつある軍事紛争を支えていることは、『若き自由』も熟知していた。『若き自由』自身も書いているように、ドゥーギンは、ロシアの「大圏域《グロースラウム》」を「かつてのソヴィエト連邦の境界でもソヴィエト連邦以後の新たな国境でもなく、ロシア文化の浸透の程度によって」[22]定義している。「大圏域《グロースラウム》」を「文化の浸透」で定めるのは、新右翼メディアの編集部でもおなじみの語り口である。

そのころにはドゥーギンと同じように、西側に比べてはるかに非妥協的に内政も外交も支配しているロシア大統領のプーチンも、権威主義的政治家として尊敬されるようになっていった。次第に、人脈をまたいで——新右翼から今日の「夕べの国の民」にいたるまで——、総じてロシアや東欧に対して極端に肯定的な傾向が生まれていった。いまや、ロシアや東欧は、「メタ政治」による文化闘争や「大圏域《グロースラウム》」戦略の担い手にとって、「保守革命」の原動力となる存在となっている。

ロシアとの接近は、ドイツの新右翼側の片思いによるものではない。ロシア国営の外国語放送であるRT（旧ロシア・トゥデイ）には、Pegida《ペギーダ》やAfDの主張への明らかな共鳴が見られもする。

民族主義を志向する集団が東側に魅せられるのは、相対的に「アメリカ的リベラリズム」の文化に毒されていないとされるからである。ヴィクトル・オルバーン［ハンガリー首相。フィデス・ハンガリー市民同盟党首。一九六三年〜］のような政治家や、ウラディーミル・プーチンの指導するロシア帝国復興《ルネサンス》によって、権威主義的に転換されていく東欧の社会は、合衆国やEUから独立した主権を求めるための手本とされるのである。さらにオルバーンやプーチンの、新たな民族至上主義《フェルキッシュ》的ナショナリズムを強制して国民の歴史を「浄化」していく手腕への評価もつけ加わっている。

オルバーン治下のハンガリーは、『若き自由』によってあらゆる批判から擁護され、全新右翼の模範とされている。オルバーン政権は、いまや反EU政策を実行に移し、トリアノン条約［第一次世界大戦に敗れたハンガリーが連合国と締結した講和条約。スロヴァキア（現独立国）やトランシルヴァニア（現ルーマニア領）などを失った］による一九二〇年の国境の完全な見直しを要求し、

「トゥラン民族のアイデンティティ」［ハンガリーやフィンランドから日本にかけての民族に言語的な近縁関係があるという「ウラル・アルタイ語族」仮説があり、その別名を「トゥラン民族」という］を提唱して、民族至上主義神話《フェルキッシュ》をまたもやアジアにまで投影している。[23]

総じて、新右翼の思考では、「東方」は「アイデンティティ」喪失に陥ったヨーロッパ人を救済する命綱と見なされてきた。ふたたび力を得た地政学的巨人、ロシアを『若き自由』が評価するのもその一環である。

ロシアの主権は、優勢なアメリカに対して、均衡をとるための残り少ない機会をヨーロッパに提供している。もし逆に、ロシアがはじめて西側に併合され、プッシー・ライオットの婦人たちが国家の承認を受けてあらゆる教会の祭壇で踊るようになりでもすれば、文化大陸であったヨーロッパから最後の光が消失するほかない。[24]

ドゥーギンもまた、こうした応援の声を歓迎している。ドゥーギンは、西側にいる自分の支持者を、「ヨーロッパのアイデンティティを強化しようとするヨーロッパ知識人[25]」と呼んでいる。「アイデンティティ」を旨とするドイツの新右翼は、この声明を聞いて、躊躇せずにドゥーギンのなかに自分の似姿を見るようになっている。

ミヒャ・ブルムリク［第4章を参照］によれば、この傾向に拍車をかけているのは、ドイツの新右翼とドゥーギンが同じような文献を読んできたことである。ドゥーギンは、彼の主要思想である存在と空間の一体性――「文化主義的空間《ラウム》理論」――を、マルティン・ハイデガーの著作から得ているのである。[26]この基礎のうえで、「アイデンティティ」の政治を求める東西ヨーロッパが出会い、互いに互いを補完することになる。

結局のところ、自己疎外に苦しむヨーロッパ人にとって、ロシアに庇護された東側は、合衆国から逃れて退くべき空間《ラウム》として、二重の機能を持っているといえる。第一には、西側の多文化主義が強いる「民族排斥圧力」とは、もはや共存できない白色「人種」を再生するための後背地としての、第二には、西側の頽廃の影響を受けにくい文化的橋頭堡《きょうとうほ》としての空間《ラウム》である。

その結果、クリミアやシリアでのロシアの行動を正当化し、制裁に反対するまでに、ロシア政府を支持する動きが生じている。『独立』によれば、EUによる対ロシア制裁勧告は、合衆国に奉仕するものにすぎない。

(合衆国は、)プーチンの国民が、西側に持ち込まれた覇権秩序をもはや無条件には受け入れず、――カール・シュミットの言う意味での――多極的世界秩序を、つまり「多元界(Pluriversum)」を求めることをもって、ロシアを紊乱者《びんらんしゃ》として排除しようとしてきた。[27]

この種の世界観の背景にあるのは、民族文化に至上の価値を置く、ある種の「空間《ラウム》」秩序の意識である。そして、それは、二〇世紀の東西対立のなかで反共主義の側が描いてきた、ソヴィエト・ロシアを第一の脅威とみなす危機のシナリオを逆転させたものでもある。

ヨーロッパ国民の民族的、文化的本質を脅かす敵は、もはや東方ではなく、西方にこそ存在する。この転換を見るとき、冷戦の歴史そのものがいつの間にか完全に解釈を変更されていることも、驚くべき事態ではなくなる。いまや冷戦は、「ユーラシアのハートランド」をめぐる闘争と定義され、今日でもなお終わっていないものとされるのである。

ハートランド

モスクワ、ベルリン（さらにパリ）を結ぶ「ユーラシア」大陸間同盟の夢は、二〇世紀前半の地政学理論の復活を背景としている。同盟構想の名付け親とされるのは、一九〇四年に「ハートランド」の思想を展開したイギリスの戦略家、ハルフォード・マッキンダー［イギリスの地理学者、政治家。一八六一年〜一九四七年］である。

ハートランドの理論は、なによりもカール・シュミットやカール・ハウスホーファー［軍人を経てドイツ語圏における地政学の提唱者となる。一八六九年〜一九四六年］たち、ヴァイマル右翼の「大圏域《グロースラウム》」理論に影響を与えたため、『若き自由』の周囲では、参照すべき指標としての地位を獲得している。また、同じくマッキンダーの知的軌跡に感嘆を隠さない、アレクサンドル・

ドゥーギンのような思想家に受け入れられてもいる。

「ハートランド」とは、ヨーロッパからアジアにかけての大陸塊のことであり、ハートランド理論は、ハートランドの掌握によってもたらされる世界支配権力についての学説である。また、ハートランド理論は、ハートランドをめぐる闘争として、世界史を全体的に解釈し直すための出発点となるものでもある。

ハートランド理論によれば、大英帝国やアメリカ合衆国といった海洋権力と、各時代に最も強大化した大陸権力のあいだで闘争が生じたのは、実は法則にかなった事態であった。また、ドゥーギンが言うように、この闘争の歴史の背後には、神話の痕跡が隠されている。合衆国は海洋権力「アトランティス」に、ロシアは大陸権力「ヒュペルボレア」に帰着されるからである。ローマも、こうした「地理学の神話化」によって、「軍事的–権威主義的」文明の母体とされ、のちにロシアを生むものとされている。[28]そこからもわかるように、ドゥーギンは、カール・シュミットの思弁を継承し、おそらくは独自の見解に達している。ドゥーギンはもはや、シュミットとは異なって、ローマ・ラテン文明という西方の遺産を相続しようとはしていないのである。

カールハインツ・ヴァイスマンは、マッキンダーの考察を簡潔に要約し、彼の理論を「ヨーロッパ、アジア、アフリカの各大陸からなる「世界島」」の掌握として整理している。マッキンダーによれば、「世界島」の制御は、ハートランドの、つまり東ヨーロッパと北アジアの覇権によってのみ可能となる。そこから推論できるように、地政学的な紛争で「競合している大勢力にとっては、信仰でも世界観でも憲法秩序でもなく、ハートランドの支配こそが常に問題となる」のである。

東欧を制御下に置く者が、この目的に最も近い。ハートランドの獲得に成功した者は、やがて「世界島」を支配するであろう。[29]

『若き自由』は、マッキンダーを読むことで、冷戦も基本的には地政学的闘争の一環であり、「共産主義崩壊後もなお、合衆国がロシア包囲網政策を平然と続行する」としても驚くにはあたらない、と考えるようになった。[30] そして、それを証明するのは、アメリカ合衆国の外交顧問の立場にあったズビグネフ・ブレジンスキー［アメリカの政治学者。ジョンソン政権の大統領顧問、カーター政権の国家安全保障問題担当大統領補佐官。一九二八年〜二〇一七年］の存在であるという。そのブレジンスキーの地球戦略構想は、マッキンダーに触発されたものであった。もちろん、この見方では、ブレジンスキーが路線を変更し、やがてロシア統合に肯定的な発言をするようになった事実が黙殺されているわけであるが。[31]

カール・シュミットの「大圏域《グロースラウム》」に関する地政学的な考察は、大陸と海洋を対立させる思考法——彼は『陸と海と』という著書を刊行している——と同様に、マッキンダーの理論に影響を受けている。そして今日、シュミットの「大圏域《グロースラウム》」理論は、新右翼が東方に目を向けるのを触発する役割を果たしている。

かつてシュミットは、地域の主要国が外部からの干渉を防ぎうる範囲をもとにして、世界を国際法的な「大圏域《グロースラウム》」に分割した。これは、明らかに、普遍的な民主主義という理念を拒否するためであった。シュミットにとっては、西側とドイツの衝突が発生するのは、単なる歴史的偶然ではない。というのは、西側の普遍主義は、「大圏域《グロースラウム》」という権威主義的な「空間《ラウム》」秩序を認めることはできないからである。だからこそ、二つの根本原則――普遍主義と権威主義――が敵対するのは、むしろ必然なのである。

シュミットの論文「国際法におけるライヒの概念」では、この背景のもと、「大圏域《グロースラウム》」理論と「ライヒ」にまつわるドイツの民族主義とが出会っている。シュミットによれば、すべての「ライヒ」は、「大圏域《グロースラウム》を持っており、その空間内部では、ライヒの政治理念が光を放ち、外国の干渉にさらされずにいることができる」。その結果、「ライヒ」の「空間《ラウム》」は、空間《ラウム》外的なあらゆる権力――普遍主義の権力――から庇護されねばならないという。言い換えれば、「ライヒ」の主権は、ドイツ国内のみならず、国外に設けられた勢力範囲のなかでも、域内秩序の安定を目的として、国際法的に不可侵なものとして通用することになる。

「国際法におけるライヒの概念」の執筆当時、ドイツ国家にとっての「ライヒ」とは、国民社会主義《ナチズム》のドイツ「ライヒ」であった。シュミットによれば、外部からの文化的・政治的影響を遮断することは、民族が存続するために不可欠である。そのため、シュミットは、誤解の余地もなく繰り返している。「ライヒ、大圏域《グロースラウム》、非干渉原則の三者関係は絶対的である」。この三位一体が世界規模で受け入れられたときにのみ、平和が訪れうるとされる。

干渉禁止をともなう国際法的大圏域《グロースラウム》が、空間外的《ラウム》な権力にも承認され、ライヒという概念の太陽が昇るやいなや、有効に分割された地球上で、分割された場所同士の共存が可能となるであろう。また、非干渉の原則が、新たな国際法のなかで秩序形成力を発揮しうるようになるであろう。[32]

シュミットは、文中のいたるところにアドルフ・ヒトラーへの見え透いた暗示を挿入しつつ、この新たな国際法という目的地への道筋の、すでに半ばまで来ている、と言っている。

今日では、一つの強力なドイツ・ライヒが生じている。弱く無力であったヨーロッパの中心から、強く難攻不落なそれが生まれた。この場所が可能とするのは、その偉大なる政治理念を、また諸民族――種族と根源、血と大地に規定された生の現実――からの敬意を、中東欧の空間に浸透させることであり、空間外的《ラウム》で非民族的な諸権力の干渉を退けることである。総統の業績が、我々のライヒ思想に、政治的現実と歴史的真理と大いなる国際法的未来とを与えたのである。[33]

右の引用からもわかるように、民族至上主義的ナショナリズム《フェルキッシュ》の言説のなかでも、「ライヒ」の概念は極めて複雑に定義されてきた。「ライヒ」とは、覇権国家であり、超歴史的な課題であり、生存を保証するものであり、ドイツ民族の統一の本質的表現であった。要するに、ドイツ民族の運命であった。

確かに、「ライヒ」は、現実をほとんど反映したものではなかった。つまり、事実として生じた一八七一年のドイツ帝国《カイザーライヒ》の統一は、経済的、政治的な内部空間を統合するために行われた経済と行政の措置にすぎず、千年にもわたって「ライヒ」の実現を求めてきたドイツの民族精神とはなんら関係しなかった。にもかかわらず、第一次世界大戦のあいだ、そして敗戦ののち、この「ライヒ」の神話が、ドイツ民族主義の世界観のなかで決定的な役割を果たすことになったのである。

このように「ライヒ」の神話が引き合いに出されたのは、西欧のリベラリズムの要求を、国土、文化、民族の必然的な統一を脅かすものとして撥ねつけるためであった。ヴァイマル共和国の秩序に対する敵意の大部分も、民主主義国家のなかに「ライヒ」の否定を見るという考えから発生していた。それによれば、「ライヒ」の存在と完全に相容れない西欧社会の普遍主義に対抗して、現実に機能する「大圏域《グロースラウム》」秩序がドイツに、ひいては周辺国に浸透しなければならないとされる。一九三九年のシュミットに言わせれば、「大圏域《グロースラウム》」と「普遍主義」の対立とは、空間《ラウム》外的な権力からの非干渉を原則とする明確な空間《ラウム》秩序と、普遍主義的イデオロギーのあいだの対立である。後者は、全地球を各勢力が干渉しあう戦場へと変え、生命ある諸民族のあらゆる自然な生長を妨害しようとしている。[34]

この表現は、プーチン治下のロシアに対するドイツの（あるいはヨーロッパの）右翼の態度を、適切に再現するものでもある。また、シュミットに学んだドゥーギンの著作にとどまらず、プーチン本人の政策までもが、昨今の右翼の世界で好評を集めている理由についても説明している。

国際法と「民族」の闘争

ヨーロッパの全右翼陣営は、前節で描写したシュミットの「空間《ラウム》」政治や「勢力範囲」についての考え方を、明らかに今日まで保存してきた。

「極右」の現場に出向いて取材することで知られる二人、アンドレアス・シュパイト［第1章を参照］とマルティン・ランゲバッハ［社会学者。一九六九年〜］は、二〇一四年の欧州議会選挙の直前、ヨーロッパ十一ヶ国をまわっていた。両人の観察によれば、各国の極右は、「反外国人」という永遠の課題だけでなく、さらに重要な一つの敵と闘うことで一致していた。その敵とは、

多文化主義社会を旨とするヨーロッパ連合である。ストラスブールでは、デンマーク国民党の、オーストリア自由党（FPÖ）の、あるいはイタリア北部同盟の候補者たちが、EUと戦っている。彼らにとって、EUのような国家共同体は、個々の国民の頭越しに決議や裁定を下し、個々の国民を溶解させようとする、国際的邪神モレクなのである。[35]

この事態が示しているように、今日の状況下では、マッキンダーやシュミットやドゥーギンの筆による、抽象的で時として秘教的な著作を、現実と乖離した単なる「思想」として解釈していればよい段階はすでに終わっている。その種の思想史的伝統は、近年の政治的高揚を通じてふたたび蘇生し、現実政治へ影響力を持つようになっているのである。

その好例は、ロシアのウクライナ政策に対するAfDの対応である。党の広報担当者であったアレクサンダー・ガウラントは、二〇一四年三月のロシアによるクリミア併合に際して談話を発表し、ロシアのこの措置が「国際法違反」なのは疑問の余地がないと一度は認めながら、すぐその判断を相対化し、「ある行動の正当性」は「合法性とは別に評価」されうる、と述べ

ている。[36]「毅然とした保守政治家」にふさわしい、実に見事な相対化《いいわけ》であるといえよう。ガウラントの談話の背景にあるのは、明らかにカール・シュミットの主権概念である。純粋な統治権力は法的枠組すらも超越しうる、とシュミットは言っているのである。

続いて、ガウラントは、ロシア国境に接するまでNATOを拡大する計画が、プーチンにそれ以外の選択を許さなかった、と西側を批判している。ガウラントによれば、西側は恥知らずにもソヴィエト連邦崩壊後の状況を勢力拡大のために利用してきたのであり――この現状認識自体は的確である――、こうなった以上、ロシアが国益を守るためには、もはや多くの手段が残されているわけではない。

ここで、それまでは理性的であったガウラントの主張は、神話的な方向へと旋回する。ガウラントによれば、プーチンは「ロシア古来のツァーリズムの伝統を意識してきました。つまり、ロシアの大地を取り戻そうとしてきたのです」。この傾向は、「蒙古襲来から解放されて以来」のロシア政治の本質であり、「スターリンともソヴィエト帝国とも冷戦とも」関係しないという。また、ロシアの行動は、ロシア史全体の文脈から考えなければならず、「ロシア・ライヒの核細胞」である「キエフ」［九世紀から一三世紀まで存在したキエフ大公国はロシア最初の統一政権であった］も、ロシアにとってセヴァストーポリ［クリミア戦争での激戦地で、要塞としても知られるクリミア半島の都市。ウクライナに属していたが、二〇一四年のクリミア危機のあと、ロシアは一方的に自国に編入した］に劣らず必要な場所になるかもしれない、とも言っている。「なるほど、もはや英雄のいない世界に住んでいる我々には、そういった事情は理解できないのかもしれません。しかし、ロシアにとっては、いまだに生きた現実なのです」[37]。厄介なのは、経験豊かな政治家であるガウラントが、カール・シュミットの用語や英雄神話に身をゆだねていることである。

ガウラントのこの発言は、ロシアへの経済制裁に反対する目的でなされたものであった。そして、AfDも、党として実際にそう行動した。同年の四月一五日、AfDの欧州議会議員であるマルクス・プレッツエル［一九七三年〜］と党外交担当者のマルクス・フローンマイヤー［二〇一七年から国会議員。一九九一年〜］は、FPÖの政治家で経済担当者であるアクセル・カッセガー［オーストリア国会議員。一九六六年〜］と並んで、クリミアで開催されたヤルタ国際経済フォーラムに出席し、ロシア政府と公式に接触したのである。

カール・シュミットは、国際連盟が違法行為への対処として国際法的措置——経済制裁——を行うことに反対していた。国際連盟は、第一次世界大戦後の国際組織として、あくまでも国民国家の枠組のなかで少数派《マイノリティ》の利益を保証しようとしてきた。他方、当時のドイツは、「在外ドイツ人」の居住する旧領土を念頭に、国際連盟への対抗モデルとして「民族集団権」を主張するようになった。「民族集団権」の基本的な考え方は、属している国家の法よりも「種族的同質性」が、また国家よりも民族が優先するというものである。しかし、国際連盟は、国境を超えた「民族集団権」を許さなかった。シュミットも嘆いているように、「西側民主主義の国際法学、なかでもジュネーヴの国際連盟法学」は、「民族主権と相容れなくなりつつある国家概念を相対化しようとすると、これを激しく非難してきた[38]」のである。

「主権喪失」についてのシュミットの嘆き節は、今日の反EU論者が言うのと同じものともいえよう。シュミットが国際的制裁を否定したのは、なによりも権威主義的な国家が、民主主義を要求する国際社会に抗って、民族主権を無条件に擁護するのを保証するためでもあった。シュミットは、国際的制裁とは、教条的な人権政治のあらわれであり、ムッソリーニの言葉を借りれば、「全体主義国家に対する民主主義者の戦争[39]」の本質であると見なした。

シュミットによれば、「民主主義」対「全体主義」という枠組のなかで国際的制裁が行われたとき、それは「間接権力」として機能する。「間接権力」は、対等な国家間の戦争とは逆に、一国だけを選んでなされる差別的措置であり、外国に対して「民族の枠を超えた道徳的もしくは法的権威にもとづいて」不当な裁定を下すものであるという。制裁を通じて、「対等な国家間の戦争は［……］国際的内戦へと」変わり、「同時にある種の国際社会の全体主義へと行きつく。そして、この全体主義こそ、民主主義諸国のうわべだけのプロパガンダが非難する民族至上主義的《フェルキッシュ》全体主義よりも、はるかに恐ろしく破壊的なものなのである[40]」。

シュミットは、全体主義国家と闘うための国際的制裁を全否定するという点で、権威主義の支配を擁護する者すべての先駆者であった。外国の干渉は、なかでも西側の民主主義からの干渉は、断じて防がねばならない。人権を擁護するための普遍主義的な要求は、「民族」と「空間《ラウム》」の主権への脅威にほかならない……。

国際法に関するシュミットの著作は、この「民族」と「空間《ラウム》」という決め台詞によって、かつては国民社会主義《ナチズム》に高く評価され、今日ではドイツの新右翼の行動指針であるのみならず、北朝鮮の、イランの、ロシアの、アラブ諸国の体制を守るための切り札ともなっている。ドゥーギンが二〇一四年に『シュピーゲル』の記者に語った言葉を借りれば、シュミットが「大圏域《グロースラウム》」同士の完全な分割を肯定した理由は、次の通りである。

> 異なった社会は、それぞれ異なった価値を持っています。普遍的価値なるものはありません。普遍的価値と思われているものは、西側の価値の投影にすぎません。西側の文明は、人種差別《レイシズム》的な、民族中心主義《エスノセントリズム》の文明です。あらゆる西洋人は人種主義者なのです。ヒトラーのような生物学的な人種主義者ではないにしても、文化的な人種主義者なのです。だからこそ西洋人は、文明は一つしか存在しない、ほかは野蛮である、と考えるのです。[41]

ドゥーギンの大前提は、極めて過激に聞こえる。とはいえ、これは、ドイツの新右翼にながらく埋め込まれてきたような、ある種の世界観と一致するものである。すでに一九九〇年、トゥーレ・ゼミナールの雑誌『元素』は、ドゥーギンと同じ精神に立って、「人権は民族の権利と相反する」と書いている。[42]今日にいたってもなお、普遍的な国際法と衝突する「民族集団権」

を引き合いに出しているところからもわかるように、新右翼のシュミット学派は、いまだにヴァイマル時代以来の古い闘争を続けているのである。シュミット学派は、相変わらず、西側の啓蒙的普遍主義からの離脱を課題としており、いまなお「民族問題」を主たる梃子《てこ》として国際法秩序を破壊しようとしている。

ある国家から民族的少数派《マイノリティ》が居住する地域を切り離し、彼らと「同じ」民族が多数を占める別の国家に併合させようという試み――イタリア語で「民族統合《イレデンタ》」と呼ばれる――は、第一次世界大戦ののち、国際法的な重要問題の一つとなっていた。大戦前の大帝国の残骸のなかから、民族的に同質な国家を建設しようとして、数多くの新たな紛争がもたらされた。似たような危機は、ソヴィエト連邦の崩壊後にも生じることとなった。二〇一四年以降のウクライナでの戦争にしても、典型的に二〇年代的なものといえよう。だからこそ、ドゥーギンが、類似の状況に直面していた二〇年代の思想家に立ち返ろうとするのは、極めてもっともな事態ではある。

同じことは、ドゥーギンの地政学そのものについてもいえる。メラー・ファン・デン・ブルックの周囲にいた「民族研究家」、マックス・ヒルデベルト・ベーム〔第2章を参照〕は、求められている国際的新秩序を形成するための原動力として、すでに「民族統合《イレデンタ》」を評価し、ドイツとロシアのなかに、来るべき大陸ヨーロッパの二つの「重心」を見てもいた。ベームによれば、ドイツとロシアを打倒できるものがあるとすれば、それは西側の力しかないという。[43] ベームの主著である『自主的民族』は、はやくも一九三二年に、今日の「民族多元主義」の主権論の核心を述べていたといえる。

そして、この「民族多元主義」が、ドイツとロシアの橋渡しを可能にしたのである。すでに二〇年代には、ニコライ・トルベツコイ〔言語学者、戦間期のユーラシア主義の代表的思想家。一八九〇年〜一九三八年〕のような「ユーラシア主義者」たちは、ドイツの「夕べの国」神話がロシアを敵視したことの合わせ鏡のように、「西方の思想」に徹底して反発していた。ミシェル・エルチャニノフは、トルベツコイの言葉を引用している。

ロマンス－ゲルマン世界とそのすべての文化は、最悪の敵である。我々は、この考えに慣れなければならない。我々は、常に我が国の知識人を誤らせてきた悪しき偶像――夕べの国からの借り物である先入観や社会思想――を無慈悲に打倒し、足下に踏みつぶさなければならない[44]。

このような主張を見るとき、「ユーラシア主義」の伝統は、実はイスラームをおおむね統合可能な相手と考えてきたと知っても驚かなくなる。

総じて、ドイツの新右翼は、国際政治の分野では、西側としてのヨーロッパの結合から離脱したがるという点で、かつては左翼のものであった反帝国主義の遺産のうえに立っている。『独立』によれば、今日では、反帝国主義は、「必ず右翼が継承しなくてはならない[45]」。対露同盟という選択肢のなかで、「夕べの国の民」の世界は、ついに完全に逆立ちしてしまったらしい。とはいえ、その一方で、彼らはまったく別の敵がいることを予測してもいた。

敵の「形態《すがたかたち》」

誰を敵と定めるかという問題は、右翼の「文化闘争」のなかでも、見かけほど単純ではない。近年では、ヨーロッパの全右翼から、ムスリムに対して、特に攻撃的な怨嗟の声が聞こえてくる。このため、右翼の「アイデンティティ」政治の最大の敵はイスラームであろう、と安直に推測されている。とはいえ、仔細に分析してみるとすぐわかるように、拒絶されているのはイスラームそれ自体ではなく、基本的には移民による「民族的脅威」である。そして、これが、すでに見てきたような「民族が乗っ取られる」や「ドイツ民族が排斥される」などの脅し文句で理解されているわけである。

さらに言えば、「イスラーム化」に対する防衛行動が、ドイツの新右翼の唯一の課題ではない。新右翼の目には、ドイツ人やヨーロッパ人にとって「自分自身のもの」を脅かす要素は二つあると映っているからである。確かに、その一つは「イスラームの拡大」である。しかし、もう一つは「西側の思想」や「アメリカ化」とされているのである。この状況から必然的に生じるのは、どちらの敵がより大きな脅威であるかという問題にほかならない。

ドイツの新右翼の敵を正しく分類し、そこから逆に彼ら自身の性格を理解するためには、ふたたび新右翼特有の現状分析手段、カール・シュミットの著作に立ち返る必要がある。シュミットは、政治的な敵対関係について自説を展開するなかで、まさに「二正面の敵」について詳しく考察していた。

抵抗運動に従事していると思い込んでいる新右翼に向き合うとき、唯一の正解は、シュミットの『パルチザンの理論』を参照することである。そこには、「あらゆる二正面戦争が投げかけるのは、いまや真の敵はどちらかという問いである」と書かれている。テオドール・ドイブラー［詩人。シュミットへの影響で知られる。一八七六年〜一九三四年］を借りて、シュミットは続ける。

> 唯一の真の敵のほかにも別の敵がいるとしたら、それは内面の分裂の徴候なのではあるまいか。敵が誰かという問いは、ほかならぬ我々自身がいかなる形態《すがたかたち》をしているのかという問いに等しいのである。我々自身の形態《すがたかたち》が一つに決まるのならば、敵の二重性はどこから来るのであろうか。[46]

「我々自身がいかなる形態《すがたかたち》をしているのか」を決定するのは、「アイデンティティ」をめぐる大事業であり、まさに新右翼の思想家たちが取り組んできたものである。ことによると、敵の二重性は、自身の立場の多層性を暗示しているのかもしれない。「我々自身の形態《すがたかたち》」の手がかりという意味では、敵の存在は有益でありさえする。敵の存在こそ、自分自身の輪郭を鋭く描いてくれるからである。それゆえに、敵の二重性の分析を通じて、ドイツの新右翼の性格にまとわりつく幻想を払拭することもできよう。

この課題は、新右翼を批判的に観察してきた者のみならず、新右翼自身にとっても重要である。新右翼の活動家たちは、敵をもとに「自分自身の形態《すがたかたち》」を決定し、なにはともあれ「自分自身のもの」を求める権利を勝ち取ってきたからである。逆に、それ以外の事柄――「自分自身のもの」を手にするための具体的政策――は二の次に考えられてきた。

ドイツの新右翼の敵に関しては、次の二つを想定できる。第一に、わかりやすい敵、「イスラーム」がいる。イスラームは、確かに新右翼自身の「形態《すがたかたち》」にふさわしい相手ではあるものの、もともと外的な存在であり、本来の居住地に追いやってしまえばよい相手とされている。第二に、内的な――本質的により見定めがたい――敵として、「アメリカニズム」がある。「アメリカニズム」は、味方の顔をしながら、イスラームとも異なって、ドイツ人の「自分自身のもの」とは根本的に相容れない原理とされている。

この二つの敵の重さを比較するためには、シュミットによる「現実の敵」と「絶対的な敵」の区別に注目する必要がある。「現実の敵」とは、可視的な敵であり、それを追い払うための呪文は、極めて強い魅力をもたらす。Pegida《ペギーダ》の演壇やＡｆＤの選挙集会でのアジテーション、インターネットのコメント欄、街頭でのヘイトスピーチが、まさにそれであることは疑う余地がない。この人々にとって、「現実の敵」とは外国人であり、端的には――彼らが想像するところの――ムスリム難民と移民である。

「現実の敵」は、なによりも明らかな「彼ら自身のアイデンティティ」の特徴によって識別され、「自分自身の」空間《ラウム》、財産、集団への脅威と判断される。もっとも、皮肉なのは、まさにこの移民たちが、文化的同化を拒む点で、「アイデンティティ」を主張して彼らを迫害するドイツの新右翼に近いことである。新右翼もまた、移民たちと同じく、「自分自身のもの」と考えるすべて――言語、宗教、文化、家族と性別役割分担の秩序――を守ろうとしているのである。このようにして、新右翼は、自分たちの鏡像でもある移民に対して、分裂した視線を向けるようになる。移民は、何千キロもの距離を移動してきたというのに、自民族の文化に由来する生活様式を死守しているように見える。そして、ドイツの右翼が失ったと嘆いてきたものを、すべて保持している。この移民像が現時点で妥当かどうかはともかく、新右翼は移民をこのように見て、そう決めつけている。

それでは、「現実の敵」である移民は、「絶対的な敵」でもあるのだろうか。シュミットによれば、「現実の敵」の決定は、たとえ状況に強いられたものであるとしても、合理的で非感情的な決断である。「現実の敵」は、「空間《ラウム》」の防衛をはじめ、利害によって決められるため、「現実の敵」に対しては、宣戦布告も終戦宣言も容易である。また、「現実の敵」――ムスリム移民――は、「朝の国」と「夕べの国」の対決〔第7章を参照〕のような、伝統的な敵対関係の延長でもある。「現実の敵」は古くもあり、状況次第では今後もながく続きうる。しかし、逆にいえば、敵対する動機が消えるとき、その関係はただちに終わるほかない。

だからこそ、ドイツの新右翼のあいだでは、イスラームを「絶対的な敵」とする声はほとんど聞かれないのである。新右翼がイスラームを嫌悪する動機は、ヨーロッパの「大圏域《グロースラウム》」の内部で、彼らの存在が拡大していることにすぎない。新右翼は、普遍主義者とは異なって、テヘラン、リヤド、イスタンブール、あるいはカブールの現下の情勢には、基本的に関心がないのである。

「絶対的な敵」を持つということ自体、「現実の敵」とは異なって、現代の技術と関係する事象である。「絶対的な敵」を持つためには、絶対的否定――大量虐殺――の手段が必要だからである。シュミットの『パルチザンの理論』の執筆時には、それは最新の核兵器を意味していた。核兵器の目的は、もはや戦争の終結ではなく、敵の完全な抹殺であり、そのような武器の存在自体がなによりも道徳的な弁明を必要としていた。シュミットによれば、敵を完全に抹殺する能力は、「敵全体を犯罪的・非人道的」、つまり「完全な害悪」と宣言するところに行きつく[47]。また、見たり触れたりできる「現実の敵」とは対照的に、「絶対的な敵」の動きは制御不可能であるとされる。

この仕組みを説明するため、シュミットは「イデオロギー戦争」の例を挙げている。戦争のなかで敵を完全に否定、抹殺するためには、そもそもイデオロギーによる精神的下地がなくてはならないからである。ただし、「イデオロギー戦争」の担い手として、ヒトラーに熱狂した国民社会主義《ナチス》党員であったシュミットが想定しているのは、「世界観戦争」を唱えていた第二次世界大戦における東部戦線のドイツではなく、一つはロシア革命の革命家、もう一つは一九四五年の戦勝国である。ドイツ側が行った大量虐殺については、シュミットは沈黙している。

シュミットが気にしていたのは、ドイツの戦争犯罪に対する刑事訴追であった。シュミットは、自分自身をではなく、自分を裁いた他者を糾弾するために、「絶対的な敵対関係の克服」は、「戦争の敵を犯罪者として扱うのをやめること」によってのみ達成されうる、と言っている[48]。シュミットが「絶対的な敵対関係」に否定的になったのは、彼にとって、それが一九四五年の戦勝国の産物にほかならなかったからであった。シュミットの目には、戦争犯罪の裁判は、ドイツ人を永遠に道徳的に抹殺するための最後の一撃であるように映っていた。

しかし、シュミットがまったく隠蔽していたのは、ドイツ人の側もながらく、ニュールンベルクの党大会で、多くの「絶対的な敵対関係」を宣言していたことであった。ユダヤ人、ソヴィエト連邦、ほか「敵」とされた内外の全勢力に対するプロパガンダは、相手を完全に非人間化して抹殺しようとする衝動そのものから行われていた。そして、その衝動は、のちの緊急時や戦時に具体化され、ついには大量虐殺につながった。シュミット本人の反ユダヤ主義も、同じく、「絶対的な敵対関係」のあらゆる特徴を免れていなかった。シュミットは、『パルチザンの理論』刊行時にいたってもなお、ドイツ法学の内なる「ユダヤ精神」と闘おうとしていたのである。

にもかかわらず、シュミットはこの実情に目をつぶり、『パルチザンの理論』では、「絶対的な敵対関係」はドイツの敵、旧連合国の本質をなす要素とだけ記している。カールハインツ・ヴァイスマンからアレクサンドル・ドゥーギンまで、シュミットの模倣者にとっても、「絶対的な敵」とは、普遍的人権という見地からテヘラン、リヤド、イスタンブール、カブールの現状を批判するような人々の抱くものだと思っている。だからこそ、新右翼を含むシュミット学派は、人権の闘士を不倶戴天の敵と見なしてきたのである。

「アメリカ合衆国は我々の敵なのか?」

前節で見たように、ドイツの全右翼は、イスラームと「アメリカニズム」という二つの敵に直面していると思っている。ただし、その一方で、次のように考えてもいる。ドイツ人は、イスラーム系の移民によって「自分自身の」文化を道徳的に抹殺されてきたわけではない。むしろ、文化抹殺は敗戦の結果にすぎない。敗戦は、一九四五年、まさに「アメリカニズム」によって「自分自身のライヒ」に対してもたらされた。そして、その影響は、一九六八年にはじまる文化転換を機に、ドイツ社会に定着させられた……。

敗戦こそ文化抹殺の原因であるとする考えは、中東から移民が訪れるはるか前から、ドイツ連邦共和国の右翼に浸透していた。すでにアルミン・モーラーが、ソヴィエト連邦をテーマとする文章で、まったく同様の見方をしているところからも、その根深さは明らかである。

一九七七年末、モーラーは、『クリティコン』に、ドイツの右翼がソヴィエト連邦を敵視することにこだわるのを皮肉る記事を執筆している。モーラーは、「うんざりするほどの情熱で」広まった「反共主義」を、あまりにも短絡的なものと考えていた。「敗戦後のドイツを挟み込んでいるペンチには、刃が二枚ある。一枚は赤く、もう一枚はアメリカ製である」からである。読者の抗議を受けて、モーラーは弁解が必要と思ったらしい。かくして、「アメリカ合衆国は我々の敵なのか」という題名で、モーラーは自分の立場を詳しく語ることになったのである。

モーラーは、読者が合衆国をソ連からの守護者として信奉しているのは承知している、と言っている。それでも、モーラーが確信しているのは、「共産主義が［……］我々を飲み込む前に、リベラリズムが我々を完全に破壊してしまう」[49]ことである。このときのモーラーには、第2章に記した彼の伝記からもわかるように、ボルシェヴィズムに味方するつもりは一切なかった。今日、弟子のヴァイスマンがイスラームの味方になろうと思わないのと同様である。

モーラーの見方は、冷戦下の通念からは逸脱していた。当時は、ソ連はともかくも脅威であり、とはいえその軍事力は想定の範囲内で、有事の際には戦うべき相手とされていたのである。他方、リベラリズムは、「アメリカニズム」と密接な近縁関係にあった。「アメリカニズム」は、外側の東側ブロックよりもはるかに強力に、西ドイツの文化と社会を内側から解体しつつあった。だからこそ、モーラーは、ソ連を軍事的に防ぎうる外的な脅威にすぎないとする一方で、「アメリカニズムを［……］骨の髄から、自分自身の骨の髄から洗い落とさねばならない」と結論することになる。[50]

この反「アメリカニズム」思想を、団結してドイツ再統一の時代まで実践し続けたのは、トゥーレ・ゼミナールにいたモーラーの信奉者であった。トゥーレ・ゼミナールの機関誌、『元素』では、ピエール・クレープス［フランス新右翼の評論家。一九四六年〜］が、「アメリカニズム」に冒されていない東ドイツを梃子《てこ》として、ヨーロッパを刷新しようという希望を語っている。クレープスによれば、「我々は、この闘争のなかで、東ヨーロッパ人の活力、精神力、文化意識という巨大な資源を再び獲得することができる」がゆえに、ソヴィエトのマルクス主義とアメリカのリベラリズムを同時に超克する希望が生まれた。クレープスは、この歴史的転機を迎えていまや、地政学の地図は塗り替えられ、ドイツ人の病の原因に向き合うときが来た、と言っている。

普遍主義の平等イデオロギーは、マルクス主義の戦場で敗北した。次は、リベラリズムの戦争で敗北せねばならない！[51]

ここでは、敵の上下関係は明らかである。つまり、西方にいる主敵と比較すれば、マルクス主義は一時的な敵にすぎなかったことになる。それゆえ、ソヴィエト連邦の打倒は、新右翼にとっては最初の一歩でしかなかった。

また、この見方からすれば、マルクス主義もリベラリズムも、等しく普遍主義を親とする兄弟である。これは、すでに二〇年代に「保守革命」のなかで広まっていたのと同じ認識である。アルミン・モーラーも、似たような調子で、「「アメリカ化」という白色共産主義」と書いたことがある[52]。モーラーの思想を継承したクレープスは、『元素』で、「アメリカ」は「本質的にカール・マルクスの第二の故郷」であると書き、「アメリカがあらゆる共産主義的なものに傾倒するのは避けられない」と大真面目に嘆いている[53]。このような判断は、具体的な現実にもとづいているようには思われないにせよ、普遍主義に反対する世界観の行きつく先であるのは確かである。

以上の枠組を、一方ではドイツ人の「空間《ラウム》」に侵入してくるイスラーム、他方ではリベラリズムを原則とする西側という、前節で見たような二重の敵対関係に適用してみよう。すると、次のことが言いうる。移民は同化可能でもあり、いざとなれば追い払えもする。これに対して、リベラリズムという内的な敵は、そもそも認識そのものが極めて難しい。また、モーラーの言うように、「アメリカニズム」を「骨の髄から洗い落とす」ことは、現代のポピュリズムが主張する「移民追放」よりも、はるかに大きな犠牲をともなう。

それゆえ、イスラームとリベラリズムとを比較したとき、「絶対的な敵」の役割が与えられるのは、明らかに後者なのである。リベラリズムは、かつてのマルクス主義に代わって、いまでは西側の普遍主義を代表している。西側の普遍主義の力は、すでにドイツ人にとっての「自分自身のもの」の奥深くにまで入りこんでいる。だからこそ、新右翼は、現象としての普遍主義だけではなく、原理としての普遍主義と闘争しなければならないと考えるのである。

「アメリカニズム」を真骨頂とするリベラリズムとの闘争については、本書で扱ってきた現在の新右翼のなかでも、ながきにわたって議論が行われてきた。すでに一九九五年、エレン・コジッツァは、新右翼の世代論である『我ら八九年世代』［第3章を参照］のなかで、「ヨーロッパのアメリカ化」を恐れており、「解放区」を望んでいる、と語っている。[54]ここでいう「解放区」は、これは当時のネオナチが唱えていた「民族解放区」というコンセプトであった。

今日では、Pegida《ペギーダ》が、反「アメリカニズム」路線を引き継いでいる。コジッツァの夫であるクビチェクは、ドレスデンでPegida《ペギーダ》の演壇に立ち、東ドイツ崩壊に先鞭をつけた土地柄を意識して、「抵抗」とは何かと問うたあと、「東方の勝利である！」と答えている。[55]

アラン・ド・ブノワにとっても、アメリカ合衆国は常に目の上の瘤《こぶ》であった。それが高じて、ついにブノワは、反イスラームの自粛ともとれる呼びかけをするようになった。ブノワは、NPDの雑誌、『いまここで』による二〇一〇年のインタビューですでに、自分たちの「アイデンティティ」への脅威は中東よりむしろ西側である、と強調している。フランス人のブノワに言わせれば、「我々の言語に入り込んでいるのは、トルコ語でもアラビア語でもなく、英語なのです」。同じことは、映画、ポピュラー音楽、テレビ番組についても言えるという。最後に、ブノワははっきりと懸念を伝えている。

我が国の都市は、はるかに強く、ロサンゼルスやニューヨークの方を向いています。イスタンブールやチュニスの方ではないのです。我々のアイデンティティに対する最大の脅威は、他国のアイデンティティではなく、あらゆる政治的普遍主義なのです。普遍主義は、民族文化や異質な生活様式を脅かし、まさに地球を均質な空間へと変えようとしているのです。[56]

もっとも、移民のような外国人が持ち込むのが、ヨーロッパ人とは異なったもう一つの「アイデンティティ」であるのに対して、普遍主義がもたらすものは、「アイデンティティ」によらない普遍性、いわば「非アイデンティティ」である。この両者の関係については、ブノワにしても、あまり正確に把握しているとはいえない。

カール・シュミットの遺稿編纂者であるギュンター・マシュケ〔第5章を参照〕も、似たような観点から、先般のアルミン・モーラーによるペンチの二枚の刃の比喩をそのまま使っている。二〇〇九年、マシュケは、やはり『いまここで』のインタビューに応じて、合衆国の「有害な役割」について語っており、一九世紀末以来の合衆国の政治行動を「死をもたらす」「毒性の」ものと評している。「我々は、飽きもせずイスラームの脅威を口にしていますが、その際に忘れているのは、ヨーロッパを挟み込むペンチのもう一枚の刃が、合衆国であることなのです[57]」

また、ユルゲン・エルゼサー〔第4章を参照〕が、『コンパクト』の集会で読者に漏らしたところによれば、Pegida《ペギーダ》が発足したとき、運動の名前を「Pegada《ペガーダ》」、つまり「夕べの国のアメリカ化に反対する愛国的ヨーロッパ人（Patriotische Europäer gegen die Amerikanisierung des Abendlandes）」にすべきではないかという議論があったそうである[58]。しかし、「アメリカ化」ではなく「イスラーム化」が採用されることになったのは、より大衆を動員しやすい喫緊で具体的な課題だからにすぎないという。

エルゼサーも、「アメリカニズム」の危機それ自体については疑っていない。しかし、今日のドイツ人は、イスラーム文化とは異なって、アメリカ文化を内面化してしまっており、抗議運動の相手としては「アメリカニズム」は大きすぎ、しかも抽象的にすぎるという。このため、「アメリカニズム」のより微妙な影響力が、ドイツにとって致命的になる前の段階で、具体的な敵として、まずヨーロッパ内部のイスラームを打倒しなければならない……。エルゼサーは、アイデンティティ運動から招いた来賓たちと、このように合意している。エルゼサーは、「自分自身の」国土にいる攻撃可能な敵であるイスラームと、合衆国という当面は手を触れられない隠れた主犯とを区別している。その意味で、「現実の敵」と「絶対的な敵」とを分けるシュミット的な議論を、明らかに継承しているといえる。

同様に、似たような西側への攻撃を繰り返してきたのが、マルティン・リヒトメスである。リヒトメスは、二〇一五年一月七日に発生した、フランスの風刺雑誌、『シャルリ・エブド』編集部での惨劇を受けて、『独立』に誤解の余地のない四部構成のエッセイを発表している。その題名は、「私はシャルリではない」であった。

リヒトメスは、導入部で、二〇〇一年九月一一日の同時多発テロを回想している。テロのあと、突如として、みながみなアメリカ人になろうとした。しかし、あのとき「財界の聖地、帝国主義－資本主義のバビロンの寺院」であったツインタワーが崩壊したように、「ほとんど全能のグローバリズムの怪物クラーケン」であるアメリカ合衆国も、やがて揺らぎはじめるであろう……。[59] リヒトメスは、希望的観測を交えながら、そう続けている。

リヒトメスは、特にヨーロッパのムスリムに好意があるわけではないと断りつつ、「聖なるものの冒瀆」に耐えよ、と彼らに要求するのは行きすぎである、と書いている。瀆神《とくしん》のための瀆神には、そもそも共感しない。『シャルリ・エブド』のような陳腐で安易な方法で行われるなら、なおさらそうである。［……］『シャルリ・エブド』のなすことすべては、黒幕の女衒《ぜげん》どもによって娼婦のように反政府運動の街頭に立たされ、アメリカの商売人の出資を受けている、あのプッシー・ライオットとかいう秘密裁判用の乳房つき人形と変わらない。[60]

この文章には風刺漫画がついており、そのなかの一枚は、ヒジャブをかぶった慎み深いムスリム女性が、ミニスカートをはいて煙草を持った西側の「尻軽女《ビッチ》」から、自分の「尊厳」についてフェミニスト的な教えを受けているというものである。

イスラームへの歪んだ愛

リヒトメスの立場は、それほど驚くには値しない。リヒトメスも、ほかのドイツの新右翼と同じように、イスラーム主義にある種の歪んだ愛を向けてきた。また、その「愛」の源泉は、根本的な価値観に共通するものがあると考えるところにあった。

それが明らかになったのは、「私はシャルリではない」執筆の二年以上前、リヒトメスがミヒャエル・シュテュルツェンベルガー［第1章を参照］を『独立』で攻撃したときのことであった。そのときリヒトメスは、シュテュルツェンベルガーが二〇一二年の「ツヴィッシェンタルク」で行った講演を批判している。リヒトメスにしてみれば、ミュンヘン在住のポピュリスト、シュテュルツェンベルガーによるイスラームへの誹謗中傷は、それ自体が一九四五年以降のアメリカの影響の産物なのであった。

リヒトメスは、シュテュルツェンベルガーと差異化しようと、例の「鼻輪」に言及している。「鼻輪」とは、第3章で見たように、「過去の克服」を糾弾するためのモーラーの比喩表現である。イスラームをファシズムになぞらえるシュテュルツェンベルガーに向けて、リヒトメスは言っている。

ここで発言しているのは、戦後教育によってつくられた、愚劣で感情的なドイツ人の典型である。連中は、クラスで一番であるのを示すために、学校で教えられた通りのことを話す。いわく、自分も含めてドイツ人は野蛮な民族で、アングロ・アメリカ人の人道的介入ではじめて民主主義と基本法という自由の楽園を与えられた。空襲を受けねばならなかったのもそのためである、と。このドイツの黒人《ニグロ》奴隷は、主人に首輪と黄金の鼻輪をつけるのを許されたことを、永遠に感謝して誇っているのである。

リヒトメスは、「ツヴィッシェンターク」での野次［第1章を参照］でも引いていたメラー・ファン・デン・ブルックによる病気の比喩――リベラリズムに罹患した諸国民は破滅する――を、『独立』の記事でも使い続け、シュテュルツェンベルガーの「リベラル」な反イスラーム主義を揶揄している。「シュテュルツェンベルガーなら言いかねない。私はウィルスには反対でもエイズには賛成なのだ、我々の素晴らしいエイズのために闘おう、と」[61]

リヒトメスにとって、真の「病」とは、一九四五年に連合国の勝利とともにヨーロッパ大陸に深く侵入してきた「アメリカニズム」である。リヒトメスは、ドイツ人の「アイデンティティ」喪失のもたらす症状——出生率の低下、歴史喪失、金融市場の優位、家族の価値や自然環境の消滅など——を列挙し、明確に断言する。「ムスリムには罪はない！」リヒトメスにすれば、むしろ罪があるのは、「今日の世界政府を操作し、追い立てている」勢力なのである。

リヒトメスは、国民意識を失ったドイツ人は、自分たちが「別の毒によって萎縮させられ、精神を混濁させられている」のを理解していないと言っている。そして、その毒の一つは、「シュテユルツエンベルガーたち『政治的に正しくない』執筆陣」の影響を受けた、イスラーム嫌悪であるという。イスラーム嫌悪がもたらすのは、「普遍的リベラリズムのような間に合わせのアイデンティティか、合衆国やイスラエルを盲信して彼らに奉仕するパルチザン部隊[62]」にすぎないからである。

リヒトメスのような反普遍主義は、反マルクス主義、反リベラリズム、反ユダヤ主義といったさまざまな形式をとりながら、歴史に深く根差し、現在まで生きながらえてきた。新右翼の世界の守護神の一人でもあるエルンスト・ノルテは、その著書『第三の根源的抵抗運動——イスラーム主義』のなかで、リヒトメスと酷似した、伝染と中毒の比喩を用いている。そこでノルテは、三〇年代のある旅行記に言及している。

（旅行記の）著者は、カフェに入り、白髭を生やした老アラブ人の一団の隣に座った。老アラブ人たちは、大いにくつろぎながら水煙草をふかしていた。突然、一群の若いシオニストの移民が前を横切った。軽装の若い男女は談笑しつつ、仕事道具を肩に担いでいた。アラブの老翁は、不審を通り越して啞然としていたようであった。

ノルテは、この場面を次のように要約している。「老アラブ人にとって、若いシオニストは、近代において不可解なもの、憎悪すべきものすべての典型であったのである[63]」このアラブ人に肩入れした旅行記の著者こそ、ナチスの宣伝員、ギーゼルヘル・ヴィルジング——アルミン・モーラーの『ドイツにおける保守革命』の登場人物でもある——にほかならない。ノルテにとって、ヴィルジングの見た光景は、ユダヤ人を先兵として、西洋近代がオリエントに侵入していく様子を象徴的に物語るものなのである。

ここで、ノルテもまた、アラブ人の持つユダヤ人への敵意を擁護するため、「現実の敵」と「絶対的な敵」の区別に立ち戻っている。ノルテの解釈では、アラブ政治は、シオニズムという可視的な「現実の敵」の背後に、ある「絶対的な敵」——自身の社会の「西洋化」——を見ていた。ノルテによれば、「西洋化」は、「全イスラームを内側から」脅かすものである。そして、「いわゆるキリスト教文化の内部におけるユダヤ人の影響と、多くの共通点を持っている[64]」。

ノルテの議論は、シオニズムを「西洋化」の先ぶれと見る強烈な展開によって、反普遍主義、イスラーム主義、反ユダヤ主義の三位一体を追認していた。ノルテのこの書物は、大きなスキャンダルを招いたとしてもおかしくなかった。にもかかわらず、かつては影響力を誇ったこの歴史家への反応は、『若き自由』や『いまここで』の記事でしか起こらなかった。『若き自由』や『いまここで』が、『第三の根源的抵抗運動』に好意的な書評を寄せたのは、同書を通じて、あらためて自己の立場を再認識できたからでもあろう。ノルテが歓迎した原理主義的イスラームと、ノルテ本人の手本であった「保守革命」のあいだの類似性は、すでに一九九八年、『我ら自身』を拠点とする「国民革命」派によって指摘されていた。

今日のイスラーム原理主義も、戦間期ドイツの保守革命も、ともに近代の土俵のうえで行われる近代への抵抗なのである。[65]

これは、もちろん、批判ではなく賞賛の言葉であった。そして、なによりも明確な定義であった。

新右翼のイスラーム主義への接近は、一見すると混乱を誘う印象をもたらす。しかし、そこには深い論理が存在する。すでに本章で言及したマヌエル・オクセンライターは、長年にわたって『若き自由』の書き手であり、『我ら八九年世代』に寄稿したこともあり、かつては『ドイツ軍事雑誌』の、今日では『まず第一に！』の編集長を務めている。そのオクセンライターは、かなり以前から、イランとの特別な関係を保っている。オクセンライターは、ドイツ国内でイスラーム主義者から好意的なインタビューを受けたのみならず、二〇〇八年にはヒズボラ〔レバノン・シーア派の政治組織であり、イランから支援を受けている〕を訪問し、破壊されたイスラエル軍の戦車の前でポーズをとって写真に収まり、イスラーム義勇兵を武装親衛隊のように演出してみせた。[66]

その後、オクセンライターは、二〇一四年にテヘランで開催されたホロコースト否定論者の会議に出席し、さらに亡命イラン人の消息筋によれば、二〇一六年五月にイランの国営出版社から著書『ドイツにおけるシオニスト・ロビーの権力』をペルシャ語で刊行した。[67] この行動からもわかるように、新右翼の口吻《こうふん》を聞いた人々がそう思い込みがちなのとは違って、もともとイスラームは根本的な敵と考えていないのである。

ザムエル・ザルツボルン〔社会学者、政治学者。一九七七年～〕も、『独立』誌の宗教理解を分析するなかで、似たような結論に達した。ザルツボルンは、三つの一神教を論じた多くの『独立』の記事を検証している。それによれば、『独立』の見地からすれば、キリスト教は「自分自身のもの」、イスラームは「よそのもの」であるのに対し、ユダヤ教は「異質なもの」であり、ドイツ社会のあるべき同質性からは締め出されている。

ザルツボルンの言葉を借りれば、『独立』は、イスラームに「恐るべき魅力」を感じてきた。他方、ユダヤ人は、「『独立』が闘いとろうとしてきたすべての価値を、疑問にさらしてしまう存在である。だからこそ、ユダヤ人は、同誌の反ユダヤ主義思想も手伝って、近代、啓蒙その他のあらゆる普遍主義的世界観と同一視されるようになる」[68]。『青い水仙』にも同じ傾向がある。『青い水仙』は、大抵の「ユダヤ人組織」は「極左の立場」をとり、「愛国者を抑圧して強力に多文化主義を」宣伝していると強弁している[69]。

ここでもう一度、普遍主義が「アイデンティティ」を破壊するという、前節で見たアラン・ド・ブノワの発言を思い出さねばならない。ブノワも言っているように、普遍主義とは異なって、イスラームは、ドイツ人とは「別のアイデンティティ」を持っているにすぎない。この基本構造は、「現実の敵」と「絶対的な敵」をめぐる例の議論のなかで、ふたたび浮上することになる。

この構造をよく説明しているのは、反ユダヤ主義研究家のクラウス・ホルツ〔反ユダヤ主義を専門とする社会学者。一九六〇年〜〕が「第三の存在」と名づけた概念である[70]。ホルツを援用すれば、反ユダヤ主義の世界観において、ユダヤ人は、ほかの敵のイメージとは異なっていることがわかる。ホルツによれば、反ユダヤ主義者にとってのユダヤ人は、「よその」ものではなく、根本的に「異質な」ものである。つまり、ユダヤ人は、「我々自身のアイデンティティ」――「第一の存在」――に対抗するために、イスラームのように「別のアイデンティティ」――「第二の存在」――を持ち込むのではなく、「アイデンティティ」そのものを否定する「第三の存在」なのである。

新右翼の思考では、普遍主義も、ユダヤ人と同様に「第三の存在」であり、「アイデンティティ」自体の否定である。このため、「過去の克服」やユダヤ人の発言力拡大を普遍主義の現われと見るのは、彼らにとっては理にかなっているのである。

『若き自由』のある号では、「現代において最も強力な魔神は、アウシュヴィッツを神にとって代える市民宗教である」というトルステン・ヒンツの評論が読める。[71]ヒンツは、別の記事では、ムスリム活動家がますます宗教的な自覚を強めている原因を、ドイツ人の「罪の崇拝」［第4章を参照］に求めている。ヒンツは、いまや「罪の崇拝」はイスラーム組織に悪用されている、と言う。リヒトメスと同様に、ヒンツもまた、ドイツの「過去の克服」と、国内でのイスラームの勢力拡大のあいだには因果関係があったと見ている。「つまり、「罪の崇拝」の実践により、道徳的・心理的・政治的な各側面からイスラームがヨーロッパに侵入してくる土壌も整備されたのである」[72]。ただし、現時点では「過去の克服」の圧力が消えつつある結果として、かえって「盲目的なイスラーム叩きという汚点」が横行するようになった、とも言っている。

「過去の克服」は、新右翼のあらゆるメディアで、ドイツ人の「アイデンティティ」を抑圧するため外国勢力が導入した手段とされてきた。新右翼が反ユダヤ主義と決別できないのは、この背景があるからである。イスラームの脅威に対する防波堤としてイスラエルを許容する右翼ポピュリストですら、話が歴史に及ぶやいなや、ユダヤへの理解をやめてしまう。

このため、反イスラームと反ユダヤ主義を同等の重みで評価するのは不適切でもある。よく言われるような、現在の反イスラームを「第三帝国」の反ユダヤ主義の類似物とする見方も、すでに歴史的には有効ではない。

それを認識するには、二〇一五年一月にイスラーム主義者に殺された『シャルリ・エブド』編集長、ステファヌ・シャルボニエ（通称「シャルブ」）［風刺漫画家、ジャーナリスト。一九六七年～二〇一五年］が書いた短い文章を読めば十分である。「シャルブ」は、練達の筆による論争文の末尾で、現在のイスラーム批判と三〇年代の反ユダヤ主義のあいだの本質的な差異を挙げている。

一九三一年に、正統派ユダヤ教に拠って立つ国際的テロリズムがあったであろうか。それにもとづいて、ユダヤ人のジハーディストが、リビアで、チュニジアで、シリアで、イラクで、シャリーアに相当する法を導入しようとしたであろうか。ビン・ラーディンなるラビが、エンパイアステートビルに正面衝突させるべく複葉機を送ったであろうか。[73]

答えは否である。今日のイスラームをめぐる大前提は、国民社会主義《ナチズム》前夜のユダヤ人の置かれた状況とは原理的に異なっているのである。それゆえに、クラウス・ラッゲヴィーが主張しているように、ドイツの新右翼は、「ユダヤに対する「元来の異議申し立て」をイスラームに転用」したりはしない。[74]

もちろん、この事実を確認することは、新右翼のイスラームへの敵意を過小評価するのとは別である。新右翼が、ムスリムに度重なる人種差別攻撃を加え、同時にその宗教全体を呪ってきたのは間違いない。反ユダヤ主義と反イスラームの煽動者が、同一の手口――国家への忠誠の欠如をあげつらったり、スケープゴートの役割を押し付けたり――を用いることさえあるかもしれない。

それでも、反ユダヤ主義がもたらすものは、反イスラームよりもはるかに深刻な、啓蒙を拒絶する世界観なのである。進歩、世俗化、女性解放、文化産業、マルクス主義、リベラリズムといった、右翼が有害であると非難する、近代的な普遍主義にともなう事象すべてに対する罪を、イスラームに負わせようと思う者はいまい。逆に、ユダヤ人は、反ユダヤ主義者からは、「国境をまたいで」「破壊的」に流通する資本主義の悪を具現した存在と見なされている。

新右翼は、イスラームの台頭と脅威を、普遍主義の結果として生じた現象にすぎないと見ている。これに対して、彼らのなかにいる反ユダヤ主義者にとってのユダヤ人は、普遍主義そのものの直接のすがたである。イスラームの場合、「現実の敵」として、「別のアイデンティティ」を持っており、確かに打倒しなければならないと同時に、「我々自身のアイデンティティ」を呼び覚ましてくれるかもしれない相手である。他方、ユダヤ人は、「我々自身のアイデンティティ」を溶解させ、絶対的な無へと変えてしまうと恐れられている。この区別は、ルサンチマン批判の文脈でも注目されなければならないのである。

人種差別に対する闘争は不可欠である。しかし、ムスリムは「今日のユダヤ人」であり、現在の反イスラームは三〇年代の反ユダヤ主義に等しいという、いま広まっている主張は、人びとを誤った道へと誘う無益なものでしかない。

我々自身の形態《すがたかたち》——男たちの道

「誰が敵かという問いは、ほかならぬ我々自身がいかなる形態《すがたかたち》をしているのかという問いに等しいのである」

ドイツの新右翼にとって、敵のいる「空間《ラウム》」とは、アメリカのある西半球や中近東として定義されてきた。そのとき、「絶対的な敵」の「形態《すがたかたち》」は西側の革命的普遍主義者であり、「現実の敵」の「形態《すがたかたち》」はムスリムであるとされてきたのであった。

この二つの敵を決定したところから、もう一度カール・シュミットから引いた先の「問い」を振り返ってみよう。すると、シュミットの問いは、「アイデンティティ」の問いに等しいことがわかる。すでに見てきたように、「現実の敵」としてのイスラームは、「我々自身のアイデンティティ」と等価値の「別のアイデンティティ」を持っている。これに対して、「絶対的な敵」としての普遍主義は、「我々自身のアイデンティティ」自体の否定であり、それをさらに否定しかえすことによってしか、「我々自身のアイデンティティ」は主張できない。

イスラームという「別のアイデンティティ」が「我々自身のアイデンティティ」と等価であるのは、両者の価値観の重なり合いからも裏付けられる。政治的右翼であれ、宗教的保守主義であれ、権威主義的な世界観の持ち主は、例えば、性的「アイデンティティ」をめぐる固定観念を共有している。彼らは、アイデンティティ運動に代表されるように、「アイデンティティ」を異にするものに危惧を覚え、両性が果たすべき固定的な役割に対する脅威をすべて撲滅しようとする。具体的には、固定的な男女の役割分担から逸脱した人生計画、トランスジェンダーや同性愛、ジェンダー理論による現状の問い直しなど、既存の性別カテゴリーに疑問を突きつけるものを、みな抹殺しようと考える。

ドイツの新右翼も、性別は明快に分かれていて序列があってしかるべきという願望をあからさまなほど明らかに持っている。新右翼が「ジェンダーの妄想」と呼ぶ、女性や同性愛者の平等化に対しての抵抗運動は、近年ではある種の人々にとって大きな魅力と感じられ、キリスト教原理主義のような別種の右翼陣営との架け橋にもなっている。そこで主に賞賛されているのは、伝統的な「男らしさ」の概念であり、ほかの性的「アイデンティティ」に比べて実際に優れているとされる。

その顕著な例は、アメリカ合衆国のジャック・ドノヴァンが著し、マルティン・リヒトメスが翻訳してアンタイオス書店から刊行した、『男たちの道』なる一冊である。出版社はこの題名を前面に出して強調し、二〇一六年の翻訳刊行後、同書はアイデンティティ運動にとってのカルト的な書物として定番化した。アンタイオス書店の絶賛の辞によれば、同書は「男の理想のレコンキスタ」であり、「性別の再両極化」の実現である。[75] ただし、これから検討していくように、『男たちの道』は、従来のヨーロッパの保守主義が「夕べの国の文化」として自認してきた属性をすべて逆転させている。その意味で、同書がアンタイオス書店の出版リストに入ったのは注目に値する事態である。

ジャック・ドノヴァンは、超男性的な新部族主義《トライバリズム》の代表者として、新たなる野蛮主義を宣言してきた人物である。ドノヴァンの所属する団体、「ヴァインランドの狼」は、アメリカ合衆国の白人の「種族共同体」であり、実態としては「ヘイトグループ」の一端である。その一員として、ドノヴァンは、「ゲルマンの異教」を復興しなければならないと考えている。

ドノヴァンは、ブログや投稿動画で、「新野蛮人」の生活をこれ見よがしに誇示している。[76] そこで表現されるイメージは、いわゆる「ワンパーセンター」〔第1章を参照〕、つまりヨーロッパの暴走族にも似たものである。ドノヴァンは、ジムでの筋肉トレーニングで膨らませすぎてかえって不均整になった入墨だらけの肉体を、自慢気に見せつける。ノースリーヴの上着には、軍隊の階級章を模したアプリケが大量に縫い付けられている。そして、武器を持ってポーズをとり、格闘技を練習し、都市外での生活を賞賛する。ストリートギャングや半軍隊的な民兵組織をあからさまに模倣しているのは、意図的な自己演出である。実際、ドノヴァン本人が、「ギヤングこそ男性的アイデンティティの核である」と説いてもいる。[77]
この人物を理解するための参考になるのは、チンパンジーの群れであろう。そこは、ドノヴァンの言う「リアリズムの世界」であり、集団内の位階制度にもとづく資源へのアクセス権が絶対的な掟となっているからである。
ドノヴァンの世界観では、強盗、殺人、強姦はあって当然の現象であるとされている。カトリーン・グレーゼル［ジェンダー論を専門とする政治学者。一九八九年〜］が正しく指摘しているように、ドノヴァンの著書の題名は言葉足らずである。『男たちの道』というタイトルには、「いくつか単語を追加しなければならない。「犯罪者になるための」というフレーズを」。[78]
ドノヴァンは、いつも「永遠の例外状態」という例の歌を口ずさんでいる。『男たちの道』で繰り返されているのは、人間の「自然な」あり方を純粋に反映した集団だけが文明崩壊後の世界で生き延びることができる、という世界観なのである。ドノヴァンにとって、文明の崩壊は現実的な危機であり、ゾンビの大量発生、宇宙人《エイリアン》の侵略、核戦争、殺人ウィルスなど――このリスク分析からも、彼が実は「文化産業」のマニアックな信奉者なのがわかる――によって起こりうるものとされている。
ドノヴァンによれば、社会とは究極的には「狩りと闘い」の場であり、そこではあらゆる「男性的な」徳が求められる。また、女性は、妊娠能力と引き換えに限られた生存能力《サヴァイヴァル》しか持たないため、女性と男性のあいだに上下関係と役割分担が生まれるのは「自然」であるとも言っている。つまるところ、女性は、世代再生産のために男性が耐え忍ばなければならない重荷にすぎない、ということになる。

ドノヴァンは言う。人類が生き延びるために最も確実な方法は、「ギャング」の形式で忠誠心にもとづく闘争集団を形成することである。まだ文明が存続しているといっても、いずれ訪れるであろう事態に備えるため、いまからその組織をつくっておかねばならない。最もよいのは、ギャングという自律的な小秩序によって、いまだに支配的な文明の規範を無力化していくことである。いずれにせよ、有事ともなれば文明は長持ちしないであろう……。

ドノヴァンが特に槍玉に挙げているのは、性別の平等である。ドノヴァンは、そのなかに、男性の基本権に対する攻撃を見ている。「要するに、自然は不平等なのである」[79]

ドノヴァンによれば、現代の男性は、二重の疎外に脅かされている。まず、文明によって、群れの一員としての「自然な」権利を失っている。次に、文明に強化された女性によって、男性としての「自然な」権利を奪われつつある。ドノヴァンは、文明のために「女性化された」男性は、卑屈な男性であり、闘争能力のない男性であり、ひいては男性ですらないと言う。

ここからも推測がつくように、ドノヴァンの議論は、同性愛の否定へと向かう。ドノヴァンは、同性愛を文明による男性の家畜化の産物と見ている。「女性化された男性の卑屈さと関係するのは、男性同性愛である」[80]。ドノヴァンにとって、男性同性愛は、セクシャリティの実践というより、「女性的な」行為を受け入れることにほかならない。つまり、同性愛の男性とはすなわち、文明によって女性化された男性なのである。

だが、ドノヴァンによるマッチョな男性の礼賛は、ジェンダー理論に対する反対運動《バックラッシュ》として行われているにもかかわらず、性差そのものを社会的行動から定義しようとする点で、実際にはジェンダー理論をなぞっている。これは、ドノヴァンの逆説の一つでもある。ジェンダー理論に抵抗しているはずのドノヴァンがジェンダー理論の正しさを裏付けていることは、彼の信奉者の目には入っていない。

おそらく、ドノヴァンが振り返っているのは彼自身の経験である。訳者のリヒトメスも書いているように、ドノヴァンは、ながらく「オープンリー・ゲイ［カミングアウトした同性愛者］のライター」として生きてきた人物なのである。にもかかわらず、ゲイ・サブカルチャーの「左寄りの、フェミニズムに親和的な、男性を女性化させる傾向」を拒絶し、「ゲイによるアイデンティティ政治や美学と決別した」のだという[81]。ジャック・ドノヴァン、このネアンデルタール人になりたがる黙示録的な女性の敵が、アンタイオス書店やアイデンティティ運動から新たな仲間として歓迎されたのである。マルティン・リヒトメスは、『男たちの道』に感動し、同書の強い説得力を見るとき、「それ以来、ドノヴァンの立場が右へ右へと移動してきたのは言行一致である[82]」と書いている。

社会を本能でしか行動しない動物の世界へと矮小化することは、リヒトメスたち自身の考えとまさに一致している。「自然」を引き合いに出すのは、かつては「文化」に立脚していたはずの保守主義が、先鋭化の果てに退化していくときのお決まりの様式である。かつて、アイデンティティ運動も、自分たちは人種差別主義者ではないと言おうとして、こう語ったことがある。「縄張りを守るシジュウカラは、シジュウカラ類の敵ではない！」[83]

実際、保守主義の思考が、いまや単なる未開性に飲み込まれつつある現状については、これ以上の説明を必要としない。ただし、もう一つ注意を払っておかねばならないとしたら、それは『男たちの道』に、リヒトメスの訳者あとがきと並んで付けられた二つ目の解説であろう。こちらは、「ラスコーリニコフ」という筆名で書かれている。

ドストエフスキーの主人公から筆名をとったこの人物は、『独立』のブログ版に多くのコメントを残しており、古い読者にとってはおなじみの存在である。新右翼の信仰告白めいた対談集、『右である悲しみ』のなかでも、この人物は、やはりこの名前で、『独立』の理想的な定期購読者として紹介されている。そこで語られたところによれば、「ラスコーリニコフ」は、連邦軍コマンド部隊の元ベテラン兵士であり、今日では東ドイツとロシアにある住所を往復して暮らしているという。同書では、「ラスコーリニコフ」の経歴を示すため、単語が列挙されている。いわく、「十二年の軍歴、コマンド部隊での特殊能力、ベルリンで受けた技術者教育、アフガニスタン、パキスタン、イラク、シリアとウクライナ」[84]。『男たちの道』の解説でも、「ラスコーリニコフ」は、ウクライナ危機における親ロシア派民兵のウェブサイトからとってきた前線の写真を掲げている。

おそらく、「ラスコーリニコフ」に『男たちの道』の解説を書かせたのは、実戦経験の豊富なドイツのエリート軍人に特有の――明らかにオスヴァルト・シュペングラーやエルンスト・ユンガーの影響を受けた――気質である。

我々にとっては、犠牲になることこそ究極の行動なのである。完全な献身は、善であるだけでなく、絶対的に男性的でもある。国家への忠誠を宣誓するやいなや、その聖なる力は、万人の運命を容赦なく拘束する。誓いの言葉がそう命ずるがゆえに、兄弟が兄弟を殺すことすらある。ニーベルンゲンは、あらゆる男性性の理想である。そこでは、狡猾な人間はみな狂人として描かれなければならないからである。教養人は、我々の英雄主義を恐れたり嘲ったりするであろう。しかし、我々には、恐怖も嘲笑もどうでもよい。[85]

こうして、「ラスコーリニコフ」は、ドノヴァンの野蛮主義を、ドイツの右翼におなじみの古典的神話で箔付けし、『男たちの道』が旧大陸でも受け入れられるのを後押ししようとした。実際、「ラスコーリニコフ」は、『男たちの道』を、「我々の「部族」に迎えようとする相手[86]」に贈るよう勧めている。

『男たちの道』の翻訳者であり『独立』の記者でもあるマルティン・リヒトメスは、明らかにドノヴァンや「ラスコーリニコフ」のような反文明的な超男性主義にはすぐに参ってしまう弱さを抱えている。リヒトメスは、第3章で取り上げた「カーサ・パウンド」を絶賛したときも、犯罪者性を誇示する彼らの振舞いを、前衛の模範であるかのように肯定的に描いていた。確かに、「カーサ・パウンド」の手本であるイタリア未来派のマリネッティの小説『マファルカ』（一九〇九年）の主人公は、殺人と暴行を繰り返しながらアフリカをさまよい、必要とあらば自分の性器を帆船のマストとして使うことすらできたのであった。

カトリーン・グレーゼルは、ドノヴァンの議論がハンス・ブリューアー〔戦間期の思想家。一八八八年～一九五五年〕の古典的な「男性同盟」論に近いことに注意をうながしている。ブリューアーの著作は、アルミン・モーラーの『ドイツにおける保守革命』で挙げられる正典の一つでもある[87]。

この「男性同盟」の世界は、まさにその題名で本を書いているカールハインツ・ヴァイスマンにとっても、なじみのない相手ではない。ヴァイスマンは、モーラーの弟子として、言うまでもなく「男性的エロス」についてのブリューアーの著作を熟知している。ヴァイスマンもまた、男性には群れを形成する「自然な」衝動があると言って、現代の「女性的」価値の支配を嘆き、暴力が男性本来の「自然な」性質として広く受け入れられるべきであると主張している。

ドノヴァンがインターネットに投稿した動画は、ヴァイスマンの書くところの「エクスタシーと剣の舞」の一例と考えられる。ドノヴァンの言う「ギャング」も、極めて小規模で私的な組織であるにしても、やはりヴァイスマンの賞賛する「闘争共同体」である。ヴァイスマンは、「より大きな共同体の存続」を保証するものとして、「戦士団体の必要性」を唱え、それと結びついた「戦士的精神」を信奉している。その際、ヴァイスマンのたどっている論理は、ほぼドノヴァンと同じである。[88]

ただし、ヴァイスマンにとっては、アルカイックな「男性同盟」は、国家、政治、軍隊といった、より高次の組織形態に成長するはずのものである。逆に、ドノヴァンは、剝き出しの野蛮主義とギャング構成員を真似した身振りを通じて、原始の部族社会に戻ろうとしている。高度な文明のなかでの古典的退行——その礼賛者が、アンタイオス書店の社屋で、「グローバリズムというバベルの塔の崩壊」をあからさまに熱望しているのである。[89]彼らが、「夕べの国を守る」ためフーリガンと同盟するとしても、もはや驚くにはあたらない［第6章を参照］。

アンタイオス書店の社長、ゲッツ・クビチェクは、ドノヴァンのような文章や振舞いを好み、Pegida《ペギーダ》で行った演説にも、同社の出版計画にも、それが反映されている。ヴァイスマンは、クビチェクの運営する国家政治研究所と決別したのちに、次のようにはっきりとコメントしている。

実際、クビチェクは政治団体のトップの器ではないのです。「挑発」だの「実存主義」だの「スタイル」だの、彼が何度も口にするキーワードを見れば、よくおわかりでしょう。そうやって誰しも、国家学を文学と、政治を美学と取り違えていくのです。それでもクビチェクが政治的アドバイザーになろうとするなら、言うまでもなく、あの性格が致命的な結果を招くでしょうね[90]。

「我々自身のアイデンティティ」の護衛者

ながらく「保守」を自任してきた層が、ジャック・ドノヴァンに影響を受けたのは、なによりもそれがある種の「人類学」だからであった。穏健な保守主義であっても、「人間の本性」はかくかくである、というような人類学的な議論を好む傾向がある。これは、明らかに権威主義的な傾向を持っている点で、全人類に共通する理性に訴えようとするリベラリズムとは異なっている。クビチェクを囲む人々も言っている。「よく言われるように、人類は人類の使命を獲得しなければならないというところが、私たちの出発点なのです[91]」

とはいえ、通常の保守主義であれば、人類学を援用するのは、人間の「本能」を理解し、それを抑え込めるような制度や権威を正当化するためである。ドノヴァンのように、人類学を引く者自体が、「真の野蛮」を名乗るのは珍しいように見える。

しかし、難民危機を背景に、ドノヴァン的「人類学」の影響を受けた、国土や資源や人間集団についての認識が口に出されるようになっている現状がある。難民が、まさにドノヴァンの言うような「外来者《エイリアン》の侵略」と受け止められているからである。そのため、「永遠の例外状態」ではマッチョな「護衛者」となるための男性ホルモンが必要とされるという、ドノヴァンの教えが歓迎されるのである。右翼の読み方では、『男たちの道』は難民危機を説明するものである。彼らにとっては、難民とは、「自分自身の」縄張りに対する脅威にほかならないからである。

ある特定の土地を要求し、境界を定める者は、その行為によって自分の集団を残りの世界から分割する。縄張りの内部の人間が「我々」となり、縄張りの外部の存在は、既知であれ未知であれ、「他者」となる。〔……〕男たちは、男たちが必要とするもの、求めるものを知っている。「我々」の男たちが所有しているものを、「他者」の男たちが必要としたり求めたりするとき、「我々」は「我々」をこの「他者」から守らねばならない。男たちにとって価値がある事物——道具、食料、水、女、家畜、住居、狩場もしくは耕地——は、「他者」の男たちから護衛されねばならない。恐ろしいことに、「他者」の男たちは、「我々」に損害を与えさえすれば、こうした事物を手に入れられるのである。[92]

アイデンティティ運動の難民危機に対する見方は、アンタイオス書店の出版活動の影響を受けており、いま引用したドノヴァンの部族主義の論理のなかに要約されている。のみならず、アイデンティティ運動の周辺では、『独立』や「ワンパーセント」運動が望むかたちで、「抵抗への第一歩」を踏み出そうとしている。彼らの喝采のもと、ドノヴァンは、種族同士の生存闘争を頂点とする闘いの論理、究極の有事の論理を展開し、全人格をかけてそれに備えようとしている。「護衛者」としての男性という世界観が行きつく先については、「ラスコーリニコフ」がまとめている。

民主主義者のように語ることをやめよ! ドノヴァンの書物は、正しい時代に現れた。武力なき市民に対しても安全を保障する社会契約説は、いまや一歩一歩、その妥当性を失いつつある。[93]

従来の保守主義者であれば、「文化」より「自然」を優先する性質は、「未開」とされる敵に対して押し付けてきたものであった。いまや、それが保守主義自体の理想となっているのである。リヒトメスは、羨望を隠さず、「イスラームの超マッチョ主義」について書いている。リヒトメスによれば、西側の左翼は、ジェンダーの脱構築の果てに、「超マッチョなイスラーム教徒」に身をゆだねているのだという。[94] ドノヴァンやその信奉者も、人間存在を暴力とセックスへと矮小化するのをためらわず、それはアイデンティティ運動はじめ新右翼の世界から好評を得ている。

結局、こうした点は、古くからある所見にほかならない。つまり、移民の犯罪をことさらに言いたてる背景にあるのは、自分ではやりたくても「同じように」犯罪ができないという嘆き、あるいは彼ら、外国から来た犯罪者に対して同水準で報復したいという望みなのである。ドノヴァンの思想にしても、この観点から理解できる。実際、ドノヴァン本人が、『男たちの道』の最後で、二〇〇一年九月一一日の刺客を絶賛し、彼らは「鋼鉄の睾丸《きんたま》」[95]を持っていたと書いている。

もちろん、イスラーム主義者がその手のいかがわしいお世辞で喜びでもしたら、恐るべき事態である。文化史的見地からすれば、最も無慈悲なイスラーム主義者といえども、神《アッラー》の秩序を地上にもたらそうとする点で、本能的暴力を理想化するドノヴァンと比べれば、はるかに進歩した存在だからである。とはいえ、ドノヴァンもイスラーム主義者も、女性嫌悪や同性愛嫌悪と一体化した、英雄－男性中心主義の世界観を共有していることには変わりない。

男性性の崇拝は、あらゆる権威主義勢力のあいだに、強固な架け橋をもたらしている。九月一一日のテロリズム、ドノヴァンの男性中心主義、そして「カーサ・パウンド」は、文明を軽蔑する戦士の英雄主義のなかで一堂に会することになる。

フィリッポ・マリネッティが「モスクの灯のもとで」著したと言っている未来派のマニフェストには、次のように書かれている。

我々は戦争を――この世界の衛生化を――賞賛する。軍国主義を賞賛する。愛国主義を賞賛する。アナーキストの破壊的な振舞いを賞賛する。殺人の美しい思想を賞賛する。そして、女を軽蔑するのを賞賛する。[96]

まさにこのように、「頽廃的」文明を完全な野蛮に移し替えることが、今日でもなお、美学的コンセプトになっている。

クラウス・ラッゲヴィーによれば、イスラーム主義者とアイデンティティ運動の周囲にいるドイツ右翼の共通分母は、男性性崇拝と同性愛嫌悪である。アンネシュ・ブレイヴィクやアレクサンドル・ドゥーギンのように、今日のヨーロッパを女性化された「ゲイロッパ」としか見ない者は、この点でイスラーム狂信者と世界観を同じくしているといえる。

また、ミシェル・エルチャニノフが指摘しているように、男性性崇拝と同性愛嫌悪は、西側の反ヨーロッパ主義者とロシアの新保守主義者の共通項でもある。エルチャニノフによれば、二〇一二年、ウラディーミル・プーチンが、ロシア国内への政治的圧力を強め、ほかならぬ西側に対して「「西側の価値規範」との「容赦なき闘争」」を公言したとき、その背景にあったのは、西ヨーロッパで計画されていた結婚に関する法改正であった。当時、西ヨーロッパ各国では、同性愛と異性愛が家族法的にも平等にされようとしていたのである。プーチンは、西側への辛辣な批判を通じて、「保守主義の全ヨーロッパを統率すべく、陣頭指揮をとろうとしていた。要するに、「同性愛文化」への闘争を遂行しようとしていた[97]」という。

右翼運動全体のなかで、同性愛嫌悪が持っている意味については、第3章で扱った、ベアトリクス・フォン・シュトルヒを囲む活動家による「万人のためのデモ」や、その手本となったフランス版の「万人のためのデモ」を振り返れば理解できる。彼らは、いずれも同性婚への反対を主張していたのであった。

同性愛嫌悪に関して、ドイツの右翼とイスラーム主義を実際につなげようとしたのは、AfDのザクセン・アンハルト州議員、アンドレアス・ゲールマン［一九七四年〜］であった。二〇一六年六月、ゲールマンは、州議会の会期中、北アフリカで同性愛が犯罪化されたのに共感する発言を行った[98]。州議会のAfD会派は、同議員は同性愛者の拘禁を要求したわけではなく、一般的な「道徳的頽廃」を否定したにすぎない、と正当化しようとしたものの、これは弁明としては説得力がなかった[99]。

ゲールマンのAfDの同僚であるフラウケ・ペトリは、まさにその「道徳」について、トルコ大統領のエルドアンとながらく見解を同じくしてきた。両者はともに、理想的な家族は子供を三人は持たなければならない、と言っているからである[100]。

ロシアの反西側政治家であれ、宗教的偽善者であれ、ドイツの右翼ポピュリストであれ、反同性愛は、最終的には古典的な性別役割分担に行きつかざるを得ない。彼らに共通する核は、自分自身の属する集団を維持するための「生政治《せいせいじ》」［人間の誕生、健康、死亡をコントロールすることで国民の人口を管理しようとする政治のあり方。ミシェル・フーコーが『監獄の誕生』で提唱した概念」であり、それゆえにみなドノヴァンの思想と完全に一致することになる。ラッゲヴィーは言う。

各ジェンダーの平等は、なによりも、自分の文明や宗教にもとづく生命の再生産を破壊するとされている。要するに、有事の際に兵士として戦場に送りうる子供が生まれなくなるとされているのである。[101]

アンタイオス書店やアイデンティティ運動のドノヴァン崇拝が証明しているように、現時点で保守を自任する人々は、従来の保守主義者とは完全に入れ替わっている。リヒトメスは、ドノヴァンの野蛮信仰を、「男性性」というテーマに対する「リアリズムによる取り組み」と賞賛している。しかし、これは文明の野蛮への降伏宣言であり、かつての保守主義者であれば、そんな発想は浮かびすらしなかったはずである。古典的な保守主義が、各種の制度や慣習を擁護してきたのは、ドノヴァンが(リヒトメスの喝采のもと)歓迎している対象――衝動、本能、暴力、要するに剝き出しの「自然」――を、「文化」によって抑え込むためにほかならない。

とはいえ、より正確に言えば、ドノヴァンがアメリカ合衆国の「オルト・ライト」の一員である以上、野蛮への決断には一貫性があるのかもしれない。ドノヴァンが強く結びついてきたオルト・ライトは、アメリカ合衆国の右翼の主流をなすキリスト教勢力とはまったく別の一派である。オルト・ライトは、二〇一六年一一月九日の大統領選挙でドナルド・トランプを支援したことによって、ドイツでも注目されるようになった。事情通によれば、オルト・ライトは、

アメリカ合衆国においてヨーロッパの新右翼に相当するものと理解してよい。両者はともに、政治に対して文化を優先している。また、オルト・ライトは、ヨーロッパ新右翼の概念、理論その他の知的道具を借用してもいる。[102]

具体的にオルト・ライトが参照しているのは、ドイツの「保守革命」や、フランス新右翼の代表的な思想家である。ドイツの新右翼にとっての国家政治研究所と同じく、オルト・ライトも、「国民政策研究所」という自前の研究センターを設立し、なによりも「白人のアイデンティティ」の問題を扱ってきた。

ドノヴァンは、同研究所主催の「アイデンティティの未来」会議に、二〇一三年にはアラン・ド・ブノワと並んで登壇し、二〇一五年にもギョーム・ファユとともに招待されている。これを契機として、『独立』は、はやくも二〇一五年の末には、アメリカのオルト・ライトの各派閥や活動家の名鑑を掲載し、彼らによる「白人民族国家」設立のための「独立運動」を紹介している。この記事では、オルト・ライトと自分たちの組織との比較が行われたのみならず、ドノヴァンの著書をアンタイオス書店から翻訳して刊行することも予告されていた。[103]まさに、ド

イツの新右翼とアメリカのオルト・ライトのあいだの蜜月を強調している。

もっとも、「新」右翼であるはずのオルト・ライトは、時として旧右翼に回帰する振る舞いをしたりもする。最近の事例としては、二〇一六年一一月九日の選挙でのドナルド・トランプの勝利を受けてワシントンDCで行われた、国民政策研究所の年会の際に、それが見られた。そのとき、オルト・ライトの中心人物であるリチャード・スペンサーは、「ジーク・ハイル!」や「ハイル・トランプ!」と叫び声を上げ、白人の優越について演説し、「嘘つきメディア《マスゴミ》」というドイツ語［第6章を参照］をそのまま使ってメディア批判を繰り広げたのであった。[104] ドイツでは、「過去の克服」をめぐる圧力や法規制もあって、新旧右翼の——多分に人工的な——区別が維持されてきた。しかし、アメリカ合衆国の右翼は、その区別を守る素振りさえ見せない。国民政策研究所のようなオルト・ライトの立役者の手によって、モーラーの「保守革命」やヨーロッパの新右翼は、単なる国民社会主義《ナチズム》とたやすく再統合されてしまう。それもあって、アンタイオス書店によるドノヴァンの翻訳は、民族至上主義《フェルキッシュ》として急進化した保守主義が崩壊していく典型例と見られる。この段階に達した保守主義には、かつて「文化」があったところに、もはや「自然」しか見ることができない。

保守主義の退行は、徐々に執筆者の質が低下していく現象をともなっている。オスヴァルト・シュペングラー、カール・シュミット、エルンスト・ユンガーらの著作に触れることは、知的刺激に富んだ読書体験でもある。アルミン・モーラーやカールハンツ・ヴァイスマンは、少なくとも現代史的には興味深い書き手である。だが、ゲッツ・クビチェク、エレン・コジッツァ、マルティン・リヒトメスの文章は、新右翼研究のために義務としてやむなく読むものでしかない。ジャック・ドノヴァンにいたっては、もはや無理な要求に近い。

ドノヴァンの『男たちの道』の刊行によって、アンタイオス書店をめぐる人々が、原始的な欲望に駆られている現状が露呈しつつある。二〇一五年の大晦日の夜、ドイツの各都市で、多くはアラブに出自を持つ男たちが、一斉に女性に対するセクシャルハラスメントを行う事件が生じた。このとき、ドイツの新右翼は、犯人の側に羨望を募らせていたようにも見えた。ドノヴァンのような書き手に忠誠を誓う者は、犯罪者よりほかの理想像を持たないのである。

9

新右翼の「核心」

——権威主義的ポピュリズム

ドイツの政治風土は、ティロ・ザラツィンの著書、『ドイツは自滅する』の成功を先ぶれとして、大きな変容を見せ、ついに右翼ポピュリズムと民族至上主義的《フェルキッシュ》ナショナリズムの新政党が台頭するにいたった。しかし、この状況によって問いを突きつけられ、説明責任を要求されているのは、むしろそれに反対する勢力の側でもある。

通貨危機と経済危機がヨーロッパ体制の正統性を脅かし、社会不安が増大し、民族主義的ルサンチマンが回帰し、宗教的原理主義が浸透し、世界規模のテロリズムが生じ、性的自己決定権や性的少数派《マイノリティ》は攻撃にさらされている。左翼は、この現状を目の当たりにして、いまこそ権威主義の横暴に抵抗するときであり、性別や出自や性的指向（など）を超えた自己決定権を求めて、国際的で世俗的な社会運動を組織しよう、と主張している。

とはいえ、現在の左翼は、右側から吹きつける新たな強風に抗いうる存在ではない。同じことは、リベラル左派やリベラル派についてもいえる。さらに、自陣営が民族至上主義《フェルキッシュ》に占領されるのをよしとしない保守主義者も、自分たちよりも右から現れた新たな力に対しては精彩を欠いている。右翼の強大化は常に敵の弱体化の結果である、という古い法則が証明されたようにも見える。

ある意味では現在のドイツと似たような状況にあった一九七九年のイギリスで、社会学者のスチュアート・ホール〔カルチュラル・スタディーズの代表者。一九三二年〜二〇一四年〕は、同国の有力な左翼理論誌『マルクシズム・トゥデイ』に伝説的な論文を寄稿し、右翼がふたたび力を得て大衆に受け入れられるようになった背景を分析した。ホールは、右翼の台頭にファシズムの危機を見るという、左翼革命派にありがちな未来予測を受け売りするのではなく、イギリスにおける「権威主義的ポピュリズム」現象を普遍的に説明しようとしたのである。ホールは、これを「強い国家」と「自由な市場」の結合と定義して、「サッチャリズム」の名で呼んでいる。

今日の右翼ポピュリズムにも、明らかにサッチャリズムの痕跡が見られる。サッチャリズムは、左翼が分析モデルとして固執した歴史上のファシズムとは異なって、市民的民主主義の機構には手を触れなかった。その代わり、「普通のイギリス人」と手を組んだうえで、権威主義的な政策を行おうとした。サッチャリズムは、極度の経済的自由主義であり、あらゆる場所を国家のコントロール下に置くのではなく、むしろ脱国家化——民営化——を進めることによって支配力を強めていった。サッチャリズムの抑圧は、全体にあまねく行きわたるというより、国営企業などにピンポイントに集中し、その局所性がさらに国民の支持につながった。

ホールの目には、本来的にはエリートを支持基盤としていたサッチャリズムの、まさにポピュリズム的な性格が、国民と政府という伝統的区別を消し去る脅威として映った。その区別があったからこそ、従来の左翼の立場が成立してきたのであった。ホールが強調しているように、国民に対する近さは、サッチャリズムが支持を集めるための演出ではなく、その思想から論理的に導き出された実質的な「核心」であった。ホールは、グラムシを引いて、眼前の危機としてのサッチャリズムを、思想的に根底から認識し、そこで得られた知見をもとに対処しようと呼びかけている[1]。

リヒャルト・ゲプハルト〔第6章を参照〕は、一九七九年当時のホールの議論を援用しながら、かつてホールやグラムシたちがしたように、今日のAfDの「核心」を看破することを提唱している。ゲプハルトの手法は、右翼に「陣地を与えない」ために左翼版のポピュリズムに訴えるという、ありがちな試みではなく、むしろ、右翼自身の陣地に出向いて右翼と闘おうというものである。これは、「無力な反ポピュリズム」——「リベラル左派のメディア」が、政治的な面倒を避けるため、「相対化して問題自体をなかったことに」して、きちんと自説を展開しないのをゲプハルトが嘆くときの言い方——への有効な対案であろう。[2]

その手はじめは、ＡｆＤやPegida《ペギーダ》をはじめとする新右翼の権威主義的反乱に関して、彼らの議論と、彼らに反対している左翼の議論、それぞれの説得力を吟味することである。本書が、新右翼の「夕べの国」論法や「イスラーム叩き」に内在する矛盾を追及し、彼らのご都合主義を指摘してきたのも、その一環である。しかし、それを一通り終えたいま、同じような分析を左翼に対しても適用すべきときが来ている。

味方陣地での沈黙

フラウケ・ペトリは、ドナルド・トランプがアメリカ大統領に選出された時点で、いわゆる「ポリティカル・コレクトネス（ＰＣ）の全能性」が終焉した、と述べたことがある。しかし、新右翼の「核心」を求めるとき、このような言い草それ自体は問題にならない。[3]「ＰＣ」は、右翼ポピュリズムによる罵声にさらされる以前に、そもそも政治や経済に組織的な影響力を及ぼせるような指標であったためしはないからである。例えば、アメリカ合衆国で製鉄所や自動車工場が廃業しなければならなかったのは、トランスジェンダー用のトイレの設置を強要されたからではない。

にもかかわらず、新右翼の主張——ポリティカル・コレクトネスや「嘘つきメディア《マスゴミ》」への罵倒――を、公衆が「正しい」と思ってしまう理由が存在する。それは、右翼ポピュリズムに批判的な人々が、イスラーム原理主義に対しては沈黙しているという事実である。

その顕著な例は、アルジェリアの知識人、カメル・ダウード［ジャーナリスト、作家。一九七〇年〜］に対する反応であった。ダウードは、九〇年代のアルジェリアで起きた凄惨な内戦を経験した世代であり、イスラーム原理主義への見識で知られる人物である。

ダウードは、二〇一五年の大晦日の事件［第8章を参照］を受けて、『フランクフルター・アルゲマイネ』にドイツ語で文章を寄稿している。ダウードはそこで、一方ではヨーロッパの右翼ポピュリストが人種差別を投影して事件を解釈するのを非難しつつ、他方ではこの犯罪と「アラブ世界の性的貧困」の関係を指摘している。ダウードは、イスラームの常識で育てられた男性の女性観について、西洋が「あまりにも無知」であると言い、さらにそのイスラーム的女性観に激しい批判を加えているのである。[4]

アルジェリア国内で高いリスクのもと活動しているダウードは、さっそく『ル・モンド』紙の論説で、フランスの知識人同様の「オリエンタリズム」や「イスラーム嫌悪」の決まり文句を語っている、と攻撃されることになった。[5] ダウードは、ながらくイスラームの宗教指導者からの脅迫を、ときには自分を槍玉に挙げたファトワをも耐え抜いてきたというのに、『ル・モンド』の記事には神経をすり減らし、ジャーナリズムからの撤退を宣言するにいたった。安全なパリにいる、旧植民地支配者の雇われ記者は、ダウードという謙虚な知識人に連帯してもよかったのに、そうしようとしなかった。その代わり、地中海の対岸で体制に不服従の声を上げているダウードを、沈黙させることに成功したのであった。

同じ二〇一六年、『南ドイツ新聞』によるダウードへのインタビューでも、反応は小さかったとはいえ、同じドラマがくりかえされた。ダウードはそこで、政治的イスラームが「文化革命」としての性格を持っていることをはっきりと指摘している。ダウードによれば、政治的イスラームは、「メタ政治」［第2章を参照］戦略の長期的な効果を認識してきた。だからこそ、「文化をめぐる闘争」が、イスラーム主義者にとっての「主戦場」となってきた。それを証明しているのは、イスラーム国や北アフリカのイスラーム勢力のテロが、当地の世俗主義の知識人を対象としてきた事実である。「イスラーム主義者は、九〇年代のアルジェリアで権力を握ったとき、最初に作家やジャーナリストを殺害したのです」

ダウードはこう結論する。「イスラーム主義者は、自分たちの体制を確立するために、知的荒野を必要としているのです」。このため、ダウードは、西洋の自由を、特に女性の自由を移民から守らなければならない、と強調している。ところが、ダウードの回答を聞いた『南ドイツ新聞』のインタビュアーは、「まるで我が国の新右翼のようだ」と感想を記したのであった。[6]

この記者のコメントは、ドイツのメディアが新右翼の主張についていかに無知であるかを示している。実際には、ダウードの言っていることとは、新右翼の思考の対極をゆくものである。

確かに、ダウードは、敢えて挑発的に、イスラームと西洋のあいだの価値の衝突を強調している。しかし、ダウードは、新右翼のように、文化というものを、民族から切り離せない運命であると考えるのではなく、絶えず変化していくものと見なしているのである。

ダウードは、容易な道ではないが、と断りつつ、難民は精神的にも地中海を越えなければならない、と主張している。このとき、ダウードは、イスラームと西洋の共通の未来を見すえている。ダウードも強調するように、文明化された世界では、難民をたやすく海で溺死させることは許されない。この点で、ダウードは、ヨーロッパの人種差別を批判してもいる。ただし、さらにダウードが言いたかったのは、イスラーム系の移民たちは、極度に自由のない環境で社会教育を受けざるを得なかったとはいえ、移住先で紛争を起こさないためには、今度はその教育を捨てなければならないということである。ダウードは、故郷のアルジェリアでの経験から、配慮と努力の必要性を説いている。ダウードの立場は、移民の文化的な同化を目指すという古典的なものである。

ダウードとは逆に、ドイツの新右翼が（旧右翼も）要求しているのは、移民の文化的同化ではなく、彼らの隔離である。新旧右翼にとって、文化とは、「先祖伝来の民族の固有性」と、あるいは民族の「血」や「土地」と不可分のものである。そこからの離脱がありうるとすれば、「（ナチス的な意味での）頽廃」や没落の代償にすぎない。それゆえに、右翼は、各民族や各文化を分離することしか頭にない[7]。

右翼は、ダウードの「北アフリカの女性観」批判の契機となった、ドイツでの移民によるセクシャルハラスメントについても多くを語っている。ただし、それは、前章で扱ったジャック・ドノヴァンの『男たちの道』〔第8章を参照〕の視点からでしかない。つまり、右翼にとって不快なのは、ハラスメントそのものよりも、犯人が「外国人」であることにすぎない。

反対に、ダウードは、ハラスメントと「外国人」の烙印化を同時に批判している。ダウードのような現地人が、アルジェリア社会の荒廃状態を指摘したとき、さっそく防衛反応を示して「イスラモフォビア（イスラーム嫌悪）」呼ばわりするのは、リベラルな西洋エリートによる病的な逃避であった。西洋のリベラルは、公共の場での女性に対する侮辱の原因を、宗教的－保守的なイスラーム社会の根本問題のあらわれとは見なさず、そういった決めつけは西洋自身の問題を投影したものにすぎないと説明してきた。

ダウードを批判する西洋のリベラルは、日々の政治活動から啓蒙が生まれ、それによってイスラーム「社会」が発展して変わっていくように求めるのではなく、突如としてマーガレット・サッチャーのお経、「社会というものは存在しない！」〔サッチャーの演説のよく知られた言葉。国家と個人や家族などの中間領域を否定し、市場原理主義を唱えた発言とされる〕を真似しはじめたようにも見えた。実際、彼らが否定しているのは、「社会」によって人間の行動が変わることなのである。つまり、西洋のリベラルは、移民が新たな環境下でもなんら変わらず、期待の通りに偏狭なままでいるよう期待しており、移民を受け入れた西洋社会の方もまったく変わらないよう望んでいる。西洋のリベラルは、常に少数派《マイノリティ》の伝統や「アイデンティティ」に敬意を払うことを要求し、ポストコロニアルな権力勾配——ヨーロッパの旧植民地に対する優位——に立ってそれを否定するなと言ってきた。しかし、そこで浮上しているのは、新右翼とも共通する、深い次元での保守的な人間観にほかならない。

よりによって、このいらだたしい左右対立をよく説明するシナリオを書いてみせたのは、ニーチェ主義の男根主義者にしてフランス文学の「恐るべき子供」、ミシェル・ウエルベック［作家、詩人。一九五八年〜］であった。ウエルベックは、小説『服従』で、フランスのイスラーム勢力が同国の政権を獲得するというプロットを展開している。『服従』の主人公は、まったく無気力な文学研究者であり、右の枠組のなかで、イスラーム主義の「御用学者」に遭遇する。この人物は、イスラームに改宗したフランス人で、イスラーム主義とアイデンティティ運動［第4章を参照］のイデオロギー的な共通性を示すような台詞を語っている。彼の長広舌は、よく知られた公式をもってはじまる。

二〇世紀の知的論争は、すべて共産主義、いわば人間中心主義の「ハードコア」ヴァージョンと、自由民主主義、つまり人間中心主義のソフトヴァージョンとの衝突に還元されるものでした。[8]

「御用学者」は、学生時代にはこの単調な対立に反発しており、もともとカトリックの信仰を持っていたところから、アイデンティティ運動に参加するようになった、と言って主人公を驚かせる。しかし、すぐに、無神論化したヨーロッパではあらゆる支柱が失われており、キリスト教なき「ヨーロッパ国民」は「魂なき身体――ゾンビ」にすぎないと気づいたという[9]。彼がアイデンティティ運動から得た判断は、ヨーロッパの「アイデンティティ」の再生は不可能という残酷なものであった。

人類の文明の頂点にあったヨーロッパは、わずかに数十年のうちに自殺してしまったのです[10]。

ほどなくして、「御用学者」はイスラームに改宗したのであった。

ウエルベックの小説では、フランスの左翼は、この右翼とイスラーム主義の類似性を認識できず、単に無抵抗なまま退場するだけの存在である。主人公を含む教授陣は、すぐにサウジアラビアの資金でイスラーム化された大学運営に協力するようになる。レズビアンらしき女性教授が解雇されても、かつては「政治的に正しかった《ポリティカリー・コレクト》」同僚たちは抗議したりしない。左翼は、その文化相対主義ゆえに、元来の自分たちの価値を見失ってしまったのである。

女性の消去

ウエルベックの作中世界に限らず、「進歩的」な人々は、「他者」に敬意を払うあまり、「他者」が変容することに抵抗し、「他者」を自分たちにとってエキゾティックなままでいさせようとする。そのとき、この「他者」とは単に自分たちの願望の投影ではないか、「アイデンティティ」の押しつけではないかという問いは、ほとんど忘れられがちである。『服従』の「御用学者」のように、まったく別のやり方で自己形成できたかもしれないヨーロッパ人が、急にムスリムに改宗してしまう現象も、その結果にほかならない。

現在、イスラーム主義者も、ドイツの新右翼の「民族多元主義」論者［第1章を参照］も、破壊的な「西側の近代」に対抗しうる純粋な集団的「アイデンティティ」を維持しようと、自分たちの地域で、「アイデンティティ」を脅かすグレーゾーンに対する闘争を行っている。カメル・ダウードへの批判に見られるように、進歩主義者であるはずの左翼が、「アイデンティティ」を絶対に変更不可能なものとして受け入れてしまうとしたら、イスラーム主義者や新右翼のリベラル版というほかない。

西洋のリベラリズムは、保守的イスラームの権威主義的な実態を目にしたとき、沈黙するか評価を誤るかのいずれかである。そして、この傾向はほぼ自覚されていない。ヨーロッパ知識人の政治批判の手段は、すべてほかならぬヨーロッパの歴史をめぐる議論からもたらされたものので、イスラームへの知識が乏しいことが、この無自覚に拍車をかけている。その一例は、社会における自由の指標となる、性的規範の問題である。

一九七六年、ミシェル・フーコーは、「夕べの国の社会で」性行動のあり方がいかにして「知の対象となった」かについての研究として、『知への意志――性と真実』を出版している。[11]それによれば、セクシャリティの規範化と独占の発端となる「断絶」は、ようやく一七世紀に生じており、フーコー自身も強調しているように、むしろ新しい考え方である。[12]性的なものを馴致していくなかで、セックスの管轄は、最終的に教会から国家へと移っていく。つまり、セックスは、魂のあり方のみならず、医療や教育や人口動態の観点からアプローチされるようになっていく。『知への意志』によれば、セクシャリティとは、社会的・歴史的な言説の一部である。一七世紀には、その言説の内容や担い手が変わったのである。

ここで目を中近東に向けると、かの地の社会の「イスラーム回帰」が進展するなかで、社会に根差した性的禁忌が国家によっても正当化されるという、過去のヨーロッパとよく似た現象が生じた。ただし、イスラーム世界が近代ヨーロッパと異なるのは、さしあたり、むかしから支配的な思想への反対勢力が成長する余地がなかったことである。具体的に言えば、独立した市民階級、および政治的・文化的な進歩主義の野党が欠けていたことである。また、ヨーロッパ社会は、セックスを、科学の助けを借りて器官の問題へと単純化し、国家の力で統治しようとした。これに対して、イスラーム世界では、社会全体が、すべての領域で、しかも西洋よりもはるかに強力に、女性のみを制御《コントロール》してきたのであった。
カメル・ダウードは、伝統に回帰した北アフリカのイスラーム社会を意識しながら、この性についての「身体政治」を説明している。それによれば、イスラーム社会では、女性は、自分自身を除いた全員の所有物とされている。

女性の身体は、誰のものなのであろうか。国民のもの、家族のもの、夫のもの、兄のもの、地区のもの、地区の子供のもの、父のもの、国家のもの、隣近所のもの、国民文化のもの、禁忌のもの、これが現状である。女性は全員のもので、ただ一人、自分自身のものではない。女性の身体は、本人の所有とアイデンティティが失われる場所である。女性は、その身体のなかでは客人でしかなく、彼女を所有し、搾取する法に従属させられている。女性は共同体全員の名誉を担わされ、ただ一つ、本人の名誉だけは担い得ない。本人の名誉は、女性自身のものではないからである。

この仕組のもと、女性に対する、また女性の身体やセクシャリティに対する扱いは、イスラーム社会の最大の象徴となる。
ダウードは、女性を「アッラーの世界におけるゴルディオンの結び目」［古代ギリシャの伝説に登場する一種の知恵の輪のこと。解いた者がアジアの王になるとされる」と呼んでいる。[13] 女性という象徴は、あらゆる側面で女性以外のすべてに対して多くの意味を背負わされている。イスラーム社会の全員が女性をコントロールしようとしており、女性を掌握する者は、ゴルディオンの結び目を解いた者のように、同時に全社会をコントロールできるのである。

西洋の社会でも同じではないか、西洋でも女性の自主性は建前にすぎないのだから、という反論もあるかもしれない。しかし、それは、イスラーム世界と西洋のあいだの状況の差異をほとんど理解していない発言にすぎない。このことは、イスラームの伝統を批判する者は、女性の身体を批判のための手段として利用している、というよくある非難にも当てはまる。女性の身体を利用してきたのは、イスラーム批判者ではなく、イスラームの宗教勢力にほかならない。女性の身体を布で覆うものは、イスラーム批判者のフェティシズムではなく、イスラーム主義の信奉者のフェティシズムである。

実は、ここで問題にしているのは、宗教の衣をまとった政治的支配なのである。クルアーンの保守的な解釈によって統治される、イスラーム原理主義の社会は、あらゆる宗教的支配体制と同様に、セクシャリティこそ個人の私的領域の鍵であり、それを掌握すれば社会全体を完全に支配できるという――実に近代的な――認識に達していた。だからこそ、イスラーム世界の権力は、セクシャリティに強い注目を向けることになる。どこであれ、イスラーム原理主義が浸透するところでは、公共の場では、セクシャリティの「容器」とされる女性の身体が、次第に布で覆われていくようになる。厳格に女性を規律のもとに置き、性的領域に直接干渉することで――フーコーならセックスの「規律訓練」と呼ぶであろう――、生全体の掌握が可能となる。

イスラーム原理主義の教義は、特に下層階級に広まり、その影響はさらに増大している。この状況が示しているのは、イスラーム世界とヨーロッパのあいだの、性的規律訓練の本質的な差異である。

フーコーが言うように、西洋社会の歴史では、性的抑圧は中上流階級にかけられるものであった。つまり、ヨーロッパでは、下層階級だけは「ながらく「セクシャリティ」の専制を免れていた」。フーコーによれば、一九世紀末になってもなお、「当時の下層階級にとって、キリスト教的な「肉欲の技術」は重要な意味を持っていなかった[14]」。反対に、上中流階級は、少なくとも下層階級とは比較にならないほど、この「肉欲の技術」を美徳として自身に課していた。

一方、トルコからイランを経て北アフリカにいたるまで、イスラーム原理主義の組織はとくに下層階級に支持されていることからもわかるように、イスラーム世界では「貧困階級の道徳化」が進んでおり、フーコーの描くかつての西洋社会とは異なっている。また、それと並行して、教養ある中上流階級の方も、ムスリムとして新たな自覚を持ちつつある。彼らは、自身の宗教性を、ヨーロッパ社会と差異化するために誇示するようになっている。いうまでもなく、かつてであれば女性運動や労働運動がこの種の硬直した宗教道徳への対抗言論の足場となっていた。しかし、いまではどちらも抑圧の対象となっている。

イスラーム主義の運動は、ケマリズム〔トルコ共和国の初代大統領であったケマル・アタチュルクの打ち出した世俗主義の路線〕やバアス党の世俗主義に対して、またなによりも「醇風美俗《じゅんぷうびぞく》を失った」西洋に対して、運動がはじまった当初から反体制としての性格を持っていた。イスラーム主義は、この反体制性ゆえに、「革命」的という声望すらも持つようになり、原理主義の各組織もそう自任している。

ダウードは、イスラーム原理主義の反乱のもたらした致命的な結果を、「ポルノ・イスラーム」と呼んでいる。ダウードによれば、天国は、「敬虔な信徒に与えられる報酬というより、売春宿に近い」。説教者は、「自爆攻撃をすれば天国で処女を得られるという幻想」を振りまいている。「公共の場での女性狩り、純潔主義の専制、ヒジャブやブルカ」も、その結果にほかならない[15]。ダウードは、この「ポルノ・イスラーム」概念を手がかりに、特に過去数年のアラブ－イスラーム地域での大規模な政治的腐敗にともなって生じた、文化面の事象を列挙している。

フーコーを援用すれば、ここで浮上する見方は、以下の通りである。中近東社会の「イスラーム回帰」は、男女交際を制御する方向で進展していった。その過程で、ヨーロッパの市民社会と同様に、――ただしイスラーム特有の定義を施された――「身体」やそれにもとづく「セクシャリティが確立した」。そして、イスラーム社会は、「性的欲望の装置を組織することによって、今後何百年にもわたって「身体」が存続し、世代をまたいで再生産されるのを保証しようとした」。

右翼ポピュリズムのメディアやインターネット掲示板では、「セックス・ジハード」なる語が広まっている。しかし、その愚かな認識に代えて、イスラーム的「身体」の制御は、実は先行するヨーロッパの市民社会と同じ動機で行われていることを知る必要がある。同じ動機とは、『知への意志』の言葉を借りれば、「差異」と「覇権」、つまりほかと異なる「優秀」な子孫の獲得である。[16] イスラーム原理主義に特有の身体言説は、かつての西洋市民社会のそれに劣るものではない。西洋社会の身体言説は、フーコーがヨーロッパの支配階級について書いているように、ブルジョワジーの「生と死をセックスに結びつけてきた」。その目的は、「階級的身体」をつくりあげ、市民《ブルジョワ》階級全体の生命力と子孫存続を保証するところにあった。[17] 保守的なイスラーム勢力も、これと同じ欲望を追求していることを見過ごすことはできない。

つまり、過去の西洋を批判する者は、現在のイスラームについても沈黙してはならない。移民現象がドイツの一部となって久しい以上、なおさらである。例えば、女性器切除の習慣を見て、フーコーが指摘しているような、女性を「性的欲望の装置」へ組み込むこと、およびそれにともなう一八世紀末以降の「女性のヒステリー化」「女性は性的欲望に支配されているため、ヒステリーを起こすと考える見方」を連想しないでいることは難しい。[18] 女性器切除は、イスラーム社会に限られてはいないとはいえ、特にそこでよく見られる風習である。しかし、その背景にある思想は、実は宗教自体とは関係がない。

「女性器切除の最大の動機は、女性のセクシャリティのコントロールである」[19]。この一文が、一九世紀のヴィクトリア朝イングランドでの出来事についての言葉であるなら、口やかましい面々も同意したことであろう。しかし、これはエジプト系アメリカ人のフェミニズム活動家、モナ・エルタハウィ［ニューヨークで活動するジャーナリスト、社会評論家。一九六七年〜］により、現代のイスラーム社会に向けて書かれたものであったため、ほとんど反響を呼ばなかった。エルタハウィは、革命的な怒りをもって、「中東の女性嫌悪《ミソジニー》の核心」にある「セクシャリティと死と宗教の三すくみ」を告発しており、これが西洋のリベラル層に広く知られてもおかしくなかった[20]。しかし、そうならなかったのは、エルタハウィが「あの西洋のリベラル連中」に辛辣な批判を突きつけているからである。

エルタハウィによれば、イスラーム社会の女性嫌悪《ミソジニー》を批判すると、西洋のリベラルは、そこに「帝国主義」を見いだし、やめさせようとしてくるという。逆に、エルタハウィには、特権的な立場にいながら、特権なき人々が社会を変えようとするのを妨《さまた》げる点で、西洋のリベラルこそ真の帝国主義者に見えている。

西洋のリベラルは、私の文化や私の信仰を、私に代わって救済するかのように振る舞っている。しかし、忘れているのは、彼らはもともと、私が告発してきたイスラーム社会によっては傷つけられない存在ということである。西洋のリベラルは、自分の特権とパターナリズムに盲目であり、私の文化や宗教にとって何が「本当のもの」であるのか、勝手に決定する権利があると思っている。[21]

あらゆる世代の人文学者は、ヨーロッパにおいてセクシャリティを抑圧してきた言説の歴史を、フーコーの仕事から学んできた。そこから考えれば、セクシャリティを集中的に抑圧し、女性の自己決定権を無視するのみならず、女性の主体を「恥」の言説のなかに消去しようとするイスラーム社会の動きには、徹底して警鐘を鳴らさなければならない。確かに、カトリック教会や一九世紀の市民的《ブルジョワ》な性道徳の場合とは異なって、ここでは「知」が利用されているわけではない。しかし、両者の並行関係は明らかである。イスラーム社会で復活しているのが、かつての西洋の抑圧的な性道徳と同じものであることは、ほとんど認識されていない。イスラーム主義者は、その古い性道徳を擁護して、「開封済み」の飴に蠅がたかった絵のポスター――頭髪を覆わない女には悪い男がたかる――を掲げ、ドイツでもヒジャブを宣伝している。

ヨーロッパの保守政治家は、はやく移民に西洋社会のルールを教えなければならない、と野次を飛ばすかもしれない。しかし、中近東のイスラーム回帰を念頭に置くとき、それはむなしく響くほかない。多くの場合、移民してくるのは、異世代間、異宗教間、異階級間、ひいては男女間の交際が、あらゆる局面で過剰規制されている社会の出身者である。彼らが別のルールで成り立っている環境に来たとき、西洋との衝突が発生するのは当然である。この衝突は、伝統の支配するイスラーム社会の負の側面でもある。伝統的社会の保守的な秩序は、処罰を与える権威者がいない状況では維持できないのである。このため、移民の男性は、ヨーロッパに来ると、もといた社会の罰則から解放される一方で、自身の欲望だけはそのままという矛盾に見舞われることになる。ダウードによれば、ここで、彼らは非対称な望みを描くようになる。「私は女性と交際したい。しかし、私の姉妹には男の愛を知ってほしくない」[22]

伝統的なイスラーム社会は、女性の処女性を崇拝し、女性や少女が公共の場でさらに多くの肌を隠すよう宣伝を繰り返すことで、セクシャリティの全責任を女性に負わせてきた。ダウードの言う非対称な望みという観点からすれば、アラブ諸国で見られる男性による女性への集団的セクシャルハラスメント——最近では「タハルシュ・ジャマーイー」というキーワードで呼ばれるようになった——も、政治的なニュアンスを帯びる。つまり、男性が自分のセクシャリティに責任を持たず、欲望を制御しない以上、公共の場で犠牲にならないよう自衛するのは、女性だけに課せられる義務となるのである。

ジャック・ドノヴァンも、男性の役割は究極的には女性を「守る」ことである、と言っている。これは、同時に、女性を徹底して束縛するという意味でもある。男性が女性の加害者と守護者を兼ねるのは、国を問わず、父権制の存続を保証するシステムである。だからこそ、前章で扱ったドノヴァンへの批判は、超保守的な宗教解釈にもとづくイスラーム社会にも適用されなければならない。さもなくば、左翼は「イスラームの超マッチョ主義」に屈している、というリヒトメスの嘆きを甘受せざるを得なくなる。

左翼がイスラーム主義に対して沈黙している理由については、完全には解明できない面もある。もちろん、イスラーム批判によって植民地主義の枠組を再生産している、という非難を恐れているのかもしれない——今日では、イスラーム原理主義それ自体が、まさに「オリエンタリズムの幻想」最大の産物と考えられているにもかかわらず。

確実なのは、左翼にも存在する「自分自身のアイデンティティ」への憧れが、それに一役買っていることである。左翼もまた、自分たちが本来的な「自分自身のもの」を失ってしまったと考えたうえで、それを外国人に投影し、彼らには独自の「アイデンティティ」を持っていてほしいと願っている。左翼は、「固有の文化」とされるものに配慮するあまり、聞くべき声をほとんど聞かなくなっている。

ここでは、二正面に対しての批判が必要であろう。まさにそれを行っているのが、モナ・エルタハウィである。エルタハウィは、西洋社会の人種差別や少数派《マイノリティ》に対する偏見を熟知したうえで、一貫して、なによりも「我々をヒジャブと処女膜以上のものとは見なさない女性嫌悪《ミソジニー》体制に立ち向かうこと」を求めている。[23]

エルタハウィは、西洋社会とイスラーム社会の反動的性道徳のあいだの共通性も見逃していない。エルタハウィは、キリスト教世界の「貞操宣誓式」——アメリカ合衆国で行われる、処女のまま結婚することを娘が父親に誓う儀式——も、イスラーム父権制の伝統からさほど離れたものではないと考え、はっきりとこう言い切っている。「多くの場合、［……］オクラホマに引っ越すのは［……］中東に帰るのに等しい」[24]。イスラーム社会でマッチョイズムと保守主義が相互補完関係にあるのと同じく、西洋のキリスト教原理主義の世界でも、両者の混合体が見られるのである。もちろん、西洋には「そうではない」人生設計をする余地がまだしも残っており、マッチョイズムと保守主義の結合が支配するのを、かろうじて押しとどめている。しかし、ドナルド・トランプの「あの女に手マンしてやるぜ！」なる発言が、「タハルシュ・ジャマーイー」に走る暴徒の雄叫びに変わったとしてもおかしくない。

「タハルシュ・ジャマーイー」のような現象は、移民を通じて急にヨーロッパに持ち込まれたものである。このため、トランプのように西洋社会に由来する反動とは異なって、ほとんど考察の対象とはなってこなかった。また、イスラームの宗教から発生した事件と見なされたとしても、その背後にあるムスリムの「アイデンティティ」は問い直されてこなかった。

そもそもキリスト教やユダヤ教の社会は、宗教から解放される方向で動いてきた。一方、ムスリムのあいだでは、せいぜいイスラームの内部改革が叫ばれているにすぎない。イスラーム圏のテレビのトーク番組では、神学的な見かけ倒しの議論が横行し、新聞の文芸欄には、魔術を証明したり、クルアーンの章句で悪魔祓いをしたりする記事が掲載されている。ムスリムが宗教的「アイデンティティ」から離れることは、原理主義の狂信者のみならず、西洋のイスラーム批判者にとっても、想像すらされていないように見える。

かくして、ムスリムであることは一つの運命とされ、ヨーロッパ人も、ムスリムは自身の「アイデンティティ」を運命として喜んで受け入れているかのように思うようになる。要するに、右翼ポピュリズムは、自分たちは宗教への拘束を克服してきたのに、それをムスリムという「他者」になすりつけているのである。この一貫性のない文化批判こそ、右翼ポピュリズムによるイスラーム叩きの「真実」である。

右翼がイスラームを論ずるときも、自分たちが相手と道徳的保守主義を共有しているのは自覚している。だからこそ、ヨーロッパの右翼は、啓蒙的価値を非難しつつ、同じ口でそれを利用して敵としてのイスラームを非難するという、二枚舌を使っているのである。左翼やリベラルは、この構図に介入したり、反論したりすることができないままでいる。このため、実のところイスラーム主義に近い価値観を持っている右翼が、事実上イスラーム解釈を独占してしまうことになる。

エルタハウィによれば、「イスラーム主義は、あるいは似たような女性嫌悪《ミソジニー》に走る世俗の男性は、我々の社会にとっては、女性の権利や性的な自己決定を脅かすものでしかない」。この見方は、ヨーロッパの右翼に適用されても差し支えない。ヨーロッパの右翼も、解放を否定し、性行為や生殖の自己決定権を否定しようとしているからである。[25] ヨーロッパ右翼の指導者は、一方では人口動態のデータを用いて、ムスリムの（あるいは単に「非白人の」）人口肥大の危機なるものを宣伝し、他方では自民族の出生率低下につながる女性の平等化を拒否している。そして、ムスリムが高い出生率の維持によって人口を独占する「出生ジハード」を企てていると主張しつつ、結局は同じことをヨーロッパ人にも実行させようとしている。

左翼やリベラルは、普段は女性だけに責任を負わせる社会規範を批判しながら、イスラーム社会が同じ規範を強制することの是非を論ずるところから逃げている。しかし、この二つは、同時には成り立たない。つまり、左翼やリベラルは、ジェンダー理論による批判とヒジャブ擁護のあいだで態度を決定しなければならないのである。いかに多様性《ダイヴァーシティ》といえども、この二つは両立しないからである。

伝統と文化の権威

イスラーム原理主義それ自体が、ドイツの新右翼が「アイデンティティ」とともに復権を目論んでいる「保守革命」――「西側の普遍主義」に対抗する思想――の一つと考えてよい。

オーストリアの精神分析学者であるサマ・マーニー〔イラン系の作家、精神科医。一九六三年〜〕は、ある啓蒙的なエッセイで、イスラーム主義者や、イスラーム社会の内部から西洋の「イスラーム嫌悪」を告発する者と、Pegida《ペギーダ》のような人種差別的な「イスラーム叩き」の共通性に触れている。それは、宗教を完全に社会やその構成員と同一視していることである。

マーニーによれば、彼らの信条は、原理主義者の持っている基本認識――「イスラーム批判者は、必ずムスリムを攻撃する」[26]――からも理解できる。原理主義者は、まさにこれを主張して、全ムスリムの名のもとに反撃しようとしている。一方、「イスラーム嫌悪」の告発者も、同じ認識で「ムスリムへの攻撃」を止めようとする。さらに、移民と闘うために「イスラーム叩き」に精を出す西洋人も、まさにこの状態を実現しようとしている。つまり、三者いずれも、各個人が、集団への帰属意識とは別に、それぞれ主体的な「アイデンティティ」を持ちうることは、想像すらできないのである。このため、三者は相互補完的な存在であり、表向きは敵対しているとしても、実態としては協調しているのと同じである。

サマ・マーニーが言うように、宗教だけを「アイデンティティ」と見なすのは、宗教的権威の持ち主が、個々の信徒に対して完全な権力を振るおうとするのと同じ発想である。

この論理では、ムスリム個人は、イスラームという宗教の圏内でのみ存在していることになる。もしムスリムが宗教から離れるならば、文字通り存在をやめることになる。しかし、イスラーム社会とイスラーム共同体だけに「アイデンティティ」があるという考えは、幻想にすぎない[27]。

これと同じ「アイデンティティ」意識は、ドイツの新右翼の世界観にも見られる。そこでは、個人の主体は「民族文化」の鎖につながれている。近代とはこの「アイデンティティ」による拘束を失う時代であるとされ——確かにこれ自体は正しい——、新右翼は、伝統と文化の権威への回帰を求めている。しかし、そのとき忘れられているのは、その「伝統と文化」が多分に想像の産物であるという事実である。また、新右翼は、「自己」が「アイデンティティ」を喪失して分裂しつつあると嘆く一方で、ムスリムに代表される「他者」は、一枚岩の同質的な「アイデンティティ」を持っていることを前提にする傾向にある。

しかし、例えば、イスラーム原理主義は、近代的グローバリズムと衝突したイスラーム文化が各地で崩壊していく過程で生まれたものである。それゆえ、イスラーム原理主義は、一九世紀にヴィルヘルム一世のもとでドイツが統一されたとき台頭した、ゴート族やヴァイキングにドイツ文化の起源を見るような民族至上主義《フェルキッシュ》運動と同水準でしか「純粋」ではない。問題なのは、マーニーが舌鋒鋭く指摘しているように、そのような「想像の共同体」を求めるイスラーム原理主義を、左翼が寛容の美名のもとに認めてしまっている現状なのである。あるいは、左翼がムスリム全体に、声の大きい一部の狂信者が望んでいるような先鋭的な存在になることを期待してしまっている現状なのである。そのとき、反人種差別は「アイデンティティ」の罠に陥ってしまうほかない。

新右翼は、左翼のこの傾向から利益を得てきた。これについては、オルト・ライトの活動家であるマイロ・ヤノプーロス自身が分析している。ヤノプーロスによれば、左翼は、自分たちの陣営で「部族主義《トライバリズム》やアイデンティティを求める運動が登場するのを［……］故意に黙殺し」、右翼の側に追いやったうえで激しく攻撃してきた。

オルト・ライトの台頭を許したのは、この種の道徳的なダブルスタンダードなのである。左翼のダブルスタンダードは、ドナルド・トランプの台頭に、幾分かは責任がある。[28]

結論は飛躍であるとはいえ、「アイデンティティ」問題に対する合衆国左翼の硬直した態度が、かえって新右翼に喜ばれていたのがわかる。

同じ理由で、新右翼が歓迎しているのが、アメリカの大学から投稿され、ほかならぬブログ版の『若き自由』がリンクを貼っている動画である。そこでは、髪型をドレッドロックス［毛髪をロープ状に編んだ髪型］にした白人の男子学生が、黒人の女子学生から「それは私たちの文化だ！」と非難される様子が描かれている。[29]ブログ版『若き自由』には、これが合衆国のアイデンティティ政治の実態だ、ポリティカル・コレクトネスは黒人のためのものであって白人のためのものではない、という無数のコメントが書き込まれた。

新右翼は、ムスリムをはじめとする「他者」を攻撃しながらも、彼らが持っている「アイデンティティ」を——伝統社会でよく見られるような、社会から強いられた「アイデンティティ」であったとしても——羨ましがる傾向にある。社会的強制は、見過ごされているというより、

「アイデンティティ」を持っているが、自己はすでにそれを失っており、これから再生しなければならないと考えているのである。

そして、第8章で見てきたように、「アイデンティティ」をもたらす二大要素は、「空間《ラウム》」と「文化」であるとされる。これは、いわば「文化の自明性」とでもいうべき空想的な思想であり、カール・シュミットの言う国家秩序や「空間」秩序とも合致している。つまり、リベラルな共和国はドイツの本質ではない、ムスリム女性は自発的にヒジャブで頭を覆わなければならない、という二つの考えは、同じ視点から出てきた発想である。そこでは、すべての「他」なるものは、「自己」のアイデンティティへの攻撃であると見なされる。

最終的に浮上するのは、啓蒙はヨーロッパ文化と不可分なのかどうかという問いである。サマ・マーニーが、極めて明確に、この問題に回答している。

ヨーロッパ中心主義なくして普遍性もない。これこそ、普遍性を求める近代という時代のなかに隠された――受け入れるのに気づまりな――弁証法である。つまり、近代的普遍性は、ヨーロッパ社会特有の歴史に根差していると同時に、ヨーロッパの特殊性を超えたものでもあり、それだけに矮小化されてよいものでもない。我々がヨーロッパ人としてこの弁証法に目を閉ざすとき、――もし「我々」がヨーロッパ人であるならば――

啓蒙や民主主義や人権のようなカテゴリーは、「我々の文化的所有物」であり、非ヨーロッパ人と「我々」を絶対的に区別する指標である、と考えるようになってしまう。[30]

普遍性をめぐるこの弁証法は、ヨーロッパの歴史的条件という個別的なるものを、全世界に該当する一般的なるものへと総合しようとする。この弁証法のもとでは、「普遍的価値」とは「西欧の価値の投影」にすぎない、というアレクサンドル・ドゥーギンの嘆き節は通用しない。[31]同様に、「純粋な外国文化」の美名のもと、イスラーム主義への批判を「イスラーム嫌悪」として片づけようとする左翼も通用しない。

同じことは、保守的なムスリムに対しても該当する。保守的ムスリムは、人権を「西洋的」なものであるからと言って拒否し、一九九〇年には、西洋的人権とは異なった「イスラーム」における人権に関するカイロ宣言」［世界人権宣言に対抗するため、イスラーム協力機構がシャリーアにもとづく人権を定義しようとして発表した宣言］によってこれに対抗しようとした。これは、敵の概念――この場合は人権――を奪いとって自分のために転用しようとする点で、やはり普遍主義や啓蒙を敵視するドイツの新右翼とも共通する戦略である。

ドイツの新右翼は、人間主義《ヒューマニズム》や普遍主義の攻撃にさらされている権威主義体制の「正当防衛」として、自己を正当化してきた。新右翼もまた、攻撃と防衛の関係を転倒させている。その根本的な発想は、カール・シュミットが引用するムッソリーニの言葉に表れている。いわく、「民主主義による全体主義国家に対する戦争」[32]である。

権威主義による対抗運動が最も攻撃的になるのは、多くの場合、自身が苦境にあるときである。その証拠に、本書で論じてきた権威主義勢力の闘争は、みな啓蒙によって解放されつつある集団――ユダヤ人、女性、同性愛者――を標的にしてきた。グローバル化の成果で、伝統的共同体とは「別の」「よりよい」生を生きてもよいことが、万人に知られるようになった。権威主義勢力が守勢を強めねばならなくなったのは、まさにこのためである。例えば、伝統的な性別役割分担がながらく揺らいできたからこそ、権威主義勢力は、それを暴力に訴えてまで守ろうとしてきたのである。原理主義的な宗教解釈の復活であれ、ジャック・ドノヴァンの小冊子であれ、みなその証拠である。

一九世紀のドイツ帝国で反ユダヤ主義が高揚したのは、ユダヤ人の法的平等が達成されたのちのことであった。アメリカで人種差別が荒れくるったのは、その国が初の黒人大統領を持ったときであった。同じように、現代のヨーロッパで反ムスリムの煽動が激化したのは、ムスリムが裏通りのモスクに隠れている状態から脱して、堂々と日常生活を送るようになってからであった。反同性愛運動が大きな存在になったのは、同性愛が社会的に認知されたときであった。フランスの「万人のためのデモ」が同性婚問題に火をつけ、次いでドイツ版「万人のためのデモ」［第3章を参照］が性教育を「正常化」させよと訴えるようになった。

解放運動は、どの場所でも、一時的にしか勝利することができず、すぐにそれを上回る強力なバックラッシュの危機に見舞われる。この法則は、ドナルド・トランプをいただくアメリカ合衆国で、いままさに確認されているはずである。本書でも見てきたように、ドイツの新右翼の世界観では、「普遍主義」のほぼ同義語として「アメリカニズム」が頻繁に持ち出され、敵を定義する言葉として用いられてきた。しかし、実際には、「普遍主義」と「アメリカニズム」はまったく異なるものなのである。

二〇一六年の大統領選挙を起点に、よりによってアメリカ国内で、オルト・ライトに代表される、これまでなら非アメリカ的であった潮流が勢いを増しつつある。よく考えてみれば、保守主義が権威主義へと退行する過程での大きな逆説として、ドイツの新右翼自体が、逆に「アメリカ化」されてしまったともいえる。例えば、すでに説明したように、ドイツの新右翼が戦略の手本としたのは、ティーパーティー運動であった。もっとも、トランプが共和党を乗っ取るのに成功したのに対して、ドイツの新右翼は、キリスト教民主同盟（CDU）を「保守」政党として生まれ変わらせると称していたのに、それに失敗し、やむなくドイツのための選択肢（AfD）という新党に鞍替えしたのであった。

合衆国の極右のあいだでも、信仰の問題に関しては、ドイツの新右翼と似たような分裂が見られる。合衆国の極右のうち、ドイツの『若き自由』に相当する「真面目な」一派は、アメリカ的－共和党的な規範に従って、キリスト教原理主義を信奉してきた。反面、少数派集団は、「異教的」要素を好み、こちらがオルト・ライトを構成している。トランプの支持母体がそのオルト・ライトであること、またトランプがアメリカの政治家にしては珍しくキリスト教的な表現をあまり使わないことは、従来の合衆国の保守主義との相違点である。

アイデンティティ運動の幹部であるマルティン・ゼルナーは、合衆国大統領選挙に先立つ二〇一六年の夏、トランプの支持者が体制エリートに対して行っている「文化戦争」の牽引力を賞賛し、合衆国の全右翼に語りかけている。ゼルナーによれば、「ザ・ドナルド」――トランプ現象――は、彼自身に、「これまで一度たりともいだいたことがなかった、もう一つのアメリカへの信仰心を取り戻させた」[33]。

『独立』のライター、ベネディクト・カイザー［一九八七年〜］も、似たような多弁を弄している。カイザーが言うには、トランプによる「アメリカのための選択肢《オルタナティヴ》」を見れば、「『アメリカニズム』とは物質主義にすぎないという思い込み」を捨てざるを得なくなる。そして、「地政学的情勢にもとづいて、別の考え方をしなければならない」ようになるという[34]。

ドイツの新右翼は、アングロ・サクソン文化にはもともと普遍主義的性格が備わっていると言って、これを敵視してきた。ところが、トランプ現象を目にして、その大前提を放棄しつつあるようにも思われる。

恐ろしいのは、グローバルな「保守革命」の大波が、アメリカ合衆国での極右の勝利を出発点に、ヨーロッパの右翼ポピュリズムの、ロシア帝国復活の、ひいてはイスラーム主義の勢いを、さらに増幅させることである。これは、驚くべき事態であるのかもしれない。なにしろ、アングロ・サクソン世界は、民族至上主義《フェルキッシュ》にもとづく反リベラリズムに冒された歴史がないと見なされてきたからである。彼らならば、移民は商品と資本の流通をもたらし利益を生むものと考え、排外主義には走らないはずであると思われてきたのである。

しかし、現状が示しているのは、リベラリズムのイデオロギーがながらく主張してきたのと異なって、経済的自由主義と人権を擁護する普遍主義の関係は——つまり自由な市場と民主主義の関係は——自明ではないという事実である。実のところ、アングロ・サクソン世界とリベラルな普遍主義は、本質的なペアではなく、たまたま一緒になっていただけで、いつ別れてもおかしくない旅の道連れにすぎなかったのである。これまで、西洋のリベラリズムは、アメリカ合衆国の文化のもとで最先端の体制となり、普遍的価値を擁護してきた。一方で、その影の面として、偏狭な愛国主義を生み落としてもきた。愛国主義は、三十年にもわたってアメリカをほとんど根底から支配し、トランプ一派のような権威主義的反乱者が台頭する土壌を用意したのであった。

ドイツの新右翼は、古代の闘技文化を引き継ぐ「闘争的」伝統のなかにいると妄想してきた。このため、彼らには、資本主義の持つ競争や「スペクタクル」［「スペクタクル」の概念については、第5章のシチュアシオニストについての記述を参照］の文化に大きな魅力を感じる側面がある。[35] 同じ理由で、物故したオーストリア自由党（FPÖ）代表、イェルク・ハイダーも、アメリカ合衆国の社会ダーウィニズム［ダーウィンの進化論を応用して人間社会の発展を説明する立場。自由放任経済を「適者生存」として正当化するイデオロギーとなった」への感動を表明したことがある。このように、合衆国に対する矛盾した視線は、右翼の「アメリカニズム」観のなかに埋め込まれている。

皮肉にも、いまやトランプ現象とともに、ほかならぬ合衆国自体が、普遍主義としての「アメリカニズム」と決別したようにも見え、「自分自身の本来的なアイデンティティ」にとらわれたドイツの新右翼の思考から、「反アメリカニズム」という基礎を奪いかねない展開となっている。そこで示されているのは、アメリカ社会の退行が、かつての進歩と同じく、「血と大地」ではないにしても、その歴史的条件に根差していることである。だからこそ、最近のアングロ・サクソン世界の出来事は、トランプにせよブレグジット［二〇一六年の国民投票で可決された、イギリスのEU離脱のこと］にせよ、普遍主義の世界精神に、別の居場所を求めなければならないと告げているのである。

ギュンター・マシュケは、右翼に転向する以前、革命が最初にもたらしたものは「反革命の革命化」であった、というレジス・ドゥブレ（フランスの革命家）［哲学者、メディア学者、作家。カストロやゲバラとの交流で知られる。一九四〇年〜］の言葉を引用したことがある。これは、期せずして、「保守革命」思想家の魅力を説明するものでもある。[36]第一次世界大戦後の保守主義は、ある種の防衛戦を余儀なくされることで、極めてゆがんだ急進化の道をたどり、「保守革命」をもたらしたからである。現在、ドイツの新右翼が行っているのも、当時と似たような防衛戦にほかならない。

しかし、新右翼が後退戦の途上にあると見なすとしたら、危険性の過小評価にしかなるまい。新右翼の権威主義的性格は、世界をただ有事の目で、カール・シュミットの言葉でいえば例外状態の目で眺めることを要求する。この視線が、新右翼を、次第に人間主義《ヒューマニズム》や啓蒙から逸脱させていった。かくして、権威主義に抗するのではなく、権威主義に拠って立つ反乱者が登場するのである。

現在、世界各国で、「自分自身のアイデンティティ」を追求するため、イスラーム主義をはじめ、グローバルな「保守革命」が行われつつある。これもまた、新右翼による人間主義《ヒューマニズム》や普遍主義との闘争の延長にほかならない。いま必要なのは、この展開を押しとどめるべく闘うことである。そこで求められているのは、これまで左翼やリベラルが「ヨーロッパ中心主義」や「帝国主義」として自己批判してきた、単純な啓蒙の作業ではなかろうか。そのためには、膨大な努力が不可欠となろう。解放勢力が勝利するのは、必ずしも自然法則ではないからである。

注

まえがき

1 Albert Lotz, Europa oder Abendland. In: *Abendland* 7/1926, S. 216-217、ここではS. 216。ロッツェはこの言葉をもってカトリック保守が「ヨーロッパ」理念に反発する態度を要約しているものの、必ずしもそれに同意していたわけではなかった。ロッツェ本人は、ヨーロッパのなかに、「通過点、いわば、約束された夕べの国にたどりつくために越えなければならない峠」を見いだしていたのである。(S.117)

2 Kurt Lenk, Rechts, wo die Mitte ist. Studien zur Ideologie. Baden-Baden 1994.

3 Ellen Kositza/Götz Kubitschek (Hrsg.), Tristesse Droite. Die Abende von Schnellroda. Schnellroda 2015, S. 8.

第1章

1 Fernand Braudel, Geschichte als Schlüssel zur Welt. Vorlesungen in deutscher Kriegsgefangenschaft 1941, herausgegeben von Peter Schöttler. Stuttgalrt 2013, S. 29.［フェルナン・ブローデル『ブローデル歴史集成Ⅱ　歴史学の野心』浜名優美監訳、北垣潔／友谷知己／尾河直哉ほか訳、藤原書店、二〇〇五年、三三頁］

2 »zwischentag«-Diskussion Weißmann vs. Stürzenberger (www.pi-news.net). Teil 1-7. URL: https://www.youtube.com/watch?v=2HUVEl8AFFg.

3 »Unsere Zeit kommt«. Götz Kubitschek im Gespräch mit Karlheinz Weißmann. Schnellroda 2006, S. 13.

4 Kositza/Kubitschek (Hrsg.) 2015, S. 7.

5 Helmut Kellershohn (Hrsg.), Die »Deutsche Stimme« der »Jungen Freiheit«. Lesarten des völkischen Nationalismus in zentralen Publikationen der extremen Rechten. Münster 2013, S. 7.

6 Andreas Speit, Bürgerliche Scharfmacher. Deutschlands neue Rechte Mitte – Von AfD bis Pegida. Zürich 2016, S. 157.

7 Moeller van den Bruck, An Liberalismus gehen die Völker zugrunde. In: ders./Max Hildebert Boehm/Heinrich von Gleichen (Hrsg.), Die Neue Front. Berlin 1922, S. 5-34.

8 Moeller van den Bruck, Das Dritte Reich. Hamburg 1931, S. 69.

9 Julius Evola, Erhebung wider die moderne Welt. Stuttgart 1935, S. 116 ff.

10 Giselher Wirsing, Engländer, Juden, Araber in Palästina. Jena 1939, S. 136.

11 Manfred Kleine-Hartlage, Der Islam als Kampfgemeinschaft. In: *Sezession* 52/2013, S. 40-42.

12 Spendenaufruf der Kampagne »Ein Prozent für Deutschland«. URL: https://einprozent.de

13 Kositza/Kubitschek (Hrsg.) 2015, S. 126.

14 Götz Kubitschek, Provokation. Schnellroda 2007, S. 12 f.

15 Claus Peter Müller, Nein zur Toleranz. In: *FAZ* vom 18. Mai 2016. URL: http://www.faz.net/aktuell/politik/inland/rechtsextremismus/bjoern-hoecke-ueber-islam-nein-zur-toleranz-14240771.html.

16 Götz Kubitschek, Björn Höcke, Stefan Scheil und die AfD. Ein Doppelinterview. Teil 1 vom 15. Oktober 2014. In: *Sezession im Netz*. URL: https://sezession.de/46828/bjoern-

hoecke-stefan-scheil-und-die-afd-ein-doppelinterview-1-teil.html, Teil 2 vom 13. November 2014, URL: https://sezession.de/47122/bjoern-hoecke-stefan-scheil-und-die-afd-ein-doppelinterview-teil-2.html.

17 *Compact-Live* vom 13. März 2016. URL: https://www.youtube.com/watch?v=gkDpSwh5dcg, 特に3:24:50から。

18 Marc Jongen, Finsterste Abgründe. In: *JF* 26/2016, S .18, および Marc Jongen im Gespräch mit Götz Kubitschek. In: *Sezession im Netz* vom 30, Juni 2016. URL: https://sezession.de/54541/der-fall-wolfgang-gedeon-ein-austausch-zwischen-marc-jongen-und-goetz-kubitschek.html.

19 Martin Lichtmesz, Wege und Sackgassen für Männer. In: *Sezession im Netz* vom 21. Juni 2016. URL: https://sezession.de/54448/wege-und-sackgassen-fuer-maenner-hannah-luehmann-ueber-die-eierlose-linke.html

20 Vgl. Volker Weiß, Deutschlands Neue Rechte, Angriff der Eliten – Von Spengler bis Sarrazin. Paderborn 2011.

21 Martin Langebach / Jan Raabe, Die »Neue Rechte« in der Bundesrepublik Deutschland. In: Fabian Virchow / Martin Langebach / Alexander Häusler (Hrsg.), Handbuch Rechtsextremismus. Wiesbaden 2016, S. 561-592, ここではS. 565 f。

22 Volkmar Wölk, Der gescheiterte Aufstieg. In: *Der Rechte Rand* 157/2015, S. 8-10, ここではS. 10。

23 Jens Mecklenburg (Hrsg.), Handbuch deutscher Rechtsextremismus. Berlin 1996, S. 422.

24 Wölk 2015, S. 8.

25 同前、S. 8.

26 IfS, Die »Neue Rechte«. Sinn und Grenze eines Begriffs. Schnellroda 2008, S. 36.

27 Henning Eichberg, »National ist revolutionär. Was Rudi Dutschkes Thesen zur ›Nationalen Frage‹ für die Linke bedeuten«. Der Text erschien erstmals in *dasda/avanti* vom November 1978, Nachdruck in *wir selbst* 3/1999, S. 6-7.

28 Einleitung zum »Gespräch mit Henning Eichberg«. In: *wir selbst* 3/1980, S. 6. この対談は、同年それに先立って雑誌『美学とコミュニケーション』の「左翼の保守主義？」特集号で行われたアイヒベルクのインタヴューを、完全に再録したものであった。対談が示しているように、七〇年代後半には、左翼の一部も民族主義をめぐる議論を行っていた。»Wir sind eben doch Deutsche«. Gespräch über national-revolutionäre Perspektiven. In: *Ä&K* Nr. 36 vom Juni 1979, S. 125-130.

29 Mecklenburg 1996, S. 437.

30 *wir selbst*. Dezember 1979, S. 1.

31 Ralf Laubenheimer, Nationalismus als Emanzipationsbewegung. Teil II. In: *wir selbst* 5/1980, S. 31-32, ここではS. 32。

32 *wir selbst*. Dezember 1979, S. 1.

33 Rudolf Bahro, Friedensbewegung, Paktfreiheit, Neuvereinigung Deutschlands. In: wir selbst Mai/Juni 1983, S. 4-7, ここではS. 6。

34 Vgl. Kositza/Kubitshcek(Hrsg.) 2015, S. 79 ff.

35 Erik Lehnert, Autorenportrait Rudolf Bahro. In: *Sezession* 20/2007, S. 2-7, ここではS. 3。

36 Staatspolitisches Handbuch, Bd. 3: Vordenker. Herausgegeben von Erik Lehnert und Karlheinz Weißmann. Schnellroda 2012, S. 15-16.

37 Götz Kubitschek, amazon, Antaios und der Verlag Siegfried Bublies. In: *Sezession im Netz* vom 24. März 2014. URL: https://sezession.de/44174/amazon-antaios-und-der-ver-

lag-siegfried-bublies.html.

38 Kositza/Kubitschek(Hrsg.) 2015, S. 76.

第2章

1 Karlheinz Weißmann, Armin Mohler. Eine politische Biographie. Schnellroda 2011, S. 8 und 231.

2 同前、231.

3 Günter Maschke/Sebastian Maaß, »Verräter schlafen nicht«. Kiel 2011, S. 52 f.

4 Alain de Benoist, Kulturrevolution von rechts. Krefeld 1985, S. 145.

5 Armin Mohler, Das Gespräch. Über Linke, Rechte und Langweiler. Dresden 2001, S. 25 f.

6 Weißmann 2011, S. 41.

7 Eine Kopie der Selbstauskunft Mohlers befindet sich im Bestand des IfZ München, Signatur ZS-50-2,Blatt 1-14, ここでは特にBlatt 7 ff.

8 同前、Blatt 12.

9 Armin Mohler, Im Dickicht der Vergangenheitsbewältigung. Analyse eines deutschen Sonderweges. In: Nationale Verantwortung und deutsche Gesellschaft. Handbuch zur Deutschen Nation Bd. 2, herausgegeben von Bernard Willms. Tünbingen 1987, S. 35-107, ここではS. 56。

10 Mohler 2001, S. 36 f.

11 Vgl. Robert Grunert, Der Europagedanke westeuropäischer faschistischer Bewegungen 1940-1945, Paderborn 2012.

12 Helmut Kellershohn, Zwischen Wissenschaft und Mythos. Einige Anmerkungen zu Armin Mohlers »Konservative Revolution«. In: Heiko Kaufmann et al. (Hrsg.), Völkische Bande. Dekadenz und Wiedergeburt. Analysen rechter Ideologie. Münster 2005, S. 66-89.

13 Armin Mohler, Die konservative Revolution in Deutschland 1918-1932. Ein Handbuch. 5. Auflage. Graz/Stuttgart 1999 S. 4.

14 Kellershohn 2005, S. 84.

15 Mohler 1999a, S. 130.

16 Staatspolitisches Handbuch, Bd. 2: Schlüsselwerke. Herausgegeben von Erik Lehnert und Karlheinz Weißmann, Schnellroda 2010, S. 135.

17 Weißmann 2011, S. 74から引用した。

18 Mohler 2001, S. 41.

19 Claus Leggewie, Der Geist steht rechts. Ausflüge in die Denkfabrik der Wende, Berlin 1987, S. 211.

20 Stefan Breuer, Anatomie der konservativen Revolution. Darmstadt 1995, S .181.

21 Armin Mohler, Ravensburger Tagebuch. Meine Jahre mit Ernst Jünger. Wien/Leipzig 1999, S. 64.

22 Vgl. Carl Schmitt, Briefwechsel mit einem seiner Schüler. Herausgegeben von Armin Mohler in Zusammenarbeit mit Irmgard Huhn und Piet Tommissen. Berlin 1995, S. 23, Fußnote. 1.

23 Thomas Assheuer/Hans Sarkowicz, Rechtsradikale in Deutschland. Die alte und die neue Rechte. München 1992, S. 156.

24 Weißmann 2011, S. 119.

25 Armin Mohler an Carl Schmitt v. 7. April 1952. In: Carl Schmitt 1995 (Briefwechsel), S. 117.

26 Weißmann 2011, S. 34.

27 Peter Hoeres, Außenpolitik und Öffentlichkeit: Massenmedien, Meinungsforschung und Arkanpolitik in den deutsch-amerikanischen Beziehungen von Erhard bis Brandt. München 2013, S. 102.

28 Armin Mohler, Nach der Hexenjagd. In: ders. Von rechts gesehen. Stuttgart 1974, S. 315-323、ここではS. 322。

29 Langebach / Raabe 2016, S. 573.

30 カール・シュミットは一九五四年、「アルミニウス・モーラー様」と宛名を書いて、自分の新刊書*Gespräch über die Macht und den Zugang zum Machthaber*を献本していた〔カール・シュミット「権力並びに権力者への道についての対話」『政治思想論集』服部平治／宮本盛太郎訳、ちくま学芸文庫、二〇一三年、一四五～一八七頁〕。Vgl. Carl Schmitt 1995 (Briefwechsel), S. 179.

31 シュトラウスは、少なくともカール・シュミットとモーラーの往復書簡（一九九五年）では、『ドイツ人が恐れているもの』の執筆を発案した者として名前が挙がっている。Vgl. dort S. 345, Fußnote 418.

32 Gideon Botsch, Die extreme Rechte in der Bundesrepublik Deutschland 1949 bis heute. Darmstadt 2012, S. 69.

33 Erik Lehnert/Karlheinz Weißmann (Hrsg.), Staatspolitisches Handbuch, Bd. 1: Leitbegriffe. Schnellroda 2009, S. 101.

34 Samuel Salzborn, Rechtsextremismus. Baden-Baden 2015, S. 64.

35 Assheuer/Sarkowicz 1992, S. 139 f.

36 Theodor W. Adorno: Was bedeutet: Aufarbeitung der Vergangenheit. In: ders. Eingriffe. Neun kritische Modelle. Frankfurt a. M. 1963, S. 125-146、ここではS. 125 f。

37 Thor von Waldstein, Metapolitik. Theorie – Lage – Aktion. Schnellroda 2015, S. 10 f.

38 同前、S. 37 ff. この議論が、ＮＰＤによる「国民解放区」樹立のための「四大計画」──街頭闘争、参加者動員、有権者獲得、「組織への意志」──と類似しているのは、ＮＰＤ古参活動家のヴァルトシュタインによるものだけに、もちろん一目瞭然である。Vgl. Marc Brandstetter, Die vier Säulen der NPD. In: *Blätter für deutsche und internationale Politik* 9/2006, S. 1029-1031.

39 Benoist 1985, S. 20.

40 Staatspolitisches Handbuch, Bd. 1: Leitbegriffe, S. 101.

41 Siegfried Jäger et al. (Hrsg.), Nation statt Demokratie. Sein und Design der »Jungen Freiheit«. Münster 2004, S. 104.

42 Benoist 1985, S. 18.

43 Armin Mohler, Brief an einen italienischen Freund. In: ders. 1974, S. 43-54、ここではS. 43。

44 同前、44.

45 Armin Mohler, Warum nicht konservativ? In: ders. 1974, S. 36-42、ここではS. 41。

46 同前、42.
47 Armin Mohler, Brief an einen italienischen Freund. In: ders. 1974, S. 43-54、ここではS. 47 ff.。
48 同前、48 f.
49 Armin Mohler, Die Kerenskis der Kulturrevolution, In: ders. 1974, S. 55-63、ここではS. 56。
50 同前、61.
51 同前、62.
52 同前、63.
53 Armin Mohler, Der Konservative in der technischen Zivilisation. In: ders. 1974, S. 13-35、ここではS. 14。
54 Armin Mohler, Vorwort. In: Benoist 1985, S. 9-12、ここではS.11。
55 Georg Blume, Ja,sie haben sich getroffen. In: *Die Zeit* 44/2016. URL: http://www.zeit.de/2016/44/frauke-petry-marine-le-pen-treffen-rechtspopulismus
56 Hoeres 2013, S. 516.

第3章

1 Leggewie 1987, S. 21.
2 同前、148 ff.
3 IfS, Die »Neue Rechte«. Sinn und Grenze eines Begriffs. Schnellroda 2008, S. 17.
4 Helmut Kellershohn (Hrsg.), Das Plagiat. Der völkische Nationalismus der Jungen Freiheit. Münster 1994, S. 9.
5 Armin Mohler, Souveränität über die Geschichte: »Forces morales« und die Fragen der Revisionen. In: ders. (Hrsg.), Notizen aus dem Interregnum. Schnellroda 2013, S. 57-61、ここではS. 60。
6 同前、61.
7 Armin Mohler, Der Nasenring. Im Dickicht der Vergangenheitsbewältigung. Essen 1989.
8 Rainer Zitelmann, Rezension: Der Nasenring. In: *FAZ* vom 20. September 1989, S. 9.
9 Götz Kubitschek, Streit im Interregnum. In: Mohler (Hrsg.) 2013, S. 74-80、ここではS. 78。
10 Assheuer/Sarkowicz 1992, S. 209.
11 同前、211.
12 同前、187.
13 同前、211.
14 Martin Langebach, 8. Mai 1945. In: Ders. / Michael Sturm (Hrsg.), Erinnerungsorte der extremen Rechten. Wiesbaden 2015, S. 213-243、ここではS. 220。
15 »Der nationale Sozialismus war eine genuin linke Idee«. Karlheinz Weißmann im Gespräch mit Peter Krause und Dieter Stein. In: *JF* 36/1998, S. 4 f.

16 Kositza / Kubitschek (Hrsg.) 2015, S. 26.

17 IfS-Chronik, Notiz Kubitschek, Mai 2000. URL: http://staatspolitik.de/institut/chronik/.

18 Dieter Stein, »Ein politisches Kolleg als Vision«. In: *JF* 45/1999, S. 3.

19 Volker Weiß, Die »Konservative Revolution«. Geistiger Ernnerungsort der »Neuen Rechten«. In: Langebach / Sturm (Hrsg.) 2015, S. 101-120.

20 »Kriminelle Akte«, Interview mit Karlheinz Weißmann. In: JF 36/2001, S. 6.

21 Botho Strauß, Anschwellender Bocksgesang. Nach der Originalfassung in: *Der Spiegel* 6/1993, S. 202-207、ここではS. 206。

22 IfS, Politik ohne Überzeugung. Merkels Union. Schnellroda 2005, S. 7.

23 Dieter Stein, Die FDP als letzte Rettung? In: *JF* 37/2009, S. 1.

24 »Die fünfte Kolonne organisiert eine vierte«. In: *Der Spiegel* 48/1975, S. 28-31、ここではS. 29。

25 IfS, Parteigründung von rechts. Sind schlanke Strukturen möglich? Schnellroda 2007, S. 3.

26 同前。

27 Martin Lichtmesz, Casa Pound. In: *Sezession* 34/2010, S. 22-26、ここではS. 22。

28 「ターボダイナミズム」設立マニフェストのドイツ語版は、以下で読むことができる。URL: https://transavanguardia.wordpress.com/2011/03/12/grundungsmanifest-turbodynamismus/

29 Götz Kubitschek, Über den 2. zwischentag. In: *Sezession im Netz* vom 14. Oktober 2013. URL: https://sezession.de/41349/ueber-den-2-zwischentag.html.

30 Matheus Hagedorny / Niklaas Machunsky, Treffen der »Ein-Mann-Kasernen«. In: *Jungle World* 41/2013, S. 8.

31 Henning Hoffgaard, Zwischentag mit Mißtönen. In: *JF* 42/2013, S. 18.

32 Fjordman, Europa verteidigen. Zehn Texte. Herausgegeben von Martin Lichtmesz und Manfred Kleine-Hartlage. Schnellroda 2011.

33 Dieter Stein, Für eine deutsche »Tea Party«. In: *JF* 10/2010, S. 1.

34 Lorenz Jäger, Adieu, Kameraden, ich bin Gutmensch. In: *FAZ* vom 5 . Oktober 2011, S. 29.

35 Helmut Kellershohn, Konservative Reconquista. In: *DISSkursiv* vom 18. März 2010. URL: http://www.disskursiv.de/2010/03/18/konservative-reconquista/.

36 Dieter Stein, Vorwort. In: Felix Krautkrämer, Aufstieg und Etablierung der ›Alternative für Deutschland‹. Geschichte, Hintergründe und Bilanz einer neuen Partei. Berlin 2014, S. 5-10、ここではS. 5。

37 Hedwig von Beversfoerde, Richtigstellung öffentlicher Falschbehauptungen über Demo für Alle vom 11. Februar 2016. URL: https://demofueralle.wordpress.com/2016/02/11/richtigstellung-oeffentlicher-falschbehauptungen/.

38 Friedrich Thorsten Müller, Rechte der Kinder verteidigen. In: *JF* 14/2013, S. 9.

39 Dieter Stein, Das Fanal von Paris. In: *JF* 14/2013, S. 1.

40 Programm für Deutschland. Das Grundsatzprogramm der AfD. O. O. 2016, S. 54.

41 Sebastian Friedrich, Der Aufstieg der AfD. Neokonservative Mobilmachung in Deutschland. Berlin 2015, S. 19 f.

42 Dieter Stein, Atemberaubender Parforceritt. In: *JF online* vom 22. September 2013. URL: https://jungefreiheit.de/debatte/kommentar/2013/ein-atemberaubender-parforceritt/.

43 Karlheinz Weißmann, Politik und Metapolitik. In: *Sezession* 57/2013, S. 41.

44 Kositza / Kubitschek (Hrsg.) 2015, S. 13.

45 同前、S. 15.

46 同前、S. 16.

47 Björn Höcke, Stefan Scheil und die AfD – Ein Doppelinterview. In: *Sezession im Netz* vom 15. Oktober 2014 (Teil 1). URL: https://sezession.de/46828/bjoern-hoecke-stefan-scheil-und-die-afd-ein-doppelinterview-1-teil.html; *Sezession im Netz* vom 14. November 2014 (Teil 2). URL: https://sezession.de/47122/bjoern-hoecke-stefan-scheil-und-die-afd-ein-doppelinterview-teil-2.html.

48 Ellen Kositza, Wie ich 294 Stunden dachte, AfD-Mitglied zu sein. *Sezession im Netz* vom 20. Februar 2015. URL: https://sezession.de/48611/wie-ich-294-stunden-dachte-afd-mitglied-zu-sein.html.

49 Helmut Kellershohn, Konservative Volkspartei. Über das Interesse der jungkonservativen Neuen Rechten an der AfD. AfD-Sondierungen (3). URL: https://www.diss-duisburg.de/2014/09/helmut-kellershohn-afd-sondierungen-3/.

50 Kositza/Kubitschek (Hrsg.) 2015, S. 26.

51 Helmut Kellershohn, Die AfD als »Staubsauger« und »Kantenschere« – Turbulenzen im jungkonservativen Lager. AfD-Sondierungen (2). URL: https://www.diss-duisburg.de/2014/06/helmut-kellershohn-afd-sondierungen-2/.

52 Ellen Kositza, Manifestazione in Rom, Pegida in Dresden. In: *Sezession im* Netz vom 3. März 2015. URL: http://www.sezession.de/48729/manifestazione-in-rom-pegida-in-dresden.html.

53 Tilmann Kleinjung, Höhenflug der italienischen Rechten. In: *Deutschlandfunk* v. 23. März 2015. URL: http://www.deutschlandfunk.de/aufstieg-der-lega-nord-hoehenflug-der-italienischen-rechten.724.de.html?dram:article_id=314973.

54 Ellen Kositza, Manifestazione in Rom, Pegida in Dresden. In: *Sezession im Netz* vom 3. März 2015. URL: https://sezession.de/48729/manifestazione-in-rom-pegida-in-dresden.html.

55 Lukas Steinwandter, Italienischer Holzweg. In: *JF online* vom 4. März 2015. URL: https://jungefreiheit.de/debatte/kommentar/2015/italienischer-holzweg/.

56 »Sonst endet die AfD als ›Lega Ost‹«. Interview mit Karlheinz Weißmann in: *JF online* vom 21. Dezember 2015. URL: https://jungefreiheit.de/debatte/interview/2015/sonst-endet-die-afd-als-lega-ost/.

57 Alban Werner, Was ist, was will, wie wirkt die AfD? Karlsruhe 2015, S. 74.

58 国家政治研究所はヘッケの演説をすぐにインターネットにアップロードしたが、そのあとで削除している。ここでは、全文が掲載された次の資料から引用した。Jobst Paul, Der Niedergang – der Umsturz – das Nichts. Rassistische Demagogie und suizidale Perspektive in Björn Höckes Schnellrodaer IfS-Rede. Duisburg 2016, S. 26-39、ここではS. 33。

59 Helmut Kellershohn, Konservative Volkspartei. Über das Interesse der jungkonservativen Neuen Rechten an der AfD. AfD-Sondierungen (3). URL: https://www.diss-duisburg.de/2014/09/helmut-kellershohn-afd-sondierungen-3/.

60 Götz Kubitschek, Antworten auf Fragen eines langjährigen Lesers. In: *Sezession im Netz* vom 18. Dezember 2015. URL: https://sezession.de/52613/antworten-auf-fragen-ei-

nes-langjaehrigen-lesers.html.

61 »Sonst endet die AfD als ›Lega Ost‹«. Interview mit Karlheinz Weißmann in: *JF online* vom 21. Dezember 2015. URL: https://jungefreiheit.de/debatte/interview/2015/sonst-endet-die-afd-als-lega-ost/.

62 Kerstin Köditz, Vorrevolutionäre AfD. Vorläufige polemische Bemerkungen anlässlich einiger Wahlen. In: Friedrich Burschel (Hrsg.), Durchmarsch von rechts. Völkischer Aufbruch: Rassismus, Rechtspopulismus, rechter Terror. *Manuskripte Neue Folge* 17/2016, S. 102-106.

63 Friedrich 2015, S. 32 f.

第4章

1 Julian Bruns/Kathrin Glösel/Natascha Strobl, Die Identitären. Handbuch zur Jugendbewegung der Neuen Rechten in Europa. Münster 2016, S. 68.

2 Interview von Lukas Steinwandter mit Hannes Krünägel: »Viele Passanten haben uns applaudiert«. In: *JF online* vom 29. August 2016. URL: https://jungefreiheit.de/debatte/interview/2016/viele-passanten-haben-uns-applaudiert/.

3 »Er wär so gern Revoltionär«. Alexander Wallasch im Gespräch mit Götz Kubitschek. In: *Tichys Einblick* vom 30. August 2016. URL: https://www.tichyseinblick.de/kolumnen/alexander-wallasch-heute/kubitschek-er-waer-so-gern-revolutionaer/.

4 Die neue Protestjugend. In: *Compact* 9/2016, S. 43-52、ここではS. 43。

5 Wir sind identitär!. In: *Patriotische Plattform* vom 14. Juni 2016. URL: https://patriotische-plattform.de/blog/2016/06/14/wir-sind-identitaer/.

6 Timo Schadt, Identitäre Bewegung zwischen AfD und Tag X. In: *printzip* 8/16, S. 6-8、ここではS. 7。

7 DÖW, Identitäre Burschen. URL: https://www.doew.at/erkennen/rechtsextremismus/neues-von-ganz-rechts/archiv/september-2016/identitaere-burschen.

8 Bruns et al., S. 112.

9 同前、S. 102.

10 Lebende Grenze in Spielfeld. »Ein-Prozent«-Film vom 25. November 2015. URL: https://www.youtube.com/watch?v=NF4xkYz7I_I.

11 Déclaration de guerre – Génération Identitaire. URL: https://www.youtube.com/watch?v=5Vnss7y9TNA.

12 アイデンティティ世代が「もう一つの青年」を名乗っている理由を推察させるコンテンツは、SNSや*YouTube*上に多く存在している。ここでは数例を選んで挙げておく。Manifestation Une Autre Jeunesse. URL: https://www.youtube.com/watch?v=vmT2yvRXAlc; Une Autre Jeunesse à la Convention Identitaire. URL: https://www.youtube.com/watch?v=6_ccl8Q7uaA; ein *Facebook*-Auftritt für den Identitären Kongress in Orange 2012: URL: https://fr-fr.facebook.com/uneautrejeunesse/.

13 彼らの宣言文は、この引用箇所も含め、各言語に訳されて拡散している。翻訳は、みな*Déclaration de guerre*の原文からなされたものである。ここでは、オーストリアのアイデンティティ運動による版から引用した。URL : https://www.facebook.com/identitaeroesterreich/about/?entry_point=page_nav_about_item&tab=page_info.

14 Guillaume Faye, Wofür wir kämpfen. O. O. 2006, Innentitel.

15 »Auf den Trümmern des bürgerlichen Individualismus«. Alain de Benoist im Gespräch mit Arne Schimmer. *Hier & Jetzt* 15/2010, S. 26-35、ここではS. 30。

16 Bernard Willms, Identität und Widerstand. Reden aus dem deutschen Elend. Tübingen 1986, S. 93.

17 同前、S. 89 ff.

18 https://www.generation-identitaire.com/je-suis-charlie-martel-lesprit-de-732/.

19 Bruns et al. 2016, S. 123.『ハンドブック』によれば、『火花』と「アイデンティティ・ブロック」の「個人的接点」は、マルティン・ゼルナー個人にある。Vgl. Bruns et al. 2016, S. 98.

20 例えば、以下で二〇〇六年のアイデンティティ運動のサマーキャンプ映像が見られる。Camp Identitaire 2006, URL: https://www.youtube.com/watch?v=vxE2ccKWVm8.

21 Bruns et al. 2016, S. 75.

22 Volkmar Wölk, Kreuzritter für das Abendland. あるいは、Lutz Bachmann als Katechon der Apokalypse? In: Fritz Burschel (Hrsg.), Durchmarsch von rechts. Völkischer Aufbruch: Rassismus, Rechtspopulismus und rechter Terror. *Manuskripte Neue Folge* 17/2016, S. 55-67、ここではS. 61。

23 Faye 2006, S. 183.

24 Alain de Benoist, Stachel im Fleisch. In: *JF* 5/2013, S.13.

25 Bruns et al. 2016, S. 117.

26 Götz Kubitschek, Warum Lichtmesz und ich nach Orange fahren. In: *Sezession im Netz* vom 30. Oktober 2012. URL: http://www.sezession.de/34523/warum-lichtmesz-und-ich-nach-orange-fahren.html.

27 Peter Ulbricht, Identitär in Orange, In: *BN online* vom 8. November 2012. URL: http://www.blauenarzisse.de/index.php/gesichtet/item/3588-identit%C3%A4r-in-orange.

28 Dieter Stein, Identitäre Bewegung. Eine neue Generation. In: *JF* 10/2013, S. 1.

29 »Das Beste kommt noch«. In: *JF* 10/2013, S. 3.

30 https://de-de.facebook.com/identitaeroesterreich/info.

31 Stefan Rebenich, Leonidas und die Thermopylen. Zum Sparta-Bild in der deutschen Altertumswissenschaft. In: Luther et al. (Hrsg.), Das frühe Sparta-Bild. Stuttgart 2006, S. 193-215、ここではS. 206。

32 DÖW, Identitäre Bewegung Österreich. URL: http://www.doew.at/erkennen/rechtsextremismus/rechtsextreme-organisationen/identitaere-bewegung-oesterreich-iboe.

33 DÖW, Identitäre Burschen. URL: http://www.doew.at/erkennen/rechtsextremismus/neues-von-ganz-rechts/archiv/september-2016/identitaere-burschen.

34 Johannes Schüller, Feuer-und-Blut-Elite. Gespräch mit Patrick Lenart und Martin Sellner. In: *BN online* vom 13. Februar 2014. URL: http://www.blauenarzisse.de/index.php/gesichtet/item/4433-feuer-und-blut-elite.

35 歌詞ほかの素材は、例えば、『火花』の *Facebook* ページで見られる。URL: https:/www.facebook.com/derechtefunke/photos/a.442761779164725.1073741828.442230109217892/947552122019019/?type=3&theater.

36 Andreas Speit (Hrsg.), Ästhetische Mobilmachung. Dark Wave, Neofolk und Industrial im Spannungsfeld rechter Ideologien. Münster 2002.

37 Johannes Lohmann / Hans Wanders, Evolas Jünger und Odins Krieger. Extrem rechte Ideologien in der Dark-Wave- und Black-Metal-Szene. In: Christian Dornbusch/Jan Raabe (Hrsg.), RechtsRock. Bestandsaufnahme und Gegenstrategien. Münster 2002, S. 287-307.

38 Micha Brumlik, Das alte Denken der Neuen Rechten. Mit Heidegger und Evola gegen die offene Gesellschaft. In: *Blätter für deutsche und internationale Politik* 3/2016, S. 81-92.

39 Martin Sellner/Walter Spatz, Gelassen in den Widerstand. Ein Gespräch über Heidegger. Schnellroda 2015,S.31.

40 同前、S. 8.

41 同前、S. 21.

42 同前、S. 28.

43 テューリンゲン州シェーングライダにおける柵の建設は、新右翼のファンド設立運動「ワンパーセント」によって支援され、記録もされている。URL: https://einprozent.de/video-schoengleina-zieht-eine-grenze/.

44 Sellner/Spatz 2015, S. 48.

45 同前、S. 49.

46 同前、S. 39.

47 Adolf Hitler, Rede vor dem Großdeutschen Reichstag 11. Dezember 1941. Reden des Führers. Der großdeutsche Freiheitskampf. III. Band. Reden Adolf Hitlers vom 16. März 1941 bis 15. März 1942. Herausgegeben von Philipp Bouhler. München 1943, S. 113-148、ここではS. 117。

48 Sellner/Spatz 2015, S. 40.

49 同前、S. 37 f.

50 同前、S. 41.

51 同前、S. 90.

52 同前、S. 56.

第5章

1 Kubitschek 2007, S. 11.

2 Götz Kubitschek, Konservativ-Subversive Aktion. In: *Sezession* 25/2008, S. 56.

3 Kubitschek 2007, S. 26.

4 もともと保守-破壊的行動のウェブサイトであったwww.ungebeten.deは、今日ではアンタイオス書店へと転送されている。

5 Volker Weiß, Moderne Antimoderne. Arthur Moeller van den Bruck und der Wandel des Konservatismus. Paderborn 2012, S. 225 f.

6 Götz Kubitschek, Traditionskompanie. In: *Sezession* 16/2007, S. 56.

7 Guy Debord, Die Gesellschaft des Spektakels. Hamburg 1978, S. 6.〔ギー・ドゥボール『スペクタクルの社会』木下誠訳、ちくま学芸文庫、二〇〇三年、一四頁〕

8 Biene Baumeister/Zwi/Negator, Situationistische Revolutionstheorie. Eine Aneignung. Bd. I: Enchiridion. Stuttgart 2005, S. 26.

9 Manuel Seitenbecher, Mahler, Maschke & Co. Rechtes Denken in der 68er-Bewegung? Paderborn 2013, S. 44 f.

10 Baumeister et al. 2005, 24 f.

11 Henning Eichberg, Nordischer Anarchismus. Vergleichender Wandalismus. In: Nilpferd des höllischen Urwalds – Spuren in eine unbekannte Stadt – Situationisten, Gruppe Spur, Kommune I. Im Auftrag des Werkbund-Archivs herausgegeben von Wolfgang Dreßen, Dieter Kunzelmann und Eckhard Siepmann. Berlin 1991, S. 92-105.

12 Frank Böckelmann, »Sei darauf eingestellt, daß das Ungewöhnliche gewöhnlich ist«. あるいは、Die Auslöschung des Fremden durch die Fremdenfreunde. In: *wir selbst* 3-4/1998, S.

71-73.

13 『動乱』については以下を参照。URL: http://www.tumult-magazine.net/uebertumult/.

14 Götz Kubitschek, Konservativ-Subversive Aktion. In: *Sezession* 25/2008, S. 56.

15 Moeller van den Bruck, Das Dritte Reich. Hamburg 1931, S. 202.

16 Kositza/Kubitschek (Hrsg.) 2015, S. 23.

17 Nils Wegner, Alter Rechter, junger Rechter, kein Rechter. Mohler, Hepp, Strauß. In: *Sezession* 67/2015, S. 8-11、ここではS. 9。

18 Vgl. Staatspolitisches Handbuch, Bd. 3: Vordenker. Schnellroda 2012, S. 84 f.

19 Robert Hepp, Die Endlösung der Deutschen Frage. Grundlinien einer politischen Demographie der Bundesrepublik Deutschland. Tübingen 1988.

20 Armin Mohler, Erinnerungen an einen Freund. In: ders. 1974, S. 324-327、ここではS. 325。

21 同前、S. 324.

22 Nils Wegner, Alter Rechter, junger Rechter, kein Rechter. Mohler, Hepp, Strauß. In: *Sezession* 67/2015, S. 8-11、ここではS. 9。

23 Volker Weiß, Deutschlands Neue Rechte. Angriff der Eliten – Von Spengler bis Sarazin. Paderborn 2011, S. 93.

24 Karlheinz Weißmann, »Ich war eigentlich immer dagegen«. Keine Angst vor dem Ernstfall. Teil I: Dem heimatlosen Rechten Günter Maschke zum 65. Geburtstag. In: *JF* 03/2008, S. 12.

25 Kubitschek 2007, S. 7.

26 同前、S. 20.

27 同前、S. 23 f.

28 Werner Olles, Pessimist und Lebemann. Porträt: Günter Maschke. In: *JF* 24/1997, S. 3.

29 Auf dem Rittergut. Eine Begegnung mit Deutschlands neuen Rechten. 3-Sat Kulturzeit vom 15. August 2011. URL: https://www.youtube.com/watch?v=MIVAEIRawIo、0:01:00から。

30 Günter Maschke, Kritik des Guerillero. Zur Theorie des Volkskriegs. Frankfurt a. M. 1973, S. 78.

31 »Erkenne die Lage!« Ein Gespräch mit Günter Maschke. In: *Sezession* 42/2011, S. 18-22

32 Kubitschek 2007, S. 22.

33 Raoul Thalheim, Hirnhunde. Schnellroda 2014.

34 Felix Menzel, Thesen zur Skandalokratie. In: *Sezession* 48/2012, S. 28-31、ここではS. 31。

35 Götz Kubitschek, Man muß das Leben einsetzen. Interview mit Dominique Venner. In: *Sezession im Netz* vom 21. Mai 2013. URL: https://sezession.de/38844/man-mus-das-leben-einsetzen-interview-mit-dominique-venner.html. なお、Ders. Dominique Venner hat sich in Notre Dame erschossen. In: *Sezession im Netz* vom 21. Mai 2013. URL: https://sezession.de/38833/dominique-venner-hat-sich-in-notre-dame-erschossen-protest-gegen-die-homo-ehe.html.

36 Karlheinz Weißmann, Ein Leben zur Verteidigung der abendländischen Identität. In: *JF online* vom 22. Mai 2013. URL: https://jungefreiheit.de/sonderthema/2013/ein-le-

ben-zur-verteidigung-der-abendlaendischen-identitaet/.

第6章

1 Martin Kaul/Konrad Litschko, Abschied eines V-Manns. In: taz vom 5. Oktober 2015, S. 3.

2 »Hooligans sind der missratene Teil der Fußballfamilie«, Interview mit Richard Gebhardt, in: *Zeit online* vom 27. Oktober 2014. URL: http://www.zeit.de/sport/2014-10/hooligans-koeln-polizei-salafisten.

3 Richard Gebhardt, Die Mär vom unpolitischen Hooligan. In: *Blätter für deutsche und internationale Politik* 1/2015, S. 9-12、うち引用は S. 9。

4 Christoph Ruf, Hogesa-Gründer wah V-Mann. *Spiegel Online* vom 13. Oktober 2015. URL: http://www.spiegel.de/sport/fussball/koeln-verstorbener-hooligan-war-hogesa-gruender-und-v-mann-a-1057505.html.

5 Gespräch mit Siegfried Borchardt über Hooligans und nationale Politik. In: *Sache des Volkes* vom 9. November 2014. URL: https://sachedesvolkes.wordpress.com/2014/11/09/sdv-gesprach-mit-siegfried-siggi-borchardt-uber-hooligans-und-nationale-politik/.

6 同前

7 »Dresden zeigt, wie es geht!« *BN online* vom 28. Oktober 2014. URL: https://www.blauenarzisse.de/index.php/anstoss/item/4986-dresden-zeigt-wie-es-geht.

8 »Gemeinsam gegen Islamismus«. Johannes Schüler im Gespräch mit Lutz Bachmann. In: *BN online* vom 31. Oktober 2014. URL: https://www.blauenarzisse.de/index.php/gesichtet/item/4994-gemeinsam-gegen-islamismus.

9 »Hooligans sind der missratene Teil der Fußballfamilie«. Interview mit Richard Gebhardt, in: *Zeit online* vom 27. Oktober 2014. URL: http://www.zeit.de/sport/2014-10/hooligans-koeln-polizei-salafisten.

10 »Wir hören erst auf, wenn die Asyl-Politik sich ändert«. In: *Bild vom* 1. Dezember 2014. URL: http://www.bild.de/regional/dresden/demonstrationen/pegida-erfinder-im-interview-38780422.bild.html.

11 Stefan Locke, Die neue Wut aus dem Osten. In: *FAZ online* vom 7. Dezember 2014. URL: http://www.faz.net/aktuell/politik/inland/pegida-bewegung-gegen-islamisierung-des-abendlandes-13306852.html.

12 Das krumme Leben des Pegida-Chefs. In: *Sächsische Zeitung online* vom 2. Dezember 2014. URL:http://www.sz-online.de/nachrichten/das-krumme-leben-des-pegida-chefs-3224574.html.

13 »Wir haben einen Nerv getroffen«. Interview mit Lutz Bachmann. In: *JF* 51/2014, S. 3.

14 Götz Kubitschek in seiner Rede zur Zweijahresfeier von Pegida am 16. Oktober 2016 in Dresden: Der Osten hält stand. Götz Kubitschek zu zwei Jahren Pegida. In: *Kanal Schnellroda* vom 18. Oktober 2010. URL: https://www.youtube.com/watch?v=tUVP3ayTz2I、1:30 から。

15 Stefan Locke und Justus Bender, Radikaler geht's nicht. In: *FAZ online* vom 19. Januar 2016. URL: http://www.faz.net/aktuell/politik/inland/pegida-aktivistin-festerling-radikaler-geht-s-nicht-14021313.html.

16 Bruch zwischen Pegida und Festerling,. *Sächsische Zeitung online* vom 14. Juni 2016. URL: http://www.sz-online.de/nachrichten/bruch-zwischen-pegida-und-festerling-3420211.html.

17 Götz Kubitschek, Zwei Kleinigkeiten. In: *Sezession im Netz* vom 15. Juni 2016. URL: https://sezession.de/54394/zwei-kleinigkeiten-pegida-und-cafe-schnellroda.

18 Volker Zastrow, Die neue völkische Bewegung. In: *FAZ online* vom 29. November 2015. URL: http://www.faz.net/aktuell/politik/inland/afd-die-neue-voelkische-bewegung-13937439.html.

19 Michael Klonovsky, Acta diurna, Eintrag vom 6. November 2015. URL: https://www.michael-klonovsky.de/acta-diurna/item/274-november-2015.

20 ROG, Rangliste der Pressefreiheit 2016, Nahaufnahme Deutschland. URL: https://www.reporter-ohne-grenzen.de/fileadmin/Redaktion/Presse/Downloads/Ranglisten/Rangliste_2016/Nahaufnahme_Deutschland_2016.pdf、ここではS. 2。

21 *Sezession im Netz* v. 22. Januar 2016. URL: https://sezession.de/48224/legida-21-januar-rede-in-leipzig/2.

22 Oswald Spengler, Der Untergang des Abendlandes. Umrisse einer Morphologie der Weltgeschichte. München 1988, S. 977. 〔オスヴァルト・シュペングラー『西洋の没落――世界史的展望 第二巻』村松正俊訳、五月書房、二〇〇七年、二八一頁〕

23 »Unsere Zeit kommt«. Götz Kubitschek im Gespräch mit Karlheinz Weißmann. Schnellroda 2006, S. 10 f.

第7章

1 »Wir haben einen Nerv getroffen«. Interview mit Lutz Bachmann. In: *JF* 51/2014, S. 3.

2 Staatspolitisches Handbuch, Bd. 1: Leitbegriffe, S. 11.

3 同前、S. 49.

4 Programm für Deutschland. Das Grundsatzprogramm der Alternative für Deutschland. O. O. 2016, S. 6.

5 »Wir sind keine christliche Partei«. Alexander Gauland im Gespräch mit der *Jungen Freiheit*. In: *JF online* vom 24. Mai 2016. URL: https://jungefreiheit.de/politik/deutschland/2016/gauland-wir-sind-keine-christliche-partei/.

6 Björn Höcke im Gespräch mit der *Sezession* vom 19. Dezember 2014. URL: https://sezession.de/47597/gluecklich-der-staat-der-solche-buerger-hat-afd-landeschef-bjoern-hoecke-im-gespraech-ueber-die-pegida/2.

7 Heinz Gollwitzer, Europabild und Europagedanke. München 1964, S. 20.

8 同前、S. 22.

9 同前、S. 27.

10 Spengler 1988, S. 1029. 〔シュペングラー前掲書三三三〜三三四頁〕

11 Gollwitzer 1964, S. 30.

12 Richard Faber, Abendland. Ein »politischer Kampfbegriff«. Hildesheim 1979.

13 Gollwitzer 1964, S. 155.

14 Friedrich Schlegel, Philosophie der Geschichte. München u. a. 1971, S. 320 f.

15 Gollwitzer 1964, S. 148.

16 同前、S. 148.

17 Richard Faber, Preußischer Katholizismus und katholisches Preußentum. Ihre etatistische, imperialistische und militaristische sowie antik-römische, italienisch-faschistische und spanisch-ignatianische Dimension. In: ders. / Uwe Puschner (Hrsg.), Preußische Katholiken und katholische Preußen im 20. Jahrhundert. Würzburg 2011, S. 89-113、ここではS. 92。

18 Heinrich August Winkler, Der lange Weg nach Westen. Deutsche Geschichte 1806/1933. Bonn 2002, S. 68.

19 Casper Ehlers, Die propreußische Rezeption des Deutschen Ordens und seines »Staates« im neunzehnten und zwanzigsten Jahrhundert. In: Faber/Puschner (Hrsg.) 2011, S. 115-143.

20 Spengler 1988, S. 1024.〔シュペングラー前掲書三二〇頁〕

21 Weiß 2012, S. 175.

22 Carl Schmitt, Der Reichsbegriff im Völkerrecht (1939). In: ders. Positionen und Begriffe im Kampf mit Weimar-Genf-Versailles 1923-1939. Hamburg 1940, S. 302-312、ここではS. 303。

23 Karlheinz Weißmann, Rubikon. Deutschland vor der Entscheidung. Berlin 2016, S. 200.

24 Faye 2006, S. 169.

25 Faber 1979, S. 24.

26 Arthur Moeller van den Bruck, Der Preußische Stil. Neue Fassung. Mit einem Vorwort von Hans Schwarz. Breslau 1931, Motto des Buches, o. S.

27 Ehlers 2011, S. 115-144.

28 Vgl. Hans Manfred Bock, Der Abendland-Kreis und das Wirken von Hermann Platz im katholischen Milieu der Weimarer Republik. In: Uwe Puschner/Michel Grunewald (Hrsg.), Das katholische Intellektuellenmilieu in Deutschland, seine Presse und seine Netzwerke (1871-1960). Bern 2006, S. 337-362.

29 同前、S. 356.

30 Carl Schmitt, Römischer Katholizismus und politische Form. Stuttgart 2008, S. 5.〔カール・シュミット、小林公訳「ローマカトリック教会と政治形態」『カール・シュミット著作集 I 一九二二―一九三四』長尾龍一編、慈学社出版、二〇〇七年、三二〇頁〕

31 同前、S. 63 f.〔シュミット前掲書一五三頁〕

32 Faber 1979, S. 143.

33 Faber 2011, S. 93.

34 Hitler 1943, S. 113.

35 Vorbemerkungen zur Rede in Hitler 1943, S. 111.

36 Hitler 1943, S. 117.

37 同前

38 同前、S. 118.

39 同前
40 同前、S. 119.
41 同前
42 Vgl. Gollwitzer 1964, S. 23.
43 Rebenich 2006, S. 205 f.
44 Axel Schildt, Zwischen Abendland und Amerika. Studien zur westdeutschen Ideenlandschaft der 50er Jahre. München 1999, S. 27.
45 同前、S. 27.
46 Joachim Lerchenmueller, Die Geschichtswissenschaft in den Planungen des Sicherheitsdienstes der SS. Der Historiker Hermann Löffler und seine Denkschrift »Entwicklung und Aufgaben der Geschichtswissenschaft in Deutschland«. Bonn 2001, S. 112.
47 Schildt 1999, S. 34.
48 同前、S. 47.
49 同前、S. 51.
50 同前、S. 38、またFaber 1979, S. 34 ff.
51 Schidt 1999, S. 22.
52 Carl Schmitt, Der Begriff des Politischen. Text von 1932 mit drei Corrolarien. Berlin 1963, S. 31.［カール・シュミット、菅野喜八郎訳「政治的なものの概念」『カール・シュミット著作集Ⅰ 一九二二―一九三四』二五八頁］なお、ファーバー（Faber 1979）では、この文章は（省略をともなって）S. 11で引用されている。
53 Jäger et al. (Hrsg.) 2004, S. 157.
54 Orlando Figes, Krimkrieg. Der letzte Kreuzzug. Berlin 2011, S. 18.［オーランドー・ファイジズ『クリミア戦争 上』染谷徹訳、白水社、二〇一五年、二六頁］
55 同前、S. 102.［ファイジズ前掲書一〇四頁］
56 Faber 1979, S. 16.
57 Manfred Becker-Huberti, Das christliche Abendland ist Fiktion. In: *katholisch.de* vom 22. Juni 2016. URL: http://www.katholisch.de/aktuelles/aktuelle-artikel/das-christliche-abendland-ist-fiktion.
58 Schildt 1999, S. 22.
59 Ernst Jünger, Der gordische Knoten. In: ders. Sämtliche Werke 9/I. Stuttgart 2015, S. 375-479、ここではS. 378.［エルンスト・ユンガー『東西文明の対決――ゴルディウスの結び玉』江野専次郎訳、筑摩書房、一九五四年、五～六頁］
60 SLPB, Kirchen in Sachsen. URL: http://www.infoseiten.slpb.de/politik/sachsen/sachsen-allgemein/religion/.
61 Hans Vorländer/Maik Herold/Steven Schäller: Wer geht zu Pegida und warum? Eine empirische Untersuchung von Pegida-Demonstranten in Dresden. Dresden 2015, S. 50.
62 同前、Ebenda S. 73.
63 Henning Hoffgaard/Billy Six, »Ihr seid alles Helden«. In: *JF* 17 / 2015, S. 4.

64 August Wilhelm Schlegel, Vorlesungen über schöne Literatur und Kunst 3. Teil (1803-1804), S. 34 f., zitiert nach Gollwitzer 1964, S. 157.

65 Moeller 1931, S. 236.

66 Mohler 1999a, S. 64.

67 Rudolf Pannwitz, Beiträge zu einer europäischen Kultur. Nürnberg 1954, S. 13.

68 Ernst Nolte, Vergangenheit, die nicht vergehen will. Eine Rede, die geschrieben, aber nicht gehalten werden konnte. In: *FAZ* vom 6. Juni 1986.［エルンスト・ノルテ、清水多吉／小野島康雄訳「過ぎ去ろうとしない過去」『過ぎ去ろうとしない過去――ナチズムとドイツ歴史家論争』徳永恂ほか訳、人文書院、一九九五年、四七頁］

69 Pannwitz 1954, S. 12.

70 同前

71 Die identitäre Bewegung stellt sich vor. In: *Compact-Live* vom 19. September 2016. URL: https://www.youtube.com/watch?v=SHZwIGoGvJ0、10:09:40から1:12:00まで。

72 Björn Höcke, Asyl. Eine politische Bestandsaufnahme. Rede auf dem IfS-Kongress »Ansturm auf Europa«. In: *Kanal Schnellroda* vom 21. November 2015. URL: https://www.youtube.com/watch?v=ezTw3ORSqlQ、5:00から。

第8章

1 Bernhard Odehnal, Gipfeltreffen mit Putins fünfter Kolonne. In: *Tagesanzeiger* vom 3. Juni 2014. ULR: https://www.tagesanzeiger.ch/ausland/europa/Gipfeltreffen-mit-Putins-fuenfter-Kolonne/story/30542701.

2 同前

3 Moeller van den Bruck 1931, S. 245.

4 Staatspolitisches Handbuch, Bd. 1: Leitbegriffe, S. 86 f.

5 Carl Schmitt, Raum und Rom. Zur Phonetik des Wortes Raum. In: ders. Staat, Großraum, Nomos. Arbeiten aus den Jahren 1916-1969. Herausgegeben mit einem Vorwort und mit Anmerkungen versehen von Günter Maschke. Berlin 1995, S. 491-495、ここではS. 491。

6 Staatspolitisches Handbuch, Bd. 1: Leitbegriffe, S. 91.

7 Andreas Umland, Postsowjetische Gegeneliten und ihr wachsender Einfluss auf Jugendkultur und Intellektuellendiskurs in Russland. Der Fall Aleksandr Dugin (1990-2004). In: Tanja Bürgel (Hrsg.), Generationen in den Umbrüchen postkommunistischer Gesellschaften. *SFB-580-Mitteilungen* 20/2006, S. 22-45、ここではS. 26。

8 Leggewie 2016, S. 64.

9 Michel Eltchaninoff, In Putins Kopf. Die Philosophie eines lupenreinen Demokraten. Stuttgart 2016, S. 75.

10 Michael Paulwitz, Pozner, Dugin, Putin und die Geopolitik. In: *JF online* vom 23. April 2014. URL: https://jungefreiheit.de/kolumne/2014/pozner-dugin-putin-und-die-geopolitik/.

11 Umland 2006, S. 30.

12 Claus Leggewie, Anti-Europäer. Breivik, Dugin, al-Suri & Co. Berlin 2016, S. 70 f.

13 Karlheinz Weißmann (Hrsg.), Die Konservative Revolution in Europa. Schnellroda 2013, S. 13 f.

14 Alexander Dugin, Die Vierte Politische Theorie. London 2013, S. 48.

15 Dirk Taphorn, Eurasien für die Postmoderne. In: *BN online* vom 30. Oktober 2013. URL: http://www.blauenarzisse.de/index.php/gesichtet/item/4214-eurasien-fuer-die-postmoderne.

16 Hinrich Rohbohm, »Ich habe keine Verbindung zum Kreml«. In: *JF* 49/2014, S. 12.

17 Umland 2006, S. 25.

18 Hinrich Rohbohm, »Ich habe keine Verbindung zum Kreml«. In: *JF* 49/2014, S. 12.

19 »Ich warte auf eine Initialzündung«. Gespräch mit Hans-Dietrich Sander. In: *Hier & Jetzt* 12/2008, S. 12-19、ここではS. 13 f。

20 Thorsten Hinz, Das Dasein in der selbstgemachten Hölle. In: *JF* 27/2014, S. 14.

21 Alexander Dugin, Der Vordenker. In: *Zuerst!* 3/2013. ここでは、http://zuerst.de/2014/06/04/alexander-dugin-der-vordenker/ から引用した。

22 Michael Paulwitz, Pozner, Dugin, Putin und die Geopolitik. In: *JF online* vom 23. April 2014. URL: https://jungefreiheit.de/kolumne/2014/pozner-dugin-putin-und-die-geopolitik/.

23 Andreas Koob / Holger Marcks / Magdalena Marsovszky, Mit Pfeil, Kreuz und Krone. Nationalismus und autoritäre Krisenbewältigung in Ungarn. Münster 2013, S. 165.

24 Thorsten Hinz, Den Druck neutralisieren. In: *JF* 13/2014, S. 18

25 Hinrich Rohbohm, »Ich habe keine Verbindung zum Kreml«. In: *JF* 49/2014, S. 12.

26 Mircha Brumlik, Das alte Denken der neuen Rechten. Mit Heidegger und Evola gegen die offene Gesellschaft. In: *Blätter für deutsche und internationale Politik* 3/2016, S. 81-92、ここではS. 85。

27 Benedikt Kaiser, Die offenen Flanken des Antiimperalismus. In: *Sezession* 71/2016, S. 14-17、ここではS. 16。

28 Samuel Salzborn, Messianischer Antiuniversalismus. Zur politischen Theologie von Aleksandr Dugin im Spannungsfeld von eurasischem Imperialismus und geopolitischem Evangelium. In: Armin Pfahl-Traughber (Hrsg.), Jahrbuch für Extremismus- und Terrorismusforschung 2014 (I), S. 240-258、ここではS. 250 f。

29 Weißmann 2016, S. 55.

30 Thorsten Hinz, Den Druck neutralisieren. In: *JF* 13/2014, S. 18.

31 Hauke Ritz, Warum der Westen Russland braucht. Die erstaunliche Wandlung des Zbigniew Brzezinski. In: *Blätter für deutsche und internationale Politik* 7/2012, S. 89-97.

32 Schmitt, Der Reichsbegriff im Völkerrecht (1939). In: ders., Positionen und Begriffe im Kampf mit Weimar-Genf-Versailles 1923-1939. Hamburg 1940, S. 302-312、ここではS. 303。

33 同前、S. 312.

34 Schmitt, Großraum gegen Universalismus. Der völkerrechtliche kampf um die Monroedoktrin (1939). In: ders., 1940, S. 295-302、ここではS. 302。［カール・シュミット、長尾龍一訳「日本の『アジア・モンロー主義』」『カール・シュミット著作集II 一九三六－一九七〇』長尾龍一編、慈学社出版、二〇〇七年、三一二頁］

35 Martin Langebach/Andreas Speit, Europas radikale Rechte. Bewegungen und Parteien auf Straßen und in Parlamenten. Zürich 2013, S. 271.

36 Rede von Gauland zur Krise in der Ukraine vom 22. März 2014. URL: https://www.alternativefuer.de/rede-von-gauland-zur-krise-der-ukraine/.

37 同前

38 Schmitt, Der Reichsbegriff im Völkerrecht (1939), In: ders., 1940, S. 303-312、ここではS. 306。

39 Schmitt, Völkerrechtliche Neutralität und völkische Totalität (1938). In: ders., 1940, S. 255-260、ここではS. 255。

40 同前、S. 259 f.

41 »Jeder Westler ist ein Rassist«. *Spiegel-Gespräch* mit Alexander Dugin. In: *Der Spiegel* 29/2014, S. 120-125、ここではS. 121。

42 *Elemente*, Jahresausgabe 1990, S. 7.

43 Ulrich Prehn, Max Hildebert Boehm. Radikales Ordnungsdenken vom Ersten Weltkrieg bis in die Bundesrepublik. Göttingen 2013, S. 238.

44 Nikolai Trubetzkoy, Das russische Problem (1921)、ここではElstchaninoff 2016, S. 103から引用した。

45 Benedikt Kaiser, Die offenen Flanken des Antiimperialismus. In: *Sezession* 71/2016, S. 14-17、ここではS. 15。

46 Carl Schmitt, Theorie des Partisanen. Zwischenbemerkung zum Begriff des Politischen. Berlin 1992, S. 87.〔カール・シュミット『パルチザンの理論』新田邦夫訳、ちくま学芸文庫、一九九五年、一七九頁〕

47 同前、S. 95.〔シュミット前掲書一九四頁〕

48 同前、S. 92.〔シュミット前掲書一八八頁〕

49 Armin Mohler, Sind die USA unser Feind? In: ders., Tendenzwende für Fortgeschrittene. München 1978, S. 49-55、ここではS. 49。

50 同前、S. 52.

51 Pierre Krebs, Eine Epoche in der Krise. In: *Elemente*, Jahresausgabe 1990, S. 7-18、ここではS. 11。

52 Mohler, in Benoist 1985, S. 11.

53 Krebs in *Elemente*, Jahresausgabe 1990, S. 10 f. モーラーやクレープスのような思考法は、さらに古い反啓蒙の議論にも観察できる。その痕跡は、すでに「夕べの国の民」としてのフリードリヒ・シュレーゲルに見られる。一八二八年、シュレーゲルは、ヨーロッパへの啓蒙と革命の浸透について、次のように書いている。「この破壊的原則すべての本来の土壌は、つまりフランスほかのヨーロッパにとっての革命の学校は、北アメリカであった」。Friedrich Schlegel, Philosophie der Geschichte. München u. a. 1971, S. 403.

54 Roland Bubik, Wir 89er. Wer wir sind und was wir wollen. Frankfurt a. M. 1995, S. 87.

55 Götz Kubitschek in seiner Rede zur Zweijahresfeier von Pegida am 16. Oktober 2016 in Dresden: Der Osten hält stand. Götz Kubitschek zu zwei Jahren Pegida. In: *Kanal Schnellroda* vom 18. Oktober 2010. URL: https://www.youtube.com/watch?v=tUVP3ayTz2I、0:11:54から。

56 »Auf den Trümmern des bürgerlichen Individualismums«. Alain de Benoist im Gespräch mit Arne Schimmer. In: *Hier & Jetzt* 15/2010, S. 26-35、ここではS. 30 f.

57 »Das bewaffnete Wort«. Gespräch mit Günter Maschke. In: *Hier & Jetzt* 14/2009, S. 22-27、ここではS. 27.

58 *Compact-Live* vom 19. September 2016. Die identitäre Bewegung stellt sich vor. URL: https://www.youtube.com/watch?v=SHZwIGoGvJ0、1:16:35から。

59 Martin Lichtmesz, Ich bin nicht Charlie (Teil 1). In: *Sezession im Netz* vom 10. Januar 2015. URL: https://sezession.de/47864/ich-bin-nicht-charlie-teil-1.html.

60 Martin Lichtmesz, Ich bin nicht Charlie (Teil 4). In: *Sezession im Netz* vom 15. Januar 2015. URL: https://sezession.de/48020/ich-bin-nicht-charlie-teil-4-die-freiheit-und-die-an-

dersdenkenden.html/3.

61 Martin Lichtmesz, Weißmann, Stürzenberger und das Elend der Islamkritik. In: *Sezession im Netz* vom 9. Oktober 2012. URL: https://sezession.de/34132/weismann-sturzenberger-und-das-elend-der-islamkritik.html.

62 同前

63 Ernst Nolte, Die dritte radikale Widerstandsbewegung: Der Isalamismus. Berlin 2009, S. 145.

64 同前、S. 355. ノルテが引いているのは、Giselher Wirsing, Engländer, Juden und Araber in Plästina. Jena 1939, S. 131 f. である。そこでヴィルジングは、「黒いヒジャブで深く身体を覆った女性」と、アラブ人の「殺人的憎悪」を浴びる「マイアミ風の服を着た若い婦人」という対照を、実に鮮やかに描いている。

65 Winfried Knörzer, Kampf der Kulturen: die Vorstellung wird abgesagt. In: *wir selbst* 3-4/1998, S. 56-63、ここではS. 61.

66 Anton Maegerle, Solidarität mit Ahmadinedschad. In: *Tribüne. Zeitschrift zum Verständnis des Judentums* 3/2009, S. 96-106.

67 http://iraniansforum.com/eu/iran-verlegt-buch-des-rechtsextremen-ochsenreiter-die-macht-der-zionistischen-lobby-in-deutschland/.

68 Samuel Salzborn, Religionsverständnis im Rechtsextremismus. Eine Analyse am Beispiel des neurechten Theorieorgans Sezession. In: Martin Möllers/Robert von Ooyen (Hrsg.) , Jahrbuch öffentliche Sicherheit 2014/15, S. 285-301、ここではS. 297。

69 Georg Immanuel Nagel, Juden gegen Patrioten? In: *BN online* vom 29. Oktober 2015. URL: URL: http://www.blauenarzisse.de/index.php/anstoss/item/5433-juden-gegen-patrioten.

70 Klaus Holz, Die antisemitische Konstuktion des Dritten und die nationale Ordnung der Welt. In: Christina von Braun/Eva-Maria Ziege (Hrsg.), Das bewegliche Vorurteil. Würzburg, 2004, S. 43-61.

71 Thorsten Hinz, Der Super-Vatikan. In: *JF* 8/2009, S. 1.

72 Thorsten Hinz, Der Raub des Schuldkults. Historische Schuld und Hypermoral. Der blinde Fleck der Islamkritik. In: ders. Weltflucht und Massenwahn. Deutschland in Zeiten der Völkerwanderung. Berlin 2016, S. 46-50、ここではS. 50。

73 Charb, Brief an die Heuchler und wie sie Rassisten in die Hände spielen. Stuttgart 2015, S. 82.

74 Leggewie 2016, S. 30.

75 https://antaios.de/gesamtverzeichnis-antaios/einzeltitel/31733/der-weg-der-maenner.

76 Jack Donovan, Der Weg der Männer. Schnellroda 2016, S. 8.

77 同前、S. 188.

78 カトリーン・グレーゼルの分析を参照。»Wie männliche Täter produziert werden. Über Jack Donovans *Der Weg der Männer*«. In: https://biwaz.files.wordpress.com/2016/08/rezension-weg-der-macc88nner1.pdf, S. 4.

79 Donovan 2016, S. 19.

80 同前、S. 81.

81 同前、206.

82 同前、207.

83 このスローガンは、何度も使われることになった。今日では、特に以下の場所で見られる。Festung Europa. In: *Identitäre Generation.info*. URL: http://www.indentitaere-generation.info/festung-europa-kundgebung-am-10-11-2013-in-wien/.

84 Kositza / Kubitschek (Hrsg.) 2015, S. 102.

85 Donovan 2016, S. 227.

86 同前、S. 229.

87 Glösel 2016, S. 8.

88 Karlheinz Weißmann, Männerbund. Schnellroda 2004, S. 109.

89 Donovan 2016, S. 212.

90 »Sonst endet die AfD als ›Lega Ost‹«. Interview mit Karlheinz Weißmann. In: *JF online* vom 21. Dezember 2015. URL: https://jungefreiheit.de/debatte/interview/2015/sonst-endet-die-afd-als-lega-ost/.

91 Kositza/Kubitschek (Hrsg.) 2015, S. 21.

92 Donovan 2016, S. 26 f.

93 同前、S. 221.

94 同前、S. 207.

95 同前、S. 90.

96 Filippo Tommaso Marinetti, Manifest des Futurismus. 引用元は、Peter Demetz, Worte in Freiheit. Der italienische Futurismus und die deutsche Avantgarde 1912-1934. Mit einer ausführlichen Dokmentation. München 1990. Anhang A, S. 172-178、ここではS. 172およびS. 175。

97 Eltchaninoff 2016, S. 65 f.

98 http://www.landtag.sachsen-anhalt.de/plenarsitzungen/transkript/?tx_apertobase_livetranscript[speaker]=7215&cHash=f55a548f479b7d30c7227068dc8c3cb9.

99 AfD-Fraktion Sachsen-Anhalt, Falschmeldung unserer Lückenpresse. 二〇一六年六月三日のフェイスブック投稿による。URL: https://de-de.facebook.com/SachsenAnhalt.AfD/posts/863435687104508.

100 Matthias Lohre, Die Angst-Partei. In: *Die Zeit* 33/2014. URL: https://www.zeit.de/2014/33/afd-landtagswahl-sachsen; Erdogan rät muslimischen Familien von Verhütung ab. In: *Zeit online* vom 30. Mai 2016. URL: https://www.zeit.de/gesellschaft/zeitgeschehen/2016-05/tuerkei-recep-tayyip-erdogan-tuerkei-familie-verhuetung.

101 Leggewie 2016, S. 120.

102 Felix Schilk/Tim Zeidler, Der Archipel der Enthemmten. In: *Jungle World* 42/2016, S. 18-23、ここではS. 20。

103 Nils Wegner, Den Schmelztiegel entmischen. Rechte Dissidenz in den USA. In: *Sezession* 69/2015, S. 42-43、ここではS. 43。

104 『アトランティック』による要約、および同サイトに埋め込まれた動画を参照。Daniel Lombroso / Yoni Appelbaum, ›Hail Trump!‹ White Nationalist Salute the President Eect. In: *theatlantic.com* vom 21. November 2016. URL: https://www.theatlantic.com/politics/archive/2016/11/richard-spencer-speech-npi/508379/.

第9章

1 Stuart Hall, The Great Moving Right Show. In: *Marxism Today* 1/1979, S. 14-20.

2 Richard Gebhardt, »Bitte wählen Sie nicht AfD« - Der hilflose Antipopulismus und die gepaltene Republik. In: Helmut Kellershohn / Wolfgang Kastrup (Hrsg.), Kulturkampf von rechts. AfD, Pegida und die Neue Rechte. Münster 2016, S. 201-219、ここでは S. 213。

3 Frauke Petry, Die Political Correctness ist am Ende. In: *JF online* vom 9. November 2016. URL: https://jungefreiheit.de/debatte/kommentar/2016/die-political-correctness-ist-am-ende/.

4 Kamel Daoud, Das sexuelle Elend der arabischen Welt. In: *FAZ online* vom 18. Februar 2016. URL: http://www.faz.net/aktuell/feuilleton/islam-und-koerper-das-sexuelle-elend-der-arabischen-welt-14075502.html.

5 »Collectif«, Nuit de Cologne: Kamel Daoud recycle les clichés orientaliste les plus éculés. In: *Le Monde* vom 11. Februar 2016. URL: https://www.lemonde.fr/idees/article/2016/02/11/les-fantasmes-de-kamel-daoud_4863096_3232.html.

6 »Lob des Zweifels«. Axel Rühle im Gespräch mit Kamel Daoud und Johan Simons. In: *Süddeutsche Zeitung* Nr. 203 vom 2. September 2016, S. 9.

7 Volker Weiß, Bedeutung und Wandel von ›Kultur‹ für die extreme Rechte. In: Fabian Virchow / Martin Langebach/Alexander Häusler (Hrsg.), Handbuch Rechtsextremismus. Wiesbaden 2016, S. 441-469.

8 Michel Houellebecq, Unterwerfung. Köln 2015, S. 227.〔ミシェル・ウエルベック『服従』大塚桃訳、河出書房新社、二〇一五年、二四五頁〕

9 同前、S. 228〔ウエルベック前掲書二四六頁〕

10 同前、S. 230.〔ウエルベック前掲書二四八頁〕

11 Michel Foucault, Der Wille zum Wissen. Sexualität und Wahrheit 1. Frankfurt a. M., 1977, S. 7.〔ミシェル・フーコー『性の歴史Ⅰ：知への意志』渡辺守章訳、新潮社、一九八六年、一五頁〕

12 同前、S. 139.〔フーコー前掲書一四七頁〕

13 Daoud 2016. URL: http://www.faz.net/aktuell/feuilleton/islam-und-koerper-das-sexuelle-elend-der-arabischen-welt-14075502.html.

14 同前、S. 146.〔フーコー前掲書一五四頁〕

15 Daoud 2016. URL: http://www.faz.net/aktuell/feuilleton/islam-und-koerper-das-sexuelle-elend-der-arabischen-welt-14075502.html.

16 Foucault 1977, S. 151.〔フーコー前掲書一六〇頁〕

17 同前、S. 149.〔フーコー前掲書一五七～一五八頁〕

18 同前、S. 145.〔フーコー前掲書一五三～一五四頁〕

19 Mona Eltahawy, Warum hasst ihr uns so? Für die sexuelle Revolution der Frauen in der islamischen Welt. München / Berlin 2015, S. 102.

20 同前、S. 11.

21 同前、S. 31.

22 Kamel Daoud, Das sexuelle Elend der arabischwen Welt. In: *FAZ online* vom 18. Februar 2016. URL: http://www.faz.net/aktuell/feuilleton/islam-und-koerper-das-sexuel-

le-elend-der-arabischen-welt-14075502.html.

23 Eltahawy 2015, S. 35.

24 同前、S. 100.

25 同前、S. 34.

26 Samuel Schirmbeck, Die Linke im Muff von tausend Jahren. In: *FAZ online* vom 19. Januar 2015. URL: http://www.faz.net/aktuell/politik/die-gegenwart/linke-verweigern-diskussion-ueber-islam-und-gewalt-13377388.html.

27 Sama Maani, Warum wir fremde Kulturen nicht respektieren sollten. Und die eigene auch nicht. Klagenfurt 2015, S. 47.

28 Milo Yiannopoulos、ただし、Schilk / Zeidler, Der Archipel, der Archipel der Enthemmten. In: *Jungle World* 42/2016, S. 23による引用。

29 https://jungefreiheit.de/kultur/gesellschaft/2016/falsche-frisur-schwarze-attackiert-weissen-studenten/.

30 Maani 2015, S. 44 f.

31 »Jeder Westler ist ein Rassist«. Alexander Dugin im Gespräch mit Christian Neef. In: *Der Spiegel* 29/2014, S. 120-125、ここではS. 122。

32 Carl Schmitt, Völkerrechtliche Neutralität und völkische Totalität (1938). In: Schmitt 1940, S. 255-260、ここではS. 255。

33 Martin Sellner, Der Trumptrain und die Achsenzeit. In: *Sezession im Netz* vom 10. Juni 2016. URL: https://sezession.de/54293/der-trumptrain-und-die-achsenzeit/2.

34 Benedikt Kaiser, Trump – Alternative für Amerika? In: *Sezession* 73/2016, S. 8-11、ここではS. 11。

35 Frank Lisson, Die Verachtung des Eigenen. Ursachen und Verlauf des kulturellen Selbsthasses in Europa. Schnellroda 2012, S. 27.

36 Maschke 1973, S. 105.

訳者追記

・原注に挙げられているウェブサイトのURLは、すべて原著が執筆された二〇一六年一〇月三〇日現在のものであり、一部はすでにリンク切れになっていることに注意されたい。

・引用はすべて本稿訳者の訳によるが、既存の邦訳が存在するものについてはそちらも示した。

引用文献

主な引用雑誌

Blätter für deutsche und internationale Politik
Blaue Narzisse
Compact
Elemente
Frankfurter Allgemeine Zeitung
Hier & Jetzt. Radikal rechte Zeitung
Junge Freiheit
Jungle World
Der Rechte Rand
Sächsische Zeitung
Sezession
Der Spiegel
Tumult. Vierteljahresschrift für Konsensstörung
wir selbst. Zeitschrift für nationale Identität
Die Zeit

公文書

IfZ München, Signatur ZS-50–2, Blatt 1–14

出典

AfD (2016): Programm für Deutschland. Das Grundsatzprogramm der Alternative für Deutschland. O.O.
Benoist, Alain de (1985): Kulturrevolution von rechts. Krefeld.
Boehm, Max Hildebert (1932): Das eigenständige Volk. Volkstheoretische Grundlagen der Ethnopolitik und Geisteswissenschaften. Göttingen.
Bubik, Roland (1995): Wir 89er. Wer wir sind und was wir wollen. Frankfurt a. M.
Donovan, Jack (2016): Der Weg der Männer. Schnellroda.
Dugin, Alexander (2013): Die Vierte Politische Theorie. London.
Eichberg, Henning (1991): Nordischer Anarchismus. Vergleichender Wandalismus. In: Nilpferd des höllischen Urwalds – Spuren in eine unbekannte Stadt – Situationisten, Gruppe

Spur, Kommune I. Im Auftrag des Werkbund-Archivs herausgegeben von Wolfgang Dreßen, Dieter Kunzelmann und Eckhard Siepmann. Berlin, S. 92–105.
Evola, Julius (1935): Erhebung wider die moderne Welt. Stuttgart.
Faye, Guillaume (2006): Wofür wir kämpfen. O. O.
Fjordman (2011): Europa verteidigen. Zehn Texte. Schnellroda.
Hepp, Robert (1988): Die Endlösung der Deutschen Frage. Grundlinien einer politischen Demographie der Bundesrepublik Deutschland. Tübingen.
Hinz, Thorsten (2016): Der Raub des Schuldkults. Historische Schuld und Hypermoral. Der blinde Fleck der Islamkritik. In: ders. Weltflucht und Massenwahn. Deutschland in Zeiten der Völkerwanderung. Berlin 2016, S. 46–50.
Hitler, Adolf (1943): Rede vor dem Großdeutschen Reichstag 11. Dezember 1941. In: Reden des Führers. Der großdeutsche Freiheitskampf. III. Band. Reden Adolf Hitlers vom 16. März 1941 bis 15. März 1942. Herausgegeben von Philipp Bouhler. München, S. 113–148.
Houellebecq, Michel (2015): Unterwerfung. Köln.
Institut für Staatspolitik (2005): Politik ohne Überzeugung. Merkels Union. Schnellroda.
Institut für Staatspolitik (2007): Parteigründung von rechts. Sind schlanke Strukturen möglich? Schnellroda.
Institut für Staatspolitik (2008): Die »Neue Rechte«. Sinn und Grenze eines Begriffs. Schnellroda.
Institut für Staatspolitik (2010): Der Fall Sarrazin. Verlauf einer gescheiterten Tabuisierung. Schnellroda.
Institut für Staatspolitik (2011): Die Frau als Soldat. Der »Gorch-Fock«-Skandal, Minister zu Guttenberg und der Einsatz von Frauen in den Streitkräften. Schnellroda.
Jünger, Ernst (2015): Der gordische Knoten. In: ders. Sämtliche Werke 9/I. Stuttgart 2015, S. 375–479.
Kositza, Ellen/Kubitschek, Götz (Hrsg.) (2015): Tristesse Droite. Die Abende von Schnellroda. Schnellroda.
Krautkrämer, Felix (2014): Aufstieg und Etablierung der ›Alternative für Deutschland‹. Geschichte, Hintergründe und Bilanz einer neuen Partei. Berlin.
Kubitschek, Götz (2007): Provokation. Schnellroda.
Lisson, Frank (2012): Die Verachtung des Eigenen. Ursachen und Verlauf des kulturellen Selbsthasses in Europa. Schnellroda.
Lotz, Albert (1926): Europa oder Abendland. In: *Abendland. Deutsche Monatshefte für europäische Kultur, Politik und Wirtschaft* 4/1926, S. 216 f.
Marinetti, Filippo Tommaso (1990): Manifest des Futurismus. Zitiert nach: Demetz 1990, Anhang A, S. 172–178.
Marinetti, Filippo Tommaso (2004): Mafarka der Futurist. Afrikanischer Roman. München.
Maschke, Günter (1973): Kritik des Guerillero. Zur Theorie des Volkskriegs. Frankfurt a. M.
Maschke, Günter/Maaß, Sebastian (2011): »Verräter schlafen nicht«.
Kiel.
Moeller van den Bruck, Arthur (1931a): Das Dritte Reich. Hamburg.
Moeller van den Bruck, Arthur (1931b): Der Preußische Stil. Neue Fassung. Mit einem Vorwort von Hans Schwarz. Breslau.
Moeller van den Bruck, Arthur/Boehm, Max Hildebert/Gleichen, Heinrich von (Hrsg.) (1922): Die Neue Front. Berlin.
Mohler, Armin (1965): Was die Deutschen fürchten. Angst vor der Politik, Angst vor der Geschichte, Angst vor der Macht. Stuttgart.
Mohler, Armin (1974): Von rechts gesehen. Stuttgart.
Mohler, Armin (1978): Tendenzwende für Fortgeschrittene. München.
Mohler, Armin (1987): Im Dickicht der Vergangenheitsbewältigung. Analyse eines deutschen Sonderweges. In: Nationale Verantwortung und deutsche Gesellschaft. Handbuch zur

Deutschen Nation Bd. 2, herausgegeben von Bernard Willms. Tübingen, S. 35–107.
Mohler, Armin (1989): Der Nasenring. Im Dickicht der Vergangenheitsbewältigung. Essen.
Mohler, Armin (1999a): Die Konservative Revolution in Deutschland 1918–1932. Ein Handbuch. 5. Auflage. Graz/Stuttgart.
Mohler, Armin (1999b): Ravensburger Tagebuch. Meine Jahre mit Ernst Jünger. Wien/Leipzig.
Mohler, Armin (2001): Das Gespräch. Über Linke, Rechte und Langweiler. Dresden.
Mohler, Armin (2013): Notizen aus dem Interregnum. Schnellroda.
Nolte, Ernst (2009): Die dritte radikale Widerstandsbewegung: Der Islamismus. Berlin.
Pannwitz, Rudolf (1954): Beiträge zu einer europäischen Kultur. Nürnberg.
Sarrazin, Thilo (2010): Deutschland schafft sich ab. Wie wir unser Land aufs Spiel setzen. München.
Schlegel, Friedrich (1971): Philosophie der Geschichte. München u. a.
Schmitt, Carl (1940): Positionen und Begriffe im Kampf mit Weimar–Genf–Versailles 1923–1939. Hamburg.
Schmitt, Carl (1963): Der Begriff des Politischen. Text von 1932 mit drei Corrolarien. Berlin.
Schmitt, Carl (1992): Theorie des Partisanen. Zwischenbemerkung zum Begriff des Politischen. Berlin.
Schmitt, Carl (1995a): Briefwechsel mit einem seiner Schüler. Herausgegeben von Armin Mohler in Zusammenarbeit mit Irmgard Huhn und Piet Tommissen. Berlin.
Schmitt, Carl (1995b): Staat, Großraum, Nomos. Arbeiten aus den Jahren 1916–1969. Herausgegeben, mit einem Vorwort und mit Anmerkungen versehen von Günter Maschke. Berlin.
Schmitt, Carl (2008): Römischer Katholizismus und politische Form. Stuttgart.
Schwilk, Heimo/Schacht, Ulrich (Hrsg.) (1994): Die selbstbewusste Nation: »Anschwellender Bocksgesang« und weitere Beiträge zu einer deutschen Debatte. Frankfurt a. M.
Sellner, Martin/Spatz, Walter (2015): Gelassen in den Widerstand. Ein Gespräch über Heidegger. Schnellroda.
Spengler, Oswald (1988): Der Untergang des Abendlandes. Umrisse einer Morphologie der Weltgeschichte. München.
Staatspolitisches Handbuch (2009): Bd. 1: Leitbegriffe. Herausgegeben von Erik Lehnert und Karlheinz Weißmann. Schnellroda.
Staatspolitisches Handbuch (2010): Bd. 2: Schlüsselwerke. Herausgegeben von Erik Lehnert und Karlheinz Weißmann. Schnellroda.
Staatspolitisches Handbuch (2012): Bd. 3: Vordenker. Herausgegeben von Erik Lehnert und Karlheinz Weißmann. Schnellroda.
Thalheim, Raoul (2014): Hirnhunde. Schnellroda.
Waldstein, Thor von (2015): Metapolitik. Theorie – Lage – Aktion. Schnellroda.
Weißmann, Karlheinz (2004): Männerbund. Schnellroda.
Weißmann, Karlheinz (2006): Unsere Zeit kommt. Schnellroda.
Weißmann, Karlheinz (2011): Armin Mohler. Eine politische Biographie. Schnellroda.
Weißmann, Karlheinz (Hrsg.) (2013): Die Konservative Revolution in Europa. Schnellroda.
Weißmann, Karlheinz (2016): Rubikon. Deutschland vor der Entscheidung. Berlin.
Willms, Bernard (1986): Identität und Widerstand. Reden aus dem deutschen Elend. Tübingen.
Wirsing, Giselher (1939): Engländer, Juden, Araber in Palästina. Jena.

文献

Adorno, Theodor W. (1963): Was bedeutet: Aufarbeitung der Vergangenheit. In: ders. Eingriffe. Neun kritische Modelle. Frankfurt a. M. 1963, S. 125–146.

Assheuer, Thomas/Sarkowicz, Hans (1992): Rechtsradikale in Deutschland. Die alte und die neue Rechte. München.

Baumeister, Biene/Negator / Zwi (2005): Situationistische Revolutionstheorie. Eine Aneignung, Bd. I: Enchiridion. Stuttgart.

Bock, Hans Manfred (2006): Der Abendland-Kreis und das Wirken von Hermann Platz im katholischen Milieu der Weimarer Republik. In: Puschner/Grunewald (Hrsg.) 2006, S. 337–362.

Botsch, Gideon (2012): Die extreme Rechte in der Bundesrepublik Deutschland 1949 bis heute. Darmstadt.

Braudel, Fernand (2013): Geschichte als Schlüssel zur Welt. Vorlesungen in deutscher Kriegsgefangenschaft 1941, herausgegeben von Peter Schöttler. Stuttgart.

Breuer, Stefan (1995): Anatomie der Konservativen Revolution. Darmstadt.

Bruns, Julian/Glösel, Kathrin/Strobl, Natascha (2016): Die Identitären. Handbuch zur Jugendbewegung der Neuen Rechten in Europa. Münster.

Bürgel, Tanja (Hrsg.) (2006): Generationen in den Umbrüchen postkommunistischer Gesellschaften. *SFB-580-Mitteilungen*/20.

Burschel, Friedrich (Hrsg.) (2016): Durchmarsch von rechts. Völkischer Aufbruch: Rassismus, Rechtspopulismus, rechter Terror. *Manuskripte Neue Folge* 17.

Charb (2015): Brief an die Heuchler und wie sie Rassisten in die Hände spielen. Stuttgart.

Debord, Guy (1978): Die Gesellschaft des Spektakels. Hamburg.

Demetz, Peter (1990): Worte in Freiheit. Der italienische Futurismus und die deutsche Avantgarde 1912–1934. Mit einer ausführlichen Dokumentation. München.

Dornbusch, Christian/Raabe, Jan (Hrsg.) (2002): RechtsRock. Bestandsaufnahme und Gegenstrategien. Münster.

Ehlers, Caspar (2011): Die propreußische Rezeption des Deutschen Ordens und seines »Staates« im neunzehnten und zwanzigsten Jahrhundert. In: Faber/Puschner (Hrsg.) 2011, S. 115–143.

Eltahawy, Mona (2015): Warum hasst ihr uns so? Für die sexuelle Revolution der Frauen in der islamischen Welt. München/Berlin.

Eltchaninoff, Michel (2016): In Putins Kopf. Die Philosophie eines lupenreinen Demokraten. Stuttgart.

Faber, Richard (1979): Abendland. Ein »politischer Kampfbegriff«. Hildesheim.

Faber, Richard (2011): Preußischer Katholizismus und katholisches Preußentum. Ihre etatistische, imperialistische und militaristische sowie antik-römische, italienisch-faschistische und spanisch-ignatianische Dimension. In: ders./Puschner (Hrsg.) 2011, S. 89–113.

Faber, Richard/Puschner, Uwe (Hrsg.) (2011): Preußische Katholiken und katholische Preußen im 20. Jahrhundert. Würzburg.

Figes, Orlando (2011): Krimkrieg. Der letzte Kreuzzug. Berlin.

Foucault, Michel (1977): Der Wille zum Wissen. Sexualität und Wahrheit 1. Frankfurt a. M.

Friedrich, Sebastian (2015): Der Aufstieg der AfD. Neokonservative Mobilmachung in Deutschland. Berlin.

Gebhardt, Richard: »Bitte wählen Sie nicht AfD« – Der hilflose Antipopulismus und die gespaltene Republik. In: Kellershohn/Kastrup (Hrsg.) 2016, S. 201–219.

Globisch, Claudia/Pufelska, Agnieszka/Weiß, Volker (2011): Die Dynamik der europäischen Rechten. Wiesbaden.

Glösel, Kathrin (2016): Analyse »Wie männliche Täter produziert werden. Über Jack Donovans *Der Weg der Männer*«. URL: https://biwaz.files.wordpress.com/2016/08/rezension-weg-der-macc88nner1.pdf.

Gollwitzer, Heinz (1964): Europabild und Europagedanke. München.

Grunert, Robert (2012): Der Europagedanke westeuropäischer faschistischer Bewegungen 1940–1945. Paderborn.

Hall, Stuart (1979): The Great Moving Right Show. In: *Marxism Today* 1/1979, S. 14–20.

Hoeres, Peter (2013): Außenpolitik und Öffentlichkeit: Massenmedien, Meinungsforschung und Arkanpolitik in den deutsch-amerikanischen Beziehungen von Erhard bis Brandt. München.

Holz, Klaus (2004): Die antisemitische Konstruktion des Dritten und die nationale Ordnung der Welt. In: Braun, Christina von/Ziege, Eva-Maria (Hrsg.), Das bewegliche Vorurteil. Würzburg 2004, S. 43–61.

Jäger, Siegfried/Schobert, Alfred/Kellershohn, Helmut/Dietzsch, Martin (Hrsg.) (2004): Nation statt Demokratie. Sein und Design der »Jungen Freiheit«. Münster.

Kaufmann, Heiko/Kellershohn, Helmut/Paul, Jobst (Hrsg.) (2005): Völkische Bande. Dekadenz und Wiedergeburt. Analysen rechter Ideologie. Münster.

Kellershohn, Helmut (Hrsg.) (1994): Das Plagiat. Der völkische Nationalismus der Jungen Freiheit. Münster.

Kellershohn, Helmut (2005): Zwischen Wissenschaft und Mythos. Einige Anmerkungen zu Armin Mohlers »Konservativer Revolution«. In: Kaufmann et al. (Hrsg.) 2005, S. 66–89.

Kellershohn, Helmut (2010): Konservative Reconquista. In: *DISSkursiv* vom 18. März 2010. URL: http://www.disskursiv.de/2010/03/18/konservative-reconquista/

Kellershohn, Helmut (Hrsg.) (2013): Die »Deutsche Stimme« der »Jungen Freiheit«. Lesarten des völkischen Nationalismus in zentralen Publikationen der extremen Rechten. Münster.

Kellershohn, Helmut (2014a): Die AfD als »Staubsauger« und »Kantenschere« – Turbulenzen im jungkonservativen Lager. AfD-Sondierungen (2). URL: http://www.diss-duisburg.de/2014/06/helmut-kellershohn-afd-sondierungen-2/

Kellershohn, Helmut (2014b): Konservative Volkspartei. Über das Interesse der jungkonservativen Neuen Rechten an der AfD. AfD-Sondierungen (3). URL: http://www.diss-duisburg.de/2014/09/helmut-kellershohn-afd-sondierungen-3/

Kellershohn, Helmut/Kastrup, Wolfgang (Hrsg.) (2016): Kulturkampf von rechts. AfD, Pegida und die Neue Rechte. Münster.

Kondylis, Panajotis (1986): Konservativismus. Geschichtlicher Gehalt und Untergang. Stuttgart.

Koob, Andreas/Marcks, Holger/Marsovszky, Magdalena (2013): Mit Pfeil, Kreuz und Krone. Nationalismus und autoritäre Krisenbewältigung in Ungarn. Münster.

Langebach, Martin (2015): 8. Mai 1945. In: ders./Sturm (Hrsg.) 2015, S. 212–243.

Langebach, Martin/Raabe, Jan (2016): Die »Neue Rechte« in der Bundesrepublik Deutschland. In: Virchow/Langebach/Häusler (Hrsg.) 2016, S. 561–592.

Langebach, Martin/Speit, Andreas (2013): Europas radikale Rechte. Bewegungen und Parteien auf Straßen und in Parlamenten. Zürich.

Langebach, Martin/Sturm, Michael (Hrsg.) (2015): Erinnerungsorte der extremen Rechten. Wiesbaden.

Leggewie, Claus (1987): Der Geist steht rechts. Ausflüge in die Denkfabriken der Wende. Berlin.

Leggewie, Claus (2016): Anti-Europäer. Breivik, Dugin, al-Suri & Co. Berlin.

Lenk, Kurt (1994): Rechts, wo die Mitte ist. Studien zur Ideologie: Rechtsextremismus, Nationalsozialismus, Konservatismus. Baden-Baden.

Lerchenmueller, Joachim (2001): Die Geschichtswissenschaft in den Planungen des Sicherheitsdienstes der SS. Der Historiker Hermann Löffler und seine Denkschrift »Entwicklung und Aufgaben der Geschichtswissenschaft in Deutschland«. Bonn.

Lohmann, Johannes/Wanders, Hans (2002): Evolas Jünger und Odins Krieger. Extrem rechte Ideologien in der Dark-Wave- und Black-Metal-Szene. In: Dornbusch/Raabe (Hrsg.) 2002, S. 287–307.

Luther, Andreas/Meier, Mischa/Thommen, Lukas (Hrsg.) (2006): Das frühe Sparta-Bild. Stuttgart.

Maani, Sama (2015): Warum wir fremde Kulturen nicht respektieren sollten. Und die eigene auch nicht. Klagenfurt.

Maegerle, Anton (2009): Solidarität mit Ahmadinedschad. In: *Tribüne. Zeitschrift zum Verständnis des Judentums* 3/2009, S. 96–106.
Mecklenburg, Jens (Hrsg.) (1996): Handbuch deutscher Rechtsextremismus. Berlin.
Mehring, Reinhard (2009): Carl Schmitt. Aufstieg und Fall. München.
Paul, Jobst (2016): Der Niedergang – der Umsturz – das Nichts. Rassistische Demagogie und suizidale Perspektive in Björn Höckes Schnellrodaer IfS-Rede. Duisburg.
Prehn, Ulrich (2013): Max Hildebert Boehm. Radikales Ordnungsdenken vom Ersten Weltkrieg bis in die Bundesrepublik. Göttingen.
Puschner, Uwe/Grunewald, Michel (Hrsg.) (2006): Das katholische Intellektuellenmilieu in Deutschland, seine Presse und seine Netzwerke (1871–1960). Bern.
Raulff, Ulrich (2014): Wiedersehen mit den Siebzigern. Die wilden Jahre des Lesens. Stuttgart.
Rebenich, Stefan (2006): Leonidas und die Thermopylen. Zum Sparta-Bild in der deutschen Altertumswissenschaft. In: Luther et al. (Hrsg.) 2006, S. 193–215.
Said, Edward (2014): Orientalismus. Frankfurt a. M.
Salzborn, Samuel (2014a): Messianischer Antiuniversalismus. Zur politischen Theologie von Aleksandr Dugin im Spannungsfeld von eurasischem Imperialismus und geopolitischem Evangelium. In: Armin Pfahl-Traughber (Hrsg.), Jahrbuch für Extremismus- und Terrorismusforschung 2014 (I), S. 240–258.
Salzborn, Samuel (2014b): Religionsverständnis im Rechtsextremismus. Eine Analyse am Beispiel des neurechten Theorieorgans *Sezession*. In: Möllers, Martin/Ooyen, Robert von (Hrsg.), Jahrbuch öffentliche Sicherheit 2014/15, S. 285–301.
Salzborn, Samuel (2015): Rechtsextremismus. Baden-Baden.
Schadt, Timo (2016): Identitäre Bewegung zwischen AfD und Tag X. In: *printzip* 8, S. 6–8.
Schildt, Axel (1999): Zwischen Abendland und Amerika. Studien zur westdeutschen Ideenlandschaft der 50er Jahre. München.
Seitenbecher, Manuel (2013): Mahler, Maschke & Co. Rechtes Denken in der 68er-Bewegung? Paderborn.
Speit, Andreas (Hrsg.) (2002): Ästhetische Mobilmachung. Dark Wave, Neofolk und Industrial im Spannungsfeld rechter Ideologien. Münster.
Speit, Andreas (2016): Bürgerliche Scharfmacher. Deutschlands neue rechte Mitte – Von AfD bis Pegida. Zürich.
Umland, Andreas (2006): Postsowjetische Gegeneliten und ihr wachsender Einfluss auf Jugendkultur und Intellektuellendiskurs in Russland. Der Fall Aleksandr Dugin (1990–2004). In: Bürgel (Hrsg.) 2006, S. 22–45.
Virchow, Fabian/Langebach, Martin/Häusler, Alexander (Hrsg.) (2016): Handbuch Rechtsextremismus. Wiesbaden.
Vorländer, Hans/Herold, Maik/Schäller, Steven (2015): Wer geht zu Pegida und warum? Eine empirische Untersuchung von Pegida-Demonstranten in Dresden. Dresden.
Weiß, Volker (2011): Deutschlands Neue Rechte. Angriff der Eliten – Von Spengler bis Sarrazin. Paderborn.
Weiß, Volker (2012): Moderne Antimoderne. Arthur Moeller van den Bruck und der Wandel des Konservatismus. Paderborn.
Weiß, Volker (2015): Die »Konservative Revolution«. Geistiger Erinnerungsort der »Neuen Rechten«. In: Langebach/Sturm (Hrsg.) 2015, S. 102–120.
Weiß, Volker (2016): Bedeutung und Wandel von ›Kultur‹ für die extreme Rechte. In: Virchow/Langebach/Häusler (Hrsg.) 2016, S. 441–469.
Weißmann, Karlheinz (2006): Unsere Zeit kommt. Schnellroda.
Werner, Alban (2015): Was ist, was will, wie wirkt die AfD? Karlsruhe.
Winkler, Heinrich August (2002): Der lange Weg nach Westen. Deutsche Geschichte 1806/1933. Bonn.
Wölk, Volkmar (2016): Kreuzritter für das Abendland. Oder: Lutz Bachmann als Katechon der Apokalypse? In: Burschel (Hrsg.) 2016, S. 55–67.

表記以外のオンライン出典については、二〇一六年一〇月三〇日現在のものである。

謝辞

「新右翼」の研究は、長年にわたって、歴史学の分野でも政治学の分野でもおろそかにされてきた。この怠慢の報いとして、新右翼の攻撃性は過小評価され、それが致命的な現状につながっている。それでも、わずかな先駆者が、みずから危険を冒してこのテーマに取り組んできたのであった。なかには、この仕事に数十年を費やした研究者もいた。その人たちの名前は、本書の文献一覧のなかに挙げてある。

また、各大学の枠を超えた協力にも感謝している。ビーレフェルトの社団法人「反右翼討論文化協会」からは、資料調査の際に多大なご支援をたまわり、欠巻の多い大学所蔵文献を親切に補っていただいた。さらに、なによりも強調したいのは、リヒャルト・ゲプハルト氏に、我々の共通の研究テーマについての意見交換をお願いできたことである。アイコ・グリムベルク、トルステン・リーゼガング、フォルクマール・ベルク、パトリツィア・ツビの各氏による批評やコメントは、筆者にとって大きな刺激となった。この場を借りて、以上のみなさまのご助言、ご支援、そして忍耐に心からの感謝を申し上げたい。

解説・資料編

写真:ロイター/アフロ

［解説］もう一つのドイツ——保守革命から新右翼へ

長谷川晴生

二〇一七年九月、世界中が見守るなか、ドイツに衝撃が走った。ドイツ連邦議会選挙にて、極右政党と言われてきた「ドイツのための選択肢（ＡｆＤ）」が得票率五パーセントを突破して議席を獲得したのである。さらに、同党は第三党の地位までも手にした。

ＡｆＤはその後も快進撃を続け、各地方選挙で政権与党のキリスト教民主同盟（ＣＤＵ）を追い込んでいった。そして、ついに二〇一八年一〇月、ながらくＣＤＵを率いてきたアンゲラ・メルケル首相に、次回の党首選には出馬しないと宣言させるまでの事態になった。

もともと、「ドイツ」という国に対する現代日本人の平均的な印象には、相反するものが同居していた。一方には「第三帝国」の、あるいは多少の事情通にとってはプロイセンやドイツ帝国の「軍国主義」や「人種主義」のイメージがまとわりついている。もう一方にあるのは、まさにそのような過去を批判的に見直すことに熱心で、国民社会主義《ナチズム》による犯罪をみずからの手で裁き続ける、戦後の国際社会の優等生というイメージである。

同じく旧枢軸国である日本の政界で、植民地支配や戦争犯罪に対する歴史修正主義が現れるたびに、それを肯定しない立場の人々は、ドイツ連邦共和国に範をとるように求めてきた。反対に、保守派は、両国の過去の差異を強調し、ドイツの基準を日本に押し付けるなと主張してきた。「過去の克服」に代表される戦後ドイツのリベラリズムは、日本に羨望と反発とを巻き起してきたといってよい。[1]

ＡｆＤがドイツ国民に受け入れられたことは、この「過去の克服」のドイツ、リベラリズムのドイツのイメージに動揺を与える結果となった。そんなものは、所詮は仮面にすぎなかったのではあるまいか、ポリティカル・コレクトネスに疲れたドイツ人が、ついに本性を見せはじめたのではないか……。「ドイツに学べ」に対する反発も相まって、日本人の二つのドイツ観は、お決まりの「本音と建前」の図式に収まりつつあるようにも見える。

とはいえ、事態はそれほど単純ではない。確かに、ＡｆＤに代表されるような、ここ五年ほどのあいだに台頭してきたドイツの極右勢力は、直接的には、移民や難民、ひいては多文化主義やポリティカル・コレクトネスに対する反動を糧として結成され、支持を拡大してきた。しかし、こうした事象を準備してきた人々や思想それ自体は、ドイツの戦後史を通じて伏流水のように存続してきたものであって、近年になってから急に発生したわけではないのである。

それを理解するためには、人文学の分野に目を向ける必要がある。マルティン・ハイデガーやカール・シュミットといった、日本でもよく読まれている戦間期を代表する大物学者が、かって国民社会主義党《ナチス》の党員であったことや、党から離れたのちも政治的には右翼の陣営に身を置いていたことは、それなりに知られている。[2] 一方、戦後ドイツの思想として紹介されてきたのは、ユルゲン・ハーバーマスを中心とするフランクフルト学派など、ほとんど「リベラリズムのドイツ」のものである。[3] そして、ここで重要なのは、ハイデガー、シュミットらの――ことに政治面での――戦後の後継者たちが、日本ではなかば黙殺されてきたことである。

日本で、ＡｆＤのようなドイツの極右勢力が、あたかも突如として現れたかのように受けとめられているとしたら、このような知識の断絶のためにほかならない。現在のドイツ極右の指導者は、人脈的にも思想的にも戦間期の右翼思想の流れを汲み、戦後のリベラリズムと「過去の克服」のなかで雌伏し、単なる国民社会主義《ナチズム》の残党、ネオナチの類ではないという声望を得ていった。そのうえで、移民、難民、ユーロ危機といった二〇一〇年代の情勢を好機として一挙に世に出た人々なのである。

本書、フォルカー・ヴァイス『ドイツの新右翼』を訳出した目的も、「保守革命」の名で呼ばれている戦間期の右翼思想と、二〇一八年現在のドイツ政治のあいだのミッシングリンクを埋めるところにある。

本書でヴァイスは、政治的に力を持ちつつあるドイツの新右翼をめぐる時事的な報告と、そこにいたるまでの本格的な思想史とを同時に扱おうとしている。しかし、それが本書を手にとる人々に読みづらさを強いているのも事実である。というのも、「保守革命」をめぐる、あまりなじみのない用語が、さも周知の概念であるかのように頻出するからである。本解説の意図は、そこを補うところにある。もし、ヴァイスの本文にとりつきにくさを感じたのであれば、この文章を先にご一読いただきたい。

*

本書の原著は、二〇一七年、ＡｆＤの連邦議会進出を目前に控えるなか、『権威主義的反乱――新右翼と夕べの国の没落（Die autoritäre Revolte: Die Neue Rechte und der Untergang des Abendlandes）』としてクレット・コッタ書店より刊行された。[4] この原題、特にサブタイトルが、本書の性格を実によく表している。「夕べの国の没落」とは、多文化主義によってヨーロッパの「アイデンティティ」が失われつつあるという極右の主張を示唆すると同時に、通常は『西洋の没落』と訳されるオスヴァルト・シュペングラーの主著（一九一八年～一九二二年）を指してもいる。つまり、ＡｆＤやPegida《ペギーダ》に連なる「新右翼」とシュペングラーたち戦間期の「保守革命」との系譜関係を明らかにする、というテーマを暗示したタイトルになっているのである。

ただし、本書の訳題としては『ドイツの新右翼』を採用した。この事情については、いささかの説明が必要であろう。実は、『ドイツの新右翼』はヴァイスによる最初の新右翼研究書の原題の直訳であって（本書は二冊目にあたる）、ドイツ語の原文にも接する読者に対しては混乱をもたらす恐れもあった。しかし、二〇一一年に刊行された前著は、ベストセラーとなったテイロ・ザラツィン『ドイツは自滅する』をめぐる論争のなかで、その思想的源流を戦間期の右翼思想に求める文脈で書かれており、「ドイツの新右翼」そのものを扱っているのは、むしろＡｆＤやPegida《ペギーダ》の発足後に出された本書の方であるといえる。[5] このため、特に日本の二〇一八年時点での読者へのわかりやすさを優先し、敢えて訳題を交換したと考えていただいてよい。

著者のフォルカー・ヴァイス（Volker Weiß）は、一九七二年生まれの評論家、在野の歴史家であり、主に一九世紀から現在までの極右思想と運動をテーマとして執筆活動を行ってきた。とはいえ、彼自身は右翼に共感しているわけではなく、本書の各所からも明らかなように、あくまでもリベラル派の立場を堅持している。ヴァイスは、二〇〇九年にハンブルク大学にて歴史学の博士号を取得したのち、いくつかの大学での非常勤の教職を経て、主に週刊新聞『ディー・ツァイト』や左派系の週刊誌『ジャングル・ワールド』にジャーナリスティックな記事を寄稿するかたわら、これまでに四冊の単著および一冊の共編著を刊行している。著作リストは以下の通りである。

Deutschlands Neue Rechte: Angriff der Eliten - Von Spengler bis Sarrazin, Paderborn 2011.（『ドイツの新右翼——エリートの攻撃　シュペングラーからザラツィンまで』）

Moderne Antimoderne: Arthur Moeller van den Bruck und der Wandel des Konservatismus, Paderborn 2012.（『近代的反近代——アルトゥール・メラー・ファン・デン・ブルックと保守主義の変容』）

Moses Hess: Rheinischer Jude, Revolutionär, früher Zionist, Köln 2015.（『モーゼス・ヘス――ラインラントのユダヤ人、革命家、初期シオニスト』）

Die autoritäre Revolte: Die Neue Rechte und der Untergang des Abendlandes, Stuttgart 2017.（『権威主義的反乱――新右翼と夕べの国の没落』、本書のこと）

Die Dynamik der europäischen Rechten: Geschichte, Kontinuitäten und Wandel, Wiesbaden 2011.（『ヨーロッパ右翼の原動力――歴史、連続性、変容』、ほか二名との共編）

このうち、二番目に挙げた『近代的反近代』は、ヴァイスの博士論文をもとにした大部の著作であり、目下のところアルトゥール・メラー・ファン・デン・ブルックについての決定版的な研究書と見られている。メラーは、一九二三年に著した『第三の国《ライヒ》』が国民社会主義党《ナチス》の「第三帝国《ライヒ》」のコンセプトに流用されたことで知られる人物で、「保守革命」の一員に数えられる。メラーのような思想家を徹底的に読み込んだ経験が、ヴァイスの新右翼研究に、現象面だけの記述ではない奥行を与えているといってよい。付言すれば、現代史や政治学を専門に学んだ経験がなく、ドイツ文学およびドイツ思想に関心を持っていた訳者が本書を手がけることになったのも、本書が単なる現代ドイツ政治の分析ではなく、射程の長い思想史の書物だからにほかならない。

*

それでは、『ドイツの新右翼』の構成をざっと眺めてみよう。

本書は、ヨーロッパ現代政治をテーマとした類書に見られるように、ドイツの新右翼を「外国人や移民の存在を問題視する排外主義的主張、EUに対する真っ向からの批判、メディアを活用して人々に直接訴える政治スタイル」[6]、つまりポピュリズムとして分析すること自体を主眼とするものではない。むしろ、そのようなポピュリズムの波がドイツにも到来していることを前提としたうえで、それがいかに、マージナルな存在として戦後社会を生き延びてきた過去の思想的遺産と結びついていったかを論じているのである。

第1章では、二〇一二年に行われた見本市「ツヴィッシェンターク」を基軸に、現在の新右翼の人脈（指導者、団体、メディア）を概観したのち、新右翼の定義そのものを問い直している。そこで検討されるのは、新右翼を「右からの六八年」、つまり六八年世代の新左翼に学んだ右翼の運動とする視点である。

新右翼は、新左翼の右翼版という性格を持つ一方で、その人脈や思想は、戦間期の右翼の系譜を引いている。そこで、第2章では、戦間期と戦後の接点となる人物、アルミン・モーラーに焦点が当てられる。モーラーは、「第三帝国《ライヒ》」に希望を持ってドイツに密入国したスイス人学生として戦時下を過ごし、戦後にはカール・ヤスパースに提出した博士論文『ドイツにおける保守革命――一九一八年から一九三二年まで』を刊行した。同書の目的は、国民社会主義《ナチズム》とは区別される戦間期の右翼思想を「保守革命」と一括し、非ナチス的な右翼があり得たし、今後もありうると示すことであった。しかし、後年のモーラー本人が認めるように、この「保守革命」の国民社会主義《ナチズム》からの切断は、かなり問題含みの手続きであった。それでも、モーラーは、同書のもたらした名声によって、さらにはエルンスト・ユンガーやカール・シュミットと結んだ個人的な師弟関係も手伝って、新右翼の父となっていく。

第3章では、カールハインツ・ヴァイスマンやゲッツ・クビチェクらモーラーの直弟子、あるいはその近くにいたディーター・シュタインといった次世代の新右翼たち――いずれも文筆家や出版業者を兼ねる――が、キリスト教民主同盟（CDU）の右側に位置する新政党、AfDへと結集していく様子が描かれる。AfDは、ユーロ危機への政府の対応を批判するワンイシュー政党として出発しながら、やがて当初の執行部を離党させ、彼らの望む方向へと舵を切っていく。

第1章から第3章までが新右翼の通史であるとすれば、第4章から第6章までは、新右翼の個別の運動について書かれている。第4章で扱われるのは、「アイデンティティ運動」と総称される流れである。[7] アイデンティティ運動は、「ヨーロッパのアイデンティティの擁護」を掲げて、もっぱら反移民を志向する運動である。二〇〇〇年代初頭に発生し、フランス、イタリア、オーストリアで盛んになったのち、ドイツにも輸入されて新右翼に受容されていった。また、若年層を運動の担い手として取り込むためにサブカルチャー形式を導入し、インターネットの活用にも長けるという特徴を持つ。反面、ＡｆＤの主流派よりも人種主義的な色彩が強く、国民社会主義《ナチズム》やネオナチとの境界はより不安定である。

続いて、第5章では、二〇〇〇年代後半にクビチェクを中心とする活動家が行っていた「保守－破壊的行動」と称する運動を起点に、市民社会に対して挑発することで耳目を集めようという、新右翼のスキャンダリズム路線が分析されている。「保守－破壊的行動」の由来が、ルディ・ドゥチュケら六八年世代の活動家が属していた「破壊的行動」であることからもわかるように、もともとこれは新左翼の十八番《おはこ》であった。ここでふたたび、新右翼と新左翼との相互影響関係に光が当てられることになる。

第6章では、日本でも報道されてきた街頭でのデモ運動、「夕べの国のイスラーム化に反対する愛国的ヨーロッパ人（Pegida《ペギーダ》）」が扱われる。Pegida《ペギーダ》は、ルッツ・バッハマンなる人物が二〇一四年にはじめたもので、「イスラーム化」、つまりイスラーム主義のドイツ社会への浸透を危惧する「市民運動」を名乗っていた。この体裁は功を奏し、二〇一五年の難民危機とも相乗効果を生んで、一挙に大勢の一般市民を街頭に動員できるまでに成長した。もちろん、「反イスラーム主義」は口実であり、実際には単なる反移民の色彩を強め、アイデンティティ運動やクビチェク一派とも連携していくことになる。本書の原著が刊行された二〇一七年の時点で、Pegida《ペギーダ》自体は下火になっていた。とはいえ、ＡｆＤの躍進の原動力となるなど、ドイツ政治に影響を与えたのは確かである。

第7章および第8章は、時局に即した現状分析からいったん離れ、ヴァイスの思想史家としての面目が如何なく発揮された箇所となっており、本書のクライマックスでもある。

第7章では、シュペングラーからPegida《ペギーダ》まで、つまり「保守革命」から新右翼にいたるまで、「我々自身の領域」を表すために愛用されてきた、「夕べの国」の概念について記述されている。[8]「夕べの国」は、辞書的には「西洋」や「ヨーロッパ」と同義であるものの、そのニュアンスはまったく異なっている。しかも、時代ごとにご都合主義的に意味が変えられてきた。ここでは、その変遷の歴史が、詳しく説明されている。

第8章のテーマは、新右翼の「敵」とは誰なのかというものである。検討されるのは、ロシア、イスラーム、そしてアメリカ合衆国である。その過程では、ロシアの思想家、アレクサンドル・ドゥーギンによる「新ユーラシア主義」[9]、それに影響を与えたカール・シュミットの「大圏域《グロースラウム》」思想、ドナルド・トランプを支えるアメリカの「オルト・ライト」が、余すところなく論じられている。著者の図式を整理すれば、次の通りである。プーチンのロシア、トランプのアメリカ、そして潜在的にはイスラーム主義といった各種の権威主義は、いずれもドイツの新右翼の「友」である。彼らの真の「敵」は、人権や平等を旨とする普遍主義である。

全体の総括として置かれた第9章では、こうした新右翼の興隆の前に無策であるとヴァイスが考える、リベラル派や左翼に対する批判が展開される。最終的にヴァイスが説くのは、これまでの左派の及び腰の態度と決別して、たとえヨーロッパ中心主義と誹《そし》られようとも、いわば原理主義的なリベラリズムを貫くことである。つまり、啓蒙と人権を至上の価値として、新右翼からイスラーム主義にいたるまでのすべての権威主義体制を否定し、それと闘うことである。この提言をもって、ながく続いた本書は閉じられている。

*

先述したように、『ドイツの新右翼』には、新右翼がよりどころとする概念や用語が、これといった説明を欠いたまま、無雑作にちりばめられている。実をいえば、書かれている内容になじみのなさを覚えるのは、原著を読んだドイツ人の大半にとっても同じであるように思われる。戦後のドイツ連邦共和国の教育と常識のなかで育ってきた者にしてみれば、本人が右翼の活動家や政治思想の専門家でもない限り、本書で扱われているのは、やはり未知の領域であろう。AfDに投票し、Pegida《ペギーダ》やアイデンティティ運動に参加するような「市民」であっても、自分たちがどのような思想的系譜に立っているかまで把握していることは少ないはずである。「八紘一宇《はっこういちう》」を賞賛した国会議員や、それに喝采した支持者たちが、必ずしも戦前の日蓮主義とアジア主義の展開を理解しているわけではないのと同じと考えればよい。

『ドイツの新右翼』を読むうえで特に補完しておいた方がよい知識は二つある。一つはアルミン・モーラーについて、もう一つはカール・シュミットについてである。この二人こそ、ドイツの新右翼の理論的支柱であり、本書の二大主人公といってもよい。ドイツの新右翼の人々は、モーラーの整理した戦間期の「保守革命」の後継者として自分を位置づけ、シュミットの構想した国際的秩序に向けて国家を動かそうとしているのである。

アルミン・モーラーについての伝記的情報は、本書の第2章を読んでいただきたい。[10] 本解説で補足しておく必要があるのは、その主著『ドイツにおける保守革命』についてであり、モーラー自身の説明による「保守革命」概念の内容である。[11]「何百人もの伝記と書誌を集めた著作」(本書五七頁)にして、「一九二〇年代と一九三〇年代におけるドイツ右翼の全体をカバーする書誌情報を作成した」(同五九頁)と言われている同書は、正確にいえば、「保守革命」の源流、歴史、分類を扱った論文部分と、人名辞典と書誌の部分とに分かれており、ページ数の大半を占めるのは後者であるとはいえ、前者こそが「保守革命」概念を知るうえでの鍵となっている。

『ドイツにおける保守革命』によれば、後発国であった一九世紀以来のドイツには、実存面では、近代的な生を「頽廃」や「ニヒリズム」と批判し、政治的には、保守主義や民族主義と、イギリスやフランスなど先進国が担ってきた資本主義や帝国主義の打倒とを両立させようとする伝統があった。その伝統は、第一次世界大戦での敗北、ヴェルサイユ条約への反発、ソヴィエト連邦と共産主義の台頭などを誘因としつつ、最終的に戦間期に無視できない一大勢力となった。そのような思考を、同時代のフーゴー・フォン・ホフマンスタールの言葉を借りて、「保守革命（Konservative Revolution）」と総称しているのである。[12]

「保守革命」は、民族主義であるがゆえにヴァイマル共和国ともソヴィエト連邦型の共産主義とも対立する。さらに、資本主義をはじめとする既存の秩序に手を出そうとしない王党派や国民社会主義《ナチズム》とも相容れない、とモーラーは言っている。[13]

この見通しのもと、モーラーは、「保守革命」を、（一）民族至上主義《フェルキッシュ》派、（二）青年保守派、（三）国民革命派、（四）同盟青年、（五）農民《ラントフォルク》運動の五つに分類している。[14] このうち、本書のなかで現代のドイツの新右翼の自己認識として、周知を前提に特に説明なく言及されているのは、「民族至上主義《フェルキッシュ》」、「青年保守」、「国民革命」の三つである。ここでは、この三者について確認しておこう。

「フェルキッシュ（völkisch）」とは、「民族」や「国民」を表すVolk《フォルク》という語の形容詞形から派生した概念であり、すでに一九世紀後半には流行語となっていた。[15] この語については、本書では、日本のドイツ史やドイツ思想史の伝統に従い、「民族至上主義的」の訳語を当てて、その都度ふり仮名をつけておいた。「民族至上主義的《フェルキッシュ》」イデオロギーは、当時の遺伝学の圧倒的な影響のもと、「ゲルマン」というVolk《フォルク》の生物学的な優越性を重視し、すでに当初から人種主義の色彩を強く帯びていた。その意味で、直接的に国民社会主義《ナチズム》につながる傾向でもあった。

ただし、モーラーによれば、「保守革命」としての「民族至上主義的《フェルキッシュ》」イデオロギーは、主に宗教をめぐって展開されたところに特徴がある。「民族至上主義《フェルキッシュ》」派は、ドイツ人はスカンディナヴィア半島を起源とする「北方人種」であると誇っており、反ユダヤ主義の色彩が強かった。その延長で、彼らのなかには、ユダヤ教の影響を排し、旧約聖書を除外したキリスト教を求める者や、一神教自体を否定して、ゲルマン民族古来の多神教を理想とする者が見られたという。[16]

「青年保守」派(die Jungkonservativen)は、西欧型の民主主義をラディカルに否定し、それに代わってエリート支配による新たな国家システムを打ち立てようとした一派である。ただし、君主制への回帰を目指すわけではないため、そのような「旧」保守に対して「青年」を冠せられている。

「青年保守」の思想は、「職能身分国家」と「ライヒ(Reich)」という二つのキーワードに集約されているといってよい。その具体的な計画は、エトガー・ユリウス・ユングの主著『劣等者の支配』などに見られる。

まず、「職能身分国家」では、普通選挙と政党による議会政治は廃止される。大衆の側からの意思表示は職業「身分」団体での最小限の選挙のみによって行い、国家中枢へ直接の影響を及ぼせないようにする。それに対して、政治を指導するのは、エリートとしての専門家である。「青年保守」の思想家は、これを上からの支配と下からの自発的参加を両立するコーポラティズムであると考えており、大衆の気分に左右される西欧民主主義の弱点を克服するものとしていた。[17]

次に、「ライヒ」とは、本書の第7章や第8章でも触れられているように、神聖ローマ帝国《ライヒ》以来のドイツ古来の国家体制を意味する。「ライヒ」は、日本語では「帝国」と訳されることがあるものの、一般的な「帝国（Imperium や Empire）」とは異なるドイツ語特有の概念であるため、本書では一貫してカタカナ書きにしてある。[18]「青年保守」が「ライヒ」というときには、ヴェルサイユ条約と国際連盟からなる体制の打破が想定されていた。つまり、同条約によって国境外に出されたドイツ人居住地域をドイツに併合することと、さらにはドイツ国家に大陸支配権力を持たせる構想までが一体になっていた。[19]

なお、この「ライヒ」については、「青年保守」の一員に数えられる場合もあるカール・シュミットの「大圏域《グロースラウム》」思想とも関係するので、次項でもあらためて触れることにする。

「国民革命」派（die Nationalrevolutionäre）は、主に第一次世界大戦やその後の内戦から帰還した元兵士によって担われ、前線で経験した近代技術による破壊的な戦争を全肯定し、それを梃子にして既存の市民社会を転覆しようとする傾向のことを示している。その代表者と目されるのは、エルンスト・ユンガーである。モーラーによれば、この名称に含まれる「ナショナリズム（Nationalismus）」には、「愛国主義（Patriotismus）」の持つ「市民」的ニュアンスへの嫌悪が見られるという。[20]

「国民革命」派は、同じく西欧型の民主主義を否定しながら、「青年保守」とは異なってそれを法的手段によって実現しようとはしなかったため、「職能身分国家」や「ライヒ」のような具体的な構想には乏しい。とはいえ、特に対外関係においては、いくつかの独特な思考法が見られる。その一つは、「民族ボルシェヴィズム」と呼ばれるもので、西欧民主主義国に対抗する権威主義体制としてのソヴィエト連邦に親和性を感じて、これと手を組もうとする計画である。[21]また、ドイツをヴェルサイユ条約によって西欧諸国から搾取されている「植民地」と見なし、アジアなどの「被抑圧民族」と連帯しようという路線も生まれている。[22]総じて、「保守革命」のなかでも、反帝国主義の側面を先鋭化させたのが「国民革命」派であるといえよう。

注意しなければならないのは、「民族至上主義《フェルキッシュ》」、「青年保守」、「国民革命」の三つを、確かにモーラーは「グループ」として紹介しているものの、必ずしも個々の人物をどれか一つに分類できるわけではないということである。むしろ、「保守革命」全体が、この三要素を横断的に含んでいると考えた方がよい。

それは、「保守革命」の後継者を自任するドイツの新右翼についても該当する。本書『ドイツの新右翼』のなかでも、この三つの概念は、かなり自由に使用されている。例えば、著者のヴァイスは、二〇〇〇年前後に形成された、ヴァイスマン、シュタイン、クビチェクの同盟を「『青年保守』のカルテル」と書いている（本書一〇四頁）一方、クビチェクの率いる『独立』誌を「『国民革命』派」と呼んでいる（本書一二一頁）。また、彼らと近い位置にいる、ＡｆＤ、Pegida《ペギーダ》、アイデンティティ運動は、いずれも「民族至上主義《フェルキッシュ》的」と形容されている（本書一二七頁、一六九頁）。このような書き方は、読者の混乱を引き起こすかもしれない。しかしこれは、ヴァイスが概念の使用法を誤っているためではなく、三者はもともと共存しうる思想だからにすぎない。

そのうえで、本書を通読すれば、いかにドイツの新右翼が「保守革命」を引き継いでいるのか、あるいは悪くいえばその焼き直しにすぎないのか、一目瞭然となろう。「民族至上主義《フェルキッシュ》派」の「北方人種」自認やキリスト教否定は、アイデンティティ運動のなかで顕著に見られる（本書一六六頁）。「青年保守」の提唱していた反民主主義とエリート支配は、新右翼世界のいたるところで顔を見せ、国家政治研究所をはじめ、彼らの組織はその発想によって形成されている（本書一〇二頁）。「国民革命」派の反帝国主義は、新右翼が「六八年」以降の新左翼を模倣するときの媒介となった（本書四〇頁）。のみならず、いまや「民族ボルシェヴィズム」は、プーチンのロシアへの接近として再浮上している（本書二九一頁）。

とはいえ、あくまでもリベラリズムに拠って立つヴァイスは、モーラーの議論を踏まえつつも、「保守革命」の概念それ自体には否定的である。特に、「保守革命」を国民社会主義《ナチズム》から切り離して免罪しようとする態度を欺瞞的であると考えている。確かに「民族至上主義《フェルキッシュ》」イデオロギーが、国民社会主義《ナチズム》の人種主義へとつながる流れであることは疑い得ない。また、『ドイツにおける保守革命』の人名辞典部分それ自体に、アドルフ・ヒトラーに抵抗して殺された人間と並んで、少なくとも一時的には国民社会主義《ナチス》党員であった者が含まれている（本書五八頁）。このアポリアは、モーラーおよび『ドイツにおける保守革命』に言及する際には、必ずつきまとうものである。

それでも、「保守革命」を国民社会主義《ナチズム》と完全に同一視したり、ドイツの新右翼の主張する国民社会主義《ナチズム》やネオナチとの線引きを単なるポーズと決めつけたりするならば、それはそれで不正確であろう。「保守革命」や新右翼と国民社会主義《ナチズム》は、互いに重なる部分を持っているにしても、あくまでも別の集合ととらえる必要がある。これは、本書の第1章や第5章で扱われている、新右翼を「右からの六八年」と見なしうるかという、著者が必ずしも答えを出していない問いとも関係している。そのような問題設定が成り立つのは、そもそも新右翼に、「保守革命」に由来する反資本主義や反帝国主義の理念が存在し、新左翼と共鳴する必然があったからである（本書三一一頁）。こうした要素は、ドイツの新右翼の、日本の保守勢力に対する差異ともなっている。この点についてはのちに触れよう。

＊

ドイツの新右翼に「新右翼」としての自意識をもたらしたのがアルミン・モーラーと「保守革命」であったとすれば、国際政治上の行動指針を与えたのは、公法学者のカール・シュミットである。シュミットは、日本でも著名な人物であり、多くの翻訳が読まれてきた。ただし、本書『ドイツの新右翼』のなかで問題になっているのは、主に一九四〇年前後に書かれた一連の国際法をめぐる地政学的な論文であり、彼の幾多の著作のなかでも、「決断主義」などで知られる戦間期前半の代表作と異なって、日本の読者にはいまひとつ親しみがないものかもしれない。[23] 本書にアプローチするための一助として、ここでは、シュミットのこの側面を概観しておきたい。「夕べの国」、「ライヒ」、「大圏域《グロースラウム》」といったタームの相互関係が、多少なりとも明快になればと思う。

本書第7章のテーマとなっているように、ドイツの保守陣営は、今日にいたるまで、「ヨーロッパ」を「夕べの国（Abendland）」と呼ぶのを好んできた。「夕べの国」とは、太陽の沈む「西方」であり、原義的には、東方正教会とビザンツ帝国に対するカトリック教会と「ドイツ国民の」神聖ローマ帝国からなる西ヨーロッパのことであった。「ドイツ」や「中欧」にかけられたこの比重は、「夕べの国」を「西洋」と訳してはならない所以《ゆえん》でもある。そして、この「神聖ローマ帝国（Heiliges Römisches Reich）」の「Reich《ライヒ》」が、「夕べの国」の理想的な政治秩序とされていくようになったわけである（二三八頁）。

前項で触れたように、ヴァイマル共和国と国際連盟に代わるべきヨーロッパの体制として、この「ライヒ」を追求していたのは、「保守革命」のなかでも特に「青年保守」の人々であった。四〇年前後のシュミットは、法律家として、「ライヒ」のなかにあるドイツの大陸支配権力という含意を、あくまでも国際法的に根拠づけようとしていた。そこで持ち出されるのが、本書第8章で頻出する「大圏域《グロースラウム》（Großraum）」――「広域」と訳される場合もある――という耳慣れない概念なのである。

シュミットがはじめて「大圏域《グロースラウム》」に言及したのは、第二次世界大戦を目前に控えた一九三九年、「空間《ラウム》外的勢力の干渉禁止をともなう国際法的大圏域《グロースラウム》秩序」と題された講演を、キール大学で行ったときのことであった。[24] この講演は、彼の「大圏域《グロースラウム》」思想のベースとなったらしく、本書のなかでよく引かれている論文「普遍主義に対抗する大圏域《グロースラウム》」や「国際法におけるライヒの概念」も、ここから切り取られたものであり、同じ文言を含んでいる部分も多い。[25]「大圏域《グロースラウム》」とは、一言でいえば、ある国家が自国および周辺領域を囲い込んで形成した勢力範囲のことであり、「大圏域《グロースラウム》」の中核となる国家は、その「大圏域《グロースラウム》」内に対して影響を及ぼせる反面、西欧をはじめとする他国——シュミットは「空間《ラウム》外的」権力と呼んでいる——からの干渉を国際法的に遮断しうるとされる。

シュミットによれば、「大圏域《グロースラウム》」をはじめて構築したのは、一八二三年にモンロー宣言を唱えたアメリカ合衆国であった。[26] このとき、合衆国は、南米諸国の独立に対するヨーロッパの不干渉を認めさせた一方、南北アメリカ大陸をみずからの「大圏域《グロースラウム》」として獲得したのである。また、同時代の日本が西欧の干渉を排して中国大陸につくりつつあった新秩序も、「日本的モンロー主義」と呼んでおり、「大圏域《グロースラウム》」に数えている。[27] すぐあとに唱えられるようになった「大東亜共栄圏」も、その一つと考えてよいかもしれない。

四〇年当時のシュミットは、世界がこのような「大圏域《グロースラウム》」に分割されつつあると考え、ドイツ版の「大圏域《グロースラウム》」を構想しようとしていた。「青年保守」におなじみの「ライヒ」が彼の公法学のなかに再導入されたのも、この文脈のうえでのことである。シュミットによれば、「ライヒ」の概念と「大圏域《グロースラウム》」秩序は不可分であり、ドイツ版「大圏域《グロースラウム》」の中核となる国家が「ライヒ」ということになる。想定されているのは、「ライヒ」としてのドイツ――当時まさに「第三帝国《ライヒ》」を名乗っていた――が、国境外のヨーロッパ周辺諸国にも理念を共有させ、政治的に指導していく体制である。[28]

シュミットが「ライヒ」という概念にこだわったのは、それがドイツ固有の「具体的秩序」であり、一般名詞としての「帝国《ていこく》」とは異なるからである。[29] シュミットに言わせれば、自分自身の空間《ラウム》の外に出かけて行って、「大英帝国」をはじめとする植民地帝国を築いた西欧列強こそが「帝国《ていこく》（Imperium、Empire）」なのであり、「ライヒ」は彼らが「普遍主義（Universalismus）」を掲げて自分の「大圏域《グロースラウム》」に干渉してくるのを防ぐためにある。[30] 特に「保守革命」をめぐる議論のなかで、「ライヒ」を「帝国《ていこく》」と表記してはならない理由の一つでもある。

シュミットの「大圏域《グロースラウム》」思想を、のちの新右翼がいかにして継承したのかについては、本書『ドイツの新右翼』に詳しく書かれている。彼らにとっても、「大圏域《グロースラウム》」は、普遍主義による干渉を遮断するための秩序として歓迎されていることがわかる。シュミットの想定していた「普遍主義」とは、西欧の自由主義と民主主義や、彼らの主導する国際連盟であった。現代の新右翼にとっては、なによりも人権の理念やヨーロッパ連合が、排除すべき「普遍主義」となっているだけの差異にすぎない。

ここからは、本書の内容を、日本を取り巻いている状況と比較してみよう。

*

本書が説明している、ドイツの新右翼に動員された人々の狂奔ぶりは、我々としてもよく見知ったものである。ある者は、SNSや動画投稿サイトに触発されてアイデンティティ運動に集まり、「オーディンの戦士」が云々という「右翼ロック」に熱狂しながら、街頭で移民や難民を攻撃している。また、ある者は、ポリティカル・コレクトネスを嘲笑し、既存のメディアを「嘘つきメディア《マスゴミ》」呼ばわりして、新聞社のウェブサイトのコメント欄を荒らしまわる一方、自分たちの指導者が書いている雑誌やブログだけは後生大事に傾聴している。確かに、末端の参加者の次元では、ドイツの彼らは日本の現状の鏡といっても差支えあるまい。

それでは、指導者層についてはどうであろうか。ドイツの新右翼と日本の保守論壇には、似たような発想が見られる場合がある。その好例は、第二次世界大戦をめぐる「過去の克服」に対する反発のなかに観察できる。

本書の第3章で触れられているように、一九九〇年前後のアルミン・モーラーは、自分ではホロコースト否認論のような露骨な歴史修正主義を口にしなかった一方で、ドイツの戦争犯罪について強いられる「過去の克服」が、旧連合国がドイツ国民を奴隷として飼いならすための「鼻輪」として機能している、と非難していた。そして、この「鼻輪」論は、現在の新右翼にも継承されている（本書三二七頁）。

一方、日本の文芸評論家の江藤淳は、一九八九年の著書『閉《と》ざされた言語空間』のなかで、GHQの情報教育政策に「ウォー・ギルト・プログラム（War Guilt Program）」、つまり過去の戦争（war）に対する罪の意識（guilt）を感じさせるように誘導する方針が存在し、それが戦後の日本人の「自己破壊」をもたらした、と主張していた。「ウォー・ギルト・プログラム」論は、やがて保守論壇全体に普及して、いまなお「自虐史観」への「洗脳」を証明する根拠として取り沙汰されている。[31]

モーラーの「鼻輪」論と江藤の「ウォー・ギルト・プログラム」論は、ともに冷戦終結後の右派の再活況のなかで世に出された。そして、旧連合国の世論操作のために、敗戦国民の誇りある戦争の歴史が傷つけられ、あるべき国家意識が奪われたという被害者感情に彩られている点で、極めて似通った思考でもある。

これ以外でも、個別の論点について、彼我の同質性を指摘するのは容易である。本書の第2章で列挙されている新右翼の「メタ政治」（第2章を参照）の主要論点、「ポリティカル・コレクトネスおよび同性婚や男女平等——性に関する近代的啓蒙——への抵抗運動」（本書七六頁）は、今日の日本の保守論壇でもやはり定番の言説となっているからである。

また、誰しも思いつくのは、保守団体のネットワークとして近年注目を集めている「日本会議」を、ドイツの新右翼に比肩する存在と見なすことであろう。日本会議の特徴は、まさに本書で新右翼の行動指針として挙げられている、「メタ政治」を繰り返してきたことである。彼らは、一方では知識人を動員し、他方では草の根運動を行い、長期的に世論を醸成して、ついには現実政治への影響力を勝ちとってきた。もちろん、日本会議の中枢は、神社本庁や「生長の家」をはじめとする右派系の宗教であり、[32]その点では民族至上主義《フェルキッシュ》の伝統を引いて既存宗教と距離を置いている狭義のドイツの新右翼とは一致しない。むしろ、ドイツに相当するものがあるとしたら、本書第3章で触れられている、ベアトリクス・フォン・シュトルヒの率いるキリスト教原理主義の団体「市民連合」といえるかもしれない。

しかし、このような数々の類似点にもかかわらず、ドイツの新右翼と日本の保守勢力のあいだには、やはり看過し得ない決定的な隔たりがあると言わなければならない。それは、主に両者の対外的なスタンスの差に起因している。

「保守革命」には、すでに述べた「国民革命」派に典型的なように、ヴェルサイユ条約を押し付けられたドイツを西欧諸国の「植民地」であるととらえ、アジアの「被抑圧民族」とも手を結ぼうとする意識が見られた。「民族至上主義《フェルキッシュ》」派にしても、「北方人種」のような一国民を超えた集団を想定し、広域的に連帯していく志向があった。これらは、本書第2章で説明されているように、モーラーたちを介して戦後の新右翼にも持ち込まれた。ドイツの新右翼は、EUのシステムには反発する一方で、「夕べの国」のような汎ヨーロッパの枠組であれば賛意を示しており、実際に近隣諸国の運動と提携している。のみならず、シュミットの「大圏域《グロースラウム》」にもとづいて、ロシアの新ユーラシア主義を受け入れようとする動きもある。

日本の保守勢力の主流は、これとまったく逆の道をたどってきた。確かに、戦前の右翼には、西欧列強からのアジアの解放を目指すアジア主義の理念があった。「保守革命」と国民社会主義《ナチズム》の関係とも似て、アジア主義は、日本によるアジアの支配をもくろむ帝国主義と、一方では野合しながら、一方では対抗してきた。しかし、戦後の保守勢力は、帝国主義を放棄させられるのと同時に、アジア主義をも切り捨てたのである。[33]

このことが、いまなお日本の主流的な保守勢力のあり方を決定している。それは、ドイツの新右翼にあるような、近隣諸国との連帯意識が極めて希薄であるところにも現れている。日本の保守は、あくまでも一国と一民族、日本と大和民族にこだわり続ける。末端の水準で見ても、Pegida《ペギーダ》やアイデンティティ運動の参加者は、ヨーロッパ外からの移民や難民を標的にしている。反面、日本の同類が狙うのは、まずもって東アジア内にルーツを持つ人々である。

日本の保守勢力のうち、ドイツの新右翼が「保守革命」を引き継いだように、戦後に切り捨てられたアジア主義を取り戻そうと考えるような者は、あくまでもマージナルな反主流派にとどまっている。興味深いのは、「一水会《いっすいかい》」に代表されるそのようなグループが、日本では「新右翼」と呼ばれているという事実である。最後に、彼らについても触れておこう。

現在、日本で「新右翼」とされている勢力は、まさに「六八年」に源流を持ち、左翼学生に対するアンチテーゼとしての右翼学生運動から出発している。彼らは、自称としては「民族派」

を名乗り、当局の手先でしかなかった既存の右翼団体とは一線を画して（それゆえに「新」右翼と言われる）、敵であった新左翼からも学びつつ、反体制派としての自覚を育んでいった。なかでも、米ソ二大国の世界分割を「ヤルタ体制」とし、「占領憲法」による「反民族、反国家、反天皇」的日本支配を「ポツダム体制」と呼んで、そこからの脱却を目指した。[34] その過程では、冷戦のなかで西側陣営に与《くみ》する戦後体制に異を唱えるため、戦前のアジア主義の伝統が見直されたりもした。[35]

新左翼からの影響、米ソ二大国による戦後体制の否定、民族主義を掲げての既存の保守政治への抵抗、第三世界の「被抑圧民族」との連帯、こういった要素には、同時代のドイツの新右翼とのあいだに驚くべき一致が存在している（本書三九〜四三頁）。その意味では、ドイツの新右翼と日本の新右翼は、少なくとも発足時には、おそらく互いに没交渉であるにもかかわらず、似たような戦後の政治状況から似たような経緯で発生した双子であると言うこともできよう。[36]

とはいえ、日本の新右翼は、モーラーによる「保守革命」の分類でいえば、「国民革命」派色だけが突出して強い集団であった。そのラディカルさゆえもあって、言論界での存在感とは裏腹に、いまや大政党となったAfDに影響力を行使するドイツの新右翼のような存在にはなり得なかった。むしろ、現実政治に対する力を持ったのは、もともと同じ学生運動から出発しながら、一水会などの団体には合流せず、いわゆる新右翼とは別のかたちで宗教に立脚した運動を続けた人々であった。彼らが例の日本会議のオルガナイザーとなっていったことについては、すでに多くが語られている。[37]

＊

『ドイツの新右翼』の著者、フォルカー・ヴァイスの基本的な立場は、いわば原理主義的なリベラリズムにある。第9章を読めばわかるように、女性のヒジャブのようなイスラーム圏の慣習に対しても、マイノリティの文化として尊重するよりも、むしろ克服すべき女性への抑圧と考えている。そして、ヨーロッパ中心主義であると非難されるのを恐れず、あらゆる権威主義体制を批判していく決意を記している（本書三九〇頁）。このような強硬な姿勢には、ヨーロッパの外部にいる日本の読者を戸惑わせるものすらあり、別の議論が可能であろう。

反面、興味深いのは、そのヴァイスが、本書を出版するはるか以前から、一貫して「保守革命」と新右翼にこだわってきたことである。著者は、多くの留保をつけつつも、みずからの観察と批判の対象について、一定の愛着を持っているようにも見える。それは、本書に対するドイツ語圏の書評で、実は新右翼に魅了されているのではないかという疑惑を指摘されることにもつながった。[38]本書の究極の読みどころは、著者の隠せていないこの両義性かもしれない。

そして、事態はすでに、現実と乖離した「思想」の魅力という次元では収まらなくなりかけている。ドイツの新右翼は、ロシアやアメリカの同種の勢力とも連動して、実際に世界を動かしつつある。また、前項で見てきたように、日本の現状とて他人事ではない。どちらの意味でも、本書に書かれている内容を、自分たちとは無縁な外国のお話と決めつけることはできないのである。

この翻訳が、我々がどのような世界、どのような時代に生きているのか、考えるための道具になれば幸いである。

*

この翻訳が世に出るまでには、多くの方々のお世話になった。

新泉社の内田朋恵氏には、狭義の学術用途ではない文章を書くことや、一冊の書物を仕上げることについて、懇切なアドヴァイスをいただいたのみならず、ともすれば筆が行き詰まりがちだったところを何度も助けられた。『ドイツの新右翼』がかたちになったのは、なによりも内田氏のおかげである。

また、本書に関係する分野の研究をされている佐藤公紀氏（ドイツ現代史、現代政治）や藤崎剛人氏（公法学思想史）からは、翻訳の原稿に数々のコメントを賜った。同じく今井宏昌氏（ドイツ現代史）には、いくつかの訳語の選択や訳注に関して意見をいただいた。辻河典子氏（ハンガリー近現代史）には、ロシアやハンガリーの固有名詞の表記法についてご教示をお願いした。

末筆ながら、みなさまにお礼を申し上げたい。

解説の注

1 「過去の克服」については、石田勇治『過去の克服――ヒトラー後のドイツ』白水社、二〇〇二年を参照。同書は、主に戦後のドイツ連邦共和国（西ドイツ）における「過去の克服」過程を時系列的にたどっており、本書を理解するうえでも有益である。ドイツ社会でも、特に戦後初期には「第三帝国」の罪を否認する言説が多く、「過去の克服」機運が盛り上がるためには時間を要したこと、その後もいまにいたるまで数々の反発に見舞われてきたことが記述されている。

2 ハイデガーと国民社会主義《ナチズム》についての実証的な研究としては、ヴィクトル・ファリアス『ハイデガーとナチズム』山本尤訳、名古屋大学出版会、一九九〇年が挙げられる。また、近年では、二〇一四年から断続的に刊行されたハイデガーの手稿『黒ノート』をめぐって、彼の哲学と反ユダヤ主義の関連をめぐる論争が行われている。Vgl. Martin Heidegger, Gesamtausgabe Bd. 94-97, hrsg. von Peter Trawny, Frankfurt am Main 2014-2015.

3 ただし、ノルベルト・ボルツのように、まさにフランクフルト学派の第三世代に属しながら、自分たちの思想的源流の一つとして、シュミットらの「戦間期の哲学的ラディカリズム」を位置づける立場もある。Vgl. Norbert Bolz, Auszug aus der entzauberten Welt: philosophischer Extremismus zwischen den Weltkriegen, München 1989［ノルベルト・ボルツ『批判理論の系譜学――両大戦間の哲学的過激主義』山本尤／大貫敦子訳、法政大学出版局、一九九七年］

4 クレット・コッタ書店は、エルンスト・ユンガー著作集やカール・シュミットの著書の一部など、「保守革命」関係の出版で知られる版元であり、その意味でも本書を引き受けたことは注目に値しよう。

5 Thilo Sarazzin, Deutschland schafft sich ab: Wie wir unser Land aufs Spiel setzen, München 2010. 本書についての邦語文献としては、今野元「ザラツィン論争――体制化した『六八年世代』への『異議申立』」『愛知県立大学大学院国際文化研究科論集』第一四巻、二〇一三年、一七五～二〇四頁を参照。

6 水島治郎『ポピュリズムとは何か――民主主義の敵か、改革の希望か』中公新書、二〇一六年、iiページ。

7 「アイデンティティ運動」は、AfDやPegida《ペギーダ》に比べて、日本語メディアでは報道されることが少ない。ただし、本書の第9章でも触れられているように、翻訳されて一定の話題となったミシェル・ウエルベックの小説『服従』（大塚桃訳、河出文庫、二〇一七年）には、同運動に関する多くの言及が見られる。

8 邦語文献としては、板橋拓己『黒いヨーロッパ――ドイツにおけるキリスト教保守派の「西洋《アーベントラント》」主義、一九二五～一九六五年』吉田書店、二〇一六年がある（同書では「夕べの国」は片仮名で「アーベントラント」と表記される）。戦間期から戦後初期までの保守政界を主に扱う同書は、本書の第7章とはかなり視点を異にしているものの、内容的に相互補完する関係といえる。

9 ドゥーギンについては、近年では日本語圏への紹介がはじまりつつある。アレクサンドル・ドゥーギン、乗松亨平訳「第四の政治理論の構築に向けて」『ゲンロン6』株式会社ゲンロン、二〇一七年、九三～一一七頁、乗松亨平「敗者の（ポスト）モダン」『ゲンロン6』五四～七六頁を参照。

10 モーラーの伝記は、第2章でも紹介されているように、彼の弟子であったカールハインツ・ヴァイスマンがまとめている。Vgl. Karlheinz Weißmann, Armin Mohler: Eine politische Biographie, Schnellroda 2011. 同書への書評としては、川合全弘「ある保守革命家の生涯――カールハインツ・ヴァイスマン『アルミン・モーラー：政治的伝記』を読む」『産大法学』第四五巻第三・四号、二〇一二年、二八五～二九九頁がある。評者の川合は、かつてモーラーを訪ねたことがあり、著書でも「ドイツ版ゴーリズム」の観点から彼を論じている（川合全弘『再統一ドイツのナショナリズム――西側結合と過去の克服をめぐって』ミネルヴァ書房、二〇〇三年、五三～八四頁、二五七～二五八頁)。

11 『ドイツにおける保守革命』は、本書でも「初版刊行後に幾度も増補され」(五七頁) とあるように、一九五〇年の第一版ののち、七五年に第二版が、八九年に第三版が出版され、いずれも大幅に改訂されている。いま流通しているのは、モーラーの死後にカールハインツ・ヴァイスマンが手を加えた、二〇〇五年刊の増補第六版である。Vgl. Armin Mohler / Karlheinz Weißmann, Die konservative Revolution in Deutschland 1918-1932: Ein Handbuch, 6. völlig überarbeitete und erweiterte Aufl., Graz 2005.

12 同前、S. 95-96.

13 同前、S. 92.

14 同前、S. 99 ff. モーラー的「保守革命」の分類についての邦語文献としては、小野清美『保守革命とナチズム——E・J・ユングの思想とワイマル末期の政治』名古屋大学出版会、二〇〇四年、一～三頁、および千坂恭二「内的体験としての暴力——E・ユンガーと戦争肯定の思想」『悍』第三号、二〇〇九年、一六四頁などがある。

15 「völkisch《フェルキッシュ》」の概念史については、George L. Mosse, The crisis of German ideology: intellectual origins of the Third Reich, New York 1981 [ジョージ・L・モッセ『フェルキッシュ革命——ドイツ民族主義から反ユダヤ主義へ』植村和秀／城達也／大川清丈／野村耕一訳、柏書房、一九九八年] も参照。

16 Mohler / Weißmann 2005.

17 同前、S. 115.

18 辞書によれば、「ライヒ」はもともと「王国」を指す言葉であり、カール大帝の戴冠後は「神聖ローマ帝国」を示すようになったが、同時に「神の国」という神学的な意味も兼ね備えたという。Vgl. Das Deutsche Wörterbuch von Jacob und Wilhelm Grimm Bd. 14, München 1984, S. 573 ff.

19 Mohler / Weißmann 2005.

20 同前、S. 144.

21 同前、S. 151. 民族ボルシェヴィズムは、ロシアのドゥーギンに影響を与え (本書二八八頁)、彼の元同志であったエドワルド・リモノフは、民族ボルシェヴィキ党を率いている。なお、リモノフの伝記小説は、すでに邦訳されている (エマニュエル・キャレール『リモノフ』土屋良二訳、中央公論新社、二〇一六年)。

22 同前、S. 157.

23 「ライヒ」と「大圏域《グロースラウム》」をめぐるシュミットの議論や、それと国民社会主義《ナチズム》との類似と相違については、大竹弘二『正戦と内戦——カール・シュミットの国際秩序思想』以文社、二〇〇九年の第三章のIとIIがまとまった説明を提供しており、本書第8章との併読を勧めたい。ただし、ここでは「大圏域《グロースラウム》」は「広域」と訳されている。

24 Carl Schmitt, Völkerrechtliche Großraumordnung mit Interventionsverbot für raumfremde Rechte: Ein Beitrag zum Reichsbegriff im Völkerrecht, 4. Aufl., in: Staat, Großraum, Nomos: Arbeiten aus den Jahren 1919-1969, hrsg. von Günter Maschke, Berlin 1995, S. 269-371. [カール・シュミット、岡田泉訳「域外列強の干渉禁止を伴う国際法的広域秩序」カール・シュミット／カール・シュルテス『ナチスとシュミット』服部平治／宮本盛太郎／岡田泉／初宿正

典訳、木鐸社、八五〜一六七頁〕

25 Carl Schmitt, Großraum gegen Universalismus: Der völkerrechtliche Kampf um die Monroedoktrin, in: Positionen und Begriffe im Kampf mit Weimar – Genf – Versailles 1923-1939, Berlin 1988, S. 335-343.〔カール・シュミット、長尾龍一訳「日本の「アジア・モンロー主義」」『カール・シュミット著作集Ⅱ 一九二二―一九三四』長尾龍一編、慈学社出版、二〇〇七年、一一一〜一一二頁〕、およびCarl Schmitt, Der Reichsbegriff im Völkerrecht, in: Positionen und Begriffe, S. 344-354.

26 Schmitt 1955, S. 277.〔『ナチスとシュミット』九四〜九五頁〕

27 同前、S. 284-285.〔『ナチスとシュミット』一〇三〜一〇四頁〕

28 同前、S. 295-296.〔『ナチスとシュミット』一一八頁〕

29 同前、S. 296-297.〔『ナチスとシュミット』一一九頁〕なお、「具体的秩序」については、Carl Schmitt, Über die drei Arten des rechtswissenschaftlichen Denkens, 3. Aufl., Berlin 1993.〔カール・シュミット、加藤新平／田中成明「法学的思惟の三種類」『カール・シュミット著作集Ⅰ 一九二二―一九三四』長尾龍一編、慈学社出版、二〇〇七年、三四六〜三九九頁〕を参照。

30 Schmitt 1995, S. 305-306.〔『ナチスとシュミット』一二九〜一三一頁〕

31 江藤淳『閉された言論空間――占領軍の検閲と戦後日本』文春文庫、一九九四年。なお、江藤と同じ資料を用いて「ウォー・ギルト・プログラム」を検証し、異なった結論を導いた最新の研究に、賀茂道子『ウォー・ギルト・プログラム――ＧＨＱ情報教育政策の実像』法政大学出版局、二〇一八年がある。

32 青木理『日本会議の正体』平凡社新書、二〇一六年、二三頁。

33 戦後の言説空間におけるアジアの切り捨てについては、文芸評論家の柄谷行人が、四象限の座標系を用いて説明している。『定本 柄谷行人集 五』岩波書店、二〇〇四年、七〇〜七六頁を参照。

34 堀幸雄『日本の右翼勢力 新装版』勁草書房、二〇一七年、六七頁〜七七頁。

35 「東アジア反日武装戦線〈狼〉」への共感も、この側面の一つのあらわれであろう。鈴木邦男『テロ――東アジア反日武装戦線と赤報隊』彩流社、一九八八年を参照。

36 現在の日本の新右翼は、国際的連帯への志向という点でも、ドイツの新右翼のあとを追っているといってよい。本書が扱っている狭義のヨーロッパ新右翼との接触はともかく、少なくともフランスの国民戦線とは交流が行われている。鈴木邦男『新右翼――民族派の歴史と現在［改訂増補版］』二〇〇五年、彩流社、二三九〜二四三頁。

37 青木前掲書、六二頁〜六四頁。

38 Ijoma Mangold, Der Feind sitzt im Westen: Volker Weiß zeigt, warum die Neue Rechte in Wahrheit nicht den Islam bekämpft, in die Zeit vom 23. März 2017, URL: https://www.zeit.de/2017/13/autoritaere-revolte-volker-weiss-islam-westen.

『ドイツの新右翼』資料

以下にまとめたのは、『ドイツの新右翼』に登場する主要な人物、メディア、組織および運動の一覧である。ただし、登場頻度の低い人物、議会活動を行っている政治家、新右翼を対象とする研究者やジャーナリストは割愛し、本文の訳注にゆずった。

項目はすべてカタカナ表記の五十音順で並べたため、人名は姓-名の順で掲載する。特に断りがない限り、いずれもドイツ国籍、ドイツ由来のものである。それ以外の国に由来する場合は、その旨を記載している。

人物名

アイヒベルク、ヘニング(Henning Eichberg)
一九四二年〜二〇一七年。新右翼の文筆家。『我ら自身』に強い影響力を持った。後半生はデンマークに居住。

ヴァイスマン、カールハインツ(Karlheinz Weißmann)
一九五九年〜。新右翼の文筆家、活動家。アルミン・モーラーの弟子。『若き自由』などに執筆。ゲッツ・クビチェクとともに国家政治研究所を設立し、『独立』の編集長も務めたが、二〇一三年以降は彼と決別する。

ヴィルジング、ギーゼルヘル(Giselher Wirsing)
一九〇七年〜一九七五年。保守革命のジャーナリスト。元ナチス党員ながら戦後も活動し、『キリスト教徒と世界』の編集長などを歴任。

エヴォラ、ユリウス(Julius Evola)
一八九八年〜一九七四年。イタリア人。ドイツでも活動したファシストで、保守革命の神秘思想家とも見られる。

エルゼサー、ユルゲン (Jürgen Elsässer)

一九五七年～。新右翼の文筆家、活動家。元極左で、反帝国主義を契機に二〇〇九年ごろ転向する。二〇一〇年に『コンパクト』を創刊、編集長となる。

オクセンライター、マヌエル (Manuel Ochsenreiter)

一九七六年～。新右翼のジャーナリスト、編集者。『若き自由』編集者を経て『まず第一に！』編集長となる。

クビチェク、ゲッツ (Götz Kubitschek)

一九七〇年～。新右翼の文筆家、活動家、出版業者。アルミン・モーラーの弟子。国家政治研究所の共同設立者、アンタイオス書店の経営者、『独立』の編集長などを務め、新右翼のフィクサーとして著名な存在となる。

コジッツァ、エレン (Ellen Kositza)

一九七三年～。新右翼の文筆家、活動家。ゲッツ・クビチェク夫人。

ザラツィン、ティロ (Thilo Sarazzin)

一九四五年～。元官僚、二〇一〇年までドイツ連邦銀行理事。政党としてはＳＰＤ所属でありながら、自著『ドイツは自滅する』(Deutschland schafft sich ab) で新右翼と親和性の高い主張を展開して物議を醸した。

ザロモン、エルンスト・フォン (Ernst von Salomon)

一九〇二年～一九七二年。保守革命の作家。第一次世界大戦後、義勇軍兵士としてバルト海地域での闘争やヴァルター・ラーテナウ外相暗殺に参加したのち、文筆活動に入る。

シュタイン、ディーター (Dieter Stein)

一九六七年～。新右翼の文筆家、編集者。『若き自由』の創刊者、編集長。九〇年代にショアーをめぐってアルミン・モーラーと、二〇一〇年代にＡｆＤをめぐってゲッツ・クビチェクと決別する。

シュテュルツェンベルガー、ミヒャエル（Michael Stürzenberger）
一九六四年～。右翼ポピュリズムのブロガー、活動家。ブログ『政治的に正しくない』のライター。

シュペングラー、オスヴァルト（Oswald Schpengler）
一八八〇年～一九三六年。保守革命の歴史哲学者、文化史学者。主著となった『夕べの国の没落』（日本での訳題は『西洋の没落』）で知られる。

シュミット、カール（Carl Schmitt）
一八八八年～一九八五年。保守革命の公法学者。元ナチス党員。多大な著作を刊行し、新右翼のみならず、法学や現代思想一般に影響を与えた。

シュレンク＝ノッツィング、カスパール・フォン（Caspar von Schrenck-Notzing）
一九二七年～二〇〇九年。新右翼の文筆家。アルミン・モーラーの弟子。『クリティコン』の創刊者、編集長。

スペンサー、リチャード（Richard Spencer）
一九七八年～。アメリカ人。オルト・ライトの代表者の一人であり、その名付け親とされる。国民政策研究所所長。

ゼルナー、マルティン（Martin Sellner）
一九八九年～。オーストリア人。新右翼の文筆家、活動家。クビチェクに近い。初期からのアイデンティティ運動の指導者。

ドゥーギン、アレクサンドル（Alexander Dugin）
一九六二年～。ロシア人。新ユーラシア主義の代表的思想家。ソ連崩壊後、エドワルト・リモノフとともに民族ボルシェヴィキ党を創設するもやがて決別、プーチンに接近して政権に影響力を持つとされる。戦間期ドイツの「保守革命」に造詣が深く、ドイツやフランスの新右翼とも交流がある。

ドノヴァン、ジャック (Jack Donovan)

一九七四年〜。アメリカ人。新部族主義、新野蛮主義を提唱する文筆家。オープンリー・ゲイでありながら、左翼的でフェミニズム親和的なゲイ文化を批判し、次第にオルト・ライトに接近する。著書『男たちの道』はドイツ語に訳されてアイデンティティ運動でカルト的な人気を得る。

ニーキッシュ、エルンスト (Ernst Niekisch)

一八八九年〜一九六七年。保守革命の政治活動家、文筆家。「民族ボルシェヴィズム」の代表者。新右翼の一員とされる一方、社民党、共産党系政党でキャリアを歩む。ヒトラー政権への抵抗運動により収容され、ソ連軍に解放されたのち東ドイツの社会主義統一党に属するも、一九五三年の六月一七日蜂起以降は党を批判、西ドイツに亡命した。

ノルテ、エルンスト (Ernst Nolte)

一九二三年〜二〇一六年。新右翼に近い立場をとった歴史家。ファシズムを研究対象とし、ショアーの特異性を相対化する議論によって八〇年代に歴史家論争を引き起こした。

バッハマン、ルッツ (Lutz Bachmann)

一九七三年〜。新右翼の活動家。Pegida《ペギーダ》の発起人。二〇一六年以降は民衆煽動罪で裁判中。

バノン、スティーヴ (Steve Bannon)

一九五三年〜。アメリカ人。オルト・ライトの代表者の一人。右翼系ニュースサイト『ブライトバート・ニュース』の会長。ドナルド・トランプの側近とされ、二〇一七年まで首席戦略官兼上級顧問を務めた。

ファユ、ギューム (Guillaume Faye)

一九四九年〜。フランス人。フランス新右翼の文筆家、活動家。アイデンティティ運動に思想的影響を与える。

ブノワ、アラン・ド・（Allain de Benoist）

一九四三年〜。フランス人。フランス新右翼の代表者の一人であり、ドイツ語圏でも影響力が大きい。カール・シュミット研究でも知られる。

ヘップ、マルセル（Marcel Hepp）

一九三六年〜一九七〇年。新右翼の文筆家、政治活動家。アルミン・モーラーの弟子。学生時代には保守戦線を組織。モーラーの指示でCSUに関与し、フランツ・ヨーゼフ・シュトラウス（六九頁を参照）の秘書や『バイエルンクリーア』（七〇頁を参照）の編集長を務める。

ヘップ、ローベルト（Robert Hepp）

一九三八年〜。新右翼の社会学者。マルセル・ヘップの弟、アルミン・モーラーの弟子。学生時代には保守戦線を組織。学者としてはオスナブリュック大学教授。

マシュケ、ギュンター（Günter Maschke）

一九四三年〜。新右翼の文筆家。カール・シュミットの遺稿編纂で知られる。もともとは破壊的行動や社会主義学生同盟に属する六八年世代の左翼活動家で、キューバ渡航後に転向する。

メラー・ファン・デン・ブルック、アルトゥール（Arthur Moeller van den Bruck）

一八七六年〜一九二五年。保守革命の思想家、文芸評論家。主著となった『第三の国（Das dritte Reich）』により、「第三」の概念をつくった人物。ロシア文学にも造詣が深く、ドストエフスキー全集の編者ともなった。

メンツェル、フェリックス（Felix Menzel）

一九八五年〜。新右翼の文筆家。ゲッツ・クビチェクに近い。『青い水仙』の創刊者、二〇一四年までの編集長。

モーラー、アルミン (Armin Mohler)

一九二〇年〜二〇〇三年。スイス人。新右翼の思想家。エルンスト・ユンガーの私設秘書を務め、カール・シュミットにも師事。主著『ドイツにおける保守革命』によって「保守革命」の概念を創造し、ドイツの新右翼の理論的支柱となる。ジーメンス財団所長として政界にも影響力を持つ。

ヤノプーロス、マイロ (Milo Yanopoulos)

一九八四年〜。アメリカ人。オルト・ライトの文筆家。元『ブライトバート・ニュース』の編集者。

ユンガー、エルンスト (Ernst Jünger)

一八九五年〜一九九八年。保守革命の思想家、作家、軍人。小説に加えて日記や評論でも知られ、二〇世紀のドイツを代表する文学者の一人となった。

ユンガー、フリードリヒ・ゲオルク (Friedrich Georg Jünger)

一八九八年〜一九七七年。保守革命の評論家、作家、詩人。エルンスト・ユンガーの弟。特に技術をめぐる著作で知られる。

ユング、エトガー・ユリウス (Edgar Julius Jung)

一八九四年〜一九三四年。保守革命の文筆家、弁護士。主著となる『劣等者の支配』により「青年保守」の代表者とされる。「長いナイフの夜」でナチス政権に銃殺される。

リヒトメス、マルティン (Martin Lichtmesz)

一九七六年〜。オーストリア人。新右翼の文筆家、翻訳家、活動家。ゲッツ・クビチェクに近く、『独立』のライターを務める。アイデンティティ運動にも従事する。

レーナート、エーリク（Erik Lehnert）

――一九七五年～。新右翼の文筆家。ゲッツ・クビチェクに近く、国家政治研究所の幹部。

メディア

雑誌、新聞

『青い水仙』（Blaue Narzisse: BN）

――二〇〇四年創刊。新右翼の若年層向き雑誌。ブログ版もあり。創刊者はフェリックス・メンツェル。

『いまここで』（Hier & Jetzt: H&J）

――二〇〇五年創刊。ザクセン州のＮＰＤ青年組織の機関誌。

『キリスト教徒と世界』（Christ und Welt）

――一九四八年創刊、一九七一年廃刊。プロテスタント保守派の雑誌。ギーゼルヘル・ヴィルジングなどが編集長を務めた。アルミン・モーラーが執筆した。

『クリティコン』（Criticón）

――一九七〇年創刊。新右翼の雑誌。創刊者、初代編集長はカスパール・フォン・シュレンク＝ノッツィング。二〇〇五年から『新報道（Neue Nachricht）』に改名。

『元素』（Elemente）

――一九八六年創刊、一九九八年廃刊。トゥーレ・ゼミナールの機関誌。

『コンパクト』(Compact)

二〇一〇年創刊。新右翼の週刊誌。編集長はユルゲン・エルゼサー。陰謀論の性格が強いとされる。

『政治的に正しくない』(Politically Incorrect: PI)

二〇〇四年開始。反イスラームを基軸とする政治ブログ。右翼ポピュリズム姿勢のため、新右翼とは一部の点で対立する。

『ドイツの声』(Deutsche Stimme: DS)

一九七六年創刊。ＮＰＤの機関誌。

『独立』(Sezession)

二〇〇三年創刊。国家政治研究所の機関誌。ブログ版もあり。編集長はゲッツ・クビチェク。名称の由来はボート・シュトラウスの評論「高鳴りゆく山羊の歌」の一節。二〇一三年以降は『若き自由』と対立。

『まず第一に！』(Zuerst!)

二〇〇九年創刊。『ヨーロッパ国民』の後継雑誌で、ディートマル・ムーニアーに買収されたのちにこう改名して再発進した。アレクサンドル・ドゥーギンの著作のドイツ語版を掲載。

『ヨーロッパ国民』(Nation Europa)

一九五一年創刊、二〇〇九年廃刊。フランスの資金により元親衛隊員らが創刊した極右の雑誌。ヘニング・アイヒベルクやアラン・ド・ブノワが執筆した。

『若き自由』(Junge Freiheit: JF)

一九八六年創刊。新右翼の週刊新聞。ブログ版もあり。創刊者、編集長はディーター・シュタイン。二〇一三年以降は『独立』と対立。

『我ら自身』(Wir Selbst)

一九七八年創刊、二〇〇四年廃刊。「国民革命」派の雑誌であり、ヘニング・アイヒベルクの影響下にあった。初代編集長はジークフリート・ブブリース。名称の由来はシン・フェイン党。

出版社、出版業者

アンタイオス書店 (Antaios-Verlag)

二〇〇〇年創業。新右翼の出版社。国家政治研究所と並んで人脈のハブとなる。創設者、経営者はゲッツ・クビチェク。名称の由来はエルンスト・ユンガーとミルチャ・エリアーデの雑誌『アンタイオス』。

ブブリース社 (Verlag Bublies)

一九七九年創業。新右翼の出版社。創設者、経営者は元NPD活動家のジークフリート・ブブリース（Siegfried Bublies、一九五三年〜）。

ムーニアー、ディートマル (Dietmar Munier)

一九五四年〜。新右翼の出版業者。一九九一年以降いくつかの出版社を経営し、『まず第一に！』などを刊行。

組織および運動

アイデンティティ運動 (Identitäre Bewegung: IB)

二〇〇〇年代初頭から勃興した、ヨーロッパ各国の若年層による新右翼運動の総称。ヨーロッパの「アイデンティティ」を掲げ、もっぱら移民への攻撃を行っている。個別の運動としては、フランスのアイデンティティ・ブロックやアイデンティティ世代、イタリアのカーサ・パウンドなどが知られる（各項目を参照）。ドイツでも周辺諸国に遅れて台頭するようになった。

アイデンティティ世代（Génération Identitaire）

二〇〇二年発足。フランスのアイデンティティ運動の一つ。「アイデンティティ青年（Jeunesse Identitaire）」や「もう一つの青年（Une Autre Jeunesse）」とも名乗る。アイデンティティ・ブロックの分枝とも見なされる。

アイデンティティ・ブロック（Bloc Identitaire: BI）

二〇〇二年発足。フランスのアイデンティティ運動の先駆け。既存の極右団体「急進部隊（Unité Radicale）」を前身とする。

オーストリア自由党（Freiheitliche Partei Österreichs: FPÖ）

一九五六年結党。オーストリアの極右ポピュリズム政党。イェルク・ハイダーのもとで勢力を拡大し、ＡｆＤのモデルともなった。

オルト・ライト（Alt-Right）

アメリカの右翼の一種で、既存の保守に対する代替案《オルタナティヴ》を自任する勢力の総称。オルタナ右翼とも呼ばれる。ドナルド・トランプの支持母体とされ、ドイツの新右翼とも交流を持っている。

カーサ・パウンド（Casa Pound）

二〇〇三年開始。イタリアのネオファシストによるローマのビル占拠運動。アイデンティティ運動の一つとされる。名称の由来は、ムッソリーニを支持してイタリアに移住したアメリカの詩人、エズラ・パウンド。

国民政策研究所（National Policy Institute）

二〇〇五年発足。アメリカのオルト・ライトのシンクタンク。所長はリチャード・スペンサー。

国家政治研究所（Institut für Staatspolitik: IfS）

二〇〇〇年発足。新右翼の研究団体。アンタイオス書店と並んで人脈のハブとなる。共同創設者はカールハインツ・ヴァイスマンとゲッツ・クビチェク（ただしのちに前者は脱退）。機関誌として『独立』を発行。

サラフィー主義者に対抗するフーリガン（Hooligans gegen Salafisten: HoGeSa《ホゲーザ》）

二〇一四年発足。フーリガンによる反イスラーム運動（サラフィー主義については二〇〇頁の訳注を参照）。ネオナチを含む。

市民連合（Zivile Koalition）

伝統的な家族や旧貴族の権利を擁護するキリスト教原理主義のロビイスト団体。創設者、代表はベアトリクス・フォン・シュトルヒ（Beatrix von Storch、ＡｆＤ所属）。

新右翼運動（Aktion Neue Rechte）

一九七二年発足、一九七四年解消。ＮＰＤの「国民革命」派が分派してできた新右翼の組織。ヘニング・アイヒベルクらが所属。

ドイツ国民民主党（Nationaldemokratische Partei Deutschlands: NPD）

一九六四年結党。代表的なネオナチ政党。新右翼とも交流を持つ。党本体の機関誌としては『ドイツの声』を、ザクセン州の青年組織は『いまここで』を発行している。

ドイツのための選択肢（Alternative für Deutschland: AfD）

二〇一三年結党。新右翼と密接な関係にあるドイツの右翼政党。ＥＵに対するドイツ政府の財政政策への反対を基軸として発足したものの、二〇一五年の党首交代以降、次第にＣＤＵ／ＣＳＵより右に位置する政党としての性格を強めていった。いまなお内部抗争が盛んであり、最右派は民族至上主義的《フェルキッシュ》イデオロギーを明らかに

デンマーク
キール
シュレースヴィヒ＝
ホルシュタイン州
ロストック
メクレンブルク＝
フォアポンメルン州
ハンブルク州
ハンブルク
シュヴェリーン
ブレーメン州
ブレーメン
オルデンブルク
ブランデンブルク州
ポーランド
ニーダーザクセン州
ハノーファー
ベルリン
ポツダム
マクデブルク
オランダ
ザクセン＝アンハルト州
ノルトライン＝
ヴェストファーレン州
ホイエルスヴェルダ
シュネルローダ
ライプツィヒ
ザクセン州
デュッセルドルフ
エアフルト
ドレスデン
ケルン
ケムニッツ
テューリンゲン州
ヘッセン州
ベルギー
ラインラント＝
プファルツ州
ヴィースバーデン
マインツ
チェコ
ルクセンブルグ
エアランゲン
ザールラント州
バーデン＝
ヴュルテンベルク州
ザールブリュッケン
バイエルン州
シュトゥットガルト
フランス
テュービンゲン
フライブルク
ミュンヘン
オーストリア
バーゼル
スイス
イタリア
スロヴェニア